反思与探索

人文学者谈学科评价体系

王乐 主编

上海三联书店

目录

陈思和:人文学科需有新的评价标准——代序   1
王　乐:写在前面   1

第一部分　中国语言文学学者篇

1. 王德威:人文永远需要不断思考辩证,没有量化的标准   3
2. 朱立元:允许适度量化,但不应僵化、机械化,成为束缚教师学术成长的紧箍咒   11
3. 陈子善:对人文学科而言,学术研究应该保持相对的独立性   20
4. 张汉良:人文学科评价应注重学科特有的"文本性"   31
5. 陈平原:对一个好的哲学家、文学家、史学家来说,关键是心境、时间和空间   44
6. 陈尚君:任何评估标准都有其局限性   52
7. 陈忠敏:更好的评价标准必须建立在制度、道德层面,并纳入国际体系中   62
8. 杜晓勤:学术评价主要看研究的深度,以及在本学科的国内外地位和影响力   70
9. 汪涌豪:评估体系应以学者为主体,体现对学者的宽容、信任与关怀   78
10. 吴福祥:一种成果的优劣,最关键的是创新性   92
11. 胡晓真:评价制度不可能完美,只要不是把人压下去的制度就可以了   97
12. 郭英德:学术评价受到外在的制约,但学者内在的责任感是最重要的   104

13. 黄　霖：对于"用世"或"传世"的研究，评价标准应有所不同　　109
14. 程章灿：同行评价是进行人文学术评价的最适当办法　　121
15. 裘锡圭：要评估一个学者，要看对于资料的运用、学术创新以及
对前人成果的判断能力　　126
16. 蔡长林：关键要建立一个严格的学术机制，且要排除人为的操作　　128
17. 谭　帆：人文学科评价的三个关键词：评价体系、尊重、诚信　　136
18. 潘悟云：评估最重要的在于是否解决了研究领域里的问题　　146

第二部分　外国语言文学学者篇

1. 叶廷芳：有时非本领域专家也可以来评审，从非专家的角度
也能发现一些问题　　161
2. 刘文飞：人文评价中，圈内的口碑是很重要的　　169
3. 张　冲：学科评估首先要看研究成果在国内的领先程度以及
在国际上的影响　　180
4. 陆建德：希望有一个比较好的评论平台，把学术研究、思想交锋
再推到一个高度　　193
5. 金　雯：评价标准的分歧需要通过时间来慢慢折中，趋于规范　　201
6. 程　巍：各类学术评估体系是在类似的"外行的惶惑"中产生的　　212
7. 褚孝泉：真正的学术地位、学术声望以及学术评估是要靠批评来
实现的　　218
8. 魏育青：不应将某一学科、某一视角作为具有普遍有效性的量具　　235

第三部分　历史学学者篇

1. 王汎森：人文学科评价尽量以同侪评议为依据，同时进行实质
内容的审查　　253
2. 朱学勤：虽然有利有弊，代表作制度还是应该坚持下去　　264
3. 金光耀：建立人文学科评估体系，最重要的是人文学科学术
共同体的自我认同和自我标准　　274
4. 周振鹤：人文学科是没有办法量化的　　280

5. 姚大力：学术评价制度最关键的影响是它关系到年轻学者转型
之路 283

6. 姜义华：评价的标准应考虑研究的原创性、跨学科思考以及对现实
社会的针对性和关怀性 290

7. 黄进兴：学者切忌眼高手低，否则只是知识的消费者，而非知识的
生产者 298

8. 彭　刚：现有评价之下"废品率"很低，但较难出现有创造力的
人物和成果 317

9. 葛兆光：学术评价一定要立足于学术 327

10. 葛剑雄：人文学科的评估体系应建立两种指标：纯学术指标和
综合指标 332

11. 虞万里：要打造高精尖的学术人才，要培养大师，就必须有严格
而高标准的学术要求 351

第四部分　哲学学者篇

1. 万俊人：合理的评估方法应将客观的评价方式与无形的、具有
人文特色的方式相结合 363

2. 王中江：虽然不能纯粹追求数量，但一定的量仍是需要的 374

3. 江　怡：应从尊重学术、尊重专家、尊重共同体入手来改变评价
体制 382

4. 刘放桐：严谨完善的学术规范和真实具体的学术创新是学术
评价中最重要的部分 387

5. 张汝伦：学术本身不应根据标准来评判，当前标准从根本上堵死了
中国学术的创新之路 392

6. 李明辉：人文学科的评估制度和人为因素都很重要 405

7. 杨慧林：同行评议大体上可以保证比较科学、客观的评价 415

8. 张曙光：评价应区分层次、区分类型，不能全国的高校、不同的学科
都采用同一个标准 427

后记 436

人文学科需有新的评价标准——代序

陈思和

2014年我在图书馆上任不久,学校就给图书馆布置了两项工作,一项是参与学校智库建设,另一项是关于现有人文学科评价体系的调查研究。我与当时的馆党委书记严峰做了分工,严书记参与前一个项目,我参与后一个项目。其实我也只是挂了个名,具体工作由副馆长王乐带领她的工作团队在进行。我们初步拟了一个人文学科专家的名单,以复旦文史哲外四个院系的教授为主要访谈对象,再逐步扩大到全国高校。此外,我带领一个工作小组去台湾访问"中研院"史语所和文哲所、台湾大学文学院和外文系。除了个别采访外,还在几个高校召开座谈会,尽量听取学术界对人文学科评价体系的不同意见。这项工作只是做了一个初步的调查,本来还要进一步讨论具体改革的设想和方案,但后来都没有做下去。

原因是当时负责文科的副校长调离复旦,去北京工作了。他原先的许多工作设想没能具体落实下来。项目最终也没有完全结项。但是这次调查规模较大,八十多位专家学者发表了自己的看法,反映出人文学者对现有人文学科评价标准的普遍意见。我们所采访的学者,都是人文学科领域成就卓著的专家,他们已经摆脱了评价体系的束缚,可以自由地从事学术研究,他们的学术成果也是获得现有评价体系认可和鼓励的。因此,由他们出来对现有评价体系做出反思,我认为是比较客观的,纯粹是出于良知而发声。

所谓"人文学科评价体系"是近三十年来逐渐形成的。20世纪80年代还没有这么强势的评价标准。再往前,优秀人文学者主要是靠前辈举荐、业界口碑以及代表作而成就其学术界的地位,也可以说,这是一种传统的评价体系,关涉到学术传承、社会影响、以及在学术上的贡献。前辈举荐的方法现在虽然已经废弃不用,但是作为一种高校人才评审制度的潜规则,有时候还是会产生一点影响的。高校院系学术委员会的设置,也多少含有前辈举荐的功能。其次是业界口碑,主要是指外校同行对某些学术著作、某些学者人品的集体性评价,这是指一般舆论,非特指个别专家的看法,现在高校评审制度中的匿名评审、校外专家意见等程序,也起到一点业界口碑的功能。其三,代表作,在我看来,这是至今为止人文学科评价体系中最合理、也最接近人文学科本质特征的评审依据。为什么?原因也很简单,人文学科的学术成果,最能体现学者个人的学术能力和治学风格,所谓代表作,是指学者本人所有学术研究中最能够反映自己学术水平的成果,它也最接近学术本体,没有其他非学术因素参杂其间。虽然代表作制度自身有许多不确定因素,以致难以操作,但是较之其他评审标准和方法,它最接近人文学科的本质特征,这是无可否认的。复旦大学在十年前曾经推行过代表作制度,对人文学科的发展、对青年教师的鼓励、对外来英才的吸引,确实起到了极大推动作用,一度声名鹊起于学林。可惜后来没有能够坚持下去,这是令人遗憾的。

　　传统的人文学科评价体系虽然也有各种不尽人意的地方,但从总体上说,是推动人文学科朝着有利于真正的学术研究方向发展的。我们采访的人文学者,大部分是在这样一种评估体系里得到鼓励,顺利走上学术道路的。在这个前提下,当时也确有一些可量化的元素作为参考标准,譬如在 20 世纪八九十年代,中文学科的学者在《文学评论》《文学遗产》等权威刊物上发表论文、获得国家五年规划的科研项目资助,也能得到学校的鼓励。但这只是选拔优秀人才的参考标准之一,绝非是每个学者必备的考核标准,更不是学术道路上的投名状。

　　20 世纪 90 年代后半期,教育理念开始发生变化。一种新的教育理念迅速成为高校科研管理的主导思想,即把教育与产业挂上了钩,把科研成果与科研产出挂上了钩,把科学研究与社会需求挂上了钩。这样的一种理念在管理理工科或者社会科学的教育科研也许有其合理的一面,但是对人文学科的正常发展却构成了伤害。新世纪以来,新的教育理念下形成了新的评价体系,一切都朝着极度量化的标准靠拢,人文学科无法幸免。原来传统的评价体系过分强调了人文性因素,现在的评价体系里人文性因素又荡然无存,一切都转化为冷冰冰的量化的要求。但是,任何缺乏人文性的管理制度都容易发生人的异化,缺乏人文性的科研管理制度,除了导致人的异化,还会发生学术的异化。为了急功近利的目标,青年学者不得不放弃本来很有价值也很有兴趣的学术研究课题,不得不隐藏个性、随波逐流、人云亦云、本末倒置,很难再坚持人文学科最需要也是最宝贵的学术个性。我并非危言耸听,现在这一类量化标准不仅直接威胁到青年教师的职称评审,甚至影响到青年教师能否聘任,这样一来,学术、教学、人品、以及社会影响都被摆到了次要位置上,一切都围绕着量化标准,只讲形式不讲内容,把学术质量的把关都交给了刊物、项目、评奖等制度,然而这些制度本身也是人在操作,在腐败成风的今日社会风气下,人文学者与人文学术要想不被异化也很难。

平心而论,现有的人文学科评价体系并非一无可取,至少它为全国人文学科教师树立了高标。但首先,高标只是证明少数优秀学者的标志之一,而不必是、也不可能是对所有人文学科从业者的要求,就像体育运动竞赛中的某些高标,是对优秀运动员的标准,不是考核每个运动员是否称职的标准。其次是,人文学科的总体成就是由每个学者的独立的学术成果综合构成的,每个学者学有专攻:有的顺从社会潮流,必为显学;有的钻研冷僻学问,一时不为世俗认识,但从长远学术发展而言,可能具有更重要的意义;也有的学术本身就是绝学,不为世俗所用,但为了学术薪火不灭,需要有学者去传承。所有这一切,都不是形式主义的划一的量化标准能够涵盖的。以中国之大之强,以旧邦维新使命之重之繁,宇宙之大,苍蝇之微,都应该进入学术研究的视野。如果全国学者只围绕着几个国家课题团团转,既无忧天下之忧的襟怀,也无佝偻者承蜩之技,那才是人文学科衰败征象。所以,问题不在于标准对不对,也不在于量化可行不可行,而在于这类评价体系不符合人文学科的发展规律。现在把这种不切实际的评价标准推广到所有高校科研管理机制去考核每一个人文学科教师,我认为弊大于利,人文学科的未来前景堪忧。

我们所采访的人文学者也没有决然否定目前的评价体系,但是都提出了可以改进的要求与建议。关于这些内容,除了本书项目组在《写在前面》中有综合性的介绍外,他们还将围绕学者们的建议做进一步的研究分析,利用大数据来推进人文学科评估的标准改革,最终会拿出接近于人文学科自身规律特点的评价方案。现在这本人文学者访谈录,只是我们工作的阶段性成果,我们希望把学者们的宝贵的声音发表出来,进一步引起学界对人文学科评价体系的思考与关注,以期提出更多的建议,参与和支持我们的工作。

以上观点,是我个人对人文学科评价体系的一点看法,不是对书中接受访谈的学者们观点的归纳总结,也不是代表项目组集体讨论的学术观点。特此说明。

2020 年 2 月 5 日于鱼焦了斋

写在前面

王乐

自然科学、人文学科和社会科学是人类知识体系的三大重要组成部分。三大类科学在研究对象、研究方法等方面有着明显的区别，自然科学的研究对象以"物"为主，偏于客观主义一级；人文学科的研究对象以"人"为主，偏于主观主义一级；而以研究人和物的关系和人与人的关系为主的社会科学，则介于二者之间[1]。人文科学与自然科学处于主观、客观的两端，差异最为明显。此外，人文学科与科学的区别还在于其分析和解释的方向："科学从多样性和特殊性走向统一性、一致性、简单性和必然性；相反，人文学科则突出独特性、意外性、复杂性和创造性[2]。"简而言之，人文学科具有以"人"为核心的学科特质，人文学科的学术活动是具有鲜明个体性和理想性的精神创造活动。

让人担忧的是，相比其他学科的蓬勃发展，人文学科似乎在渐渐衰落。有学者大声疾呼"拯救人文学科"，呼吁"建立人文学科自己的知识基础"[3]，也有学者担忧"放任人文学术萎缩，社会要付出沉重代价"。"但要提振人文学术，除了人文学者的努力外，体制的配合亦不可忽视，但很可惜的是，现今的教育机关与大学高层的管理思维却对人文学科带来极大的伤害。不是说他们有意为之，只是他们那惯于量化评比的观念并不适切于人文学科的本性"[4]。显然，目前普遍应用于各个学科的量化评比，或者说量化为基

---

[1] 李醒民.科学与人文，北京：中国科学技术出版社，2015.10：P11。

[2] 简明不列颠百科全书，第6卷，北京：中国大百科全书出版社，1986年第1版：P761。

[3] 葛兆光.人文学科拿什么来自我拯救.上海采风，2012(9)。

[4] 郑宗义.放任人文学科萎缩，社会将付出沉重代价.http://www.aisixiang.com/data/110855.html(2018-08-01)。

础的学术评价已经成为阻碍人文学科发展的绊脚石,学术评价体系对于人文学科独特性考虑的欠缺,已经在一定程度上影响了人文学科的发展。

学科评价是学科发展的指挥棒,建立一套符合学科发展要求、符合人文学科特点和复杂性的学科评价(学术评价)体系,摒弃质量和创新力评价弱化、过分数量化、过分形式化、过分行政化和评审专家人情化、评价结果软化等所谓"六化"问题[1],是人文学科学者的共同期待和迫切要求。

一、项目缘起与总体情况

在人文学者迫切呼唤构建一套适用于人文学科的评价体系的背景下,复旦大学果断提出人文学科评价相关问题调研的任务。2014年4月,复旦大学图书馆受学校委托,具体承担该调研和相关研究工作。项目针对中国人文学科切实需求,以"创建一套可操作的评估体系"作为拟突破的研究重点,随后启动了人文学科评估调研准备和学者访谈工作。

2014年9月,项目主要参与人员组成了文、史、哲三个访谈小组。10月,在陈思和馆长、严峰书记的协调下,项目组正式启动专家访谈及座谈,就人文学科评价话题实地采访了上海、北京、南京、台湾等地区14所高校和科研机构的相关学科专家。截止到2015年4月,访谈小组与47位专家学者进行了个人访谈(详见表1);召开了有43位专家出席的7场集体座谈会(详见表2)。通过与近百位学者面对面交流,项目组获得了来自学术界关于人文学科评价的第一手资料。

表1 访谈机构及专家列表

学科	机构	受访专家
中文	复旦大学	裘锡圭、朱立元、陈尚君、黄霖、汪涌豪、张汉良、陈忠敏
	北京大学	陈平原、杜晓勤
	南京大学	程章灿

[1] 叶继元.人文社会科学评价体系探讨,2010。

续表

学科	机 构	受 访 专 家
中文	华东师范大学	陈子善、谭帆、郭英德
	上海师范大学	潘悟云
	中国社会科学院	吴福祥
	台湾"中研院"	胡晓真、蔡长林
	哈佛大学东亚语言及文明系	王德威
外文	复旦大学	褚孝泉、魏育青、张冲、金雯
	中国社会科学院	叶廷芳、陆建德、刘文飞、黄梅*、程巍
历史	复旦大学	葛剑雄、葛兆光、姜义华、金光耀、姚大力、周振鹤
	北京大学	牛大勇*
	清华大学	彭刚
	上海交通大学	虞万里
	上海大学	朱学勤
	台湾"中研院"	王汎森、黄进兴
哲学	复旦大学	刘放桐、张汝伦
	北京大学	王中江
	北京师范大学	江怡、张曙光
	清华大学	万俊人
	中国人民大学	杨慧林
	台湾"中研院"	李明辉

* 未收入本书

表2 座谈机构及参与专家列表

机 构	专 家
复旦大学中文系	傅杰、朱刚、黄蓓、郜元宝、陈正宏、郭永秉
复旦大学历史系	章清、黄洋、余欣、余蔚、张巍、戴鞍钢、金光耀、李剑鸣、向荣
复旦大学哲学学院	孙向晨、郝兆宽、袁新、徐英瑾、邹诗鹏、张双利、莫伟民、白彤东、郭晓东、林宏星、王新生
台湾"中研院"	林富士、陈国栋、刘铮云、陈鸿森、祝平一
台湾"中研院"	胡晓真、杨贞德、杨小滨、杨晋龙、王德威
台湾大学文学院	陈弱水、叶国良、李隆献
台湾大学外文系	邱锦荣、曾丽玲、蔡秀枝、吴雅凤

二、访谈内容概要梳理及关注要点

在为期 7 个月的学者访谈与集体座谈会的基础上,项目组对访谈记录所形成的 30 万字的访谈稿、10 万字的座谈稿进行整理,将学者对当前人文学科领域的评价集中归纳在以下几方面:有关个人学术水平评价与职称评定;有关现有评价体系的优劣以及对评价系统的期待;有关期刊、论文与专著的评价;有关学科学术水平的评价等。

为更晰地了解学者对于人文学科评价的集中性观点,我们对访谈文本进行了词频分析,除去访谈主题相关的"人文学科""学科评价(学科评鉴)"等,发现以下被受访专家高频提及的关键词。

原 创

诸多学者在提及人文学科研究价值评判时,都指出"原创"的重要性。不同学者在表述这一概念时,用词有所区别,提及的不同表述有:原创、创新、原创性、开创性、开拓性、创发性、创见、洞识、学术洞见等。认为"评价的标准应该考虑研究是否在国内外现有学术研究基础上有原创性"[1],"真实具体的学术创新,连同严谨完善的学术规范是学术评价中最重要的部分"[2]。学术研究,要体现出新的学术贡献,也就是创见(葛剑雄)。

而对于"原创"的理解和定义,学者们有不同的见解:

(1) 原创是前人未曾提出的理论观点,未曾开拓的学术领域,未曾使用的学术方法(程章灿);

(2) 创新可以体现在选题、思路、框架、视角、方法和材料等各方面(吴福祥);

(3) 是此前没有人集中深入地研究过的重要的学术问题(杜晓勤);

(4) 在资料的梳理与解读方面,在理论建树方面,都真正有自己独到的观点,不在于数量多,而在于功夫扎实,见解站得住,能够经受时间的考

---

[1] 姜义华。
[2] 刘放桐。

验(姜义华);

(5) 原创性,第一要看他是不是把握了足够多的文献,第二要看他是不是有独创的观点,前者是后者的必要条件,不是充分条件(朱学勤);

(6) 人文社会科学的学术创新本身有多方面的含义。其中主要是指提出新的学术观点和理论(包括新的研究方法)、丰富和发展原有理论和学科、创建和开拓新的学科和研究领域。不同学科的创新还会有不同的要求(刘放桐);

(7) 原创就是有质量的首创(张汝伦);

(8) 原创是包括对问题、方法、材料、论证的创新(王中江);

(9) 开辟新的研究领域、提出新观点。对于一些重大的学术问题有自己独到的见解,并且能给出周严的解释和充分的论证也是原创。原创性一般应具有三个基本条件:一是有深厚的学术涵养,二是强烈的问题意识,三是有自己独特的解释问题和解决问题的方法(万俊人)。

将学者的观点加以汇总和提炼,可以得出以下"原创研究"的定义:

人文学科的原创性研究是指:**在人文学术领域开辟新的研究领域,或提出新的观点或理论,或运用新的研究材料,或采用新的研究方法,进行充分周密的论证,从而丰富和发展原有理论和学科,且经得住时间考验的研究。**

引用

针对学术论文被引作为学术评价指标,诸多学者表达了反对,甚至不满。"我们每一个亚洲国家、非洲国家,比较不发达的国家,好像永远要依靠他,没有 SCI 就不能吃饭,我觉得这是一件蛮悲哀的事情"[1]。"基本上没有像亚洲的这几个大的国家或地区如此重视这种数量化的评判标准"[2]。"引用率不能赋予太高的评价意义"[3]。"(引用)套用了理工科的计算方式,并不能说明(人文学科的)问题",不应该作为标准来衡量

---

[1] 张汉良。
[2] 王德威。
[3] 程章灿。

人文学术成果[1]。也有学者部分认同引用的价值,认为引用率在短期内不能说明问题,但若放在比较长的时间来看,"比如10年到20年之间,一部著作或一篇论文的被转载率或引用率,是可以说明一定问题的"[2]。还有学者认为"被引用"这个指标可以在特定学科列为参考,比如语言学,因为做得比较规范,引用率很重要,但其他学科就未必[3]。但也有个别学者认为被引用情况"也可以相对反映出学术价值的大小"[4]。被引用情况是衡量一篇文章价值的很重要的标志[5]。

总的来说,将被引次数多少作为衡量学术水平高低的重要指标,学者们表达了几乎完全一致的见解——**被引用数量不能反映学术水平**。究其原因,有以下代表性看法:

2.1 引用动机不同,则意义不同

(1) 不同人文学界的"引用"很大的几率为负面引用[6]。

(2) 可能是因为受到批评而被引用[7]。

(3) 反而是那些争议性很强的,大家都引,或拿来当批评对象[8]。

(4) 有些论文被引用,是因为它引起争议,并不表示它的品质高。人家引用它,是为了批评它,不是肯定它[9]。

2.2 引用者身份不同,则价值不同

(1) 如果要看引用率的话,也要给它细化。是同行引用,还是非同行引用;是学者引用,还是学生引用[10]。

---

[1][7] 陈子善。
[2] 杜晓勤。
[3][8] 陈平原。
[4] 王中江。
[5] 叶廷芳。
[6] 胡晓真。
[9] 李明辉。
[10] 汪涌豪。

(2) 要看谁在引用。学生的引用与教师的引用明显有差距[1]。

2.3 引用内容不同，则价值不同

引用有很多不同的情况：有的是引用某个文献的观点、模型、方法，有的只是引用其材料或例句，后者与前者显然不可同日而语，其间差异非常之大，但现在的引用率计算和统计很难对上述情形进行有效区分[2]。

2.4 引用作弊现象

现在有一种值得关注的现象，就是为了提高引用率，大家纷纷互相引用[3]。

现在包括评杂志及其编辑的水平也用的是引用率，那么杂志都拼命引用自己的文章，该杂志、编辑的引用率就高了[4]。

2.5 研究主题的受众多寡影响引用率

文章的受众数量不同，英语教学的文章和英国文学研究的文章，受众数量相差很大，引用次数也相差巨大[5]。

全世界研究这个西夏文领域的就是那几个人，引用率不可能高。有一个在台湾研究西班牙文学的人，他的论文引用率不可能太高，因为本来懂西班牙文的人就不多。另外一个是研究英美文学的学者，他的论文被引用的机会就比较大[6]。

有的论著研究的问题本身范围就窄，那么它的引用率与比较大众化的研究相比，肯定要低。有的是基础课、教材的基本内容，当然引用的就

---

[1] 张曙光。
[2] 吴福祥。
[3] 陈子善。
[4] 黄霖。
[5] 张冲。
[6] 李明辉。

比较多[1]。

2.6 创新性、前沿性成果难以被引用

(1) 前沿文章很难获得引用[2]。

(2) 创新的观点和成果开始问世时有可能不被普遍认可[3]。

(3) 引用率高固然说明文章好，但更主要说明文章实用。我们中国有句成语叫"曲高和寡"。如果你研究的问题是非常高深的，人家看都看不懂，怎么来引用你[4]。

2.7 不同学科/领域引用习惯不同

(1) 因为研究的对象和范围不一样，决定了(我在研究中)引用的往往只能是前人的话[5]。

(2) 不同学科之间的引用率差距很大，同一学科中不同领域的引用率也是不同的[6]。

学术共同体与同行评议

在谈及如何对人文学者进行学术评价、构建更科学合理的评价体系时，"同行评议"这一概念被众专家频繁提及。专家对"同行评议"的文字表述不一，包括：同行评价、同行审查、同行评审、同侪审查、Peer review、专家评价、口碑评价，也包括相关的近位概念：学术共同体(或学术社群)。

所有学者均认为在学科评价体系的建立中，应采用同行评议的制度。"学术的评价就是同行评价"[7]；因为"只有熟悉这个专业，熟悉这个专业的研究史和研究现状，你才能对它下判断。换言之，也只有同行才能对

---

[1] 黄霖。
[2] 张冲。
[3] 吴福祥。
[4] 葛剑雄。
[5] 陈子善。
[6] 刘文飞。
[7] 黄洋。

它进行评判"[1]。"学术质量应由同侪审查完成,不能透过网络投票,也不能根据机关领导者的判断决定,应该是由同一个学术社群的人来评量他应该是什么等级的人"[2]。认为学术还应该在学科本身,不应受政治干预。"现在往往由外学科或外行来评价,这是错的。应该尊重学科本身,由它来评价"[3]。指出"现在评价体系中最主要的问题就是偏离专家,对专家持怀疑态度"[4]。虽然大家普遍认同这一在国外行之有效的做法,但专家也对同行评议国内的学术共同体环境下如何切实实施表示了忧虑,这一话题持续了很久,"但是真的做起来似乎困难重重"[5]。究其原因,有以下几点:

(1) 学科分支多、观点更新快,同行评议存在争论

随着学科细化现象越来越普遍,学科专家难以跟紧学科各分支领域的研究进展,导致同行评议存在争论[6]。

(2) 同行评议的普遍推行难于操作

同行评议的普遍推行势必占用学术共同体中专家的大量时间,而同行专家的时间和精力有限,在不胜其忙的情况下,难以腾挪时间给别人评议或相互评议。"每年评议两三篇文章还可以,如果工作量比较大,又要常规化,没有哪个专家愿意去做,因为大家确实都很忙。这就成了一个难题。理想的东西难以操作,能操作的东西不理想"[7]。因此,专家也提出建议,依据学校的不同层次给予不同的评价标准,不必一刀切,这样可能比较合适[8]。

(3) 欠缺客观、健康的学术共同体环境

同行评价的关键是每位身处其中的学者都能"将学术放在第一位,对

---

[1] 程巍。
[2] 林富士。
[3] 葛剑雄。
[4] 江怡。
[5] 汪涌豪。
[6] 叶廷芳。
[7][8] 张曙光。

学术有敬畏之心"[1],"必须有一个好的学术共同体"[2]。"如果学术社群的素质不高,或者其中有客观意识的人不多,光靠制度没办法保证评审公平"[3]。但很明显,目前整个学术共同体里不是所有的人都能做到这一点的,完整的、健康的学术共同体还没有真正建立[4][5]。"现在国内的同行评议掺杂了很多人情的因素、利益的考量,很不纯粹"[6]。在中国特有的人情文化的影响下,我们很难建立一个西方那样比较有效、比较客观的学术共同体[7]。

尽管人文学科学术共同体目前还存在一些弊端,但学术评价仍旧要强调同行评议,除此之外没有其他更好的办法[8],作为学术共同体的一员,每位学者都应该秉持客观的态度,遵循人文学科学术共同体的自我认同和自我标准,对本学科的学者和研究成果做出尽可能公正的评判,这是学者对其所在学术共同体应该负有的责任[9]。

培育良好的学术共同体也不是一蹴而就,在当前情况下,可以采用过渡的方式。**基于文献计量的量化标准和基于同行评议的代表作制度同时并行更具操作性**[10]。此外,匿名评审、外部评审将有助于同行评议的推行。细分学科,适当增加评议同行的人数,可以保证结论的相对客观[11]。

三、对人文学科评价的启示

习近平总书记在 2016 年 12 月全国高校思想政治工作会议上的讲话

---

[1][10]　金光耀。
[2]　白彤东。
[3]　李明辉。
[4]　张双利。
[5]　谭帆。
[6]　张曙光。
[7]　张汝伦。
[8]　戴鞍钢。
[9]　彭刚。
[11]　陈子善。

指出,要加快构建中国特色哲学社会科学学科体系和教材体系,推出更多高水平教材,创新学术话语体系,建立科学权威、公开透明的哲学社会科学成果评价体系,努力构建全方位、全领域、全要素的哲学社会科学体系。2018年9月,习近平总书记在全国教育大会上进一步明确指出,要扭转不科学的教育评价导向,坚决克服唯分数、唯升学、唯文凭、唯论文、唯帽子的顽瘴痼疾,从根本上解决教育评价指挥棒问题[1];可以看出,近年来,国家已对于哲学社会科学成果评价体系持续关注,相关指导建议也陆续出台,但建议如何落地,如何建立一套可操作的评价体系或办法是当前最为学界关注的问题。

从访谈中,我们也可以发现,学者对于学科评价有着深切期待。认为"人文学科的评估,可能是整个人文学科发展最重要的事情"[2];希望借助评价系统"评优去劣"[3]、"匡扶人文学科"[4]、"推动学科的发展"[5]。而现行的各类评价太过指标,或者太过量化,以至于:①容易埋没年轻学者,其导向性会使人浮躁[6];②过于看重量化评价,堵死了中国学术的创新之路[7];③影响到人文学科的学术生态多样性,导致平面化、单一化[8]。在批判现有评价的同时,学者们也提出了诸多建设性的意见,并有学者对评价体系持宽容的态度,认为"一种评价体系必定得不到所有人的认可,总会有人对其提出质疑,不可能十全十美,只有尽力使其合理化"[9]。

而我们知道,学术评价合理化并非轻易就能实现,要充分考虑评价体系的各个组成要素,要素合理化,体系才能最终合理化。系统评价问题是由评价对象(Whom)、评价主体(Who)、评价目的(Why)、评价时期(When)、评价地点(Where)、评价方法(How)等要素(5W1H)构成的问

---

[1] 教育部科技部发文破"SCI至上". http://www.moe.gov.cn/jyb_xwfb/s5147/202002/t20200224_423513.html。
[2][6] 潘悟云。
[3][7] 张汝伦。
[4] 汪涌豪。
[5][9] 郭英德。
[8] 魏育青。

题复合体。应用到学科评价系统则更主要地聚焦在评价对象(Whom)、评价主体(Who)、评价目的(Why)、评价时期(When)、评价体系(How)五大要素。其中,评价体系最为核心,同时,评价体系的设定又受到评价对象(评价客体)和评价目的等要素的直接影响,葛剑雄教授指出"评价目的不同,标准就不同",即针对不同评价对象、出于不同评价目的的评价体系也应有不同的设计。因此,评价对象和评价目的可以看作系统评价的主导性因素。对于人文学科评价来说,其评价体系必须要充分考虑到人文学科这一评价客体的特殊性,以及评价目的的针对性,仅靠评价主体主观想象和判断,不对评价客体——人文学科和人文学科学术共同体进行充分了解,任何哪怕再高远的评价目的都无法达成。

此次人文学者访谈项目,无疑为我们了解评价客体——人文学科、人文学者提供了大量客观、翔实的专业观点。基于此,我们不只忠实记录,也希望能对人文学科评价体系进行深入思考和总结,正如蔡长林先生所期望的,"希望成果不只是一个研究报告",而是"研究报告的成果能够带来一些新的契机或是具有影响力,做慢慢的改变"[1]。下文将针对评价系统的几大要素进行逐一讨论,并主要聚焦评价系统,希望未来能引起研究者、管理者更多的关注,并触发改变。

评价主体

学术评价主体是指评价过程的实施者,主要是针对评价客体所选择的具备一定评价能力与水平的评价者对评价对象进行直接或间接的评估,确定评价对象的综合能力及水平的价值判断[2]。正如裘锡圭先生所认为,学术评价的"关键还是进行评价的人",也就是评价的主体。就专家观点来看,人文学科的水平评定固然需要一定的客观量化指标,但学术共同体的主观判断、口碑评价更为重要,因此,从评价主体的构成来看,应将评价全流程加以分解,细化每个环节的参与主体,并明确参与主体的要求,确保结论的客观、准确。"由专门的机构,聘请专门的专家,来进行评

---

[1] 蔡长林。
[2] 张永安。

审,是比较好的,也比较客观一点"。"但是聘请的专家,最好是针对性强一点、专业相关性更强一点,希望能够有一批比较公正的,能够出于公心的,而且学术水准确实比较高的专家来评[1]"。

评价主体分为组织、评价和实施三个层次:

组织层面:由第三方专门机构负责制订制度,设计体系。

评价层面:评价体系需要学术共同体参与制订,由熟悉文献计量分析的图书情报专业人士负责定量评价部分;组建专门委员会,由学术共同体负责定性评价部分。数量、质量评价相结合。其中需要注意的是:对于图书情报专业人士来说,要合理设定和使用定量数据;对于组建的专家团队来说,成员的选择很重要,要保证评价的客观、公正、真实,每位专家都要有公正的态度和较高的学术水准,摒弃私心、做到以学术为中心,以学术为本体[2]。

实施层面:由第三方机构负责组织和实施,需要关注的是是否符合程序和规则,务必避免对评价本身的行政干预,要去行政化。

评价目的

"评价目的是指评价所要达到的预期希望和总的原则要求,即为什么要评价。对所有的学术评价而言,评价目的最为重要"[3]。葛剑雄教授认为,"不同的评价目的决定了不同的评价标准,如果是要了解学者的学问,当然就是学问的标准;如果要了解学者的社会影响,那就是社会影响的标准;如果是舆论传媒,当然就是了解在媒体中的影响。所以目的不同,自然标准就不同"。除了决定不同的评价标准和指标外,评价目的还影响着不同的评价方法和评价专家的选择以及评价程序的确定,是评价的纲领,规定、制约和导引着整个评价的方向和具体做法[4]。

按照不同的视角可以将评价目的分为:学术影响力评价、社会影响力

---

[1] 姜义华。
[2] 褚孝泉。
[3] 吴贵生.管理学学术规范与方法论研究[M].东南大学出版社,2017.1.
[4] 同[3]。

评价以及综合影响力评价;按照不同应用场景可以分为:职称评定、荣誉评奖(如长江学者、资深教授等)、绩效考核(如年终考评、聘期考核等)、经费分配等。

针对不同评价对象,不同评价目的所采用的方法和指标均有差异,因此,评价目的可以视为评价指标/体系设定的指挥棒。

评价客体/对象

学术评价的客体从不同层次、不同角度可以分为三类,即学术成果、学者、学科(或团队/机构),相应地,人文学术的评价客体自然是人文学术研究的相关对象,包括人文学术成果、人文学者、人文学科团队或机构等。可以用下图来表述不同评价对象之间的关系。

```
┌─学科──────────────────────────────┐
│          ┌─学者──────────────────┐│
│  ┌───┐   │       ┌─学术成果─────┐││
│  │团队│   │ ┌──┐ │              │││
│  └───┘   │ │教学│ │              │││
│          │ └──┘ │              │││
│  ┌───┐   │ ┌──┐ │┌──┐┌──┐┌──┐┌──┐│││
│  │机构│   │ │科研│ ││专著││论文││期刊││其他│││
│  └───┘   │ └──┘ │└──┘└──┘└──┘└──┘│││
│          │       └──────────────┘││
│          └──────────────────────┘│
└──────────────────────────────────┘
```

图 1　评价对象关系图

从三类评价的关系来看,学术成果的评价可以看作其他两类评价的基础。学者评价的核心即为其学术成果的水平评价,而学科/机构评价是本学科/机构学者学术水平的求和,依次互为基础。

相比之下,受访的人文学者对针对学者的评价更为关注,其中,主要聚焦在以职称评定(升等)为目的的学术评价,以及各机构自身不同规则的绩效考核(评鉴)标准的讨论上。此外,对学术期刊,特别是当前核心期刊的合理性也提出比较一致的看法。

评价周期

相比其他学科,人文学科的学术研究不是一个短平快的过程,所谓"十年磨一剑",对学术展开的进程进行评价,不能急功近利,不能要求学者三五年就拿出一个什么东西[1]。"不要年年都评。因为写文章是有一定周期的"[2]。评价周期太短,则势必催生"粗制滥造",造成"虚假繁荣"。

因此,考虑到人文学科的特点,应适当拉长评价周期,对于学术成果来说,影响力需要时间慢慢展现;对于学者来说,则更不必频繁评价,"不要一年一评,至少三年一评,对教龄长的资深教师,甚至可以更长"[3]。对于学科整体评价,是学者影响力求和,因此,与学者评价类似,人文学科很难在短期内产生明显的变化,学科/机构也无需频繁评价。**根据不同的评价目的,三到五年可能是比较合适的评价周期。**

评价体系

评价指标体系(也被理解为评价标准)是评价系统最为核心的部分。也最为学者们所诟病。评价指标因评价目的不同而不同,对于任何一个学科来说,都不存在唯一的评价指标体系,人文学科也"不可能有唯一的评鉴标准"[4]。但可以通过专家的访谈,归纳汇总评价指标体系设定的原则,在此基础上,总结出有意义的评价指标,摈弃无价值的指标。对于不同的评价体系,则是不同指标与不同权重的组合。

3.1 学术专著重于期刊论文

几乎所有的学者,无论来自大陆还是台湾,均对学术专著的重要性进行了强调。认为"在人文学科比较特别的,就是专书的重要性。我觉得专书比期刊论文还要重要,因为很多专书其实就是由期刊论文发展出来的"[5]。也有学者援引国外的经验,"人文学科专书比文章更重要,所以在西方我们常常提到,某个人写过一本非常好的书,但是极少听到说他只写过一篇很好的文章"[6]。而实际评价中,对专著的重视程度明显不

---

[1] 江怡。
[2] 潘悟云。
[3] 汪涌豪。
[4] 王汎森。
[5] 李明辉。
[6] 黄进兴。

够,"我们现在把专著看得太轻了"[1]。但在实际进行指标设计时,也不能采取一刀切的做法,"对学术论著进行评价,也要根据不同的学科、不同的研究加以区分"[2]。比如不同的责任类型,在各学科专著中的重要程度不同。对于外国语言文学而言,译著是重要的专著类型,而对其他学科而言,"译"的重要性要次于"著";对于古代文献学,"点""校""注"等也是重要的责任类型等,因此,要坚持分学科细化,在通用规则基础上进行各学科个性化设定。

尽管从人文学科特点来看,专家对于专著重要性的看法较为一致,但当前情况下,国内学术图书出版还不规范,无法达到美国等国家通过出版来进行评价的目的[3]。如专家所言,"大陆文史类专书实在太泛滥","学者大量编书作为科研成果,研究的商品化倾向越来越浓厚"[4]。对于学术专著水平的评价无法参照美国的做法,通过出版社来衡量。同时,书评在国外比较规范、成熟,可以作为专著评价的重要依据,但目前"在国内很难做,跟氛围有关"[5],客观书评的环境还需要学术共同体取得共识,逐步培育。当前,对专著的评价需要可以有两种做法:

(1) 任务驱动:即目前大多采用的方式,就当前的评价任务,如评奖、晋升职称等,有针对性地对某些书目进行评价。

(2) 主动评价:对于学术专著进行全局性评价,如可借助文献计量方法进行初步筛选,再请各领域专家将学术专著分级,先选出本学科学术专著要目,然后在入选要目中再进一步分级,如 A、B、C 等(也可分星级),评价结果可供各类评估所用。

无论哪种做法,均需要学科专家的参与,只有得到学术共同体认可才是有意义的评价。

3.2 发文质量重于发文数量

在访谈中,"代表作"一词被学者们频繁提及,纷纷表达了对代表作制

---

[1][5] 谭帆。
[2] 张曙光。
[3] 王德威。
[4] 陈鸿森。

度的拥护,认为代表作是"对粗制滥造是一种否定,是一种进步",也意味着"学术成果质量重于数量"这一观念得到学者一致认同。但这并不意味着可以弃数量不用,几乎所有学者都认为,合理的评价制度和方案应将代表作制度和适度量化相结合。需要在质量和数量上寻找一个平衡,不能完全量化评估,也不能仅以有限数量的代表作作为评价内容。也即"纯粹追求量是不行的,但是一定的量还是需要的"。因而,数量化的评审标准和代表作的制度同时并存或许更具操作性[1]。有学者还针对质量和数量的权重给出了建议,认为"在学术评定中,论文质量应该占百分之七十,数量可占百分之三十。文章太少也不行,不能反映学术影响的广泛性"[2]。

因此,在指标设计时,可以**依据评价目的和评价时间区间设置适当的代表作数量,同时为量化指标设置上限**。

3.3 权威和核心期刊目录做参照,不是标准

目前国内文理工医各学科基本上参照各类顶级、权威以及核心期刊目录,对期刊论文加以评价。"以刊评文"的思路受到诸多学者的诟病,"瓜长得好不好无所谓,长在哪片地里成了最重要的"[3]。而实际上,"好的杂志也有烂的文章,烂的杂志也有好的文章,不要太迷信哪些杂志发表就一定好"[4]。核心期刊的产生有规范出版、推动学术发展的意义,但在进行个体评价时,"以刊评文"常常会出现偏颇。

此外,目前各类期刊评价体系均存在一定缺陷,不完全适用于人文学科的评价:

(1) 不包括集刊

"很多民间性质的学术集刊专业性很强,学术水平高,能保证特立独行、前沿性的思考和表达。但它不在评价体系里面"[5]。"一些以书代

---

[1] 朱立元、潘悟云、汪涌豪、程章灿、杜晓勤、朱学勤、吴福祥、金光耀、王中江等。
[2] 杜晓勤。
[3] 魏育青。
[4] 黄进兴。
[5] 陈平原。

刊的纯专业学术集刊,学术水准更值得推崇和尊重"[1];"核心刊物当然很好,不过也未必就能代表水平,据我所知,有些很好的文章就是发表在'非核心'刊物、甚至'以书代刊'的出版物"[2]。"我们可能更重视一些专业性高的刊物,一般论文的份量也比较大。但这些专业性刊物,因为不易取得刊号,往往'以书代刊'的形式出版,这些专业性高、篇幅较大的论文反而不在评价系统里,不被承认"[3]。

(2) 不包括海外出版物

目前国内的期刊评价体系均不包括海外出版物,对于发表高品质人文学术研究的台湾华文学术期刊,并未纳入[4],很多学校对海外华文学刊并不认同[5]。各校在评价体系上,也多直接采用国内的核心期刊指标,有学者在百年历史的海外重要刊物《通报》上发表英文文章,却无法计入考评"[6];韩语专业的教师发表在韩国中央研究院的杂志上,也无法计算在内[7]。

(3) 过于看重期刊主办单位等级

对于专业期刊来说,评判应该依据期刊文章本身,而不是主办单位等级,如陈平原教授所言,"我不相信单位级别能够决定杂志级别,杂志级别决定论文质量那一套。所谓特级、一级、权威杂志的划分是有问题的"。认为把这些主办单位级别比较高的期刊作为最高标准,"那是管理的需要"[8]。当然,"这些期刊也有很严格的评审制度,会把不好的文章卡住,但也会把特立独行、棱角分明的东西卡掉[9]",不利用鼓励人文学术创新。有学者生动地举例,"《中国社会科学》上发表的文学学科的文章,肯定不如《文学评论》上的文章。《文学评论》上面古典文学的论文,肯定

---

[1] 万俊人。
[2] 杨慧林。
[3][5] 陈鸿森。
[4] 陆建德。
[6] 葛兆光。
[7] 魏育青。
[8] 虞万里。
[9] 陈平原。

不如《文学遗产》。那《文学遗产》上面唐代文学的论文,肯定不如《唐研究》"[1]。总而言之,对于某一具体学科来说,专业杂志比级别高的综合性杂志更重要。

3.4 弱化科研项目(经费)和获奖

科研项目和获奖情况是当前评价体系的重要指标,但诸多学者都明确反对以科研项目(基金)、项目经费、获得奖项作为重要指标评判学者。

一类代表性意见为:两者没有关系,不赞成作为指标。认为"获得项目经费和本人学术水平没有直接关系。评判学者,既要看他的学术成果,也看他的教学情况,唯独拿多少钱不重要"[2]。"得到基金,只能够证明他的学术研究的方向比较符合国家基金的要求以及他掌握了申请基金的技巧、技能,并不是他学问的全部反映。人文学科,应该有它独立的以学术为主的或者纯学术的一个评估标准,不要把其它因素都放在里面"[3]。"项目多不等于成果优秀,经费多不等于学术成绩大,获奖多不等于水平高"[4]。

另一类意见则为:两者有一定关系,可作为参考性指标。认为"评价更应该关注的是研究成果而不是项目。重大项目和获奖可以有一定权重,但不应太高"[5]。"科研项目可以作为一个参考性指标,但不能作为唯一的指标"[6]。"学校或国家科研经费的分配和投入现在多少能反映一些学者的水平和地位,但还是应该以学术成果论英雄"[7]。"大陆学者评价完全以取得科研项目为标准,矛盾的根源其实就在这个地方,因为项目本身未必能做出真正的学问。科研经费的分配和投入,反映了学者一定的学术能力,却不能全面正确反映"[8]。

---

[1] 朱刚。
[2] 陈平原。
[3] 葛剑雄。
[4] 姚大力。
[5] 张冲。
[6] 金光耀。
[7] 张曙光。
[8] 虞万里。

也有台湾学者对学者申请项目(计划)深表忧虑,"申请计划做多了,像游牧民族逐水草而居,研究很难扎根,两三年一个计划做过,下面又要做另一个不同的题目,研究怎能根深叶茂？但问题是大学升等、学术评鉴和计划申请又密切相关,所以学者无法摆脱不断的申请计划,这就是我们的困局"[1]。因此,要引导人文学科健康发展,必须摆脱唯项目、唯课题、唯获奖,要弱化项目、课题和获奖指标,以产出为导向,以学术成果指标为核心。

3.5 弱化主办和参与学术会议

在中国当前国情下,许多学术会议失去了应有的学术地位和评价学术成就的功能[2]。"现在的学术会议,坦率地讲,营养很不够,太浪费时间了,就是个热闹、赶场子"[3]。"为开会而开会"的情况非常严重,会议的学术性不够"[4]。"在学术会议上发表论文,似乎与学者成名没有太大关系"[5]。甚至有学者认为,"如果一个学者是靠在学术会议上发表论文来获得他的学术影响,那他的学术也就完了。事实上有的学者就是如此,整天不在研究室待着,而是出去开会,我不知道他们还有多少时间看书写东西。学术会议自然要开,但一定要有实质内容"[6]。

从访谈中也可以看出,学者们并非否定学术会议进行学术交流和传播的价值,仅是指出当前学术会议的乱象,都期待着真正讨论问题的,可以激发思考和辩论的会议[7]。期待认认真真地设计议题,有实实在在的内涵蕴蓄,以及严肃专业的组织形式的会议,这样的学术会议多多益善,也真正能推动学术[8]。

---

[1] 陈鸿森。
[2] 朱立元。
[3] 朱学勤。
[4] 谭帆。
[5][8] 程章灿。
[6] 汪涌豪。
[7] 陈子善。

3.6 慎用媒体影响力、社会影响力指标

有学者形象地对学者的学术影响和社会影响进行阐释,认为这是学术的不同分工,是社会学术生活的"专业研究"和"大众推介"两个不同区位。前者追求的是"发现",后者追求的是"传播"。前者类似"神学家",后者是"传教士"[1]。

所以,学者们几乎一致地认为媒体影响力、社会影响力与学术评价无关,尽管学者参加社会活动/媒体活动,"可以提高社会影响或者对政府的影响,包括对学术界的影响,但不能绝对体现出学者的学术水平。因为学术水平特别是人文方面,是高深的而且是小众的"[2]。因而,**在进行单纯的学术影响力评价时,不必考虑媒体影响力和社会影响力**。但也有学者建议,学校应该对学者和学科建立两项指标,一个是纯学术指标,一个是综合指标。**对于综合指标来说,社会影响力、政府决策影响力便不可忽视,是需要考虑的重要指标**[3]。

3.7 教学与科研并重

人文学术研究机构可以分为兼具教学与科研功能的大学和以研究功能为主的研究所(中心)两大类。此次访谈专家中,除10位来自专门科研机构(包括大陆的中国社会科学院和台湾的"中研院")外;其余39位访谈专家均来自大学人文院系。尽管有的大学将教师分为"教学型教授"和"研究型教授",但相当多的受访学者认为,大学教师毕竟不同于科研机构,教学环节同样重要。应该将教学和科研结合起来,互相促进,不可分割。如果一种学术评价只注重学术自身的评价,而把学生的培养撇开,实际上是不健全的[4]。学者的业绩应该包括指导学生的成绩[5]。而如果一直不参与科研活动,一直不关注学术动态,就不可能站在学术最前

---

[1] 程巍。
[2][3] 葛剑雄。
[4] 邹诗鹏。
[5] 朱立元。

沿,教给学生的东西难免会比较"水"[1]。有学者主张,"教学与培养人才的权重应该大大增加"[2]。

在评价体系中如何纳入教学考量指标,也有学者给出建议,一方面,可以通过建立新专业、建立新的课程体系、出版教材、开设新课程、学生的评价等标准体现[3]。另一方面,从某种意义上来说,**学生也是学者的学术产出成果**,能反映导师的学术水平[4]。因而,指导博士生的数量也可以作为计量指标,且具有可操作性[5]。所指导学生获得的成绩也可以纳入学者业绩[6]。

还有学者进一步对教学科研的评价比重提出建议,认为要视学校类型而定,不能一刀切,如果是研究型大学,科研应该放在第一位;如果是应用型大学,就是教学列第一位[7]。

上述 7 项要点是针对评价指标的专家主要观点,构建评价体系并不是各项指标的简单汇集。指标不能只有一套,标准可以分门别类,更细化一点,有针对性一点[8]。标准不能太一元、不能执行得太机械,即要**兼顾针对性、多元性、严谨性、灵活性的原则**。"评价标准应该从一元化到多元化,应该容留相当大的弹性,尤其在人文学科更是这样"[9]。

此次访谈、座谈记录总文字近 40 万字,上述内容仅为代表性建议和意见的粗略汇总,近百位专家的诸多个人感受和意见实难一一概括。为客观地反映各位专家的观点,编者将访谈和座谈内容加以忠实记录、整理和发布,个中结论交由读者自行分析和总结。

---

[1] 魏育青。
[2][8] 汪涌豪。
[3] 陈忠敏。
[4] 万俊人。
[5] 张汉良。
[6] 朱立元。
[7] 朱学勤。
[9] 王汎森。

第一部分 中国语言文学学者篇

1. 王德威：人文永远需要不断思考辩证，没有量化的标准

王德威，1954年生。美国哈佛大学东亚语言与文学系Edward C. Henderson讲座教授，台湾"中研院"院士。曾任台湾大学外文系副教授，哈佛大学东亚语言文化系助理教授，哥伦比亚大学东亚语言文化系教授、主任及丁龙汉学讲座教授，南京大学中国现当代文学研究中心客座教授，苏州大学及山东大学荣誉访问教授等。主要研究领域为比较文学、文学评论等。

访谈时间：2014年12月24日下午
访谈地点：台湾"中研院"中国文哲研究所
访谈人：张敏

美国的人文学科采取终身俸的升等制度，而非数量化的评价标准。

访谈人：王教授，您好！感谢您接受我们的访谈。简单介绍一下，复旦图书馆为什么要做人文学科评估访谈这件事情，图书馆日常在信息服务和基于文献计量的学科评价方面一直在做一些工作，例如基于SCI、SSCI的数据分析和学科评价。我们在做这些数据分析的过程中发现，不论SCI、SSCI、ESI等都是基于发文和引用的，这种指标性的评价体系在自然科学评估时可能是比较合理的，但是在评价人文社会科学，特别是非英语体系的人文社会科学时会有很多问题。校领导委托图书馆来做这件事情，收集一些人文学者对学科评估的意见和想法，今天我们很荣幸能够对您进行访谈，了解您的意见和想法。

王德威：我的意见是这样的，当然我只能就在美国教书的经验来做一些观察，所以可能没有特别具体的建议。我想你们也大概知道，美国的人文学科方面是不采用这样的评鉴制度的，他有一个终身俸的升等制度，

tenure system。通常一个年轻的学者进入到一个学校的体系中,大概5到7年是一个评估的区间。依学校的大小,依学校对各个学科侧重的方式,学校会有不同的要求。但是基本上没有像亚洲的这几个大的国家或地区这么重视这种数量化的评判标准。但是这并不是说没有标准,我想基本上,尤其是以我个人这个文学领域来讲,你在升等的时候起码应该有一本专书和一定数量的论文。这个专书应该是一个绝对创新的,有原创力的,可能是经过博士论文修订而成,也可能是新的博士后阶段做的研究成果,但这些应该结集成为一本精致的书,而且由一个知名的出版者来出版。美国的出版方面,由于审核制度非常完整地施行,出版的机会非常少,本身能够出版已经是一个客观的学术评价标准了,尤其是主要的几个大学出版社,例如哈佛、哥伦比亚、斯坦福等等,但也有一般的,稍微没有那么强竞争力的、民间的、商业的出版者,他们的系列出版物如果有口碑的话,也得到了尊重,所以美国有一个相对来说还算客观的,经过出版来达到评价目的的体系。除此之外,当然有单篇的论文,各种各样会议活动的参与等等,这些我想在哪里大家都是有类似的一个共识:这些是评价一个学者表现的一个标准。但是(美国)没有一个这样量化的指标。所以,这就涉及到学界对于学问本身的认知和尊重问题,就是人的问题永远没有办法排除,但是在一个共识的基础之下,我们仍然认为是有一个相对合理而可靠的标准。这个标准在评鉴的过程中,除了刚才说的出版本身的一个审查制度之外,年轻学者在升等的时候有匿名的校外评审信,这些其实不能杜绝所谓的人的因素,但是大家都觉得在所有的系统和制度里面是最为可靠的、可信的。在从拿到终身俸的副教授升到正教授的阶段,通常就弹性比较大了,原则上是希望有一本专书,表示你在升等之后的进步,或者也许你在学校行政上的表现,你在专业上的表现,论文发表的数量等等,这个就是因学校因人而异,没有一个所谓的严格的不能再严的标准。回到我刚才想讲的,对于一个基本学术本身的专业的优劣的认知,是一个很崇高的目标,这是第一点。第二点对于学术伦理的,大家约定俗成的一个共识。

刚才讲了两点,每个社会有它自己的运作,所以你说人情的困扰,各种其他因素,例如员额的升等的压力,这些都是很不得已的事情,我会采取一个同情的理解的态度来看待。可是就在这个点上,也许大陆现在到了一个可以建立一个更好的制度的点上,因为客观的条件已经提升,大家也逐渐认知,在学术的范畴里面,不管自己怎么做,你必须还是要和海外的其他的学术世界有一种呼应,我想这是一个良性的互动。就像你们来采访,你们觉得可能有一些可以值得借鉴的方式带回去。所以这一类有形无形的压力都会让学术界产生一个最终的质变。

美国的人文学者很少听到诸如 SCI、SSCI、A & HCI 这些引文索引系统,不同于理工科。

访谈人: 非常感谢。我们也非常想知道,美国的学者们是怎样看待 SCI、SSCI、A&HCI 这些引文索引系统?

王德威: 我想很多人(人文学者)是很陌生的。但是理工科是看的,这是没有问题的,这本身就是从理工科介绍过来的。我只能就我在国外的经验,我从来没有听说过哪一个讨论。我现在是在哈佛的东亚系也在比较文学系,我过去在哥伦比亚大学的时候,在东亚系和比较文学中心,所以我接触到不同领域不同系所的学者的讨论,大概很少听到这样一个词。这都是回到亚洲,在中国大陆、台湾、香港会听到这些。

访谈人: 现在中国的大学和教育部非常重视世界一流大学和一流学科的建设,会觉得这些指标有一定的意义。

王德威: 复旦文科方面不是取消了吗?

访谈人: 也不是完全取消。对要求学术产出的正面引导还是有一些的,但是可能复旦的奖励政策力度比较小。有些学校会很重视这个,会有很大的奖励。但是我也想知道一点,在美国不同的大学的相同专业,例如,都有历史系,都有哲学系,那么这种基于学校的,某个相同学科的评价是怎样做的?纽约时报的大学排名也有分学科的排名,它的指标体系当然很复杂的,包括教师、学生、就业、教学等多方面,但是它其中也有一块就是论文产出和研究成果。

王德威:没错。可是你刚才讲的这种全美国大学的评比,例如 U.S. News & World Report,还有 Forbes(福布斯)的,也有一些大的民间企业在做这个。但我觉得它实际对置身事内的教授和学者没有那么多的直接的压力。国外大学其实真的是蛮理想性的,尊重学者个人的研究自由,还有整个研究方向上的自主性等等。(这种学术)的氛围真的是让我自己觉得幸运的,我没有这个压力,没有这个意识。但是在台湾,我知道有,台湾的升等是和 SSCI 有非常紧密的结合,还有年限的限制,这就造成一种时间的压迫感,学者只好努力生产短小精悍的文章,可以赶快出的文章,各处投稿,这会影响你对一个大的格局的大的研究项目的决定,因为你必须要先把生活安顿好,有升等职称的压力。所以,你们今天来采访"中研院"相对来说,不是一个最有代表性的地方,因为"中研院"的整个氛围是非常好的,整个环境是一个相对宽松的环境,而且没有教学的任务。我觉得似乎这个不是一个你们来综合评估台湾学界现象的最完整的标准。你一定要到大学去,最好是一所公立大学,一所私立大学,你可以有一个对比,因为私立大学资源少,他们的压力也大。

人文学科评价制度的改革需要由高校牵头公开宣言,然后得到其他高校的响应,结果自然会有所改变。

访谈人:其实国内的大学都是有压力的,包括复旦。就像您说的,复旦内部也许能把人文评估做得更科学合理一些。但是一旦去争取外部资源,去争取社会资源的时候就有压力了。

王德威:我知道很难。因为我参与了好几个大学的争取经费的项目,各种各样的,很惊人的,每次到最后都是十万火急的,坦白来讲到最后是借助学校的名声,而未必是学者个人的名声。我站在愿意支持中华学术发展的立场上是一回事,但是有时候觉得是形式主义。我了解这个压力,每个学校都在这么做,不是只有某一个学校这么做,他要拿他的阵容,你要拿出你的阵容。往往让你觉得一个学校或一个单位,他的努力是不是真正有决定性的作用,推而广之,学者个人的努力是不是有多大的作用,这是让人觉得气馁的地方。

最后,做学问其实是归结到一个听起来好像是空洞的话,但我认为是有意义的——还是一个学术伦理、学术规范的一种自律。人文学科太强调这个了。刚才陈思和老师也讲到,有一些学者很用功,但未必用生产的方式来表达他的知识的深度。对此我深有同感。中国有一个传统,述而不作(比如我们的孔夫子),而现在却在用一个西方这种生产的观念,尤其是社会主义式的非得拿出研究成果来。

王德威:或者复旦能够通过这次做出一个像白皮书一样的公开宣言式的,必须要有这种大学来做,学校的名气,然后登高一呼,然后有几所大学开始来逐渐响应,这当然是渐进的,慢慢地自然而然的会改变。我也相信客观的生活条件的改变,这一方面应该是乐观的。整个大家从容了,过去出国多难呀,现在出国像没事一样,无数的人在飞机上跑来跑去,到哪里都是大陆人,用这样的一个例子就是,生活的余裕,然后对生活的憧憬不再只是那么一点点东西的时候,我相信这个还是会改变很多人的心态的。

人文学科方面,国外重视专书。

访谈人:非常感谢您。最后再想问问,比如自然科学方面,期刊论文会比较重视,在人文学科方面,专书、期刊论文、还有参加国际学术会议的会议论文,还有学术集刊等文献形式,您觉得他们各自的分量,您心中是否有区分?

王德威:在国外当然是专书。因为这个是成一家之言,他有自己的体系。期刊论文倒不是说不可以,很多时候是由期刊论文开始有很多小的课题的发现,然后逐渐导向一个专书。但期刊论文我特别要讲的是,它因为要配合审查量化的要求,就必须要有一定的选择和策略,撰写短小精悍的文章投到不同的期刊,网要撒很大,才能够有足够的成果数量。我觉得这个蛮消耗精力的。所以这点来说,当然是专书分量更重一些。但我自己有一个感觉,不知道观察是不是正确的:大陆的各种合作项目或者指定项目,因为某一个工程、某一个基金下来,年轻学者甚至资深学者,每一个人分配写几章,你写几章我写几章,特别喜欢做这种大工程。这种情况下专书的分量需考量。

访谈人:很多项目在申报的时候有一个预期研究成果,当然有些希望是一个宏大的成果(更有利于申报)。

王德威:这个宏大当然是中国大陆的特色,一方面是有这个资格宏大,但另外一方面可能是大而无道的。文学史写得都有多少本了,太多本了,好不好我不敢讲,有些的确很好,有些却是平平了。所以这些问题我今天就把它说明,这就是我的观察。你问我从国外的角度,当然是专书重要,这没有什么疑问。

国际会议上发表的论文并不能代表学术水平。

访谈人:那国际会议呢?

王德威:国际会议我个人不会特别的重视。国际会议发表的论文并不代表你的学术水平。会议经常是个社交场合,或者是表演性很强的,短短的时间讲一篇文章。我想作为文科学者,多半的时间我们需要很多自为的安安静静地做学问,所以我觉得国际会议作为一个指标非常可议。

现在听说,我只是听说,另外一个指标是要升等就要出国一年。我很希望大家出国,但将出国和你国内升等绑在一起,我不理解这个逻辑性在哪里。大家出国是希望中国的研究者在国外学习到了好的知识,有所提升,有国际化的视野。但是对于多半的学者来说,要考虑一下自己的语言储备能力怎么样?另外,是否有必要出国学习?尤其到国外去学汉学,国外有那么了不起吗?如果是平台式的学术交流,言之成理,你们学的是一套,我们学的是一套,我们来做个交流,但是恐怕多数的,也就是出国一趟(为了升等的需要)。我非常乐于见到这么多的学者在国外多观察,多吸收,但是也不免有所保留。出国变成升等的条件,有些不可思议了。

人文学者服务和影响社会不应该作为一种学术上的指标。

访谈人:上午大家在一起讨论到,人文学者服务和影响社会也作为一种指标,您似乎不是很赞同这种观点。我们提到的社会服务,可能主要是学者影响媒体,在媒体上的一些言论或观点表达,是否能够对社会产生影响。

王德威:我不晓得,也许我们做现代文学,对现当代的一些话题稍微有一点点切合性吧。但在甘肃做考古发掘的一位考古研究学者,他难道也得去跟社会的大众讲?这个命题太宽泛了。

访谈人:就像上午座谈会上,"中研院"的学者们对此也是持不同态度的。

王德威:是的。我特别趋向于这个意见,你有这个能量,你能够做到,很好,我们乐见其成。但不至于每个人都要做社会服务,有的人就是口才不好,有的人就是天生没魅力,有的人就是觉得我的东西很尖深,我拒绝。这是对知识的一种尊重。但是这个好像讲只占20%吧,所以还没有到那么严重,重要的当然还是专业的领域,所以这个是一个综合的问题。复旦能够让一个代表团来访问谈论这个问题,本身就是一个蛮重要的转变,过去他觉得没问题的,现在觉得大概有点问题,所以我觉得这个事情本身是一个很好的事情,让大家畅所欲言,希望将来有一个具体的可行的渐进的一个措施。我仍然乐观地觉得,随着客观环境的改变,学院的感觉上会稍微松弛一些,大家不再会为了某些实际的所得这么激烈地竞争,这是我个人的一个期望。

访谈人:对的,复旦其实内部各个学院也是有竞争的。
王德威:我觉得这个是良性的。而且人文都是这么大的一个系,所以我不能用我自己的经验来衡量,因为在美国东亚系不是很大的系,我们系已经算非常大的了,有二三十个教授,我们教中国文学的是六个教授。复旦就大很多,估计有上百人,所以基本上我乐观其成,我相信你明天到台大会有很多收获,他们阵容也非常严谨,老师也非常好,大家都遵守这个游戏规则,但也有很多的保留,因为这个很消耗精力,但是你不用这个你用什么呢?所以人文永远是一个需要不断思考辩证的,它没有量化的标准。

2. 朱立元：允许适度量化，但不应僵化、机械化，成为束缚教师学术成长的紧箍咒

朱立元，1945年生。复旦大学文科资深教授，中文系博士生导师。1997年获国家人事部授予的"有突出贡献的中青年专家"的称号。2002年获宝钢优秀教师特等奖。曾任国务院学位委员会第五、六届中文学科评议组成员。兼任中华美学学会副会长、中国中外文艺理论学会副会长、中国文艺理论学会顾问、上海美学学会名誉会长。主要研究领域为文艺学、美学，具体包括文艺理论、美学理论、西方美学、马克思主义文艺理论和美学等。

访谈时间：2014年12月16日
访谈地点：复旦大学光华楼朱立元教授办公室
访谈人：常然

<u>现有的人文学科评价标准不能完整地体现学者在学术、教学、社会服务等方面的贡献，但也不能全盘否定。过去的职称评定更看重教学和科研质量，没有过多量化标准，较为公正客观。目前评价体系（如刊物等级的区分）一定程度上禁锢了学术的发展。</u>

访谈人：朱老师，您认为现有的人文学科评价标准能否完整体现该领域的专家学者在学术、教学、社会服务等方面的成就和贡献？

朱立元：现有的评估体系，个人认为虽然基本上还算合理，不能全盘否定，但是还不能比较充分和完整地体现专家学者在学术、教学和服务这三方面的贡献或者取得的成果。我国的学术评价体系并不是一开始就健全的，它经历了一个创建、修改、逐渐形成和发展的动态过程。制度在开始建构时比较合理，主要是正面积极的作用；一旦固定僵化以后，就容易

脱离实际，产生了越来越明显的束缚和制约，对教师和学术发展起了一定的消极、阻碍的作用。

访谈人：过去您在职称评定时都有哪些方面的标准？

朱立元：我是1992年评的正高，当时在《文学评论》《学术月刊》等刊物上发表的文章数量比较多，很多学校现在将其作为一级刊物。当时拿过项目、也得过奖，但对科研项目没有要求。记得当时评职称没有很多量化的指标，主要看教学和科研成果的质量、水平，相对比较客观，学术委员会掌握评审标准还是比较公正的。

访谈人：您觉得目前评价体系中的哪些因素制约了学术的发展？

朱立元：评估体系包括刊物等级的区分，对研究生或年轻教师起了一种不完全正面的作用。真正有所思考、独立研究的成果，在刊物上不一定能发表。80年代发文章没有核心、权威的概念，90年代才逐渐有了转载率的概念，有了一般、核心、权威的区分，这些标准是在不知不觉中形成的。刚开始建立的时候，意图是积极的，有规范比没规范好。发文章的刊物有等级、有区别以后，大家就有了一些选择。后来越来越普遍，被许多高校接受，成为很重要的评估体系。一方面，评价个人的学术水平和成果，要看刊物档次和转载率；另一方面，职称评定也受这个影响，按照理科的思路完全定量化地进行评估，所有指标都量化了，到最后就成为了"紧箍咒"。

访谈人：这些影响因素可否主要归纳为发表论文的数量及主办刊物的级别问题？

朱立元：除了发表文章，还有科研项目的立项问题。复旦有一个时期评职称要求必须有省部级以上的科研项目，申报副教授要有一项，副教授申报教授要两项，而且要作为第一主持人或者独立申报人。有些学术上优秀的老师，在没有高级职称以前要拿到项目相当困难，所以消极面更多，限制了一些有潜力的青年教师的脱颖而出。

学校或国家的科研经费分配和投入不能完全反映学者的学术地位。

访谈人：那么您觉得学校或国家的科研经费分配和投入，能否反映学者的学术地位？

朱立元：国家的科研经费每年都在增加，2010年申请一个项目能拿8到10万左右，现在一般的项目可以拿到20万左右。重大项目大家每年可以申报不止一次，经费达到80万元，还可以增补。对我个人来讲，评上教授以后在职称方面不用担忧有无项目的问题。然而系里和学校希望多出点力来申报重大项目，自己还是不能不回到现有的评价体系中间，面对填不完的表格。我申报的项目大部分都能立项，自己也会选择相对比较熟悉、跟我的研究方向比较一致的题目来申请。文科里有意识形态性，特别是89年以后，有一段时间意识形态偏左。可是意识形态不能取代学术，非学术因素的滋长，在项目方面也产生了一些混乱和问题。个人的研究与意识形态的要求可能会有距离，不一定完全符合要求，每次申报项目的课题指南下来，只能从边缘找一点，把自己的题目改一改，大致范围还在课题指南里面。也有完全不是我熟悉或感兴趣的项目，那只能放弃申报，这没办法，尤其是重大项目更是如此，从征求课题到进入课题指南，再到申请立项，常常受制于这方面的限制。无论是政治、经济，还是新闻传媒，很多学科都会有很多课题紧跟时事、紧跟意识形态走，从学术价值来讲不一定都很高，有些人通过项目拿了很多经费，但实际上也做不出很有创见的研究成果。这种资助系统，从选题到课题立项，整个从上到下，都是按照特定时期政治、意识形态的需要来设计，不一定能很准确地反映学术水平。

国家社科优秀成果奖作为衡量学术水平的指标是可行的。

访谈人：国家社科优秀成果奖等奖项能否作为衡量学术水平的一项

指标?

朱立元:不仅仅是个人评职称,还有评奖体系也是一样的。上海市有邓小平理论研究和哲学社会科学两套系统。一到评奖开始,文科科研处就会动员每位老师都要报项目,学校很看重,我们中文系也重视这一点。去年教育部的评估,中文学科评到全国第2名,与北师大并列,评估的指标包括发表文章的总数量、有多少项目、获得省部级以上的奖项等等。学校近年的文科项目经费管理做得不是很理想,如985三期的经费,有的今年不用,明年就不能用了。所以很多因素不是个人能左右的,甚至不是院系所能掌控的,学校层面有些操作也要跟着国家的体制来运转,只能在有限的范围里面做一些枝节的修改。

至于说到社科评奖作为衡量学术水平的一项指标,我觉得总体上还是可行的。有评奖比没有评奖要好一点,至少对调动大家努力科研的积极性有促进作用。关键是评奖的机制、操作要公正和透明,否则就会起负面作用。科研奖励方面,现在有教育部人文社科评奖和上海市哲学社会科学评奖,但是曾经有过的国家级人文社科评奖长期空缺,我倒是希望尽早恢复,以树立学术评价的高标杆。

长江学者、博士点、百优博士论文等的评选,有非学术因素的介入。

访谈人:学术领域里其他方面的评估是否也存在类似的问题呢?

朱立元:有啊。如评长江学者是超越院系、超越学校的,总体上还是看学术水平和影响力,它也很强调文章在什么档次的刊物上发表。现在看来,绝大部分评上去的确实是比较优秀的中青年学者,当然也有个别例外,其中原因不详。也有十分优秀的,由于学术外的原因而数次没能获评。另外例如评博士点、博士点重点学科、博士点一级学科和一级博士点重点学科等这些评估,从评审机构的设置、评委的组成、名单的确定、到评审的体制、机制、方式等等,许多环节设计得不尽合理、公正,另外还存在很多人际关系等非学术因素,不一定完全反映真正的水平。这里面前十年我一直担任国务院的中文学科评议组成员,很多人来公关,一些不是很强的学校拼命要挤进来,把积极性调动到非学术的竞争方面,而不看现成的条件,再这样搞下去就很乱,不能真实反映各个学校真实的学术水平。

再如百优博士论文,本来是遴选最优秀的学生,当选的学生也是老师指导有方,开始是很好的,后来有点变味了,很多人来打招呼,非学术的因素介入很多,不是非常公正。今年可能是最后一次评选,我认为停掉很好。

学术评估中的种种乱象是因为缺乏相对独立的学术评价机构。

访谈人:学术评估中的种种乱象,您觉得主要是由什么原因造成的?

朱立元:背后更深的根源,是评估机制的设定或执行的机构有官方的操控,缺乏像西方那样相对独立的学术评价机构。由于非学术的因素、行政的干预比较多,所以不能完全、充分地衡量人文学科的真实水平。

建议将代表作制度与适度量化结合起来,设计更加合理的职称评定评价制度和方案

访谈人:您是否觉得应该有更好的评估标准来体现学者的价值?

朱立元:我的一个基本想法是,目前的体系、制度相对比较稳定和成熟,有国家的行政呵护,整个大的体制很难根本变动,基本上还是在体制下求生存。我们可以做的只能在学校层面局部地进行调整,以求不完全被体制左右。比如在学校内部进行职称体制改革,尽可能地减少消极成分。前两年学校开始尝试代表作制度,这就有所突破和改变。代表作制度相对于量化评价有所进步,现在正高要求3篇论文和1部著作,没有要求顶尖、权威的刊物,多少有所摆脱这种等级森严的量化框框。这是一个试验的过程,也有打分,有盲审,专家的看法可能不一致,但在评职称方面

要好一点。大家可以真正写一点有研究、有心得的文章,更加公正合理。所以,评职称试行"代表作"制度,我觉得总体上是积极的,效果是正面的。但是,不知为什么,去年起,学校评职称又恢复了量化的指标体系。我认为,在当前全国高教和学术界整个体制未改变的情况下,适度的量化并非不可以,但是,不应该僵化、机械化,成为束缚教师学术成长的紧箍咒。建议将代表作制度与适度量化结合起来,设计更加合理的职称评定评价制度和方案。

前辈们的学术地位取决于校领导或院系领导的慧眼。

访谈人: 与前辈学术大师相比,前辈们的学术地位是如何产生的?与我们今天有什么不同?

朱立元: 学术水平的体现,不一定要很多文章,一两篇非常出色的也可以。解放前有的大学者,一篇定乾坤。当时对教师的认定,看校领导或院系领导的慧眼,例如蔡元培在学术上是很有眼光的。学术地位的产生需要发表一些论著,以求得学界的了解和认识。在学界交流中间,刊物是某一个团体或私人发起的,被学界承认是自然形成的,没有杂志的等级观念。中国文史哲是相通的,文章发表以后,在同行里面公认有水平,就会产生影响。关键是要选取优秀学者担任学校或者院系的负责人。现在看来,当时绝大多数都发展得很好,像陈寅恪、钱钟书等人后来成为大学者。复旦中文系有朱东润、郭绍虞先生等学术前辈,朱先生留学伦敦,英文非常好,他学贯中西,治学严谨,有很多好的经验值得我们借鉴。

学术管理者在学术评估中所起的作用也是非常重要的,但如今在量化的框架下,很难有所作为。

访谈人: 由此看来,学术管理者在学术评估中所起的作用也是非常重要的。

朱立元：是的。我也做过系主任。当时学术上很突出、很优秀的人才，没有满期限，破格晋升为教授的例子也是有的。中文系的陈尚君和骆玉明两位老师，做副教授时间没有满五年，我找到杨福家校长，帮两个人打报告，他们都破格评上了教授。陈尚君当时表现非常突出，当时代表作是《全唐诗补编》。《全唐诗》一共五万首，他一个人新发现、考订了五千多首，这个增加的数量比前人、同代学者的数量总和大得多，功力非常深厚。当时没有教条束缚，通过做一点工作可以把优秀的人才推上去。如今在量化的框架下，系主任也很难有作为。

<u>大学教师的业绩应该包括指导学生的成绩，要从较长时间段来考核。</u>

访谈人：您觉得一个名师的价值，是否应该通过他培养的学生的成就来体现？有什么办法可以通过对学生成绩的评估来体现教师的价值？

朱立元：大学老师同科研机构不同，教学环节同样重要，业绩应该包括指导学生的成绩。培养出优秀人才，比如拿到百优或提名的学生毕竟很少。带出来的学生毕业以后在各个学界的专业范围里成为学术骨干，要按时间考核，起码五年至八年，从比较长的时段可以看出一个老师的水平。在很短的时间内（例如一届学生）很难看出来。教学方面今后能不能针对大学教师，除了教学态度、科研出成果以外，从本科教学到研究生教学，设计出一套评价的办法。

<u>人文学科还是有一定的社会服务方面的功能的。社会服务可以作为参考指标，不必作为硬性指标。</u>

访谈人：朱老师，您认为人文学科是否具备社会服务方面的功能？

朱立元：中文系还是有一些社会服务的功能，可以为社会做一点贡献，但是跟经济、政治、新闻、法律还不一样。社会科学的服务更加直接，文史哲作为基础学科，直接服务的功能相对薄弱一点，但也不是完全没有。如陈思和老师在这方面做得挺好，通过开办讲座、与作家对话等形式做一些社会服务，有相当的影响力。汪涌豪老师也比较活跃，出镜比较多，所讲所写的东西通过媒体传播开来，对社会服务起了相当的作用。还有的老师通过其他一些途径，普及专业知识，如谢金良老师开设的易学讲座蛮多的，大众也比较感兴趣。我自己兼任上海美学学会会长，通过组织一些学术活动，与社会发生联系、沟通，也能起到一些比较间接的作用。

访谈人：那么社会服务与培养人才和科研相比，在人文学科的评估中它们之间的权重如何？

朱立元：对学者进行全面衡量时应该考虑到社会服务这一层，但是跟教学、科研还不太一样，这方面要求不能过多。教学至少要达到一个基本要求，不但是指导专业学习，还要有对学生的素质培养和影响，老师要有正气，以身作则。学生水平可能参差不齐，但是整体上学生队伍要比较健康。社会服务贡献方面，各个学科不一样，个人情况也不同，大部分老师参与社会服务的机会相对比较少，所以这方面可以作为参考指标，不必作为硬性指标。

学者在媒体上发声要与自己的研究一致，能够体现自己的独立研究和成果。

访谈人：您认为学者通过重要媒体活动，除了增加知名度和影响力外，能否真正体现学者的学术地位？

朱立元：媒体活动要具体分析，相当一部分很不错，既体现了社会服务贡献，也体现了自己的独立研究和成果，例如哲学系的俞吾金、吴晓明、张汝伦等老师，还有陈思和老师等等，在媒体（包括报刊）上发声、发文、与观众交流，他们的活动与自己的研究是一致的，不是外在的、脱离的。如果任何人都去发言,在媒体上出头露面,却未必与自己的学术专业结合得很紧密,像"百事通"一样,则不是很合适。

学术会议上发表论文跟评估体系有关,但是,目前国内许多学术会议失去了应有的学术地位和评价学术成就的功能。

访谈人: 最后一个问题是,学术会议上发表论文对一个学者的成名有没有直接关系?应该如何来完善这一环节?

朱立元: 学术会议对学者的成长应该是有帮助的,但是也跟评估体系有关。国外对学术会议很重视,参加会议要有充分准备,对提交论文、大会发言也有严格要求,可以作为衡量学者水平的成果。国内会议只有论文发表以后才算成果。许多学术会议的大会发言往往是老面孔,有些年轻学者也许写得很好,可是得不到发言的机会。同时还有会务费等很多因素的制约,会议的功能有点异化了,不是原来学术交流的作用,很多人将其作为会会老朋友、游山玩水的途径,所谓"学术考察"成为一种普遍现象。在中国现在的国情下,许多学术会议失去了应有的学术地位和评价学术成就的功能。

3. 陈子善：对人文学科而言，学术研究应该保持相对的独立性

陈子善，1948年生。华东师范大学中文系研究员，博士生导师。兼任中国现代文学研究会名誉理事、中华文学史料学学会近现代文学分会副会长、上海巴金文学研究会副会长。曾为香港中文大学、日本东京都立大学、英国剑桥大学和美国哈佛大学访问学者。主要研究领域包括中国现代文学史、二十世纪中国文学史料学、台港暨海外华文文学、中国现当代文学与传媒、都市文学和文化（以上海为中心）。

访谈时间：2015年7月14日
访谈地点：华东师范大学中北校区陈子善教授办公室
访谈人：常然

> 现有的人文学科评价标准负面问题不断暴露，主要有科研成果如何评定与教学质量如何体现这两方面的问题。

访谈人：陈老师，我们目前正在收集人文领域各位专家对评价机制的看法，您如何看待现有的人文学科评价标准？

陈子善：高校的人文学科评价体系是一个比较大的历史概念，它在执行过程中，经历了几次大的变化。解放以后，有一级、二级、三级教授的评定，级别越高显示学术成就越大，当然当教授的年资也起作用。改革开放以后，恢复高等教育，重新评定职称，刚开始时评价标准还是比较笼统的，并没有一个十分明确的规定。慢慢地评价标准要与国际接轨，规定越来越具体、详细乃至烦琐，至今执行了这么多年，负面的问题不断地暴露出来，突出的问题有两个：一个是科研成果如何评定，一个是教学质量如何体现。科研成果的评定，主要看是否得过奖，是否主持过科研项目，是否

有论文在核心期刊上发表,是否有专著出版等等。

论文的刊物级别不应作为强制性的评价标准。

访谈人:您认为发表论文的数量及刊物级别在学术水平衡定中占多大比例?

陈子善:实际上核心期刊的提法,在十年、二十年前,是作为一种统计来了解的,并非像现在这样作为一个权威性或者强制性的评价标准。例如 90 年代,北大图书馆有《中文核心期刊》,仅仅是便于图书馆统计而已。我当时曾向北大的《中文核心期刊》提出:北京三联书店出版的《读书》杂志,从内容上看,有的文章思想冲击力很大,学术造诣很深,能够体现学术前沿,已经具备了学术性特征;不过从格式上看,《读书》的文章没有注释、引文没有出处、没有内容提要等等,又不符合学术论文的诸多规范。但我仍然认为北大的《中文核心期刊》应该把《读书》列入,后来我的意见被采纳了。当时学术界还是公认譬如《文学评论》这样的学术期刊是我们文学研究中比较有代表性的、体现较高学术水准的刊物。还有《中国现代文学研究丛刊》《新文学史料》《鲁迅研究月刊》,以及《社会科学战线》《学术月刊》和北大等高校的学报,是我们中国现代文学研究的学术共同体基本都承认的刊物。

访谈人:您觉得现有评价体系的问题主要体现在哪些方面?

陈子善:设立评价体系的目的是让我们的学术研究更好地发展,我不否认它在某段时间里肯定起过一定的积极作用,但是现在随着时间的推移,它所带来的负面作用却越来越明显。

现在必须在核心乃至权威的核心期刊上发文才承认学术价值,在其他的学术刊物上发表论文,说得严重一点,当作没有发过一样,这就是一个很大的问题。全国有多少核心期刊? 这与学者的数量简直不成比例。比如我写一篇论文,自以为写得不错,或者在观点上有所创见,或者在史料上有所突破,但在一个普通的刊物上发表,就不算学术成果。如果不看论文本身的内容,而仅仅根据核心非核心刊物来判断论文的优劣,这是否实事求是？为什么一定要《新华文摘》等转载才算第一流的？不转载的话,学术观点就不被承认或者无法成立了？没有这个道理的。怎么可以说核心期刊上发表的文章,篇篇都是一流的学术论文呢？我想核心期刊的主编都不敢这样说。即便篇篇都是引领学术潮流的论文,那么发表在其他刊物上的论文就全该埋没、都是学术垃圾么？也不能这样说吧。当然,《人大复印资料》在某种程度上是一种补救的办法,《人大复印资料》有很多专家精心挑选,将有一得之见、甚至有创新的论文不拘初载刊物的"出身"加以转载,这是好事,但也难免挂一漏万。再退一步讲,如果没有被转载,论文就一无是处了吗？也决不能这样绝对地下结论。

有时我在上海《东方早报》的"上海书评"、《文汇报》的"文汇学人"和《中华读书报》上读到一篇很好的学术文章,但能否算作学术成果呢？我有点怀疑。因为在报纸的学术版上发表的文章,必须几千字以上才算成果,这种以字数来判断论文的学术价值的方式也有点荒唐。譬如古典文学研究,哪怕我就是做一个小考证,解决唐代一位诗人生年或者卒年的问题,这是前人都没有搞清楚的,那就是好的。三四千字就把要讨论的问题说清楚为什么不可以呢？不能以字数多少来决定学术文章的命运和质量。

应该取消核心期刊的入门线。

访谈人: 在您心目中,比较理想的评价方式是什么样的？

陈子善: 这确实是一个难题。现在的规定越来越多,客观上造成研究者、教学工作者、青年教师,为了各种项目、核心期刊而焦头烂额,不能静下心来认认真真、踏踏实实地做自己真正感兴趣的学术,这是一个严重的问题。这个问题怎么解决？我提不出现成的答案来。如果去问所有的老师,大概没有人会毫无保留地肯定现在的评价体系。虽然大家都在说评价体系不合理、太僵化,可是完全推倒好像也不现实,关键是怎样来纠正这些显而易见的弊病,如何提出一个切实可行的方案来。

我个人认为核心期刊的入门线应该取消,不要以核心期刊作为唯一的入门线,例如可以定出三个入门线,符合两个就可以了。比如我们学校规定的入门线,一项是必须要有国家或省部级社科项目,现在更严格地规定必须项目结题以后才能参加评审,因为项目申请书上可能写得很好,实际的研究成果未必达到原来的设想。还有一项是核心期刊学术论文数要达到一定的标准,这两项缺一不可。我觉得不需要两者同时具备。因为也有一些研究者出于各种原因,不愿意申请项目,开始时自己所做的研究别人不一定认可,做出来以后大家都认为很好,这种情况尤其在人文社会科学学科领域里有很多。

现有的评价体系能否体现个人的成就与贡献,真的很难说。

访谈人:您个人的成就和贡献,能否通过现有的学术评估体系真实地体现出来?

陈子善:真的很难说,评价体系的问题是很复杂的。我个人的情况有点特殊。我的学历按照我们学校的说法现在还是高中。我是上山下乡、插队落户的知识青年,1974年5月从江西回到上海,在街道生产组短暂工作之后,被送到上海师大中文系培训,有幸留在上海师大中文系教书,后来转入华东师大中文系。

改革开放以后,因为没有正式的大学学历,评职称就遇到了问题。评副高时,第一次中文系有两个名额我排名第四,第二次给三个名额,我更落后了,变成第五。当时我自认为有点成绩,已经符合副教授的标准了,于是就在校长接待日向校长反映问题。校长提出,华东师大图书馆正要成立一个全国高校的文科资料中心,目的是促进各个高校文科资料的互通共享,目前缺少一位副馆长兼资料中心常务副主任,问我是否愿意去。因为我从事中国现代文学史料研究,与该领域关系密切,我当即表示愿意,但希望仍然保留教师编制,校长很干脆地同意了。由于副馆长必须是副高职称,所以就破格把我提为副教授。八年以后我回到中文系教书,在申请正教授时又碰到了意想不到的新问题。以前所有的副教授评升职称都是仅考一门专业外语,唯独要求我必须考专业外语和基础外语两科。我到校人事处去理论,问题仍然不能解决,拖了好几年。后来新任校党委书记拍板,才与其他副教授一样只考专业英语,正高职称才得以顺利晋升。

民国时期大都是系主任决定,而现今则由学术委员会进行评定。

访谈人: 前辈们的学术地位是如何产生的?与我们今天有什么不同?

陈子善: 民国时期的大学规模没有现在这么大,教师没有现在这么多。当时大都是系主任负责,权力很大,能说了算,假如不公正,教授会向校长反映,系主任可能就要卷铺盖走人。现在把矛盾都交给学术委员会了,由大家集体承担责任,职称申请者面对的评议者是一个机构而非个人。我觉得任何社会、任何时候,绝对的公平当然是不可能的,但我们要努力做到相对的公平。

同行评议不可一概而论,参与同行评议的人数多一些相对更完善。

访谈人: 您认为同行评议能否真实反映老师的水平?

陈子善: 同行评议不可一概而论,要具体情况具体分析,假设评议者都是出于学术公心,一般情况下应该没有问题。但是也不排除评议者与被评者的观点相左,可能就会评价不高。所以同行评议要完善,就需要人数多一点,这样有一个平衡,哪怕有不同的意见,只要大多数意见认为是好的就可以通过。

代表作制度是一个进步，对质量的评价，部分突破了原来的框框。

访谈人：复旦已经开始推行代表作制度，试图对量化的评价方式做出改进。

陈子善：我认为这是一个进步，可以弥补"以核心期刊的论文数定终身"的某些缺陷，至少有一个对质量的评价，部分突破了原来的框框。现在因为提交的材料太多，专家对论文看不过来，所以只看表格中填的数字，如果要评审委员认认真真地把十篇论文从头到尾看一遍，时间未必够用，因此量化最容易操作。

我认为不应把核心期刊绝对化，有很多核心期刊很有意思，发表论文的字数都差不多，八千到一万字上下，太长了压缩，不满了凑足字数，文章好像一个模子里出来的，起承转合都差不多，这就是"唯核心期刊论"的不良后果。我主编的《现代中文学刊》就不限字数，该长就长，该短就短，有两三千字的学术短文，两三万字的论文一次刊完的也有不少，不拘一格。

与申请到项目相比，如何做好项目才是最重要的。同时，如何使用科研经费，也是一个严重的问题。

访谈人：关于学校或国家科研经费的分配与投入，陈老师有何看法？

陈子善：现在项目很多，申请者评上一个国家项目就欢天喜地，但这只是万里长征走完了第一步，下一步该怎样做好才是最重要的。

科研经费怎样使用也是一个严重的问题。文科项目的报销有很多死板的匪夷所思的规定，譬如项目的期限是三年，那么三年的交通费用应该都可以报销，新的规定是当年可以报，隔年不可以报，票据作废。实际上对教授来讲，时间是最宝贵的，不要让他们把时间浪费在来回奔波报销上面。做研究像创作一样，要集中精力思考，不能把他们的时间零打碎敲，不能把适用于官员的"八项规定"生搬硬套到他们的教学、科研上来,要有一个合情合理的做法。我认为项目资助的目的是为学者创造一个良好的研究条件而不是其他,既然给了钱就要充分信任,关键是看成果,至于怎么花钱并不重要(当然不是乱花钱)。如果经费报销都符合"规定",但研究成果却不尽如人意甚至很差,这决不是我们所要的结果。

在人文学科评估中,教学、科研与社会服务之间的权重因学科而异,但教学与科研不能截然分开,老师应该发挥特长。

访谈人:您认为在人文学科评估中,教学、科研与社会服务之间的权重如何?

陈子善:因学科而异,不能用一刀切的标准来衡量。学术也要与社会生活相结合,有的学科可能与社会联系更紧密一些,那么当然与社会的互动就比较多,比如法学教授需要案例来充实教材,研究电影的学者会经常与观众分享观影感受。有的学科与社会联系就比较远,比如从事甲骨文的研究。所以要根据各个学科性质的不同实事求是地加以区分,分别对待。

但是不管怎样说,教学与科研不能截然分开,两者都不可以偏废。把科研成果带到教学中来,两者互相结合、互相促进是最为理想的,能够完全做到的学者可能也不多,这是我们需要努力的方向。如果科研成果能为更多的人所知道,某种程度上也是一种教学。比如一个大学教授出版一部学术专著,阅读的人肯定比听作者课的人多,不仅仅是一届学生受益,还可以在很长的时间里发挥作用。所以不能机械地判断说,课上得比较少就不重视教学。陈寅恪的书我们还在读,虽然没有听过他的课,但是无形中还在接受他的教育。

还有一个问题,老师应该发挥特长。每位老师都有自己的特长,有的老师讲课很好,表达生动,条理清楚,但可能深度不够;有的老师可能很有深度,在课堂上表达不出来,但在著作中体现出来了。善于学习的学生,不仅要听好课,而且要读好书。大学尤其是研究生阶段主要是学生自己学习、自己摸索、自己思考,导师指点当然也至关重要。国外有很多小课是讨论式的,不完全是面授式的,因此教学有多种形式,不能一刀切。

老师的价值可以通过学生的成就来体现。

访谈人:您觉得老师的价值是否应通过所培养的学生的成就来体现呢?

陈子善:那当然了,名师出高徒。学生应该在老师的基础上继续前进,一方面要充分尊重前人的成果,同时单单传承还不够,也要努力开拓自己的新领域。在传承的前提下怎样拓展?这是一个很大的挑战,学生有压力,但学生应该迎接这样的挑战。

学术会议对学者的成长有无帮助,关键要看会议的质量。

访谈人:学术会议对学者的成长是否有帮助?

陈子善:不能一概而论,要看是什么样的学术会议。如果是真正讨论问题的,可以激发思考和辩论的会议,我觉得会有帮助,准备充分、讨论深入的会有很大帮助。如果会议人数太多就很受限制,尤其是年会,连宣读论文都来不及,更不用说讨论了。学术研讨会要讨论,有的与会者将已经发表的论文再宣读一遍,这样意义就不是很大。我因为编写《现代中文学刊》,所以经常参加学术研讨会,目的是发掘好的论文,争取到自己的刊物上来发表。

就我们专业而言，评判文章或者专著的水准时首先要看题目选得好不好。

访谈人：您在评判文章或者专著的水准时，会从哪些方面来衡量？

陈子善：就我们专业而言，首先要看题目选得好不好。比如论文研究的作家作品或者文学现象，以前很少有人关注，或者即使已有很多人研究但选取的角度很新，具体的论证又很充分，这是我取舍论文很重要的标准。当然必要时也会配合，例如庆祝抗战胜利 70 周年，我们刊物组织的论文是从学术角度展开研讨的，比如研究钱钟书抗战期间写的旧体诗词，背后的问题是沦陷区知识分子的复杂心态，这是以前抗战文学研究较少关注的一个方面。

论著的转载率和引用率两项指标要慎用。

访谈人：您觉得论著的转载率和引用率这两项指标，对于人文学科是否适用？

陈子善：对这两项指标也要慎重。刚才讲的《人大复印资料》就是转载率的问题，引用率的问题更不应该作为标准来衡量。现在有一种值得关注的现象，为了提高引用率，大家纷纷互相引用，还有一种可能是因为受到批评而被引用。因此这个指标就大可怀疑。这其实是套用了理工科的计算方式，并不能说明问题。我写文章基本上不引用当代学者的论述，不是说我不尊重别人，而是因为研究的对象和范围不一样，决定了我引用的往往只能是前人的话。如果不断引用当代人的话，那我自己的话到哪里去了？我觉得单单以引用率的高低来评判研究成果的高下是不合理的，至少是片面的。

学术领域不能以评奖作为判断学术水平的唯一标准，要以平常心对待。

访谈人：那么评奖能否体现学者的学术水平？

陈子善：平心而论，有一些奖项确实能够反映学术水平，比如古籍整理工程这些很大的研究项目。但是也不能一概而论，因为有的作者出于这样那样的原因没有申报，评奖不可能顾及到未申报者。评奖本身应该有一个专门机构来做，最好有专家推荐，制度也需要逐步完善，公开透明。例如文学评奖，不能得奖以后就一俊遮百丑，马上身价百倍，学术领域也不能以评奖作为判断学术水平的唯一标准。要以平常心来看待评奖，评上当然好，没有评上或者未参加评选也无所谓。

媒体活动对学者的学术研究的作用要具体分析。

访谈人：您认为媒体活动对学者的学术研究，更多是一种促进作用还是阻碍作用？

陈子善：有些学术问题不能借助媒体来解决，有些学术问题经过媒体宣传可能会产生更好的效果。例如最近上海电视台音乐频道在播放一个节目，请上海音乐学院研究古典音乐的教授讲解贝多芬晚期的弦乐四重奏，讲他个人的研究心得与对这些作品的理解，把深奥的内容讲得很亲切，这就是利用现代化媒体来扩大学术研究的影响，挺好的。但是有正面的例子，自然也有反面的例子。一味在媒体上用大学课堂的讲法是行不通的，需要深入浅出，通俗也有一个"度"，不能说过头。

对人文学科而言,学术研究应该保持相对的独立性。

访谈人: 参加政府决策咨询会或者报告获得批示,能否提高人文学科的学术声誉?

陈子善: 这种情况也许在社会科学学科领域较多,人文学科领域较少。对人文学科而言,政府方面不要随便做出指示,学术研究应该保持相对的独立性。政府的批示肯定是指导性、命令性的,而研究是没有禁区的。研究的内容可能开始时觉得不合适,不重要,但是研究得出的结论可能会很有用,政府在研究结果出来之前不要轻易地干预。

访谈人: 这是否意味着学术应该与政治保持一定的距离?

陈子善: 中国现代文学尤其是现代文化,与政治有着非常复杂、非常紧密的关系,互相纠缠交织在一起。例如,当年我参加《鲁迅全集》书信部分的注释,碰到一个棘手的问题,鲁迅在一封信中说:郭沫若化名攻击我。要不要作注,如何作注,无意之中成为一个政治问题,因为郭沫若当时是人大副委员长。这个问题能不能研究?当然应该。当时有好几位学者从不同的角度写文章考证攻击鲁迅的杜荃就是郭沫若,证据充分,最后胡乔木批示,同意在《鲁迅全集》中加上这个注释,从而澄清了一桩历史公案。这体现出学术成果既与政治有关,又突破了政治的限制。

4. 张汉良：人文学科评价应注重学科特有的"文本性"

张汉良，1945年生。复旦大学中文系特聘教授，博士生导师，台湾大学外文系终身名誉教授。曾任台湾大学教授，美国马凯大学、华盛顿大学、英国曼彻斯特大学、捷克查尔斯大学、希腊雅典大学客座教授。国际比较文学学会文学理论委员会创始会员，布拉格语言学会名誉会员，主要研究领域为结构诗学、符号学。著有《现代诗论衡》《比较文学理论与实践》《文学的迷思》、Traditions of Controversy、《文学的边界——语言符号的考察》、Sign and Discourse: Dimensions of Comparative Poetics 及中、外文论文200篇。

访谈时间：2014年10月8日
访谈地点：复旦大学光华楼张汉良教授办公室
访谈人：常然、王烨

张汉良：首先介绍一点我的情况。我1972年开始在台湾地区高校教书，起初在中兴大学，2008年从台湾大学退休，已经从教逾40年了。我从1980年初开始带博士生，也带了30多年。2010年离开台湾，（当时的）中文系主任陈思和教授和比较文学教研室主任杨乃乔教授邀请我到复旦来，现在是第六年。这个背景说明我这一生大部分都在台湾高校里面工作，对祖国内地的很多法令规章不太熟悉。我只能就国外的、台湾的经验简单谈一下，也许可以跟内地做一个比较吧。

访谈人：因为您的教学经历非常丰富，台湾和大陆在人文学科评估方面的相似和不同也正是我们非常想了解的一个部分。我们这个访谈不光是做上海的高校，也会走到国内其他地区，包括南京、北京，甚至港台地区等，所以您对我们来说是非常好的访谈对象。

张汉良：其实我也并不能充分代表台湾。我在欧洲、美国都教过书。我自己原来是台大外文系出身，台大的比较文学放在外文系，内地的放在中文系。这个背景非常不一样。首先我们就要接触外语，利用外语做工具来学习，(这和内地)差别很大。我可能也可以谈一下，欧美国家的评估和台湾的评估。因为我做过系主任，做过对外交流院长，也做过很多这类的行政工作，他们叫"大学评鉴"。我也邀请过欧美和香港的学者来担任评鉴委员，他们把自己的评估方法也介绍给我们。

学术会议上发表论文与一个学者的成名有一定的关系。学术会议会使得年轻的学者勇于参加，它有正面的效果，但也有负面的效果。

访谈人：您认为在学术会议上发表论文与一个学者的成名有没有直接关系？应该如何来完善这一环节？

张汉良：这个题目我很感兴趣，我想前面这部分是肯定的。显然学者都是从出席学术会议开始的，博士生、硕士生就是这样。但是在台湾早年，跟内地有些情况比较像。为了消化预算，比如有经费，往往会在学术会议上希望你交出一份完整的论文，会议结束以后马上出版，然后要报销，甚至在会议还没开完的时候就印出一本。台湾以前很糟糕的，规定你一个月之内要报销所有的单据，连论文集都报销。这个情况跟西方非常不一样，他们的学术会议是现在的研究，还是一个新的东西，没有出版发表的，在学术会议上只是做一个试金石，丢出去，看看大家怎么样回应，然后根据反馈回去修改。修改之后，很可能在未来的两三年之内在好几个地方做讲座和演讲，看看大家的反应再修改、再投稿。因此学术会议结束，到文章的出版，往往需要三年、四年、五年的时间。我自己有一个亲身的经历：我有一篇文章，是1986年4月在多伦多大学做的演讲，1992年投稿给我们符号学最重要的一本刊物《Semiotica》(《符号学刊》)，1996年登出来。从在学术会议上发，到实际出版，隔了十年的时间。这种情况在我身上常常发生,比如 1998 年,我在国际一流的学术刊物上发表了好几篇文章,并不是我在 1998、1997 年特别有创作力,而是可能从 1990 年初就投的稿,恰巧集中在那个时候登出来了。所以我对研究生讲,你们要养成细水长流的习惯,慢工出细活,要有耐性,要能够忍耐,要养成长期写作与投稿的习惯,不要急功好利,想着写出来之后马上要出版。很可能台湾现在受到理工科的影响,讲指标,讲指数,所以大家就急得很,这对人文学科会有一些负面的影响。

当年台湾的"报销文化",使得参加会议的人马上去投,投完之后马上去出版,因此他参加很多会议,文章就很多,但其实没有经过严格的检验。虽然学术会议会有一个把关,让先投一个大纲摘要(Abstract)过来,其实那是比较形式上的,而且参加过会议之后肯定会出论文集。图书馆收了很多论文集,但仔细去看未必一定有很好的学术价值。西方的很多出版社不再出论文集,大概已经有 30 年了,因为出论文集没有人要买,甚至大学图书馆都不买。很可能他们把论文摘选以后出另外一本书——一本编辑了之后有主题的书,反而会有人买。

我想,像学术会议论文,我们也许可以更严格地把关。

访谈人:有一些会议,开会第一天报到时,论文集就印好、发出去了。

张汉良:记得在 1979—1980 年,我到香港中文大学开会。他们请了比较文学领域最重要的学者,哈佛大学教授 Harry Levin(列文)。香港那个时候的做法和台湾是一样的,主办单位就让他交论文,列文说:"你以为任何人开会之前会写好论文吗?我怎么可能写一篇论文来开会呢?我开会就是来做一个 presentation。"我当时看到,觉得印象很深刻。后来我知道(国外)没有这回事。在国外,会议结束之后有 Technical Report,技术报告,算"预出版"(prepublication),或者还有一个说法叫 working papers(工作论文),也算 prepublications,不算出版物,在此之后,作者才会再去投稿。

我觉得在这一点上我们如果稍微改一下,会让我们的品质有很大的提升,大家对学术会议论文也会更加看重。而不会说,那本学术会议论文集,前面有团体照,有时候有领导的照片、致辞,很漂亮的一大本,很重,印起来也很贵,但我们却不好意思引述它。

就我个人的经验,学术会议会使得年轻的学者踊跃参加,它有正面的效果,但也有负面的效果。后来在西方,比较严格的大学对在学术会议上发表的论文,都不算在评估的系统里。台湾现在也不算了,评职称时学术会议不加分、不算数。

现在的指标性的期刊评价标准都是商业产品,这个对学术的评价有失公允。

访谈人:这也是我们想探讨的问题,是否可以用这些指标性的东西,尤其很多都是美国的标准,来评定我们国家的东西?是否有一个更合理的评估方法?

张汉良:我想这种探讨是对的。我们是广义的第三世界,包括我们内地、港台,完全看着 SCI、SSCI, A&HCI。这完全是个商业产品。它是一种 Education Product(教育商品),你要参加它这个商业机制,然后才可以进去,还得交钱的。很多当年东欧的一流刊物,像前苏联的刊物,像我们语言学最重要的捷克布拉格语言学派的刊物,还有剑桥大学很多重要的期刊,都不在 SCI 里面。剑桥大学的原因很简单:我不屑于参加你这个商业机构,为什么要注册?东欧的刊物原来在比较封闭的社会里,根本不会和资本主义美国的商业机制挂钩。因此这些重要的刊物就不是 SCI 刊物。像我们领域有几个重要的刊物,比如爱沙尼亚的塔尔图大学,有一个符号学研究刊物,那是世界最古老的符号学刊物,创办人是洛特曼(该领域极重要的人物),投稿人包括乔姆斯基和克里斯蒂娃等学界重镇,但该刊不是 SCI 刊物。我跟他们讨论过,他们没有注册费用,也没有意愿参加。反而是 SCI 里面的刊物,有的根本是通讯刊物。所以这是非常好笑的。但我们就跟着 SCI,照单全收,就拿它做指标。也因此有人知道游戏规则之后,会作弊。我知道在西安有一个人作弊,在台湾屏东也有一个人作弊,因为引用率是可以伪造的,自己引用自己,或者联合集体作者相互引用。台湾最近上一任的教育部门负责人就被拖下水了,因为他是联合作者而被扯进去,互相引用。所以我觉得这个东西害人不浅。我们每一个亚洲国家、非洲国家,比较不发达的国家,好像永远要依靠SCI,我觉得这是一件蛮悲哀的事情。

  在这种文化没有入侵之前,传统的文史学者皓首穷经,慢慢地写,慢慢地做,还有一些老学者甚至是没有博士学位、自己苦读出来的。以前商务印书馆的创办人王云五,后来去了台湾,他只有小学毕业,而学问好得不得了。我们有一位已去世的"中研院"台湾史专家杨云萍教授,是台湾与荷兰17世纪历史的世界权威,他也是大学本科都没有毕业,在台大图书馆做了一辈子馆员,他自修荷兰语,很多拉丁语系的语言也都自修得非常好,他就是苦读出来的。他们那种研究非常令人佩服,没有那种所谓的Scientific Journals(科学刊物),没有引用率的概念。传统的学者呕心沥血写出来的一本书,但可能拿出去不算,这一点我们蛮难以取舍的。我们台大中文系有一位名教授,是中国戏曲的专家,叫曾永义,最近当选了台湾"中研院"院士。当年他评台大讲座教授的时候,学校教评会有人有意见。他写了一部《戏曲源流新论》,很厚的一本书,当时有某位工学院的评委就问我:这个东西算著作吗?他觉得这个书没有经过审查,没有编辑委员会,也不是学术期刊。当时我在学校做行政主管,我就说曾教授是非常受尊重的学者,学问极好。从中可以看出来两极化的严重落差:学理工科的完全根据数据,他说这个东西你自己印也可以嘛。因为确实人文学者有这个危险。台湾的某些出版社,博士论文要出版,评职称要出专著,给点钱就可以挂个名字,有版权页,也有ISBN(因为ISBN个人不能够申请,要通过出版社申请)。这样理工学院的学术委员会就说:你这个东西经过什么审查的?编辑委员会在哪里?怎么就出版了?他觉得:你们人文的出版标准在哪里?我们愿意帮你的忙,但是你要把标准给我们。只是我们有时候拿不出标准来,难以说服他们。我说我们皓首穷经写的著作,他说你讲得很好,我同意你,但是你给个证据,你怎么样证明?我觉得这个蛮麻烦的。

学者在学术界的口碑是否可以依赖于一定数量学者的认同,这个标准很难定。

访谈人: 比如一个学者的著作,他在学术界的口碑,是否可以假设有一定数量的学者认可他,那就是好的?是否可以定这样一个标准?

张汉良: 这个标准很难定。比方说 Times Higher Education Supplement(《泰晤士报》的高校评鉴),前几年有个标准:"形象"(Impression),即"大家觉得",这个标准其实不如上海交通大学(的标准)那样量化和准确。他很可能对某一些经过仔细分析其实没有那么好的学校(有偏向)——英国人蛮偏见的,因此被英国殖民过的地方,比如香港大学,新加坡国立大学,这两个大学永远在前头。是否根据很准确的各项标准?未必。他就是一个 General impression,一般印象。比如我们公认的一个学者,裘锡圭教授,他也没有很多科学期刊的东西。但关于古文字学、出土文献学,他绝对是权威。因此如果大家投票依据形象、印象,他就很高。这个(标准)我就不知道会不会流于自由心证?

人文学科评估的体系需要定好几个标准,如指导博士生的数量和博士生取得的成就都可以考虑。

访谈人: 您觉得,要建立一个更合理的评估系统,里面可能分几个部分?除了传统的论文、著作、科研项目之外,还可以新增什么?并且这几个部分的权重是多少?

张汉良: 这个恐怕得定好几个标准,分好几项,每一项最后还可能需要做一个统计分析。即使标准和自然科学、理科的标准不一样,也还是要做。你们中间有一项,比方指导了多少个博士生,我觉得这是具有可操作性的,是数据化的。

访谈人：我们想讨论的不仅是博士生数量，而且是这些博士生中有多少也成为了教授，成为了博导，或者学科带头人？

张汉良：这个是可以做得到的。以我个人做例子，我离开台湾来了复旦，还继续指导三个博士研究生：一个台大的，一个台湾师大翻译研究所的，一个台湾辅仁大学的。辅仁大学在台湾排在很后面，它是民办的天主教的私立大学，这位同学所在的研究所是跨文化研究所，看上去不伦不类的。辅仁大学跨文化研究所通常是很难找到工作的。今年8月1日台湾大学聘了他，进去就在研究所教书，因为台大文学院有一个翻译硕士点。由辅仁大学毕业去台大工作，恐怕是前无古人、后无来者的。这个东西可以变成一个指标。这个学生是个很特殊的例子，因为他极好，他的论文用英语写，送出去评审都是极高分。我来复旦之后，这名学生每学期都自费来复旦，跟我到光华楼上课，做论文。他写了一篇非常深刻的论文，送出去成绩非常好——我们全部是盲审，绝对没有内线，非常严格。另外一方面因为他自己的语言背景，他翻译的东西非常多，这是一个例子。另外还有一个例子，在八十年代中叶，我指导了一个台大毕业的博士生。毕业以后他申请大学教职，每年都有很多人申请，美国的、英国的，包括英国伯明翰大学莎士比亚中心的博士，而他是土博士。最后台湾师大英语系和台大外文系同时聘了他，他打败了舶来品。因为他的东西特别好，论文写得极有深度。以这两个例子可以看出，你指导出什么样的学生，培养出什么样的学生，以后他的教职是什么。比如陈思和老师，他教出来的学生后来的就业情况，我觉得也许可以做一个参考吧。这一点人文学科说不定比理工科会占一点便宜。因为好的学者栽培出来的学生，很可能求职方面会比较好一点。

<u>人文学科的评价体系慢慢地向理工科靠近，但是人文学科还得注重"文本性"。</u>

访谈人：您认为人文学科中，研究论文或者专著的评价标准主要体现在哪里？现在是如何进行评价的？

张汉良：台湾的人文学科在慢慢跟理工科看齐了。最早我们人文学科在申请工作、评职称的时候要写一本著作,叫专著,可能 20 万字左右。后来人文学科也多少受了理工学院的影响,我们就开始接受期刊论文,跟专著同时进行。现在文科可以接受两篇期刊论文,当然期刊一定是相当高水平的,就是 Periodical(我们叫学术期刊,或者专业期刊,并不包括报刊杂志),可以取代专著。期刊一定要是非常严格的,绝对是要匿名审查的。期刊审查绝对匿名,期刊论文的价值才会相对提高。现在就这一点来讲,可以看出来台湾人文学科和理工科有慢慢合流、拉平(的趋势)。这可能也是另外的一种发展。

访谈人:您觉得这个发展是否具有合理性呢?您乐于看到这样的局面吗?还是您觉得依然是以前专著的模式比较好?

张汉良:说实在话,我慢慢接受这个概念了。我在很久以前谈过这个问题。真正的科学研究并不只是自然科学,人文学科也叫科研,最新的研究其实是在最新的期刊上发表的,而写好专著出版时,往往已经过了两三年,最新的动态已经看不到了。例如,莎士比亚某一个剧本的诠释,这是一个老课题,但很可能最近这三个月、半年之内顶尖的学术刊物上就会有最新的研究出来。因此我们人文学者的雷达要打开,要看这些材料,要看最新的,当代学者的研究是什么,我们要引述他们的研究。这个很有用的,并不是我只要把莎士比亚看完,把《二十四史》背完、背熟就可以了。你如果最近半年不看现在其他的作者在别的地方发表的研究,你就已经落伍了。这一点是人文学科要向理工科学习的。我以前有一个学历史的朋友,他说:"我只要带一套《二十四史》,到阿里山上隐居,把它读熟了,我下来以后就可以闯荡江湖,就打遍天下无敌手。"其实这个观念是错的。因为《二十四史》是一个解释的历史,是一个注疏的历史。没有一个真正的原典,原典都是一个长久的编辑、解释和注疏的历史。我发现有个现象,博士答辩的时候,我们有教授就是强调一定要看原典,现代人的东西不要看。如果学生引的东西不是原典,可能是第二手、第三手的,老师叫他看原典,他就去引最早的一个版本。后来在答辩的时候,我们系里其他的老师,还有华师大来的教授就说,当代人的研究你也要看，而且现在一些新的版本也非常好。其实原典是一个神话。

就这一点来讲，我们可能跟理工学院共通的地方，就是要看现在的研究。整个学术研究是与时共进向前走的。现在研究在哪里看？书店出版的研究成果很可能是三年前的。但是期刊上的研究成果很可能是半年前、一年前的。除非像我们那样不争气，1992 年投稿，1996 年才登出来。芝加哥大学的一个教授叫科恩（Thomas Kuhn），他在科学史上影响很大，著有《科学革命的结构》，也讨论过科学期刊（包括社会科学）跟科研的关系。学术期刊跟科研有一个很密切、同步的关系，一旦出了书，尤其在自然科学领域，出的都是教科书，可能是量子力学教科书、普通化学教科书。出版之后通常都是稳定期比较久一点，很可能是稳定十年的教科书，也许每年要再版。但是最新的科学期刊上的文章是反映出了现在研究的现况。现在有些人文学科学者是不看当代人的研究的，有点"贵古贱今"，我认为这是需要检讨的。大家觉得人文学者好像不必管这个，但我觉得应该吸收不同事物的长处、优点。自然科学研究有他们的优点，我们可以吸收；人文学科传统的优点，我们也要发挥。

人文学科与自然科学研究的不同之处在于，我们在很大程度上是做一种注疏，版本的研究，这在西方叫 Philology，现在变成落水狗了，冷落在一边。但那个是非常重要的，在我们的学科是"本"，有一些研究，未必一定跟科研与时并进。我们人文学科有一点很重要——我们很关注文本的问题，科学研究没有文本性，甚至社会科学也没有文本性。文本是我们的命脉所系，文本性是我们很重要、关键性的部分。我想学理工科的人不太能理解。通常理工学院不做这个。文本包括具体的版本、考据、校雠、训诂、音韵等问题，包括文字的意义怎么产生的，文本是怎么产生的，这也属于文本的一部分。这些问题其实比较接近哲学的问题。我想这个部分，你们这个小组可以针对人文学科的文本性做进一步的追踪。你们将来可以提出一个方案来。

科研经费的申请要基于严肃有意义的科研,不要为了消化预算而做科研项目。

访谈人:您觉得关于科研项目、经费方面,有什么想法吗?您来复旦之后有申请过项目吗?

张汉良:我在台湾也是"项目教授"。在我们的外国文学专业,我的科研经费最多。我深受"国科会"的恩惠。我后来的研究,尤其从 1990 年开始,几乎都是靠"国科会"给我的科研经费,使我对人文方面最新的学术研究、一直保持跟进。另外我参加很多国际学术研究群、研究团体,可能最新的学科、刚出现的研究点,我都有参与,这对我影响很大。有一点是生物学和文学研究的一个界面的问题,我从 1990 年开始做这个,其实借了其他的领域。我带了很多博士生,从他们进校到毕业,到大学教书,他们受了我的熏陶和影响,也开始做科研。这是非常严肃的科研,而不是消化预算。我觉得这个项目是有正面的作用的。但是如果有的变成项目教授,光去申请项目去了,项目也会变得很泛滥。

我来复旦只申请过一个项目,还不是我主动的。项目肯定是有帮助的,可以带研究生,可以帮他们解决一些生活上的困难,可以让他们买书,这是最重要的。另外让他们有机会参加会议,所以我认为是应该肯定的。但是项目有的时候如果没有严格的管理,最后要结项、报销,变成消化预算,我觉得蛮好笑的,这一点我不是非常同意。

媒体活动并不能真正体现学者的学术地位。

访谈人:您认为学者通过媒体活动,除了增加知名度和影响力外,能否真正体现学者的学术地位?媒体活动与学术研究之间能否相得益彰?

张汉良:学者跟媒体的关系这一点我特别有感觉,说实话我是反对的。我 1970 年出道,研究台湾文学,诗歌评论。1980 年初期,台湾有两个大报,一个是《中国时报》,一个是《联合报》,经常同一天登我的文章。我记得我写了一篇文章,投给我们的诗刊《创世纪》(今年是60周年),同时被台湾的国民党党报《中央日报》(那时候还没有民进党)和党外的《自立晚报》转载。那个时候我的朋友说,现在你很有名了。我真是非常高兴,功成名就。但有一天我突然想,糟糕了,这个东西害了我!因为我很满足于这个:名利双收,稿费也很多。我突然一惊,吓了一跳,在1984、1985年就不干这个事了。台湾诗坛还流行一句话说,"张汉良已经封笔"。我后来就专门做学术科研去了,纯粹做学术。因为我认为媒体会把你稀释了,把你研究的东西庸俗化了。我举一个例子,比如某一个人得了诺贝尔化学奖或物理奖,记者访问他,希望能谈他的理论。这怎么可以跟记者讲?怎么可以把它翻译成普通的话,把它登出来呢?他讲的东西是你没办法理解的。我们人文学科也有类似的问题,你真的做一个很深刻的研究,比如裘锡圭老师做古代的某一个文字的研究,对今天的媒体没有任何现实意义。媒体要很容易消化的东西,像维他命丸一样立即消化,速效的,让所有人都看得懂的。因此我认为媒体可能跟学术走的是相反的路子。

不过另外一方面讲,我们有社教的责任,尤其是人文学者。在台湾我断绝了这方面的来往。但是我看我们这些报纸,例如《社会科学报》有一些学术专刊,《文汇报》也有一些内容我觉得水平蛮高的。在这种情况之下还是可以保留。但不要因为通过媒体上功成名就之后,就放弃了原先的学术研究。否则我觉得这是比较遗憾的。

"学者通过媒体活动,能否真正体现学者的学术地位?"我认为可能我会打个问号。

<u>大学评鉴、评估是最近的发展,以前并没有这些评估方式。</u>

访谈人: 您觉得现在的人文学科评价标准跟以前相比,是否有演变?

张汉良: 所谓的大学评鉴、评估(evaluation)是最近的发展,在以前是没有的。我们往往"风檐展书读,古道照颜色",前辈学者——五四时代、或者更早20世纪初年的大学者,让我们非常向往。其实我觉得对于过去的东西,有没有仔细去反思过,去分析过,是不是确定就是那么好,还是我们对过去产生的一种错觉?我认为学术是往前走的,各个条件如果都满足、朝正途发展的话是越来越好。比如我们以前有苦的时候,现在国家强大了,科研经费多了,大家发表文章的机会多了,出国开会的机会多了。这个绝对是正面的,在以前没有。

在我们这个领域,钱钟书非常了不起,他确实是博学,《谈艺录》《管锥编》旁征博引。但严格从学术标准来检验,其实很多是他个人的心证,是一种自由联想。在我们这个社会,钱钟书等于是神,你不能说他任何不好的话。有一次答辩的时候,我刚刚来这边,问到底钱钟书的地位如何?上海师大的一位教授说,钱钟书你不可以说他任何不好的话。我一下子就反骨在后头,我最喜欢挑人家的毛病。我就讲了一个例子:钱钟书说"希腊人喜欢讲Imagination,这是很有道理的"。出自哪里我不记得了。我说,钱钟书这句话说错了,因为希腊人不认识、没有Imagination这个字。这个字是拉丁语过来的,变成英语的Imagination。希腊语是phantasia,后来拉丁罗马时代翻译成visione,现代初期或前现代翻译成Imagination。因此我说,钱钟书这句话讲错了。就这一个字我可以走到里头去,也许他不小心打了一个喷嚏被我抓到了。因此我觉得前辈学者是一个很笼统的观念。前辈学者也是有优有劣的。我在本科一年级、二年级的时候,很佩服台湾一个教哲学的教授,他讲哲学很诗性,是文学、艺术、哲学汇通的。我那时候听得如醉如痴,但后来冷静一想,这些学科之间的界限哪里那么容易跨过去呢?方法论不一样,用的语言也不是一样的。后来我越看,就越觉得他的东西差。而因为我现在马上就要变成前辈,下面就有人要骂我了。

以前物质条件不好的时候,中国人讲"文穷而后工"。他可以辛苦地在那里做研究,那种精神非常了不起。以前的老学者有这样一种锲而不舍、皓首穷经的功夫,我们今天赶不上他们了。因为我们今天有太多其他分心的东西了,我们的物质引诱太大,因此我们很可能就变成"项目教授"。以前我记得台湾有些诗人,他们会拿好不容易找的一本诗集来传抄，我抄完了给你抄，今天没人干这个事了吧。但那种抄很笨吗？说不定他会抄出一些名堂来。我没办法一概而论。我很佩服以前的那些学者，在不管是物质还是其他方面不理想的条件下，对学术那样投入。现在物质享受比较好了之后，在其他方面获取的成就感取代了以前那种纯学术的成就感，我觉得是蛮遗憾的。但前辈学者是否一律很好，我不觉得如此。

赞成由图书馆来做人文学科的评估工作。

访谈人：最后问您一个问题，对于我们想做的这个课题，您觉得是否由图书馆来做是最合适的？还是由公司来做比较合适？

张汉良：我觉得都有好处。图书馆做的话，第一，你们在学校里面，是跨科系的，没有利害关系，立场比较好，而且你们对图书资源比较熟悉。所以我觉得由图书馆来做非常理想。但让你们在平常忙碌的工作之外再搞这个另外的课题，我觉得有这个问题。委托外面专门做评鉴的公司的话，内地上海有没有我不知道，他们专业度够不够、我能不能相信他们也不知道，而且他们很可能会有一些其他的商业考虑。所以我倒是赞成图书馆做。

5. 陈平原：对一个好的哲学家、文学家、史学家来说，关键是心境、时间和空间

陈平原，1954年生。北京大学博雅讲席教授，博士生导师。教育部"长江学者"特聘教授、中央文史研究馆馆员、国务院学位委员会第六、七届学科评议组成员。2008—2015年兼任香港中文大学中国语言文学讲座教授。此外，曾任人文研究集刊《学人》(1991—2000)及《现代中国》(2001—2014)主编。主要研究领域包括20世纪中国文学、中国散文史、中国小说史等。

访谈时间：2015年4月23日
访谈地点：北京大学中文系陈平原教授办公室
访谈人：王烨、陆艳

好的杂志有很严格的评审制度，它会把不好的文章卡住，但是也会把棱角鲜明的东西卡掉。

访谈人：您认为发表论文的数量在学术水平衡定中应该占多大比例？

陈平原：这两者之间是有关系的，数量太少不合适，太多则没必要。我当年做系主任的时候定了标准，每年统计时，发表多少篇以上的不算。只希望大家一年能发一篇正式论文，且不要求核心期刊。因为作为学者，长久不写论文是有问题的。而且，人文学科很难有一篇论文定乾坤的。专业不一样，如研究当代文学能写很多，但有的专业，比如音韵学，一年能写一篇就了不起了。此外，之所以不强调核心期刊，是因为评审刊物的制度，在我看来有问题。学术界其实有自己的看法，哪些杂志比较好，大家心里是有数的。为了保底，我做系主任的时候，定了几十种大陆、港台以及日本的学术杂志，鼓励大家投稿。英文杂志没必要，因为学校已有奖励了。为什么另起炉灶，因为现有的评价体系存在一些问题：第一，集刊没

进来。很多集刊专业性很强,学术水平高,但它不在评价体系里面。第二,我不相信单位级别能够决定杂志级别,杂志级别决定论文质量那一套。所谓特级、一级、权威杂志的划分是有问题的。就拿《中国社会科学》来说吧,你看最近二十年,对整个中国学界有巨大影响力的论文,有多少是在《中国社会科学》上发表的?反而有些民间性质的学术集刊,能保证特立独行、前沿性的思考和表达。所以,我更看重作者和论文,以及学界的反响,不太相信杂志的级别。

重不重视杂志,得要看什么样的杂志,以及他们选聘的评审专家。理工科论文有影响因子作为判断的依据,但也不是绝对的。人文学科的情况更复杂,好论文不见得发在影响因子最高的杂志上。用图书馆学家的眼光与方法来引导学术,不是一个好的思路。

人文学科的转引率可作为参考,但价值不大。

访谈人: 您认为人文学科的论著被转载率和引用率有多大的价值?

陈平原: 不能说没关系,但是关系不大。现在有的杂志明言,要在本杂志发文章,最好引用我们杂志的论文。这里有几个问题,第一,很多专业性很强的领域和话题,因为你做得很好,一锤定音,把问题都解决了,人家不跟着做,也都不引用。反而是那些争议性很强的,大家都引,或拿来当批评对象。所以,正引、反引、详引、略引是不一样的,但计算机并不能解决这么多的问题。第二,人文学著作的引用和自然科学的引用不大一样。但我承认,这个指标可以列为参考,因为人文学的领域很广。如语言学这方面做得比较规范,引用率很重要;而做文学的,普遍不太爱引用别人的话。有的专业喜欢天马行空,有的专业则强调知识积累,这是不一样的。

职称评审中，第一，要取消名额制；第二，要改内部评审为外部评审。外部评审，可以通过匿名评审和学校保密两方面来避免人情压力。

访谈人：关于学术委员会的构成，除了学校级别的学术委员会，下面应该到几级学科？

陈平原：北大基本上是以院系为单位组织学术委员会，有的院系有两个一级学科，如历史系；当然也有自身学术水平不够，须与其他院系合组学术委员会的。但说到底，只要是内部评审，表面上尊重专家，其实还是不够专业。大家抬头不见低头见，即使是正常状态，也会严重受制于人情。

访谈人：您认为网络、电视等媒体的关注度，是否可以用来为人文学者的影响力加分？

陈平原：没有关系，而且不应该。你愿意上电视，没有问题，但除非你是做新闻传播研究的，如果不是的话，粉丝不能成为评价标准。现在的问题是，中国大学的人文学者，参加大众媒体活动，相比其他国家要多得多，获得荣誉、名声也更容易。但主要问题不在这，关键是教授评审制度很难改变，一般都是大学人事部门下达名额，然后院系学术委员会做评议。所以，对你的整个评价，是你在系里面的名声、人际关系以及教学科研等一大堆因素综合在一起。在国外或港台大学，不是这样的。到时间了，你愿意的话，我给你送出去评审。主要评审你的论文和著作，论文是怎么样就怎么样。但这前提是保密，如果有人不服气，学校只给你看评审的结论，你无法追问是谁评审的。而在中国大陆，都知道谁在评审你。所以大陆的整个评价体系，客观上成了内部评审。我常说，一定要改内部评审为外部评审，否则，很容易让人情代替学术。我们的职称评审有两个严重的问题，第一是名额制，在欧美大学没有名额的说法，只问你合格与否。这个制度不改变，每年同事之间的竞争会非常残酷，久了就会变形，各种下三滥手段就会出来，导致人际关系成为必须时刻经营的东西。这对于全心全意做学问的人非常不利。这会鼓励这么一种风气：他也做一点学问，但花很多精力在人际交往上，从而严重限制了中国大陆学术水平的提升。

所以我一再三说，第一，要取消名额制；第二，要改内部评审为外部评审。若怕标准不同而导致放水，可以让若干名校组成联盟，我们互相评审，用这个办法，是能解决弊端的。否则，那些学问好而不擅长经营人际关系的人，在这个环境里，是很难评上的。这个制度之所以难改变，可能是权力问题，学校不怎么愿意放权。还有就是教授的比例问题。但这本来不应该是问题的，美国越是好大学，教授的比例越高，他们并没有比例限制这一说法。

访谈人：外部评审怎么避免人情压力？

陈平原：第一是匿名评审，第二是学校保密。这不应该由院系来操作，应该由大学的相关部门来操作。主事者签订保密协定，泄密会被开除。作为申请人，你有权提供一个名单给他们，选哪些，他们来定；最后收回来的评议，如果有强烈争议的，可以另外找人。如果不是的话，主事者不可能改变这个结果。这套制度在国外实施得很成熟，谁触犯这个制度，是会被赶出去的。但是在中国的大学，既不能真正尊重外部评审，也无法保密，这个制度做起来就比较困难了。

参与这种评审，一般是没有报酬的。但比如哈佛大学选聘讲座教授，看得上你，才请你来做评审，这是一种荣誉，不是钱的问题。不管有没有评审费用，即使有也不多，教授们也都会认真做的。对大学来说，选上一个好学者，是管二十年、三十年的，所以值得投入精力。而且，好的大学的著名教授，你在这个位置上，就有义务做这个评审，所以，不会计较钱的事情。

我不觉得项目经费与学科水平有直接关系。以金钱来衡量学者和成果，在我看来，是很不准确的。

访谈人：重大项目申请获批，能否真正体现该学科的学术水平？

陈平原：我不觉得项目经费与学科水平有直接关系。我常说，人文学科如此比拼项目是不对的。因为，给钱不一定就能做出好学问。经费和学问是两回事，在很多人那里，甚至是没有任何关系的。项目经费对于社会学科和理工学科特别重要，但对于人文学科的意义不是很大——除非你做大规模的社会调查、资料搜集等。现在很多大学评教授，已经从研究成果退到了研究计划。我们以前看你的科研成果如何，不问你得到了多少钱，哪里来的科研经费，也不追究整个运作时间的长短。可是现在不一样了，变成了"计划学术"，一开始就告诉你几年完成，准备写几章，需要花多少钱，将来成果是什么样子。以金钱来衡量学者和成果，在我看来，是很不准确的。我不反对年轻学者积极申请课题费，但你拿到了，必须心里明白，这跟学问本身并没有多大关系。必须等课题完成，著作出版，且得到学界好评，这才可以挺直腰杆。

访谈人：您觉得学校或国家的科研经费分配和投入，能否反映学者的学术地位？

陈平原：我反对用得到多少经费来看待一个学者。评判学者，既要看他的学术成果，也看他的教学情况，唯独拿多少钱不重要。而目前的状况是，科研经费在评估体系中起了太大的作用。有些擅长编列预算做大项目的，把很多年轻学者拖进去，把一届届博士生、硕士生也拖进去，弄不好，真是"一将功成万骨枯"呀！我们培养博士，是希望他们训练有素，独立思考，将来才能走出一条新路。若都投进了老师的项目里，以后他们毕业了，怎么可能独当一面，迅速成才？博士论文是通过了，但出去以后怎么办？他不太可能有独立发展的空间和能力的。正因此，我不太喜欢"领军人物"这个词。"领军人物"已经内在地规定了你必须号令天下。作为人文学者，我更喜欢"独行侠"，千里走单骑。学科不一样，一个好的哲学家、文学家、史学家，不需要很多帮手，也不需要很多课题费的，关键是心境、时间及空间。

希望各个专业有青年学术奖，可以规定参加者的年限，组织有公信力的专家，来帮助选拔。

访谈人：国家社科优秀成果奖等奖项能否体现学术水平？

陈平原：在中国目前的评价体系里,教育部颁发的人文及社会科学著作奖,是最重要的。任何一个评奖,都可能是有问题的。但相对于其他评奖,这个奖项的评价标准比较严格,也大致公允。但有一个问题,为了管理方便,教育部规定每个大学要推荐多少著作参加评奖。这样有两个可能性：第一,因名额限制,年轻老师上不来。若校门都出不去,年轻人很难进入全国性的竞技舞台。有感于此,从去年起,我全面退出此类评奖,因不想成为年轻人往上走的障碍。所以,请记得,评上的著作大都不错,但不见得是最好的。第二,因为著作是各个学校推荐上来的,评委有义务为自己的大学争取。每年到了那个时候,重要奖项和重要基金评审,若请你参加,学校会恳请你不要推辞,因为你在场,会有比较好的效果。所以,有时候会评出一些莫名其妙的人和书,那就是由于各方妥协的结果,说得不好听,是各个名校在"分赃"。还有一个技术性因素,评审的时间很短,书的数量又很多,评委只能勾选熟悉的名字。

访谈人：您觉得如下想法是否可行——成立一个顶级专家团,将他们几年内所看到的好的论文、著作,尤其是年轻人的论著,列一个推荐榜单。时间久了会形成公信力和权威力。以后可以根据这个榜单,作为其他高校挑选人才时的依据？

陈平原：教育部曾组织评审全国优秀博士论文,而且给予重奖。在我看来,效果并不好。博士毕业5年后,那时候影响出来了,评奖才比较可靠。不然,单靠答辩期间的互相推荐,那是不作数的,也很容易被有心人操纵。希望各个专业都有很好的青年学术奖,规定一个年限,多少岁以下,他们的著作或论文可参加评审,然后组织有公信力的专家,来帮助选拔。只要拿到这个奖,就等于得到学界的认可,以后发展比较顺利。困难在于,博士毕业找工作,那时候还来不及出大成果,也没有此类奖项可以"担保"。

访谈人：有些年轻老师讲课好、学问也好,但是论文项目等硬指标不够,所以无法升职。像这样的情况有什么好的方法来解决吗？

陈平原：若真这样,学术委员会可以敲定。特殊人才,必须有著名专家推荐,且必须通过学术委员会来判断。论文数量少,但质量很高,那就请这个领域国内外最著名的教授来做鉴定,学术委员会若相信这个鉴定,那就报上去。院系以及学校的学术委员会,必须有这个担当。但这个权力不能随便或经常使用,理由必须十分充足,经过慎重考量才能使用。

学术会议一旦成为评价标准,就要求统计,一统计就会成为流水线作业,会丧失原来学术会议的意义。

访谈人: 院系主办学术研讨会是否能作为衡量该学科发展水平的指标?

陈平原: 如今各个大学经费充足,组织国际会议已是家常便饭。看学术水平,与是否开会关系不大。但是,评判院系和评判学者,是两个不同的标准。若评判院系,组织很好的学术活动,当然应该加分;但评判学者,就不应该这样。现在国内外学术会议很多,不能说参加会议多的学者,学问就一定大。认真筹备的学术会议,确实可催逼你做研究、出成果。但一旦成为评价标准,就会要求数字,一统计就会成为流水线作业,丧失原来召开学术会议的意义。以前我们很重视参加学术会议,可现在会议太多了,会场越来越松散,很多学者并不认真对待,变成以交友、聊天及旅游为主。

访谈人: 参加政府决策咨询会或者报告获得批示能否提高学术声誉?

陈平原: 这取决于你的专业。社会科学需要尽可能介入到国家政策的制定中,人文学科却不是这样。努力获得领导批示,我不觉得是人文学科发展的方向。

如果把学生的指标带进来,容易变成学界和权力的互相勾兑。

访谈人: 著作、创作、译书、编书,是否都应该纳入考察范围?它们各自的权重应该是多少?

陈平原：编书算不算，要看学术分量，有的书没有多少内涵，有的书却编得很认真。除了你说的这些，还有古文献专业的业绩如何统计。有的校勘很重要，可以当著作，有的就不行，这个必须尊重专业评判。翻译也是这样，不能一概而论，若翻译学术著作，而且是比较艰深的，还有学术性注释的，那当然是学术成果。一般来说，翻译文学作品，尤其是畅销书，不算你的学术成果。在大学教书，文学创作也是不算学术成果的，这点大陆与台湾不一样。在台湾，著名作家要转型当大学教师，必须读博士学位，而且从助理教授做起。大陆高校为了装点门面，喜欢聘名作家，而且一聘就是教授，还不用上课。

访谈人：学生的成就是否也能算进老师的个人成就，成为一个评价标准？

陈平原：这要看是什么样的学生。最近二十年，各大学纷纷开始招在职研究生，目光远大的教授，专门招领导或名人。有一个大学教授很得意，说他不招副厅级以下的学生。除了政府官员，还有社会名流以及企业家。若你将此统计在内，就很容易演变成了官学或商学之间的互相勾兑。教授有了很多地位很高的政界、军界、商界、学界以及文坛的在职研究生，而这些本来就出名的学生，反过来烘托了教授的光辉形象，此风不可长。我的建议是，若统计学生业绩，在职生不在其列。

6. 陈尚君：任何评估标准都有其局限性

陈尚君，1952年生。复旦大学中文系教授，中国古代文学专业博士生导师。教育部高校文化素质教育指导委员会委员、中国唐代文学学会理事、上海市古代文学学会理事、中国杜甫研究会理事、唐研究基金会学术委员、《唐研究》编委等。专门研究唐宋文学和古典文献学，也从事历史文献学和石刻文献学研究。

访谈时间：2014年10月17日
访谈地点：复旦大学光华楼陈尚君教授办公室
访谈人：王烨、常然

人文学科学术评价标准要视评定对象的具体情况而定。

陈尚君：现在人文学科的学术评价标准是说不清楚的。对初出茅庐的人和对成名学者定的标准是不同的。实际上，见诸于大众媒体的纯学术的文章我写得很多，比如《e时代考证的惊喜与无奈》这样的文章（《e时代考证的惊喜与无奈》，作者陈尚君，刊登于2014年10月17日《文汇报》）。我认为这类文章的学术性比一些权威期刊的文章都要强，但是这些文章在考核的时候并不被考虑。

我每年大概会发表三五十篇各类型的文章，并不考虑是否计入考核。比方说，我这几年光在台湾发的文章就有好多篇。在台湾发文章有一个讲究，就是学术论文不要少于两万字。大陆学者不太知道这个情况，如果大陆学者到台湾去开会，拿一个三千字的文章，（是会被）别人家看不起的。大家就是认真做学术，而论文是你的名片，是你身份的表达。能拿出手的论文不在于一定是大家都有兴趣的，而是你那些成熟的、有突出见解的、有重大创造的论文，别人是会尊重的。

现有的中国学术评价标准,存在很大的局限。

访谈人: 那您觉得,对一个学者来说,这种学术性的论文与专著,哪一种更具有学术评价的参考标准?

陈尚君: 专著是有各种各样的说法的。我坦率地说,现在中国学术的评价标准存在很大的局限。很大程度上,我写论文是为朋友写的。在现在的情况之下,每年(都会有)赶学术会议,赶"婚丧喜事"的现象。(当然)人家结婚我们不要交论文啦,但是有一些前辈的去世,有一些前辈的纪念,我们都很认真地写纪念文章。这也是一种学术传承的表示。这几年这样的文章我也写得很多。

访谈人: 现在有一些学者不太认可这一类会议性的文章,认为有一些编辑的问题存在,所以学术含量就会比较低。

陈尚君: 这个真的不需要担心。现在包括会议论文,我觉得(无论)在哪种场合之下,我好意思拿出来的(文章),都写得非常庄重。

年轻学者要坚守底线,开阔眼光,不能放任,不能随意,更不能偷懒。

访谈人: 那是因为您的学术水平已经到了这样的境界。那您觉得,对于稍微年轻一点的学者来说,当他们还没有您这样的学术水平的时候,应该怎样来评价和判断他们的水准呢?

陈尚君: 要坚守底线,开阔眼光,要坚持学术,这些都非常重要。在年轻的时候,不能放任,不能随意,更不能偷懒。当然,像我现在已过了花甲之年,所以9月底在湖南岳麓书院做国学奖的发言时,我说:我老师的老师,在清光绪年间任农工商部署理尚书。这只是隔了一代啊,但是学术传承就这样100多年过来了。

学生的成就与水平一定程度上能够反映老师的学术水平,但老师的教导有时也会限制学生自身的发展。

访谈人: 您提到了老师,我们这里正好也有个问题。就是要衡量一个学者的成就,他教导出来的学生的成就和水平是否有参考的价值?

陈尚君: 当然有啊。现在从很多学生身上能看到他(她)老师的痕迹。这个既是好处,也是局限,要理解这一点。它的好处是老师在这个圈子中已经趟平了道路,他(她)可以跟上来;但是局限就在于,他(她)始终在老师的屋檐下,什么时候开宗立派?

访谈人: 所以我们也想问问您,您教学这么多年,有没有几个特别优秀、特别出色的学生?比如现在已经做到了教授、博导,或者学科带头人?

陈尚君: 当然都会有啊。这些年里评上教授的,大概是七八个到十个左右吧。应该还算不错的,对不对?所以也是很高兴看到他们的发展。

访谈人: 那您觉得学生的水平能够反映老师的学术能力吗?

陈尚君: 一定程度上。但是老师是有各种不同的教法的。有的老师学生招得很多,无限地"放野马",这个当然是差了一点。但是比较规范的老师,有一种趋向是,在自己熟悉的学术领域之内给学生提供论文题目,它的好处就在于老师对这方面很熟悉。但是局限在于,学生就困在这个范围之中。当然有些学生现在也能做得很像样。现在的学生做学术是这样的一种状态:一般拿到一个博士学位,出一本书,就凭着这一本书升副教授,升教授,然后就混下去了,也到处走动,但没有太大的发展。这种情况,在最近20年毕业的博士生之中,占了90%以上。但是也有的学生是不断开拓的。所以,我对于学生论文的期望就在于这个论文的题目他能够胜任,有开拓的空间;同时围绕这个题目,他会长远地有进一步开拓的空间。这个可能会比较重要。

文章的价值在于能够言前人所未言,引起较大的反响、讨论和关注。

访谈人: 比如像您研究的这个领域,这个开拓性能够体现在哪些方面?

陈尚君: 这个很难说。文章并不是纯粹地能够显示你的学术能力的。

访谈人: 您是觉得单篇文章不能显示学术性?

陈尚君: 对,当然是这样的啊。

访谈人: 那我们也想问问您,您在看到其他学者的文章的时候,您怎么能够判断,这篇文章很有价值?是凭您个人的经验呢,还是有一些可参考的依据?

陈尚君: 这个是凭感觉的。就在于他在文章中(是否)能够言前人所未言,能够激起比较大的反响。

访谈人: 比较大的反响,您觉得怎么样算大?是像您这样一个非常重量级的人物说"这是个好文章"就行了呢?还是要有一定数量的学者都认可?

陈尚君: 这个至少需要引起比较大的讨论,比较多的关注。

访谈人: 这种讨论和关注一般是怎样来体现的呢?是在公共的会议、聚会上,还是学者之间,私人圈子之内的讨论呢?

陈尚君: 这个有各种各样的说法。因为你知道,所谓"学术为天下之公器"。这个评价,不是因为我们关系特别好,你写任何东西我都说好。学者有非常势利的一点,就是若要我认可你学术研究的能力,你必须要有我所认可的东西。我上个礼拜在苏州开唐代文学年会,我对年轻人的说法是:"论文是你们最好的名片。"这句话包含两种意思:你们写了好的论文,大家认识你;但是你交来差的论文,谁也不会重视你。比方说,我为学界所知的,是1985年的一篇论文。这篇文章的题目叫《〈全唐诗〉误收诗考》。我就确定一个原则,《全唐诗》里边有多少首不是唐人的诗?换句话来讲,我在一篇大概四万字左右的文章里,考了600到700首诗不是唐代的。这个别人一下子就认可了。

访谈人: 所以就是题目、点要比较新颖。

陈尚君: 对。那么我自己知道,我到现在为止,影响最大的一篇论文是《司空图〈二十四诗品〉辨伪》。在我们这里,做批评史的老师认可的是王运熙先生。但是其他几位都不完全赞成。这都没有关系,我这篇文章就改写了所有的文学史。我记得1995年那次在南昌开中国古代文论学会。当时整个会议分为三大组来报告论文,其中一组专门讨论我这篇文章,另一组宣布自动解散来参加这个组的讨论,那当然影响力很大。好的学者应该是领先这个时代的。

访谈人: 您说的这篇论文,是发表的当下就引起了很大的关注吧?那您觉得作为一个学者的代表作,是这样的情况比较多呢,还是经过了一段时间的检验它才慢慢得到大家的认可,这两种情况哪一种更多一些?

陈尚君: 两种都有吧。比方说,我在历史圈有一大群的朋友。有一个原因就是我也做很正规的史学,纯粹地从史学的立场上来做,不是凭着做文学的热情把历史的东西瞎讲一气。

老辈学者告诫我们,所谓"学术的境界",应该是太简单的话不要说,太傻的话不要说,太应时的话不要说。

访谈人: 您选拔学生的时候,哪些方面的素养是您比较看重的?

陈尚君: 对文献的阅读能力、理解能力,对专题研究的深入程度,以及对问题的敏感度。

访谈人: 嗯,这些方面都是很重要的。我们之所以想要做这样一个评估系统的研究,就是因为现在是将人文学科与理工学科使用同一套标准进行评估。

陈尚君:为什么要评估呢?我这篇文章里面讲的:"20世纪80年代初,国门刚打开一条缝,学术有复兴的气象和冲决的勇气,不计利益得失。当然,那时既不立项,也不考核,老辈学者还在,知道什么是学术境界。"(引自陈尚君:《e时代考证的惊喜与无奈》)现在很多人不理解所谓"学术的境界"。应该是太简单的话不要说,太傻的话不要说,太应时的话不要说,这是老辈给我们的一个教训。

访谈人:老一辈学者,他们皓首穷经、花费一辈子时间,呕心沥血写一个东西出来,您比较认可那样的境界,还是现在的体系呢?您觉得哪一个更有利于学术的发展?

陈尚君:我不好说,也不想说。

访谈人:那您觉得同行之间的评议是否对学术的评价具有参考价值?

陈尚君:私下说的话最重要。就是人家在背后议论你什么,这个是更加真实的。

<u>真正有创造的研究没办法设计,不可能计划。</u>

访谈人:那您觉得,现在一些教授、学者参与的科研项目,对他的学术研究是否有帮助呢?

陈尚君:这个很难说。真正有创造的研究没办法设计,不可能计划。

<u>发表论文的质量要重于数量。可以让完全不熟悉的、在学科以外的人来评价,但同时也会有很大的偏见。</u>

访谈人:嗯,我们现在的环境跟以前老辈学者的环境已经不一样了。

现在老师们评职称,很多是看论文发表的数量。您觉得这一套体系,是数量更重要,还是质量更重要?

陈尚君:当然是质量更重要。数量没有意义的。

访谈人:假如一名学者有一篇代表性的著作,是不是这个评价标准就可以不完全按照数量来衡量?

陈尚君:问题就在于,评价体系坏掉了。另外我觉得,中文系还是有好的方面,它是比较多元的,没有一个人能够控制一切。我们都很清楚知道,当一件事在系里提出来的时候,有多少人会支持你,有多少人会反对你,是这样的一个状态。所以现在评价体系已经出了很严重的问题。你是说这种情况之下,最好的是什么样的制度吗?(应该是)完全不熟悉的、在学科以外的人来评价。我自己知道,我写得最好的书评不是圈子以内的,是圈子以外的。

访谈人:圈子以外的人是指同样研究这个方向的学者吗?还是完全不相关的?

陈尚君:不是,完全不相干。

访谈人:不是中文学科的?还是说连人文学科都不是?

陈尚君:是人文学科,但是完全在中文以外的。因为很关注杂学,我写的地方志的书评,石刻的书评,还有谱牒的书评,都是不相干的,连作者也不认识。但是我比他更熟悉,我愿意写这个。这个可以写到很好,我知道我那种(文章)能够写得好到什么程度。

访谈人:所以您觉得评议,比如中文的论文,是不是应该由历史、哲学或者其他学科的老师来评?就是完全另外一个圈子的人来看,反而更带有比较客观的眼光?您是否是这个意思?

陈尚君:这说不清楚,也会有很大的偏见。我的一本代表著作《旧五代史新辑会证》,在上海得过社科一等奖,但是在教育部评奖,连一个三等奖都没拿到。

访谈人：就是有很大的主观性。

陈尚君：对。我对这一点已经都想得很清楚，这个都不要紧，是非总有公论。

访谈人：是非要一定的时间过后才能够公布出来，要经过时间的检验对吧？

陈尚君：对，是要有这个过程呀。

通过媒体的传播，会对学者自身的学术地位有一定提升。

访谈人：您觉得，现在学者与媒体之间的关系，比如有很多学者在媒体上很红，他在媒体上发表一些学术观点，您觉得对他本人的地位，有没有什么帮助？

陈尚君：还是可以吧。有各种各样类型（的学者）。有的人在媒体走红以后，甚至很多话都是乱说的。你们有兴趣看一下我这篇文章（《e时代考证的惊喜与无奈》），实际上一本正经的东西，像这个文章今天在微博上转了以后，很多人都觉得这个文章是属于金针度人的，说明一个治学的方法。（所以通过媒体）读的人还是会多一点。

访谈人：所以通过媒体还是有一点传播推广的力量的？

陈尚君：对。

访谈人：但是，您觉得与理工科相比，人文学者通过媒体，特别是我们中文系，有没有一点天然的优势？您觉得您的学术研究能否比较完整地通过媒体传达出去？比如刊登在报刊杂志上的文章，非专业学术期刊的，是否也可以体现您个人的学术能力？这可以算在评价体系里面吗？

陈尚君：这当然可以，其实对于评价体系，我真的无所谓的。

任何评估标准，都有局限性，我会坚持我自己的原则。

访谈人：您觉得我们做这个研究会比较有利于哪一部分人？假设有一个较为合理的评估标准出来之后，您觉得获利最多的是哪一部分学者？

陈尚君：说不清楚，因为任何标准都是有局限的。

访谈人：那您觉得目前这个标准的局限，有没有大到我们必须马上去改变它的程度？

陈尚君：我也说不清楚，真说不清楚。反正我坚持我自己的原则。

访谈人：您坚守自己的原则，那您觉得比较理想的评价标准或者原则应该是什么样的？可以跟我们介绍下吗？

陈尚君：没有办法介绍，就是不可言传，只可心会。

访谈人：还是比较靠个人的领会、体悟？

陈尚君：对，是这样的。

做学术是要有"感觉"的，好多东西是不可以穷追猛打的。

访谈人：那您觉得，要综合考察一个学者的能力，肯定包括很多方面。比如说他的论文，他的学生，他的著作，还有他的社会影响力等等。您觉得这几个方面，哪些是比较重要的？

陈尚君：不知道，真不知道。因为什么呢？从文史哲的方面来讲，学术是极少数人的事情，（但是）现在太多的人参与了。例如今天我和葛剑雄讨论民国时期的学术,民国时期只有很少数量的教授,每个人的研究都有他的精致之处;当然,也有很多平庸之处。但是每个人都是有个性的,他们常处于一个那样的状态。我们现在呢,那么多的人(做学术),但很多人对学术没有一点感觉。

7. 陈忠敏：更好的评价标准必须建立在制度、道德层面，并纳入国际体系中

陈忠敏，1962年生。复旦大学中文系教授，博士生导师。上海大学"自强"兼职教授，上海高校比较语言学E-研究院特聘研究员。曾于美国加州大学伯克利校区、美国加州州立大学东湾校区、新加坡国立大学、浙江大学人文学院汉语言所任教。主要研究领域为历史语言学、汉语方言学、实验语音学。

访谈时间：2014年12月23日
访谈地点：复旦大学光华楼陈忠敏教授办公室
访谈人：常然

现有的人文学科评价体系太过看中权威期刊论文的发表以及奖项的获得，无法全面体现个人成就和贡献。

访谈人：陈老师，您好。作为一个人文学科领域的专家，您认为现有的人文学科评价标准能否完整体现您个人的成就和贡献？

陈忠敏：现有的人文学科评价标准，便于领导者管理、统计，无法全面体现个人的成就和贡献。

访谈人：您觉得主要是哪些方面还不够完善？

陈忠敏：第一，我们今天的评价体系太看重权威期刊发表论文，以及获得的各种各样的奖项。第二，目前没有公平的学术批评，评奖人不负责任敷衍评奖。第三，人情奖很重，比如重大奖项的获得者照顾老年人，而不讲学术分量。要改变这些风气可能有漫长的路要走。

人文学科中论文或专著的评价标准主要是同行的评价,应该在管理、评价等制度上与国际接轨。

访谈人: 您认为人文学科中研究论文或者专著应如何评价?

陈忠敏: 论文或者专著的评价标准主要是同行的评价。论文不在多,而在于质量。目前,发表论文的数量及主办刊物的级别在学术水平衡定中所占的比例太高。例如《人民日报》《光明日报》,我们投它干嘛呢?《新华文摘》《中国社会科学》,像我这个语言学专业的研究者根本不会去投的,但是这些报刊在评价体系中是最高级的,这说明体系在制定的时候不合理。在美国,从来没有杂志分等级,这本身是一种误导。

访谈人: 您在国外有丰富的从教经历,能谈谈国外的评估机制有哪些值得我们借鉴的地方吗?

陈忠敏: 国外很简单,美国比如伯克利、斯坦福、哈佛、耶鲁等同一级别的大学,评教授外审时,其中有一句话:"这个人在你们学院这个专业是否可以做教授?"这是最重要的一项:即同级别学校的客观的同行评议。

我在新加坡国立大学也工作过,他们评副教授、教授也是非常严格的,文章必须用英文发表,送到校外同级别的学校,由全世界著名的15所大学同行来评。"这个人在你们学校这个职位能不能做教授?"实行一票否决,而且单向匿名。我们这里还没有形成这样的氛围。

访谈人: 现在国内如果引入同行评价的机制,有没有可操作性?

陈忠敏: 中国比较好的大学,比如北大、清华、复旦、交大等5—10个左右同级别的学校,可以效仿国外组成一个联盟。学者把成绩拿出来,送到国外去,看在斯坦福或者哈佛能不能做教授,如果能的话打一个勾。换句话说,我们的教授质量跟人家是平等的。如果我们的管理、评价等制度与国际接轨,评出来的老师就可以跟国外老师平起平坐。

访谈人: 国内的学术委员会是否已经部分承担了同行评议的职责?

陈忠敏: 学术委员会中的成员有很多不是同行,对不同的领域不熟悉,怎么个评法?

现有的职称评定标准应增加同级别学校、同行专家评定的权重。

访谈人: 您怎样看待现有的职称评定标准,以及学校已经开始推行的代表作制度?

陈忠敏: 现有的职称评定标准应增加同级别学校、同行专家评定的权重。代表作制度与量化评价体系相比是有进步,但也有一些弊端。一篇代表作,有可能反映成绩,也许一篇是超越,但是也可能会从一个极端走向另外一个极端:评上以后不写了,后续没有研究。如何克服这种倾向性?同行评议还是比较重要的,它必须有一定的量来支撑,一个人必须始终在线上,要参加会议,不断在专业杂志上发表文章,活跃在学术圈里面,一直在研究,不能下线。因此两个方面需要综合考量。

可以把评价体系中国际会议论文录取的权重提高。

访谈人: 人文学科领域中获得的声望,您认为主要来自哪几个方面?

陈忠敏: 主要来自发表论文专著,国际系统里的同行评价,邀请作国际会议的主题演讲。

访谈人: 您刚才提到会议,那么在学术会议上发表论文对一个学者的成名有没有直接关系?院系主办学术研讨会能否作为衡量该学科发展水平的指标?

陈忠敏: 学术会议上发表论文是重要的,但是最好是把国际会议论文录取的权重提高,而不是国内会议。国际性学术会议的主旨发言,不会请一个完全没有水平的人。院系主办的学术研讨会不能一概而论,如果是质量高的、专业性强的学术会议,也应该是衡量该学科发展水平的一个指标。这需要同行的评议。

我们的评价体系对教学的重视不够,教学成就可以通过建立新专业、建立新的课程体系、出版教材、开设新课程、学生的评价等标准体现。

访谈人:您觉得一位名师的价值,是否应该通过他培养的学生的成就来体现? 可以采用什么方法来衡量教师的价值?

陈忠敏:大学老师的教学成就被轻视,我们的评价体系对教学的重视不够。教学成就可以通过以下标准来体现:负责建立新专业、建立新的课程体系、出版教材、开设新课程、学生的评价等。

随着科技的发展,学科也在不断变革、不断调整当中。如果有些老师看到需求,做出重大改革,组成新的学术领域,以新的思路成功设计一套课程及教材,就是一项很大的工程,比发表一篇论文还重要,必须给予一定的奖励或者地位。它会对学生就业、科技发展以及学科本身的发展起非常大的带动作用,与科技奖的作用不相上下。例如奥巴马有"脑计划",脑科学光靠医生是无法解决问题的,知识结构必须文理医工都有,学生的培养不是一两年能做好的。这是一项原创性的工作,需要的时间比较长。领导者必须有眼光,支持设立符合世界潮流的前沿学科。国外新课设置须经学校批准,老师开一门新课是有奖励的。中国目前缺乏这样的鼓励和平台。

访谈人:国外的教学体制与国内相比有哪些不同之处?

陈忠敏:国外一流大学有多少系,我们有哪些系是缺的,为什么缺;同样一个系上什么课程,哪些是核心课程,哪些是基础课程,哪些是选修课程,每门课是怎样教学的,这是很重要的一项工作,值得我们好好研究。

美国的大学教学体制大致是这样的：第一，同样一门基础课，不允许一个礼拜上一次，基础课一个礼拜必须是两到三次。第二，每门课每周都必须要有一小时的课程辅导；每周必须有与学生面谈的时间（office hour），为学生逐个答疑见面；每周基础课都必须有作业，15周至少有12份作业，2个期中考试和1个期末考试。与之相比，我们同样一门课，没有老师的答疑时间、辅导时间，也没有作业，没有面对面的交流，教学的量不符合教育规律。传授知识可以比喻为不断刺激学生，激发学生的工作。每次的量不能太大，换句话说不能每周只刺激一次，每周只给一顿饱饭，其余时间没有饭吃，这样学生是接受不了的。要保持一定刺激和激发的频率。作为教师每学期认真上好两门课，如果是基础课应该有辅导课，有答疑时间。课的总量要缩减，但是质量要提升。现在我们的学生每学期居然可以选十几门课，这显然是课的质量有问题。我在美国读书的时候一学期最多修四门课，四门课花费的时间相当多，每门课有大量的作业和阅读。一门课每天（周末除外）平均在课外得花2个小时，四门课每天得花8小时，否则成绩就会下降。当然并不是说我们的教师不称职，目前的状况主要是制度层面的问题。好的教育制度会使懒人勤快，不好的教育制度会使勤快人也变懒人。复旦大学不是有教学研究中心吗？我觉得可以拿国外20所一流大学的管理制度、系所设置、专业设置、每个专业的课程设置、每个课程的教学方法等做个系统的比较研究，对照我们的实际情况，看看有什么差距，我们是不是应该把这些差距补上。

访谈人：由此看来，制度设计是很重要的。

陈忠敏：对的。制度的设计相当重要。我在国外的一流学校做过学生也做过老师，在中国的一流学校也做过学生和老师。我觉得高校的教育质量得益于三方面因素：制度、教师质量、经费。中国的教学经费每年不断地增加，所以经费大概不是最要紧的问题；教师的质量无法在短时间内有质的提高；所以最能见效的是制定好的制度。这些制度包括管理制度、教师聘用、升等、教师激励、专业设置、课程改革等方方面面的制度。可以参考西方大学体制，但也不是一味照搬，好的方面学习，不好的方面加以改造。现在说的科技创新，其实我认为制度创新最为重要。当然创新不是一味否定原来的，而是要把不合适的去掉，合适的要保留。

国家和学校科研经费的投入要更有前瞻性，目前重大项目在评估中所占的权重太大了。

访谈人：您觉得学校或国家科研经费的分配和投入，能否反映学者的学术地位？

陈忠敏：希望国家和学校的科研投入能有前瞻眼光，向创新性研究、交叉性学科、前沿性研究倾斜，不要囿于既有的学科分类。现在我们的学科分类基本上是上世纪七八十年代，有的甚至是上世纪五六十年代苏联大学城模式的分类，严重滞后。学科分类滞后，相应的专业方向和课程设置也严重滞后。

访谈人：重大项目申请获批，能否真正体现该学科的学术水平？

陈忠敏：我认为能够体现该学科的学术水平，但是现在的权重太大了。我们的项目制度问题蛮多的。美国从事科研项目，最多可以免除一门课的教学工作量；同时，最多可补足3个月的薪水（美国大学发9个月的工资），顶替的教学工作量和三个月多余的薪水从科研经费中支付，所以学校没有任何损失。学校可以把免除的一门课的支出再雇用其他教师顶上，所以学校也没有多花钱，这样教学和科研两不耽误，管理制度非常明确和完善。

访谈人：国家社科优秀成果奖等奖项能否体现学术水平？

陈忠敏：评奖本身并没有错，主要的问题是现在评奖学术分量较少，人情分量多，另外不正之风盛行。上海社科最重要的奖，都是授予七八十岁的老人，他们早就不工作了。这在美国是不可能的事情，因为年度奖必须要有成绩出来，照顾老人可以有终身奖。

人文学科的论著和被转载率基本没有什么价值,学者与媒体毫无关系,媒体活动不能体现其学术地位。

访谈人: 您认为人文学科的论著被转载率和引用率有多大的价值?

陈忠敏: 我觉得基本没有价值,因为不同的学科引用率有天壤之别。

访谈人: 学者与媒体的关系您怎样看待? 媒体活动除了增加知名度和影响力外,能否真正体现学者的学术地位?

陈忠敏: 学者与媒体之间一点关系都没有。搞数学的专家很少有人知道,不能用这样的指标来衡量一个人的水平。不同学科的出镜率是不能类比的。有的学科无法在重要的媒体活动中出现,媒体的要求是通俗易懂,跟学术的旨趣不同。所以媒体活动与微博粉丝的关注度,我认为没有价值,不能体现学者的地位。

人文学科基础研究很难得到政府决策者的关注和青睐。人文学科的评估,主要看在该领域的学术地位。

访谈人: 如果学者参加政府决策咨询会或者报告获得批示,能否提高学术声誉?

陈忠敏: 社会、经济、管理类的学科也许能够通过这些途径提高学术声誉。但是不同学科情况不同,人文学科基础研究很难得到政府决策者的关注和青睐,比如甲骨文的专家,就不能用这样的方式来衡量。学校讲"独立精神",但不是一个御用机构,而是一个独立的学术研究机构。

访谈人: 您认为在人文学科的评估中,培养人才、科研和社会服务之间的权重如何?

陈忠敏:人文学科的评估,主要看在该领域的学术地位,培养人才和社会服务的权重略低一点。

匿名的同行评价是最高的,更好的评价标准必须建立在制度、道德层面上,还要纳入国际体系中。

访谈人:陈老师,您的谈话中多次出现了"同行评议",这个关键词是否可以概括您心目中更加理想的评估标准?

陈忠敏:匿名的同行评价是最高的,它把很多问题都统统解决了。更好的评价标准必须是建立在制度层面上,还有道德层面上。只有我们的制度评议纳入国际体系中,在一流大学中开展,评出来的老师才是一流的、国际化的,才是比较公正的。

8. 杜晓勤：学术评价主要看研究的深度，以及在本学科的国内外地位和影响力

杜晓勤，1967年生。北京大学中文系古代文学教授，博士生导师。兼任北京大学中国古代诗歌研究中心副主任，中国唐代文学学会理事，中国孟浩然学会副会长，《中国学研究》《唐代文学研究》等刊物编委。主要研究领域为魏晋南北朝隋唐五代文学。出版《初盛唐诗歌的文化阐释》《二十世纪中国文学研究·隋唐五代文学研究》《齐梁诗歌向盛唐诗歌的嬗变》等著作多部。

访谈时间：2015年4月22日
访谈地点：北京大学杜晓勤教授办公室
访谈人：邱彦超、程曦

前辈学术大师学术地位的产生与今天没有太多本质上的不同。

访谈人：与前辈学术大师相比，前辈们的学术地位是如何产生的？与我们今天有什么不同？

杜晓勤：前辈的学术地位也不是自然而然产生的，我觉得和现在的情况没有什么区别，当时的大师也是凭着自己的努力从千军万马的学者中脱颖而出的。或许我们现在会以为，他们当时的学术环境和生活待遇都很优越，但是平心而论，那个时候被我们现在称作学术大师的那些人，他们在学术上升期的时候，条件也是很辛苦的。比如像王国维、鲁迅先生一开始也都没有固定的教职，需要到处去兼课，生活压力也是比较大的。然而由于他们自己顽强的钻研精神，最后成为了大师，这主要是因为他们在自己的领域达到了国内和国际一流的、前沿的水平。

如果要说不同的话，得看是什么样的前辈学者，因为我们的前辈还要分成好多辈。比如说五四前后，清华国学院的四大导师，首先他们当时主

要是接受了西方科学的研究方法，和之前的乾嘉学派不一样，更科学也更容易发现事物的本质。第二，他们当时接触到了一些新的材料。因为那个时候出土的文献比较多，比如甲骨文、敦煌文献等等。第三，当时的国际学术交流比较多，这也使得他们的学术视野要宽广一些。另外当时有一部分学者留洋回来，所以他们在语言方面很有优势。即使那些没有留洋的学者，民国时期大学里英语、法语、日语等等都有外教，当时注重的是阅读、会话、写作，因此那些前辈学者的外语水平和能力都比我们强。不像我们现在学的主要是应试型的外语。总之，我觉得他们的学术地位也是凭着自己的努力，在众多的学者中脱颖而出，和我们今天没有太多本质的不同。

学者的研究水平和学术声誉，在官方的评估体系里可以反映出一部分，但不能完全体现。

访谈人：您认为您在人文学科领域中获得的声望，主要来自哪几个方面？能否通过现有的学术评估体系真实地体现出来？

杜晓勤：如果要说我在学术界有一定的影响，主要是因为在几个学术专业问题上做了持之以恒、比较深入的研究，有了长时间的学术积累。一个是对唐代诗歌与当时社会政治文化关系的研究，尤其是初盛唐诗歌的发展与当时社会文化转型之间关系的研究。过去研究这一领域的人比较少，也不够深。因为初唐时期都是文学史名气相对比较小的诗人，所以在20世纪80年代中期以前，主要侧重对诗人生平的考订，而没有把他们放在整个诗歌史中，作为盛唐诗歌序曲这样的角度去研究。我主要是研究他们具体的诗歌创作和文化心态，与南北朝诗人有什么不同，对后来的盛唐诗人有什么影响。换言之，就是把它们放在整个历史（不仅仅是文学史）的长河中探讨其历史地位和影响，这样初唐诗歌就呈现出它重要的诗歌史意义了。因此在20世纪90年代之后，我就成了这个领域的专家了。现在大凡要研究初盛唐时期的文学史或者诗歌艺术问题，都要关注我的相关研究成果。

访谈人：就是说您用一个新的视角开拓了一个新的研究领域？

杜晓勤：是的。第二个方面就是我博士毕业后，花了十几年的时间，用计算机软件编了一个对古代诗歌声律进行自动分析的软件系统，并将它作为一个课题来研究。虽然这种软件我并不是第一个做的，但是我是目前做得最细致和深入的。后来我都是运用这套软件系统来研究中国古代诗歌体格律问题的。把中国古代诗歌研究中传统的艺术分析和现代的数据统计归纳的方法结合在一起，将原来诗歌艺术研究中一些本来难以言传的东西进行了具象描述和量化分析，这也是我的研究工作中比较新颖的地方。用计算机软件辅助古代诗歌研究，对中国中近古诗歌的体格律进行研究，也算是我开拓的另一个研究领域。

第三，是我用了三年时间把二十世纪隋唐五代文学的所有研究成果汇编成书(1898—1998)。我觉得如果要说我在学界有所影响的话，主要就是这三个方面。这些大致还是可以通过评估体现出来的。一般真正做得好的学者和成果，学界都是公认的。另外，在官方的体系里大致也可以反映一部分，当然不能完全反映出来，因为官方主导的各种评选活动中，除了考虑学者的学术成就，还涉及例如学者年龄、职称、性别甚至所处的研究平台等其他非学术因素。但是在学术界，一个学者的研究水平和学术声誉，应该还是可以得到相当程度的承认的。

数量不应该成为学术评定的主要标准，质量才是首位。

访谈人：您认为发表论文的数量及主办刊物在学术水平衡定中占多大比例？

杜晓勤：发表论文的数量，我想不应该占太多的比例，因为主要还是质量。我觉得在学术评定中，论文质量应该占百分之七十，数量可占百分之三十。但是文章太少也不行，不能反映学术影响的广泛性。如果你只研究一个点，那么只有这方面的专家会去看，其他领域的学者就不会去关注。如果你研究三四个点,并且做得都还不错,那么你的学术影响肯定更大。

访谈人:听说北大实行"代表作"制度,是更看重文章的质量,您觉得"代表作"能否体现学者的真正学术水平?

杜晓勤:是的,北大的职称评定和其他一些学校不太相同,主要实行"代表作"制。我1997年评副教授的时候文章只有二十多篇,著作只有两本,不算多,但也不算少。关键是我们的"代表作制"看重的是学术成果的质,如果质量平平,数量很多,也未必能评上。以前我们有一个说法,叫"一本书主义",或者"一篇文章超过一本书"。我在北大读博士的时候,我的导师陈贻焮教授就曾经不止一次跟我说过这样的话。所以,我们评职称的时候,提供的代表性成果最多不能超过五种。我觉得"代表作制"基本可以反映真实的学术水平。有些学校可能比较重视量,数量不够多,首先就落于下风了。我觉得这种观念和做法不太可取。

访谈人:那么您觉得主办刊物在论文质量,或者学术水平衡定中占多大比重?

杜晓勤:我认为,主办刊物的档次及其在学界的影响在学术水平评定中当然也是比较重要的。现在的一些刊物接受自由来稿的数量已不太多。因为最近四五年来,许多刊物都是自己组稿,或者请学者帮着组稿,这样就可以掌握主动性,慢慢形成自己的风格,会好一些。因此刊物在评估上也应该占有一定的比例。如果一个学者从未在这个领域顶尖的刊物上发表过文章,我想他要成为一流学者的可能性就比较小。当然,不是所有的文章都必须在顶尖刊物上发表。就拿我自己来说,我会根据自己所谈问题的大小和深浅程度,以及学术价值或者创新程度的不同,来分别选择投稿的刊物。但是主办刊物在评估中应该占多大的分量,也不能绝对化,更不能量化,主要由同行专家酌情考虑。

著作写成之后，五年到二十年间，它的转引率可以说明一定问题，距其发表时间太近或太远都不行。

访谈人：您认为人文学科论著的被转载率和引用率有多大的价值？

杜晓勤：转载率和引用率在短期内不能说明问题，应该放在比较长的时间来看，我想大概 5 年之后，10 年到 20 年之间，一部著作或一篇论文的被转载率或引用率，是可以说明一定问题的。因为一本新的论著写成之后，很多相关学者不一定马上就能看到，或者引用了而没有马上反映出来，所以在短期内不能说明问题。当然，20 年以后也不一定能说明问题。因为或许到那时这本著作在书店或者图书馆已经找不到了，又被学界淡忘了，而只有相关专业的学者尤其是比较严谨的学者才会想方设法地去查阅。所以，我认为一本著作写成之后，五年到二十年之间，它的转引率是可以说明一定问题的，距其发表时间太近或太远都不行。

学术会议上发表论文与学者成名有直接关系，但切忌拼凑文章蹭会。

访谈人：您认为学术会议上发表论文对一个学者的成名有没有直接关系？应该如何来完善这一环节？

杜晓勤：这是有直接关系的。因为我许多重要的文章都是在国际学术研讨会上发表的，之后再在刊物上发表。我个人比较重视学术研讨会上的论文，因为那是面对面的。如果你的论文写得特别好，小组的其他学者就会来跟你讨论。但是如果发表在杂志上，学术碰撞就没有那么直接，学术反响也没有那么明显。学术会议固然重要，但是我很反对学者蹭会的现象。为了去开会而随便凑一篇文章，那样对你的学术声誉反而会起到不好的作用。所以在这个环节上，一方面应该加强会务的把关。另一方面，更重要的是，参与会议的学者自身应该要提高学术自觉性。因为学术会议是发表自己最新研究成果,展现自己学术魅力,能够形成学术名望的一个舞台,这是很重要的,且不能等闲视之,随便就去与会。因此我平时出去开会都非常严肃和认真,我很在意自己身上的标签和在学界已经建立起来的学术声誉,这对维护学校学术声誉和建立自身的学术形象都会起到很大的作用。

原创要符合两个条件,一是研究的是重要的学术问题,不是伪科学;二是在此之前没有人集中深入研究过。

访谈人:什么是原创?怎么样出原创性的研究成果?

杜晓勤:原创要符合两个条件。第一,你发现的这个问题的确是一个很重要的学术问题,而不是伪学科问题。第二,这个问题在此之前没有人集中深入地研究过。要想出原创的成果,就是要从原始材料出发,在自己阅读原典的过程中发现问题。如果只是看别人的研究,或者一味接受外来的新方法、新观念是不可能出原创性成果的。一定要抛开已有的研究成果,从第一手材料出发,把能掌握的材料融会贯通,发现一些线索,再把这些线索联系在一起,发现一种规律和现象,这就是原创。另外,对某种规律或者现象,前人或许有过朦胧的说法,但是你用明确的语言表述成了一个鲜明的学术观点,并且分析得非常深入,那么这也是你的原创。当然你在论述一个新观点的时候,就应该设想到别人可能会提出的疑问,所以你需要花许多工夫去论证:你是怎么发现的?为什么他们没有发现?这些问题都要交代清楚,这样就可以慢慢说服别人。

重大项目的申请获批只能在一定程度上反映学术水平,科研经费的分配不能反映学术地位。

访谈人:重大项目申请获批,或者获得国家社科优秀成果奖等奖项能否真正体现该学科的学术水平?

杜晓勤:这些都能够反映一定的学术水平。但是现在项目评审中还有不少人为的因素、非学术因素,所以最好的研究成果未必就能获得一等奖。

访谈人:那么您觉得学校或国家的科研经费分配和投入,能否反映学术地位?

杜晓勤:这个不能反映。因为在现在的高校和科研机构,研究经费的分配问题,还与你的社会活动能力,有没有行政职务等非学术因素直接相关。我有一些朋友学术水平很高,但是他们并不积极申请国家的科研项目,自然也没有多少科研经费,但还是做出很有学术价值和深度的研究成果。相反,有些所谓的大投入、大项目,最后往往会出一些大而无当的大拼盘式专著,未必有很大实质性的学术突破。

老师的价值可以通过学生的成就来体现。

访谈人:您觉得一个名师的价值,是否应该通过他培养的学生的成就来体现?有什么办法可以通过对学生成绩的评估来体现教师的价值?成为博导之后,您有多少个学生也做了博导?行政上,您的学生有多少做到了比较高的职位?学术上,您的学生有多少成为了学科带头人,或国家级学会副会长以上?

杜晓勤:这个是应该的。作为大学老师不仅应该自己学问做得好,更重要的是你培养的学生也要优秀。这样在学术界可以形成师生互补,互相促进的效果。所以我比较注重培养学生从事一些前沿领域的研究,撰写一些高质量的文章。如果他们在读书期间能在权威核心期刊上发表一到两篇文章,就证明这个学生已经开始进入学界了。由于我带博士生的时间还不长,只有六年,因此目前我的学生中还没有成为博导的,也没有学科带头人等。

学者参与重要媒体活动不能真正体现其学术地位。

访谈人:您认为学者通过重要媒体活动,除了增加知名度和影响力

外,能否真正体现学者的学术地位?

杜晓勤: 要看是什么媒体。学术媒体是很好的,但如果是大众媒体、娱乐媒体,那么往往会起到反作用,反而会让真正的学术圈慢慢排斥你。因为像我们研究的人文学科是比较专门的,研究得越深,受众面应该是越小。如果你把过多的精力花在媒体活动上,那么真正做学问的精力肯定就少了,而且还会影响到你沉潜下来做学问的心气。所以像北京大学传统学科文史哲三系搞古代研究的老师通常是主动拒绝参与媒体活动的。所以我认为学者通过重要媒体活动,或许可以增加知名度和影响力,但不能真正体现学者的学术地位。

人文学科的评估主要看科研,学术评价主要看研究的深度,以及通过在本学科的国内外地位和影响力来判断。

访谈人: 您认为人文学科的评估主要看什么?培养人才、科研、社会服务之间的权重如何?

杜晓勤: 主要看科研。社会服务会有,但不是太明显,培养人才方面不可能太多,比较有限,因为传统人文学科通常比较冷门,不会也不需要有太多人来做。

访谈人: 请谈谈您心目中对人文学科评估比较合理的方法。

杜晓勤: 还是应该让人文学科内部专门委员会来评,评价标准和方法不要用社会科学的,更不要用理工科的。学术评价主要看研究的深度,以及通过在本学科的国内外地位和影响力来判断。不要通过其他标准,也不要单纯通过数量,而应该更重视质量。因为传统学科需要学术积累,所以对年轻人应该包容一些,应该更加考察他们的学术潜力,对他们论文的数量不要做过多要求,以免揠苗助长。在评估的时候要注意研究的滞后性和专深性,不要用太多的量化分析和所谓的社会影响力,更不能用项目、成果或者奖项去衡量年轻学者。

9. 汪涌豪：评估体系应以学者为主体，体现对学者的宽容、信任与关怀

汪涌豪，1962年生。复旦大学中文系教授，博士生导师。2001年任复旦大学中文系副主任，中国古代文学理论研究会副秘书长，上海市作家协会会员，复旦大学中国古代文学研究中心兼职教授。主要研究中国古代文学与美学，兼及古代哲学、史学与文化批评。

访谈时间：2014年11月10日
访谈地点：复旦大学光华楼汪涌豪教授办公室
访谈人：王烨、常然

现有人文学科评价从面上看是有合理性的，但还是存在着一些不足。

访谈人：您作为一个人文学科领域的专家，对学术、教学、社会服务等方面的贡献是全面的，您认为现有的人文学科评价标准能否完整体现您个人的成就和贡献？

汪涌豪：我觉得面上看，粗粗地看，当然能够体现一个人的成绩。你写了多少书，多少文章，文章又发表在什么刊物，而且这个刊物是有准入门槛的，权威核心和一般刊物也的确是不同的。所以说从面上看，它的确是能够反映的。

但中国的事情是很复杂的。有的时候朋友来的稿子，他是大牌，但稿子质量其实一般的，最后它发到了比较好的刊物上。统计的时候它也是一篇核心期刊或权威期刊文章，就有点名不副实。所以我只说面上看这些东西是有合理性的。

在目前的情况下，似乎没有更好的评价标准能够彻底地取代现有的评价标准。从另一方面说，也没有必要否定一切已成的规矩，有时添入一

种新的更好的机制也未尝不是一种办法。比如,能不能更切实地引入同行评审?这在国外是行之有效的。这个话题说了很久很久了,但是真的做起来似乎困难重重。

比如说编学报,我们每篇稿子都送去外审,而且有两个外审。例如有一篇古典文学的稿子,里面写王安石,那就必须找到研究王安石的人,而不是说找到我,我也搞古典文学,但是我不研究王安石。你若给我评审,面上看好像很有针对性,其实是失了焦点的。所以,真正的同行评审,需找到这个行当内真正的专家,有两个同行专家评审,然后,碰到我上面说的情况,两票是可以马上否决任何人的文章的。所以我觉得,双向的匿名评审,最能够体现一个人的成就和贡献。

声望的获得主要来源于持续不断地关注某一研究领域。

访谈人: 您认为您在人文学科领域中获得的声望,主要来自哪几个方面?能否通过现有的学术评估体系真实体现出来?

汪涌豪: 你持续不断地关注一个问题,然后持续不断地把你所关注的研究用文字表达出来,自然会引起同行的关注。因为你自己是持续不断的,就说明你对这个问题感兴趣,感兴趣了以后,你就会多去关注它,那相对比别人,就比较容易更多一点心造有得之言,写出来的论著,在广度和深度上都有可能比别人好一点。并不是说你比别人智力高多少,而只是因为你关注了这一方面的研究。

所以我觉得如果说每个人,也不仅仅是我,在学术界有一点点声望的话,主要是基于能持久不断地做一件事情,小人物大人物都是这样的。应该说,这样的一种声望通过现有的评价体系是能够部分体现的,但不能全部体现。因为评估体系主要还是体现在一个数字上,是在量上的,有的人很少写文章,以量化的标准衡量他难称顶级,但他专精,写一篇是一篇。所以,质上怎么样,还得认真考校。

那么这个质是通过什么方式体现出来的呢?我想通过声望,通过他持久的研究,在学界形成的口碑与声望,他能不能发凡起例,领袖群众,形成一种焦点、一种中心。他的学术质量,以及由此达到的在学界的地位,时间是可以论定的,同行的舆论是可以论定的。

未来的评估体系应该确立学者为独立的研究主体,最好用软化的、灵活的标准,同时对学者有充分的宽容、信任与关怀。

当然,我也很困惑,就是这种学术界的地位怎么样可以固化为一个指标?这个几乎是很难的。对理科来说,可能院士是一个指标,对于我们这边来说,可能特聘教授和长江学者是一个指标。为什么说院士是呢?因为他基本上都是同行评议的。特聘教授和长江学者也是同行评议的,而且参加评议的面是广泛的,是匿名的,你没法去跑动做工作的。那么像这种同行评议,大家现在都还比较认可。

但是,你要对每一个在高校任职的老师做类似于院士、长江学者那样的同行评议,这会耗去许多资源,几乎是不可能的。所以,有时候我想,与其说设置一套人人都很服从的、很服帖的一个标准,还不如说我们怎么样先净化学术的空气,去除一些急功近利的东西。

因为今天中国的教育,对教师的关怀是不够的,而对教师的要求却很多。我们现在提出这样那样的标准,其实都是在往教师身上加码。有的教师不免会问:你要我这么多地付出,你能给我什么?所以我想,我们的评估必须建立在一个前提上面,即它首先要把教师当作和他身份相符合的一个特殊人群,而不是把他当作一个操作工,一个为了学校的评估、排名,然后不断产出论文的操作工。这样教师是没有创造的主动性的,而且也没有作为一个人的尊严。所以,未来将要到来的那个评估体系,我觉得首先应该从根本上改变以行政为导向,确立学者作为一个独立的研究主体,能基于自己的兴趣,基于自己的理论方法,不受打扰、持续不断地做研究。其次,最好用一种软化的、灵活的标准,而且放宽这个标准的核算时间。比如说依照我们现在的合同,每年工作量要填表,然后每年学校一次考核,每学期系里一次考核,大家填得不胜其烦。我觉得应该可以,至少把每年一次改成三年一次,让大家有一个从容的心态去教学和科研。

但事实上是这样的。比如说我申请个课题,填了很复杂的表,好不容易申请来了以后,你让我的课题必须三年完成,不然怎么样怎么样,这就容易使人心态不能平和,很容易使人"急就章",拼拼凑凑还你一堆垃圾,反正你也不会认真看。而事实是,你的确没可能认真看。我如果不想得"优秀"的话,通过是绝对没有问题的。所以,国家投入那么多钱,得到什么了?这一点已经有越来越多的人在追问。这都是由行政体制中的数字化控制的。所以,从某种意义上说我讨厌电脑,电脑来了以后,看似更便利高效,但其实是机械的数字化管理。电脑的异己性、乃至对我们文科教师来说,科技的反人性一面越来越展示出来了,以至最终彻底地把人挤压到边缘。所以这个新的标准,一定要加上研究的主体,一定要在评价的态度上——首先还不是标准——对教师、学者有宽容,有充分的信任,乃至人文关怀,这是我讲的第三个意思。我认为它很重要。

尽管不片面强调教授治校,但是高校在精神上必须突出教授的本位,而不以行政为本位。

访谈人:与前辈学术大师相比,前辈们的学术地位是如何产生的?与我们今天有什么不同?

汪涌豪:前辈大师是这样,比如说以前他们也向主管部门申请研究经费。至于如何研究,在大学里面完全是教授说了算的。前年西南联大七十周年的时候,报上在讨论西南联大的经验之于我们今天的启示。我看《光明日报》讨论了两天,后来就停掉了,好像讨论不下去。其实,西南联大之所以在颠沛流离当中还能培养出大师,并且不只一个大师,经验只有一条:就是没有行政干预,就是教授治校,这是它唯一的经验。

现在我们学校已经是这样,比如说校长、书记退出几个委员会。这个已经在做了,我觉得应该继续做下去。包括在院系两级也是这样,彻底地健全教授负责制,让教授作为学术评聘的唯一权威机构。

而且不能有这种情况,比如说这次我评长江学者,它的表格是要求填近五年来的学术工作。假如这几年我干得比较少,前几年做得很多,你既然前几年没有聘我,或者我自己谦虚,没有申请,现在我申请了,难道前几年的工作就白做了?它就是非要强调是你近五年的工作,在这前面的不能算。我觉得像这种设置不尽合理,甚至没有道理,也是很功利的。它会造成什么结果呢?就是大家每年都得拼命地炮制成果。我前面有一阵出了好成果,以后五年正好在酝酿,我在稍微地休息一下、调整一下,或者我改换频道,再做别的研究。在我准备做别的研究的时候,当然一下子写不出新的成果。我一直在翻典籍、看书,你就不承认我这五年是在认真研究、努力工作吗?现在的评价体系恰恰如此,对此是不承认的,所以我也要不断地写一些文章,这个时候我产出的成果就难免会有垃圾。所以,我觉得有时候我们总是希望看到一种表面繁荣,就像我们在生活当中总是希望看到虚情假意一样,大家面上过得去。有一个人说句真话,大家都觉得很突兀、很尴尬的。所以这是中国的问题。我并不是说西方高校的管理没有问题,我绝对不是这个意思。但是至少在西方高校,教授是拥有更多权力的,而且也更能自主。

现在整个中国在改变,高校也在改变,在去行政化。复旦这两年的改变就非常明显,所以我并没有看到人事处推出什么不合理的、森严的管理条例。但是因为整个大气候的改变还没有到来,所以总的来说,还是觉得比较倚重于数字式管理吧。而数字都是比较冷冰冰的,不机动的,是刚性的。

我的意思,规矩一定要有,指标也不可能全部摧毁,但需要有一些更精准的、更软化的、更有伸展度的、更符合人性的考校。再说得具体,就是标准不要只有一套,标准可以分门别类,更细化一点,有针对性一点。其实像西方各种各样的法律,它都是很细的,什么情况下它适用第几条,什么情况下它有个司法解释。比如说,碰到一个年纪轻的人,正好家里太太生病,生的是大病。这个时候他只产出了一篇重量级的文章,但是没达到总量标准,此时你不给人家评职称,就有点过于刚性,甚至有点霸道。

我刚才说了,对学者的评价要回归到维护学者的本位。既然你是对学者的评价,就要体现学人的价值,不应该仅仅便利行政、好操作这样的角度。现在都是便利管理,不顾及教师,参评要交材料,参评的教师好一阵忙乱,翻箱倒柜地准备材料。这样的做法,有时候绝对是干扰了教师,干扰得很厉害,至少让人分神分力。所以从质的方面来说,我希望标准能软化一点,人性化一点。从量的方面来说,又希望它不要一年一评,至少三年一评,对教龄长的资深教师,甚至可以更长。所以尽管我们不片面强调教授治校,但是高校在精神上必须突出教授的本位,而不以行政为本位。高校一切的考量都要为教师服务,这样的话,他们对学校会更有归属感,对研究也会更加投入,产出也更加丰厚。

今天中国高校给青年教师的待遇,没有反映他们作为青年教师的地位,甚至是尊严。

访谈人: 您觉得学校或国家的科研经费分配和投入,能否反映学者的学术地位?

汪涌豪: 就我来说,我对收入没有高的要求,因为我花不了多少。所以觉得现有的经费分配与投入基本上已经够我用的。但是我要为年轻人说句话。今天中国高校给青年教师的待遇,没有反映他们作为青年教师的地位。这是第一句话。第二句话可能更重要,是没有全部反映他们作为人的尊严。你对一个人就不应该这样。你给人家三四千块钱,叫人家一周上五六节课甚至更多,还要拖家带口,上养下育,然后还要诲人不倦,做辅导员等等。年纪轻的人,常常什么钱都没有。因为他们没有名气,很难申请到项目,更不可能做项目主持人,这是我们评价体系一个很功利的地方。当你有的时候,他不断加给你;当你没有的时候,你什么都没有。但成名成家以后,又会得到很多东西,甚至于这些东西可能会让你离开了学问。这是现有评价体系一个很功利的地方。当一个人真的向往学问的时候,他得不到任何的资源,或很难得到科研项目。所以一旦他成名以后,他不会感谢别人,不会想到要提携比自己年轻的人。这样一代代地功利化下去，学校的学术空气会越来越稀薄，这是很不好的。

人文学科评估标准应该主要体现在创新。是否有创新，需要同行来衡定。

访谈人：您认为人文学科中研究论文或者专著的评价标准主要体现在哪里？如何评价？

汪涌豪：其实说起来也是"卑之无甚高论"，就是创新。但现在人人都讲究产出数量，许多文章都是因循故事，写得大致不错就是了，创新很少。所以评价论文最主要的标准还是能否创新，当然我们对创新需要有科学的认识，有时候需要细分一下。

对此，裘锡圭先生说得最好。他总是说人文社会科学哪来那么多创新？没有那么多石破天惊的发明。因此，你发现了一条新的材料，也是创新。又比如说，你综合了人家各家各派的说法，人家说得很乱，你把它整理得很有条理，也不失为一种创新。

我们现在的许多论文确实缺乏创新。所以到现在，我们搞古典文学的还有人在说李白是浪漫主义的，杜甫是现实主义的，这个就很没有意思，但遗憾的是，这样的文章还很多。还有一种是伪创新：他提出一个观点，有时候这个观点还是舶来的，但没有材料支撑，或者他的材料也只有一条两条，一条两条是不足以说明一个基本面的。

那么，这个时候需要什么人来衡定他有无创新？还是需要同行来衡定。所以，现在我觉得我们学校的代表作制度是蛮好的。但不过如果代表作制度仅由职称评审委员会来评是不够的。代表作制度要先分给校内校外的同行，也有一个像盲评、网评一样的机制，然后再将他们的结论拿到评审委员会，评审委员会的意见和外审意见要参合起来考虑。因为评审委员会各有专业，里面可能有一个研究古典文学，其他研究语言文字的应该对古典文学没有发言权，因为他不可能有很精准的判断。所以我甚至觉得，类似于这样的终审委员会应该是流动的。面对不同的评审对象，比如一个是研究古文字的，一个是研究古代文论的，我们就应选古代文论的和古文字的评审专家,其他教授再资深也不要来。而不是说,反正就是找几个学术大家,并且很长时间都不变,那是不对的。这就是我前面说的便利了行政,苦了基层。现在我们的评审多少存在着走过场的问题,这礼拜给材料,下个礼拜要出结果。其次,要给评审专家恰当的报酬。五百块钱让一个专家看一本四十万字的书,这对专家就不够尊重,应该加大投入的。此外,评审结果更须有记录,须载入学术档案才对,这样可杜绝乱评,明明是本垃圾书,你乱评,就会载入你的档案。每个学者都要有学术档案。

论文还是要注重质量,一方面是深度,一方面是广度。

访谈人: 您认为发表论文的数量及主办刊物的级别在学术水平衡定中占多大比例?

汪涌豪: 我发现论文还是要注重质量,不要注重数量。质量取决于两方面:一个是深度,一个是广度。举例来说,陈尚君老师搞唐代的考据,他很专精,当然有深度。当然,其实他现在也扩展出去,做其他方面的研究。我觉得这个很好。任何一个有成就的专家都会对社会问题发言,而不仅仅是做原有范畴的研究。这样的人我们也要给他很好的评价,不能认为这些研究不属于他的主要贡献,而应该同样给与承认。哪怕有一天一个做历史研究的学者,做了文学的研究,那同样应该给他一个合适的评价。我能提的就是这一点,即我们对学者的研究,要放宽一种视野。

还有的学者,论著写得不多,但是他筹划了许多很好的学术活动,筹划组织了很多丛书。像朱维铮先生,个人著作并不丰厚,但从粉碎"四人帮"开始,他组织了许多大型的活动,主编了不少重要的丛书,这些活动与丛书在学界的影响很大。那这些也完全是他的学术成就,也应该予以积极的评价。

引用率、转载率是否能全覆盖很重要,同时还应该细化。

访谈人:您认为人文学科的论著被转载率和引用率有多大的价值?

汪涌豪:我不懂统计学,不知道转载、引用能不能全覆盖所有人文学科的论著?如果是全覆盖的,这引用率、转载率就能说明问题。如果是有选择性的,选择一些你认为好的顶尖刊物转载引用,其实也不足以服人。例如历史系姚大力老师当初的论文,都没有被太多地引用转载,《新民晚报》倒是介绍过的,但《新民晚报》肯定不计入权威刊物了。所以这个所谓的引用、转载率是不是全覆盖很重要。当然,有所遗漏是难免的,但不能太多。如果遗漏太多,或遗漏了很重要的、有公信力的刊物,那所谓的引用率、转载率就不足以去相信。

还有,现在许多引用,都是博士生、硕士生写论文的时候引用,这样的引用有多大的指标意义?老实说,现在学生写论文不同程度存在着一大抄的现象,引用率就上去了,但写得如何,终究还得有成熟的同行专家来论定。所以,如果要看引用率的话,也要细化:是同行引用,还是非同行引用;是学者引用,还是学生引用。当然,有的人还会把国内引用和国外引用区分开来。治中国学问,西方学者的判断就不一定准确,特别是做我们古代文学研究的,国内的引用与之相比要有价值得多。做古希腊文学研究的,当然西方的引用比中国的引用要有价值,因为有关古希腊的所有一线文献都在西方,中国没有。凡此种种,都要细化。

学者不能依赖学术会议上发表论文获得名声,并且学术会议应该注重其话题的领先性。

访谈人:您认为学术会议上发表论文对一个学者的成名有没有直接关系?应该如何来完善这一环节?

汪涌豪： 我觉得，如果一个学者是靠在学术会议上发表论文来获得他的学术影响，那他的学术也就完了。事实上有的学者就是如此，整天不在研究室待着，而是出去开会，我不知道他们还有多少时间看书写东西。学术会议自然要开，但一定要有实质内容，且要开得精简。如果是开个小会，大家对这个话题也有兴趣和心得，三人同道，谈一个问题，当然很好。现在，许多会议动辄 200 人，至少 100 人，找几个人主题发言，然后所有人小组发言。个人发言都是你说你的，我说我的，彼此都没有交集，没有交锋，这样的会有什么意义？凭会议来论定一个人的影响，有时恰恰是此间学界平俗的一面。这种东西侵入学术已经很久了。

对学术会议也要看成绩。有的两年一次的年会，整个会里面都是虚应故事。所有人都没谈出新问题，因为只是到了第二年又要开会了。像这种会，太没意思。总之，应该拒绝"串会"现象。这个会串到那个会，人头搞得很熟，俨然学界名人，这是把学术界当演艺界了，靠出镜率来搏名，这种现象必须明确否弃掉。

说到会议高端还是不高端，有没有影响，这是有可统计的指标的，比如说会议在社会上的反响——就是媒体的反应，同行对会议的评价——他请的是什么人以及会议论文质量怎样，还有最主要的——话题的领先性如何。什么是话题的领先性？譬如"文学与宗教的关系"这个话题从来就有，但如果你把它缩小在某个范围：哪个部分的宗教，哪个部分的文学，这个范围大家都没有谈论过，那么这个话题就有领先性。最近历史系余欣组织了一个俄罗斯对汉学影响的会议。其实俄罗斯是欧洲汉学的三大中心之一，德国、法国、俄罗斯，我们以前都比较关注德国、法国，对俄罗斯重视很少，来往也不多，懂俄语的学问人就更少了。余欣这次到俄罗斯去，把俄国的专家请进来，谈了许多问题。像他主办的这个会，我看意义与在权威刊物发文章是一样的。我们的评估衡定如果是从实的，应该把这个也体现进去。

媒体活动不一定能体现学者的学术地位，但学者应当向社会发声。

访谈人： 您认为学者通过重要媒体活动，除了增加知名度和影响力

外,能否真正体现学者的学术地位?

汪涌豪: 学者的声音应该让社会听到。所以我一直说,学者要有书斋求知的基本功夫,但也需要向社会说话,做广场启蒙。孔孟、老庄、加缪、乔姆斯基,他们都是向社会说话的。他们都基于自己的良知和专业说话,然后被社会听到,这样的话当然是好的。但问题是,现在许多知识人超越了自己的专业,有的还屈从于利益集团,随便说话,说违心话、有偏颇的话。所以,现在弄得很尴尬,所谓"公知"更被作为嘲笑的对象。在这种情况下,我们尤其应要慎而又慎。

那么,是否通过媒体活动就能体现学术地位?这个我觉得不尽然。如上所说,学者应该向社会说话,然后社会会回报学者一个相当的地位。但是学者的基点永远是在书斋,他只靠自己的研究说话,他不能无边地对社会一切问题发言,这个是没意思的。而且,他说话也仅仅是因为他有话要说,而不是冲着所谓的地位去的。今天的社会,某种程度上就是这样,每个人都想成名,哪怕弄出丑闻也比默默无闻要好。有的读书人未能免俗,也希望自己有关注度,最怕被人忘记。我觉得这样不好。学者在一般意义上,也没有必要太多地参与到媒体活动中去。现在有所谓的"文化学者",我们复旦著名的学者、教授为什么不愿做这种"文化学者",就是因为他们分别有自己的存在方式、与大众相处的方式。经常活跃在电视上,在他们看来不是最适合的方式。所以我认为,学者就是学者,难道还有"文化学者"与"非文化学者"之分?学者不就是有文化的吗?我甚至想,之所以称为"文化学者",恰恰说明这部分整天活跃在媒体上的人没有自信。当然,还有大众对这部分人的定位不清。不得不指出,有时候我们的媒体和受众是缺乏判断力的,现在许多学生一毕业就做记者,就捧名人。这个不好,会造成学术的浮夸与学术品质的流失。

所以,在我们未来的指标里面,这不应该占有太多权重,甚至在我看来,可以视作负指标。

微博的粉丝关注度和人文学者的影响力没有多大的关系。

访谈人: 您认为微博粉丝的关注度,是否可以为人文学者的影响力加分？

汪涌豪： 不要去关心什么微博粉丝，他就无非关注你一下，"我是你的粉丝"，你当真以为他是什么粉丝了？也不问粉丝的质量，这个太小儿科，不应掺入到大学里来，不能掺入到学者评价中来。简单来说，我觉得像这样的标准应该取消。

人文学科的评估首先要看教学和科研，其中教学与培养人才的权重要大大增加。

访谈人： 您认为人文学科的评估主要看什么？培养人才、科研、社会服务之间的权重如何？

汪涌豪： 首先就是教学与科研。而其中教学与培养人才的权重要大大增加。我们始终说学校是培养学生的。国外的学校也是这样的，占很大权重的第一指标，就是培养学生。培养学生这一点很重要，但是落实到我们这儿，做得还不够。我们系有一些老师，做得就比我好。比如像朱刚老师，我有一次在15楼咖啡厅，看到他召集了一批学生，给他们讲宋代文学，我问他怎么在这里，他说："有几个学生有兴趣，我就跟他们谈一谈。"这完全是没有工作量的，但他就做这样的事情。有的老师愿意在学生身上花功夫，都不能计入学校的统计里面，但是学生过了很多年，都会感念这样的老师。我就觉得这个要有统计，而且要把它细化。比如说他除了担任辅导员之外，除了上课之外，是不是给学生的兴趣小组做指导？是不是经常给学生开讲座？是不是参与到学生活动中去？像这种工作都应该体现出来。我们中文系的梁永安老师，深受学生的爱戴。他是以副教授退休的，他对学生就很热心，因此学生对他的评价很好。我觉得，作为老师，你和学生没有互动，你这个老师在哪里？以前民国的时候，老师都不敢自称"老师"，他们都称自己为"教员"。真正做老师，就得秉夫子之教，对学生有教无类，全身心地付出。民国时的老师，像夏丏尊、丰子恺等人，都能拿出自己的薪水补贴学生。现在由于我们的评价体系，我们过得越来越匆忙，看起来把所有的时间都交给了学校，其实和学生的距离反而远了。

遵循公正程序获批的重大项目、国家社科优秀成果奖能够体现学术水平。

访谈人：院系主办学术研讨会能否作为衡量该学科发展水平的指标？

汪涌豪：前已说过，那要看什么学术研讨会。如果是几百人的虚应故事的会，毫无意义。这种会不仅不应加分，还应扣分。因为除了浪费钱之外，没有任何效应。现在，各种论坛越来越多，也越来越费钱，动辄一二十万，开完后没留下任何东西，最应杜绝。

访谈人：重大项目申请获批，能否真正体现该学科的学术水平？

汪涌豪：这个当然能够体现，但是有前提条件，就是重大项目的获批是遵循公正的程序的。现在有许多评审的权力都被行政垄断，评审专家总是固定的，那评出来的东西又有什么意义呢？所以我是慎于项目申请的，我有自己的事情做，这就可以了。在这一点上，复旦是很好的，它对你不申请项目很宽容。当然，我这样绝不是说，评价体系中这种指标不能有，就是希望在衡定这个指标时，不要太刚性，过分突出它，而忽略了学者研究的自主自由。

访谈人：国家社科优秀成果奖等奖项能否体现学术水平？

汪涌豪：国家社科评奖是很神圣庄重的，当然能体现学术水平。在这方面，我的建议是，最好把人文和社会科学分开。其次，希望关键性的政府奖、省部级奖，能继续在公信力方面多多努力，有更多投入，找来真正的专家仔细会商评审。不然，我们说社科奖一定能够体现学术水平，别人不一定信。

一个评估体系不能只盯着水平、声誉、名次、等第，就如一个学者不能老是想着如何提高自己的学术声誉。

访谈人：参加政府决策咨询会或者报告获得批示能否提高学术声誉？

汪涌豪：政府咨询有时候存在这样的问题，比如说政府需要做产业经济方面的题目咨询，那就只能去找研究产业经济的学者，这对研究制度经济学的学者就构成了不平衡，因为这个咨询项目是冲产业经济来的，其他研究学者当然拿不到。类似于这种情况也要去具体分析。还有，决策咨询常常是短线课题，虽现实意义重大，但仍须与基础研究有一个合适的平衡。

最后我想说，一个评估体系不能只盯着水平、声誉、名次、等第，就如一个学者不能总想着如何提高自己的学术声誉，因为很多时候，老想着这个，并不能提升水平与声誉；相反，不想这些问题，声誉反而来了。

10. 吴福祥：一种成果的优劣，最关键的是创新性

吴福祥，1959年生。1995年毕业于中国社会科学院研究生院语言学系，获文学博士学位。现为中国社会科学院语言研究所研究员、中国社科院研究生院语言学系教授、博士生导师。曾先后兼任上海市高校比较语言学E研究院特聘研究员，广西大学、重庆师范大学特聘教授，广西大学、浙江外国语学院客座教授，南开大学、浙江大学、中国人民大学、苏州大学、上海师范大学、江苏师范大学、合肥师范学院、安徽大学等校兼职教授；《东亚语言学报》（法国）、《民族语文》《古汉语研究》《东方语言学》《历史语言学研究》《南开语言学刊》和《励耘学刊》等杂志编委；"西方语言学视野"丛书专家委员会委员，"外国语言学名著译丛"专家委员会副主任委员，国家社科基金评委。

访谈时间：2015年4月23日
访谈地点：中国社会科学院语言所吴福祥教授办公室
访谈人：郭新超、赵继琳

　　本人在语言学领域的影响，其一是因为我的论文受到同行的关注，随着时间的推移和论文数量的增多，论文的作者渐渐得到了学界的认可，影响力和知名度也就慢慢确立起来，所以我认为论文比专著更能体现一个学者的学术水平；其二是十几年前我和洪波教授发起举办了一个叫做"汉语语法化问题国际学术研讨会"的系列会议，这个会两年开一次，现在这个会议及其论文集《语法化与语法研究》已成为汉语语言学的一个品牌，这也间接地使我为同行所熟悉；第三就是我陆续参加了一些学术会议特别是国际性学术会议，这类会议上的大会报告和小组发言也会对一个学者的知名度和影响力起到提升作用。

名气大的学者不一定学问就好。

关于知名度的问题,我觉得名气大的学者不一定学问就好。当然,当今学界很多学者的学问和名气基本是匹配的,但不相称的情形也不少见:有些学者学问比名气大,更多的学者则是名气比学问大,这是因为除了学术本身,当今社会还有很多其他因素可以给一个学者带来影响和名气。这跟以前的老先生主要凭借学术水平而赢得声誉的情形是不同的。

一种成果的优劣,最关键的是创新性。

另一个问题是关于学术评价指标和参数的问题。这个问题过去和现在也有很大的不同。过去我们老一辈学者评价一种成果,首先是看有没有硬伤,也就是有没有常识性错误;其次看材料是否详实,例子是否丰富;然后再看思路如何,角度怎样,如果这几点都具备了,这个成果就是好的。我觉得,这样来评价成果不是没有问题的。我个人认为,一种成果的优劣,最关键的是创新性,这种创新可以体现在选题、思路、框架、视角、方法和材料等各方面。创新自然就意味着突破。至于例句是否恰当、材料是否丰富、表述有无硬伤,这些都不是根本性问题,这些方面都可以在成果修改加工的后期加以解决。但是一种成果,如果选题和论证方面没有创新,不能推动学科发展,那么即使材料再丰富、论据再充分、表述再妥帖,也是没有多大学术价值的。

学生成就的大小是影响学者知名度的一个重要因素。

关于学生的问题,我觉得也是影响学者知名度的一个重要因素。譬如我们研究所建所之初有陆志伟、罗常培、吕叔湘、丁声树四位学术大师,其中我个人认为学问最大的那位先生今天却是名气相对较小的,原因是这位先生没有带什么学生,他的学术思想未能得到很好地继承和传播。所以好的学者培养出学生也是很重要的,一个学者学问再好,也得让其他人了解,而其中一条很重要的渠道就是培养学生。学者的使命在于传承学术薪火、推动学科发展。有了学生就会有人替你传承,继承你的学术理念和治学特点。反过来说,一个学者甚至学术大师,如果没有学生那是很可惜,人走了学问也就带走了。关于培养学生,我们研究所也有尴尬的地方,即研究生招生指标太少,生源也不太好。

<u>就社科基金项目立项而言,需要建立一种申请者资质的评估机制。</u>

还有一个问题是科研项目的问题。现在申请科研项目看的不是个人的学术能力和学术水平,而是社会关系和社会能力。一些社会能力强的学者,学术水平很一般,却能拿到国家项目甚至是重点和重大项目。但由于能力和水平的限制,他们最后做出的成果很可能非常一般,国家的资助也就没有起到应有的作用,从而造成国家资源的浪费。而一些专心做学问的人,他们不擅长社会活动,人脉不广,很难申请到项目。

我个人认为,就社科基金项目立项而言,需要建立一种申请者资质的评估机制。一个好的课题并非每个学者都能做。申报者有没有能力和水平来做这个课题,需要进行资质评估。目的是选出最适合的、最有水平的学者来做相关课题,这样做出来的成果才有可能是高质量的。

<u>如何选择最适合的学者来做国家社科基金课题,最重要的是对通讯评审专家选择的标准和产生的程序进行调整。</u>

如何选择最适合的学者来做国家社科基金课题?我认为最重要的是

对通讯评审专家的遴选标准和产生程序进行调整。现在国家选择通讯评审专家的方法是从每个不同的学校选择一定人数正高职称的学者来担任通讯评审专家,这种机制表面上很公平,因为每个学校都有评审专家。但其实未必合适,因为普通院校和重点院校的职称评定标准是不一样的,相同职称的学者之间学术水平差别很大。所以国家应该选择这个领域里水平最高的专家来进行通讯评审工作,而不是让每个学校都有人去做这项工作,这样才是合理的。

学术成果要重质量而轻数量。

对于学术成果质量这个问题,我觉得要重质量而轻数量,不能根据学术成果的数量来评价一个学者的水平。现在的评价机制是打分制,是量化的,不同等级的文章有不同的分数,一篇一类文章的水平是肯定比三篇二类文章的水平要高。但是如果是晋级、评职称的话,那后者就会比前者得分高,后者选上的几率也就更大,导致水平高的人反而评不上,水平不够的人却被评上,这显然是不合理的。

成果评价还是实名的好。

还有成果评价是否要实名的问题。目前国内和国际上通常都是匿名的,但我觉得评价效果还是实名的好,因为评价者会基于自己的学术声誉和责任感郑重其事,不会乱评。不过实名虽好,现在很多学者都不愿意这么做,所以在实名评价这方面现在还有很多工作要做。

引用率并不能绝对代表学术成果的水平。

还有关于引用率的问题。引用率有很多不同的情况:有的是引用某个文献的观点、模型、方法,有的只是引用其材料或例句,后者与前者显然不可同日而语,其间差异非常之大,但现在的引用率计算和统计很难对上述情形进行有效区分。所以这类引用率和影响因子的数据是不太可信的。我甚至觉得,有些高水平的文章有可能引用率很低,因为高水平文章的内容极有可能是与目前主流观点不相一致,创新的观点和成果开始问世时有可能不被普遍认可;另一方面,一发表出来就被很多人认同的东西有可能水平不是很高。所以我觉得引用率并不能完全说明问题。

学者尽量不要去参与媒体活动,一个真正的学者应该踏踏实实做学问。

关于学者社会名声与媒体关系这个问题,我觉得学者尽量不要去参与媒体活动。一个真正的学者应该踏踏实实地做学问,过度或深度参与社会活动和媒体活动难免会使学者分心。而且一个学者如果热衷于追求自己的社会知名度,说明他的心思和兴趣没有完全在学术上,在这种情况下要做出藏之名山、传之后世的成果来恐怕是不太可能的。

11. 胡晓真：评价制度不可能完美，只要不是把人压下去的制度就可以了

胡晓真，1964 生。台湾"中研院"中国文哲研究所研究员。曾任台湾清华大学中国文学研究所兼任副教授、哈佛大学东亚系客座副教授、日本京都大学文学研究科客员研究员（客座教授）。主要研究领域为明清叙事文学、女性文学、近现代文学及明末清初文学等。2003 年出版《才女彻夜未眠——近代中国女性叙事文学的兴起》一书。1999 年获"中研院"青年学者研究著作奖，2003 年获"吴大猷先生纪念奖"。2011 年发表专书《新理想、旧体例与不可思议之社会——清末民初上海"传统派"文人与闺秀作家的转型现象》，于 2012 年获颁"中研院"第一届人文社会科学学术专书奖。

访谈时间：2014 年 12 月 24 日
访谈地点：台湾"中研院"中国文哲研究所会议室
访谈人：廖剑岚

台湾还没有把所谓的媒体关注纳入评价考核的指标中。

胡晓真：我能够表达的意见今天上午大概也都陈述过了。对我来说，我倒是比较好奇复旦如何设计这一份问卷，我觉得问题设计得是挺到位的。在设计问题的时候，其实本来就考虑了很多已经发生或者是可能发生的状况。那里面有一些问题是比较共通的，比方说学生的成就应不应该算做老师成就的一部分，现行的制度有没有办法好好评估一个人的成就等，这些我觉得是两岸共通的问题。但有一些我觉得比较特别的。第一个就是所谓媒体关注的这个问题。怎么样叫做得到媒体关注？上访谈节目或者开辟电视的专栏等算是媒体关注吗？那么同样的，所谓的微博

关注度,是指在微博上面有多少的跟随者,多少的点阅吗? 据我所知,到目前为止,在台湾,从来没有人谈过把这个作为学术评鉴的一部分。虽然广义的讲,这可以算是社会影响的一部分,但是利用这个管道来达到社会影响的目的,对我来说还蛮新鲜的。所以,其实反而是我想知道复旦或者是大陆整体的情况,这种现象已经存在吗? 学校已经把这方面的活动算作是学术评鉴的一部分? 或者是说有一些在这方面表现比较特异、比较突出的教员或者是研究者,希望把这个层面列入学术考评的范围之内? 这其实是我比较关心的。因为虽然在台湾好像还没有发生,但是未必不会发生,也许以后有人会主张这个应该变成学术评鉴的一部分。

访谈人: 目前还没正式纳入评价体系,是我们考虑的因素之一。我们希望在目前的状况下,能够找到比较好的评估方法和机制。

胡晓真: 我觉得在台湾这方面还不是很明显,因为也没有听到这样的声音。但是我觉得往后是有可能有人提出这样的要求的,因为确实有不少人的影响力是透过这个来发挥的。但目前为止我接触到的透过这个方式来发挥影响力的,以艺文界的人士比较多,真正学界的还是相对少数一些。而且因为涉及新的媒体,会利用这个方式来发声的,除了很少数的例外,都是比较年轻一代的学者,比如40岁以下的学者就比较有可能做这方面的发挥。但是我还没有听见他们个人会认为这算是他们学术成绩的一部分。但他们肯定会把这个认为是自己的文化影响力的一部分。

访谈人: 所以我们做这个项目的目的,就像我们馆长所说,要保护学者的学术自由,能够让真正的学者在学术上的贡献得到认可。

"打破研究计划、论文和专书的界限,灵活且不拘泥于数量","中研院"本来就是这个样子。

胡晓真: 刚才陈馆长特别提到,曾经有个说法,就是把研究计划、论文和专书的界限打破,就是放在同样一个篮子里面,都算数。那么,我觉得这个在"中研院"文科所,其实是不成问题的,本来就是这个样子。但理工科不能算,他们一定要论文的,专书真的对他们来说不算数。对"中研院"的人来说,像我们所的升等制度,我们反而是规定有数量的上限。一个副研究员要升研究员,不管他写了多少文章,就算他写100篇也可以,但是他最多只能提出10篇来审查,这就是上限。这个上限,就是让大家不要盲目地追求数量多——"提出了50篇论文,你还能不让我升研究员吗?"不要有这样的想法。完全是要以学术著作的品质和这一批学术著作是不是够分量、有没有成为体系、是不是可以在他的领域里面有一定的影响力来评判。我们规定最多只能提交10篇论文为代表作,同时我们也可以用专书,我们把1本专书的分量算作是5篇论文。所以,一个人如果要升等研究员,他有多种组合的方式。他可以直接提交10篇论文为代表作,也可以提交2本专书为代表作,也可以提交1本专书跟5篇以下的论文作为代表作。这就有一点像刚才陈馆长说的,是比较灵活的。

对于专书的出版社没有太多规定。

访谈人: 对专书的出版社有没有什么规定呢?

胡晓真: 没有规定。但是其实大家心里会知道的,因为好的出版社、比较上得了台面的出版社其实大家也都知道。所以如果是在一个一看就知道是没有经审查制度的出版社所出版的专书被提出来了,而审查人也都知道出书行情的情况下,就不一定能通过,虽然在形式上面好像是合乎标准的。甚至,我们有很多的弹性,这些弹性是大学未必有的。像我们在提出代表作的时候,理论上如果是期刊,而且是很好的期刊的话,大家都知道,不会有怀疑。比如说我们的《中国文哲研究集刊》,如果是登在这个期刊上面的话,我们自己知道,外面的人也全都知道,能够登在这里面的文章都是经过好多关的审查才通过的,它的审查机制是没有问题的。所以,有一些刊物,只要是登在上面的文章,我们都知道一定是经过严格审查的,这个在形式上面就没有问题了。但是也有一些刊物可能就没那么有名,或者是有一些论文集可能是因为某一种原因而编成的。比方说,有一个重要的纪念活动,如某一位地位非常崇隆的老师荣退或庆寿,有可能帮他编一个集子。非常可能有很好的文章收在这个集子里面,那么我们并不会因为它不是一个一级刊物,就说这个不能作为代表作,关键还是看文章的质量。我们唯一的要求就是,申请人自己有义务要说明这篇文章的重要性。我们都会告诉同仁,不能只靠制度来保护,自己要保护自己。所以,如果一个年轻同仁要用一篇类似像我刚才说的收在一个祝寿论文集里面的文章,作为他的代表作当中的一篇,那我就会希望他自己能够做出说明。因为我们提交评鉴的时候本来就要自己表彰自己,好好说一下自己的学术贡献是什么,自己提出来的代表作分别都有什么样的意义。他应该要自己能够说明这篇文章虽然收在这样一个性质的论文集里面,但是事实上它有价值体现,他要能够说服别人。如果自己什么都不说,然后审查者说这只是个祝寿论文集,没有通过审查。这个时候,提交人才很生气地说,你怎么都不看我的文章写得好不好。这其实对审查人也不公平,因为这是受审查的人自己应该要提供的一个资讯。所以我觉得这有很多的技巧,其实有点像是沟通术,本来也就是要进入这个学术体系的人应该要学会的,也是他的单位里面的比较资深的同仁,或者是这个单位的首长,应该要带着比较年轻的同仁知道该怎么做。当然,自己要对自己的学术生涯有点规划,如果我提10篇代表作,10篇都收在祝寿论文集,这个就开自己的玩笑了。没通过真也不能怪别人了,不能说人家不看我的文章的品质,这个就有点说不过去啦。所以我觉得在台湾、在"中研院",我们目前的升等、续聘的审查制度是过得去的,没有办法通过这样考验的,至少在我的经验里面没有那种完全冤枉的。所以,可能没有什么制度真的完美,一定能筛选到最好的人才。我觉得只要不是制度本身设计得让只有平庸的人才能够活下来,而优秀的人一定会被刷下去就好。至于这个制度有一些漏洞,会让非常少数的、极特例的、很优秀的人在中间受到一点挫折,拖两年或者是要挣扎一下,虽然很不幸,可是我觉得那可能是多少要忍受的。你只能说这个单位的同仁如果认可这样一个特别的人的价值,可以用其他的方式去补救。像今天本所杨贞德副所长讲的,若有一个人,其实大家都知道他能力是特别好的,他也不是没有做,但是他就是差那一步,那他的学术同侪应该是要帮忙的,他的机关领导、首长是应该要帮忙的,给他时间,让他做完,那结果就完全不一样了。我想人文学科这样的情况是比较少。因为我们不会说什么东西都只靠实验的那一关,我一本书没写完,我还是可以发表一些文章,至少可以过关的。我觉得制度不可能完美,不要让那个制度本身变成是把人压下去的制度就可以了。

人文学界的"引用"很大的几率为负面引用。

访谈人: 自然学科发表文章、提出观点后,会有很多人来引用。在人文学科这方面,您怎么看待引用?引用次数多,是不是就能说明文章质量高呢?

胡晓真: 之前,科学家们是比较注重这个的,在社会学界可能也比较注重,人文学界还没有真的把这个当成很重要的因素。因为我们都知道,在人文学界这个所谓的"引用"也有蛮大的几率是负面引用。所以确实会有人统计,比方说也有在提出升等续聘申请的时候,自己会做引用的统计,说我的文章曾经被多少人引用。但是这个到目前为止真的不是很受看重。

引进人才时需要有单位以外的学者来参加,相当于一个监督。

访谈人: 贵所在进人的时候是不是也是类似制度呢?

胡晓真: 进人的时候也差不多是这样的制度。我们同样会成立一个委员会,这个委员会的成员包括相关领域里面所内以及所外的人。我觉得要有单位以外的人参加是非常重要的,聘审委员会有单位以外的学者来参加的话,那么就等于是一个监督。

访谈人: 是大家坐下来吗?

胡晓真：是大家面对面谈的。

访谈人：参加会议的人会知道有哪些人参加了这个讨论？

胡晓真：是的，但是也只有他们自己知道。理论上，学术伦理上面，他们不应该出去说，那也是保护他自己。这个委员会并不负责审查，他们只是初步的过滤，决定哪些案子应该要送给谁审。

访谈人：那么就是在升等续聘案中，不同专家对应聘人的一些评价、看法参加讨论的人都是知道的？

胡晓真：对，但问题是我们不知道那个人是谁，也就是说审查人是匿名的。这个委员会比方说7个人，可能提出了很多个审查人，比如提出10个审查人，但是事实上我们只送给5个人去审查。那么这5个人是那10个人当中的哪5个呢？在审查意见都回来以后，大家来讨论的时候，是没办法对号入座的，理论上是不至于发生泄露审查人身份的事情。审查意见回来的时候，我们就是编号的，1、2、3、4、5，没有人知道1是谁，2是谁。

台湾有很多研究成果类奖项，有公信力的奖项对于升等续聘有"加分"作用。

访谈人：台湾会不会对研究成果进行评奖？

胡晓真：当然有，我们有各式各样的奖。

访谈人：这种奖项对于升等续聘有"加分"吗？

胡晓真：当然有，但要看是什么奖，是不是一个有公信力的奖。现在给比较年轻的研究人员的重要奖项，"中研院"有"年轻研究人员学术著作奖"，这个是颁给副研究员或副教授以下人员的。这个奖就是给比较资浅的研究人员得到肯定的机会。台湾"国科会"，有一个叫"吴大猷奖"（吴大猷是"中研院"前前任院长，所以这个奖等于是纪念他），这个奖也是发给还不是特别资深的学者的。其他还有科技部的"杰出奖",杰出奖是可以多次获得的。"中研院"还有"专书奖",这个是最近三年才成立的一个奖,主要要鼓励人文学者要写作专书。其他还有台湾教育负责部门的"学术奖"等。刚才提到的奖都是很重要的奖,是专指人文学科,自然科学当然有很多其他的奖。人文学科要在国际上面得奖比较难,特别是用中文写作的话,更难,所以刚才我讲的也都是台湾岛内的比较重要的学术奖项。以上所说的这些奖,如果得到的话,在升等续聘上面都会是很大的助力。这些奖本身,大家都知道是非常具有权威的单位负责审查,那就有一定的可信度。

最近出现批评少数的资深学者占据了大量资源的声音,但总体而言,获得研究项目是可以部分反映学术能力是否受到肯定的。

访谈人:你们拿到研究项目比较多的人,是不是他的学术研究能力也比较强呢?也就是科研经费的分配你觉得能不能反映出学者的研究地位?

胡晓真:我先讲一讲现在学界里面一般的反应。现在,确实学界有一个蛮大的声音认为,台湾整体的科研经费是被比较少数有力学者所把持的。也就是说,有些人认为少数的资深学者占据了比例非常大的资源,以至于比较年轻的学者,如果想要分一杯羹的话,就必须去依附学术势力。是有这样的质疑的声音。不过,我觉得至少在人文学界这种情况是比较不严重的。科技负责部门对科研计划的审查还是大致公平的,应该还是能够反映出学者的学术成果与潜力是否得到肯定。但是"中研院"并没有规定一个人必须要拿到几个计划才可以升等续聘,据我所知,这和部分大学不大一样。

12. 郭英德：学术评价受到外在的制约，但学者内在的责任感是最重要的

郭英德，1954年生。北京师范大学文学院教授、博士生导师。兼任复旦大学中国古代文学研究中心学术委员会委员，中国社会科学院文学研究所《文学遗产》杂志编委等。曾任意大利那不勒斯东方大学亚洲系访问教授，日本京都外国语大学中文系客座教授，台湾东吴大学客座教授，美国圣路易斯华盛顿大学访问学者，香港大学教育学院访问学者等。主要研究领域为中国古代文学史、中国古典文献学、中国古典戏曲、中国古代文化。

访谈时间：2015年4月22日
访谈地点：北京师范大学郭英德教授办公室
访谈人：郭新超

多数学者受益于现行评价体系，少数则受害。评价体系的好坏，主要看其是否能推动其学科的发展。

作为评价者、被评价者、以及被评价者的朋友、老师，我们都参与学术评价，所以我们既身受其利，也身受其害。我认为目前多数学者还是受益于这种评价体系的，少数则受害。新入门的学者需要一些外在标签、评价规则对自己的成果产生认可，需要一个途径去宣传自己，私下的宣传是不够的。因为对于新出道的学者来说，水平相近的同类学者很多，所以就必须找到一种评价标准和规则对他们进行评价，给他们机会去提升自己的知名度并且得到社会的认可。但是这种评价体系也损害了一些人的利益，不仅仅是文科的问题，理科也有相似的问题，国内国外也都存在问题，所以大家都希望这种评价体系能够更加健全合理。

一种评价体系必定得不到所有人的认可，总会有人对其提出质疑，不

可能十全十美，只有尽力使其合理化。我觉得评价一种体系好坏的标准主要是看其能不能推动学科的发展，能够推动学科发展，那就是较好的，反之则是不好的。

学术评价受到外在的制约，但学者内在的责任感是最重要的。

现在有些学者在参与博士生论文的评阅时，书写内容过少，甚至评语与学生的论文不相关。而有的学者却很认真，他们的评语中肯，甚至检查并挑出学生文章中的错别字。这两种人我们都见过，所以学术评价其实是一个良心活，外在的制约是一方面，学者内在的责任感是最重要的。不管什么样的制约、规则，即使再好的评价体系面对不负责任的人也是无济于事，所以我觉得学术评价还要靠学者自身的责任感、使命感。还有一些学者在评价的时候，首先考虑的不是以学术内容作为评价标准，而是以学生是否为他们圈子内的人作为评价标准，是我们的人我就选，不是我们的人即使你水平再高我也不选，这样的"学术共同体"就变味了。中国的学术界长期受一些非学术性体制的制约，是十分不利于中国学术发展的。

学术评价需要良好的监督机制。

还有一个问题就是关于评价监督的问题。在社科基金项目的评价过程中，存在很多审查不严格的情况。立项时均得以通过，但是通过漫长岁月的检验后，才能分辨这些项目的优劣。这样就需要一个良好的监督机制，因为如果前期申报之后就开始资助，就会导致很多人拿了资助之后不认真地做他们申请到的项目。有一些机构实行后期资助，但是从目前的情况来看，实施效果也不是很好。所以不管什么机制，首先考察的是学者的良心，其次靠监督体制，监督不行的话评价效果肯定是不好的。

论文引用率对学者水平的评价是很重要的，但是论文转载率根本不能说明学者的水平。

还有关于论文转载率的问题，我觉得论文转载率根本不能说明学者的水平。例如，有些转载资料编辑部会对本机构文章有倾斜，标准会不统一。所以我觉得论文引用率对学者水平的评价是很重要的，但是转载率是没有意义的。还有就是书评，在国外很受重视，但是在国内则相反。在国内期刊编辑的判定标准也是一个问题。例如有的时候我向期刊推荐我学生写的文章，而且都是水平很高的文章，绝对是够期刊发表水平的。在这种情况之下期刊还是会淘汰我推荐的文章，原因就是我的学生名不见经传。反观以前我们没有名气的时候，我写的文章只要水平够，期刊就会给予发表，所以可以看出现在的期刊选文最关注的不是文章的内容水平，而是作者的名气。再如，如果一个有一些名气的学者和一个名不见经传的学生同时向期刊投文章，即使学生的文章远远好于学者的文章，那最后也将是学生的文章被淘汰。期刊选文章不是以内容作为最重要的判定标准，这是个很大的问题。另外还有关于一些篇幅的规定等限制因素，都是没必要的。

如今，关起门来做学问是不符合时代要求的，学术需要传播。

在现在这种学术环境里，有一些关起门来做学问的学者，他们做学问的精神是可贵的，但是在如今这个社会里，关起门来做学问是不符合时代要求的。因为学术乃天下之公器，闭门研究肯定是不行的。另外学术还涉及到一个传播的问题，做学问是一方面，传播可能更加重要，知识需要传播，学术不进行传播，其发展将随着研究人员的逝世而中断消失。

硕士生论文发表不应简单进行量化规定，应鼓励创造学术精品。

还有就是关于硕士论文的发表问题，自从南京大学和浙江大学规定硕士生必须发表一篇核心文章以来，很多学校都效仿，这对于学生是没有好处的。尤其在我们古代文学方面，与现当代文学不同，他们可以撰写当代文学作品的评论，发表后就能产生很大的影响。我们则需要学生有一个很长时间的知识积累，如果过早地让学生出作品，那么出来的作品肯定是粗糙的，不是精品，三年的硕士研究时间很难写出一篇高质量的作品。如果过早地要求学生发论文，那么学生的研究必然是粗糙的，不是很深入的。如果全国的硕士生在读三年之内都要发表一篇文章的话，那么全国要有多少个杂志社去发表这些文章？现存的杂志社肯定是远远不够的。所以我们国家现在学术的问题不是缺少作品，而是作品太多，缺少精品。

社会知名度不能代表学者的学术水平。

还有学者的社会知名度问题。我觉得知名度不代表学者的学术水平，但是如果有一本书要选主编，出版社则会更多倾向选择社会知名度高的教授作为主编，因为其社会影响力大，会吸引更多的人买。而且现在国内学术和政治联系紧密，一些好的学者都会被推上去做行政工作，这会导致学者精力分散，很难再做出精品了。很多学者都是这样的，50岁之前学术做得很好，水平也很高，在行业里很受认可，之后被学校推选担任行政职务，然后就很难有好的作品了，他的学术名气也都是在做行政职位之前建立的。这种学者的人生选择可能会带来很多个人利益，但是在学术领域上却是个损失。假如他们不从事行政工作，后面还是可以做出更经典的作品的。

匿名评审存在虚假和乱评的问题，实名评价更真实。

关于这个实名、匿名评价的问题，我是支持实名评审的，匿名评审很多都是乱评的，这都是能查出来的。我参与过很多评审过程，哪些是匿名评价乱评的，我们都知道，而且知道这些人是谁，所以还是实名评价更真实。我们学校的博士生论文请外校专家评阅，我的一位韩国学生的文章写得一般，但是最后评分很高，一位中国学生写得很认真努力，最后还是有专家给了很低的评分。这位专家肯定没有好好读学生的文章，他给低分的一个原因也是凭自己的主观臆断，这是很不负责的。

我认为，我们老师、学者都拿着老百姓的税收，就应该创造我们的价值，去负责任地做学问、教学生，发挥我们的特长，这是我们的责任，不负责任的评价是不对的，学者要有学者的态度和做事的原则，不能胡乱去评价。

13. 黄霖：对于"用世"或"传世"的研究，评价标准应有所不同

黄霖，1942年生。复旦大学文科资深教授，博士生导师。教育部重点研究基地复旦大学中国古代文学研究中心主任、复旦大学中国语言文学研究所所长，主要研究领域为中国古代文学批评史和文学史。著有《中国历代小说论著选》《近代文学批评史》《金瓶梅考论》《二十世纪中国古代文学研究史》（主编）等。

访谈时间：2014年11月4日
访谈地点：复旦大学光华楼黄霖教授办公室
访谈人：常然

人文学科的评估不能用简单的量化来作为指标。

访谈人：黄老师，您好。目前国内外人文学科缺乏一个大家比较公认的、比较客观公正的评价体系，我们想请您这样在人文学科方面比较资深的专家谈一谈对目前评价机制的看法。

黄　霖：这个问题总的矛盾是，怎样能够真正衡量一个老师真实的水平，而不是用简单的量化指标。我想起了我们当年的经历，我自己"文革"以后第一次评副教授的感受。当时的"学术空气"比较正常，评价比较客观。我们那时候系里学术委员投票，不像现在有许多干扰。大家都不找学术委员，别人我不知道，至少我自己是老老实实的，的确没有找过任何一个人。而且系主任章培恒先生跟我关系还是比较好的，我怕人家讲我跟系主任怎么样，反而有意疏远他，根本没去找他讲过一句话，其他老师更不会去找了。

访谈人：过去您评职称的时候，学术委员是怎样进行投票的？

黄　霖：过去我觉得大家的确是凭自己的感觉来投票的。我评副教

授的时候,每个学术委员对所有申报的人都打分排名。当然这里面不可能每个人都搞得很准确,这个也有问题的,但是我觉得大家至少在主观上还是公正的。当时是"文革"结束后第一次评审,我们报的有 20 多个人,我很荣幸被排到了第一,尽管我是正式投票的候选人中最年轻的,其他的同仁都比我大,不少还是我的老师。当时 9 个学术委员,6 个人投我第 1,其他有人投我第 2,最差也投我第 6,总的加起来我还是排在最前面。这不是说投了我第一,才说这是公正的,主要是看到了他们的确是依据实绩来排名的,而不是以资历等其他因素,更不是纯以亲疏关系来投票的。

访谈人: 当时评价的主要依据是哪些指标?

黄　霖: 当时没有量化,没有说要发几篇文章,也没有权威期刊的概念。我最主要的成果,除了一本《中国历代小说论著选》之外,就是为集体写的《中国文学批评史》里面的小说部分,这是我们当时高校的教材。过去没有人全面地写过小说的批评史,我在《中国文学批评史》中,实际上是第一次使小说批评形成一个史。但我不是一本书的独立作者,我只是参加编写,连署名权都没有,只有在"前言"里面说明这部分是我写的。从现在的标准来看,这根本不算成果,因为不能作为一个独立的成果来申报,但当时这个还是起了很重要的作用,恐怕起了最重要的作用。当然我还有一些论文,但是我觉得这个分量是相对比较重的,因为《中国文学批评史》这部书当时大家比较重视,是作为高校的教材,大家觉得我是第一次做出来,还是花了点功夫。尽管学术委员中其他专业的老师很多,但是大家还是认可了我。

<u>现在的评价机制对集体成果不够重视,不利于集体项目考核,集体项目难以组织。</u>

访谈人: 现在的评价机制对集体成果不够重视,这是否会对人文学科的发展产生一些不利的影响?

黄　霖: 现在的评价体系中,一定要独立的论著,集体的署名要第一第二,有的连第二都不算,署名权都没有的更加不算,这不利于集体项目的考核,这种评价体系影响了我们的一些集体工作。集体项目的参与者往往面临评职称的现实问题,使领导也很纠结,人员不齐,集体项目便很难组织。

过去大家搞文献,共同编一个很大的资料,其中编索引或者引得也是一个贡献,每个人都认认真真、下功夫地搞。本来参与者是没有后顾之忧的,只要认真做,成绩就能得到领导或者同事的认可,大家觉得你做得很好,还是会跟着升职称、可以有前途的。我们中文系有一个阶段曾经实行过,集体项目中10万字以上也算成果。而现在对集体项目不重视、不鼓励,大家混在里面,"一将功成万骨枯",出名的是一个总编,其他的都不算成果,影响了参与者的职称和前途,谁肯干啊?

访谈人:如果以后的评价标准纳入对集体成果的认可,也许可以提高大家的积极性。

黄　霖:人文学科一些老师非常强调要搞个人的成果,把集体的东西否定了。这一点我是反对的,我认为个人的项目当然很重要,集体的项目也很重要,大的项目一定要集体的力量。我最近遇到一个问题,有一个比较重要的工程项目,以后可能作为高校的重点教材,总计30万字,决定了12位编写成员,每人写2万字左右。尽管上面说这工作怎样重要,但对每个参与者来说,对照他个人手头做的工作,恐怕就觉得并不那么重要了,以后署名恐怕只署首席专家,因而有些人就不当回事,不花太大力气。所以现在集体工作愿意干的人越来越少,要干也是应付了事,往往干不好。这与现在的评价体制有关系,个人的努力融在集体当中,却完全不算成果,即使做得再好也没有用,这是一个大瓶颈。

过去的评价体系就看文章质量和对当时学术界所起的影响,并无核心期刊、权威期刊一说。

访谈人:过去的评价体系中,有没有强调核心期刊、权威期刊的分量?

黄　霖:当时根本就没有什么权威期刊、核心期刊,这是人为搞出来的。最近《文学遗产》成立60周年,在发纪念文章,当时也叫我写点什么,我后来没有写。我以前没有在所谓权威的《文学评论》《文学遗产》上发过多少文章,我成名的时候主要的文章都是在《复旦学报》发的。当时我很年轻,复旦的编辑我开始时是不认识的,但我几乎每年都在《复旦学报》发一两篇文章。我又没送过编辑什么,自始至终连一粒糖都没送过,而他们对我是比较关照的。

现在的编辑跟发文章的学者关系是很微妙的。你要在一个权威期刊或者比较有影响的期刊上发文章,一个是要钱,一个是要名。当时没有权威期刊这个概念,哪里能发就发了。发了以后大家觉得这篇文章好,有分量、有影响,别人转载,学界认可,就在无形之中对升职称等起了影响。所以当时就看文章质量和对当时学术界所起的影响。

如今的评审,多靠人情关系,积重难返,难以规范。

访谈人:现在对于发文章的要求与过去相比似乎有很大的差异。

黄　霖:现在整个风气变了,没有过去那么好了。那么反过来讲,现在为什么要搞量化呢?也是没办法了。现在包括重大项目评审,好多都是关系,都是那些评委跟你的关系如何,这个可能是起了很重要或者说是决定性的作用。不管量化也好、不量化也好,最后的投票恐怕是起关键性作用的。我觉得投票表面上是最民主的形式,而实际上是最不民主的。哪些人投票是很重要的,可能你请这5个人投票,你就很好,5个人高票通过了;再换5个人就通不过了,而这些人都是该领域的专家,这种例子不胜枚举,看你的命运!我觉得自己是比较老实的,我不去搞什么公关,有些学校有些单位大家都知道的,都是"功夫在诗外"。

访谈人:您觉得现有评价机制中这种不良现象,有没有好的办法来约束或者遏制?

黄　霖:这种人情关系会通过各种形式,有的功夫很深,也不是眼前的,都是很长的时间里面跟你培养感情,对他熟悉、感觉好了,就很容易通过。所以我说最后由哪些人评很重要,评委往往是固定化的那些人,大家都知道评委是他们特别要买通的对象。现在有些人很吃香,到处都邀请他们去讲课,实际是变相的贿赂,在需要的时候就派上用场了。所以我觉得整个风气是很关键的,大家不是凭学术的良心来做事,而是根据感情来打分;不是因为学术本身出色而产生好的印象,而是通过其他关系得到好的印象。现在要改变真的很难。

访谈人:感觉首先要从制度上对评审者进行规范。

黄　霖:现在是整个社会的问题,积重难返。过去建博士点,现在的职称评审或者项目评审,评审的时候大家都要来找你,希望你投他的票。大家总有办法知道是哪个人做评委,我想这股风的源头总是从教育部或者国家社科他们那里流出来的,有时候本人还不知道自己当上了评审委员,人家已经知道并打电话过来,找各种关系来说。

代表作制度也无法绕开评审中的"投票""表决"问题。

访谈人:现在学校推行的代表作制度,能否作为一种比较理想的衡量标准?

黄　霖:现在不仅仅是量化与否的问题,量化到最后要投票,代表作制度也要表决。特别是文科,你可以说他是香花,也可以说是毒草;你可以说他好,也可以说不好,甚至说他整个不行,在有些观点上有不同见解的情况,经常可以碰到。

获得奖项或重大项目不一定能体现学术水平。

访谈人:您认为重大项目申请获批、"国家社科基金项目优秀成果奖"等奖项能否体现学术水平?

黄　霖:是否获得奖项,或者得到重大项目,不要说是个人,也是学校评价的一个很重要的方面,所以学校也很看重。实际上这个奖、这个重大项目是否能体现个人的学术水平,真的很难说。

评价时可邀请不相关,无利害关系的专家学者参与,并给出评审意见,同时让被评审的人有申辩的权利。

访谈人: 是否可以设想这样的一种方式:邀请一些校外的、比较权威的专家学者进行公开评审?

黄　霖: 这种方式就是排除了人情关系。人情关系不是在正常的基础上建立的,往往是通过不正常的手段建立的。怎么排除人情关系?就是要找一些不认识的、不相关的、没有利害关系的人,或者完全是背对背的、不知道的人来打分,我觉得这是相对比较客观的。但是人情关系的情况不可能完全绝缘,因为这个学术圈子里的人,总是可能有认识的。所以这种评价最终要讲出个道理来,不能让评委不负责任地随意投个票就可以了。

访谈人: 您的意思是说评委要给出详细的评审意见?

黄　霖: 对,需要给出详细的评审意见,说出个所以然,不是仅仅表示同意不同意,这样至少对胡作非为的现象能够有些限制——跟我有矛盾的人,不管你好不好,我打个不通过就是了。如果要求依法写出道理来,当然投否定票的人可以讲理由,文科的东西当然也可以讲,但是至少不能胡说,因为胡说也会比较困难。只怕是那个人根本就不分是非,只分亲疏,那就糟了!同时要补充的是,对于评审者的否定意见,要让被评审的人有申辩的权利,否则有的意见本身就是不正确的。我碰到过这样的情况,比如我有个项目叫人家去评,五个人中四个人都说你很好,一个人说你不好,说不好的是没有道理的,因为他自己不懂。那么只有一个人不同意还好,假如三个人中有两个不同意,那被否定的人也蛮冤枉的。因为请的专家本身可能也不是内行,他讲的是外行话,所以否定意见要让被审的人有个申辩的机会。如果你是不对的,不可能一直说成对,这个还是有客观标准的；如果你是对的，讲的否定意见完全是外行的评审专家，那么你不能被冤枉。我们毕业生毕业论文送出去外审经常有这种情况，评的人本身不太懂，讲的是外行话，那么允许被审者申辩，或者拿出来再给其他人、第三者再来看看，我觉得这样就是比较公正的。

访谈人：您觉得匿名与公开这两种评审形式哪种更好？公开评审是否会对评委有影响？

黄　霖：评审照理应该是公开的，但是存在这样的问题：因为评审牵扯到他人的利害关系，评委可能会被人骂。你现在对他有不同的意见，那么当然你是公正的，以后这个人知道你对他持反对意见，一般人的胸怀没有那么宽广，会自认为有错，而是对持反对意见的人总有点不满意。这次他无计可施了，将来总有他出头了或者上去的时候，那么从长期看来对你的影响会不好，所以可能会造成这样的问题。

如今的学术会议不规范，会议论文的质量天差地别。

访谈人：您觉得学术会议对于学者的成名是不是会有比较大的作用？

黄　霖：过去大家还是比较重视学术会议的。严格意义上的学术会议，邀请的应该是在这方面有研究的学者，应该先交论文，论文审查通过后再参加学术会议，这是比较规范的。但是现在不规范，现在的一般会议，一些熟人、学生、朋友也要求参加，邀请者很难办，于是大家交一篇论文就来参加会议了。会议论文的质量天差地别，并非都是好的。过去也有过一个阶段，比如说国际会议的论文算成果，但现在好像早已不算了。

访谈人：那么学术会议应该如何来进行完善？提交的论文是否应该先由专家评审，通过以后再参会？

黄　霖：现在多数会议哪有这样的机制？没有的，即使不交论文也可以参加。所以现在的情况下，会议的论文质量就很难说了。

论著的引用率和转载率，不能一概而论。

访谈人：您认为论著的引用率和转载率，对于评价人文学科是否适用？

黄　霖：引用率的问题，各种文章专著的情况都不一样，不能一概而论的。有的论著研究的问题本身范围就窄，那么它的引用率与比较大众化的研究相比，肯定要低。有的是基础课、教材的基本内容，当然引用的就比较多。现在包括评杂志及其编辑的水平也用的是引用率，那么其他杂志都拼命引用自己的文章，该杂志、编辑的引用率就高了。

从目前来看，用学生的成就来评价人文学科老师的价值，是不科学的，因为在招生环节就已产生了学生水平的差异。

访谈人：像人文学科老师所带的学生的成就，能否作为体现老师价值的一项指标？

黄　霖：我觉得从目前的情况来看，文科像这样评价是不科学的。为什么？你看看现在刚得优秀论文奖的那些文科学生，从中学到大学再到研究生这样一路读出来的博士生有几个人，工作过很多年的、已经当上教授再来读的博士生又有多少人？我没有做过统计，但可以说后者可能占了绝大多数。老师招进来的学生是不同的，这是老师的成绩还是学生的成绩？从我们人文学科来讲，要成为非常杰出的人才、非常有分量的人物，对于从中学到大学读出来的学生是非常困难的，与已经是教授身份再来读博士的人是不一样的。那学生得到了优秀博士论文，怎么算老师的功劳呢？

访谈人：有没有更好的办法可以通过衡量学生能力与素养的提升，来评估教师的价值?

黄　霖:我对复旦的招生是很有体会的,因为我们这个行当,外语老实讲不是最重要的,当然要研究做得好外语也很重要,多熟悉世界各方面的情况,那是很好的。但事实上,像我们研究古代文学的人,外语基础都不是很好。那么考我们学校的研究生,外语的要求比较高。其他学校对于这些要求就比较低,所以大批的教授都去考人家的学校。虽然外语比较差,但可以破格录取。我们招的都是高中生、本科生,外语当然比那些人好,可是论文水平拿出来哪个好? 我们比不过他们,优秀博士论文拿不到。写一篇有分量的博士论文不是读三年就能够解决问题的,是要积累的。他们那些拿到优秀论文的人,就我所知,都是工作过的,在这方面已经有相当积累的研究,才能做出这样的成绩。有些学校招的学生本来都是要考我们这里的,但是一看复旦的外语要求,不行! 都到别处去了。所以有的学校能招到一大批教授、好几个校长。那些校长都是有水平的,不然他也不会做到校长,他在这个专业方面已经相当有成绩了。

访谈人:这是否意味着在招生环节已经产生了学生水平的差异?

黄　霖:是的,我们学校外语门槛高了,学生的质量素质却比人家低,因为专业基础肯定不如他们的好。但是评优秀博士论文是看专业论文的,那我们学生的论文当然比不上人家的了。这个是最糟糕的,也是我很懊恼的,因为我们眼看好多好的学生都到人家那儿去了,不敢报考我们学校。

用媒体影响力来作为考核的标准,不是很科学。

访谈人:还有一个问题是,现在有些学者会在媒体上比较活跃,您觉得媒体的影响力跟学术之间是一种什么样的关系?

黄　霖:我觉得媒体是有问题的,现在好多媒体专业水平不如以前。现在媒体也是关系,你发篇文章,媒体帮你锤一下、弄一下,声势就大了。我参加过有些评审,标准之一就要求有多少篇文章评价,或者被评为优秀著作。以此作为一个评价的标准,我觉得也是有问题的。比如说,我们中心也面临这样的问题。过去教育部检查工作的要求,一度根据你的影响力,就是报纸上发了多少文章、哪里发的文章,作为影响力的考核标准。你开的学术会议,能有什么社会影响力?那就逼着人家一开会就要找媒体,因为媒体发了社会影响力就大了。通过媒体进行宣传造势,这个影响当然是比较大了,但是用这个作为考核的标准,的确也不是很科学的。

人文学科的基础研究,需要与现实保持一定距离,社会服务的功能在人文学科评价中应占较小权重。

访谈人:还有比如一些社会学科的研究报告,可以为政府做决策参考,像这种社会服务的功能在人文学科评价中应占多大的权重?

黄　霖:我上一次在教育部开社科部的会,教育部一度要求我们都要积极开展智库研究,这个事情我觉得我们人文学科跟社会学科是不一样的。我们人文学科也可以和现实结合,但基本上是有一定距离的。你一定要强求我们去研究这个,那肯定是要出问题的。人文学科基本上都是做理论研究的,如果说是一定要很紧密地为现实服务,那是要犯历史性错误的。当然研究需要要有一些社会性的服务,但是基础研究有它另一方面的属性,有的时候还要跟现实保持一定的距离。

对于"用世"或"传世"的研究,评价标准应有所不同。

访谈人:具体到古代文学专业,如果说一部著作或一篇文章比较有分量、比较有创新,可以从哪几个方面来衡量?

黄　霖:就古代文学而言,我觉得也是有两个方面。我们的学术研究可以分为两类:一类是用世的,为现实应用、对社会直接起作用的,我刚才就不排斥这个方面;还有一种是传世的,完全是学术性的研究,这个考核就应该是不一样的。大家不要互相看不起,过去做文献、基础研究的往往看不起那些做理论研究的,做理论的看不起研究文献的,现在好一点了。其实各有各的用处,那么标准也不一样。对当下起好的作用的研究,应该加以肯定。那些基础研究,主要是看你功夫下得深不深,当然也应有所发现,解决一些问题。实际上我们的研究,你真正解决几个问题就差不多了,应该是这样来考核吧。

制度设计好,要做到:排除人情、给出评审意见和允许申辩。

访谈人:您所了解的前辈们是如何建立起来学术权威的?他们是如何进行学术评价的?

黄　霖:过去在"文革"以前没有学术委员,职称似乎都是领导定的。我的老师朱东润先生一直是很不服气的,他一开始评的时候是三级,郭绍虞先生评的是一级,后来朱先生升了一级也就变成二级,后来不评了,就永远赶不上郭先生了,他为此一直耿耿于怀。"文革"以后我们才慢慢开始有学术委员、投票、外审等形式。

访谈人:看来我们的评估体系也是一个逐渐演变的过程,可能其中会有一些不尽如人意之处。那么您对心目中比较合理的评价方法有怎样的构想?

黄　霖:我总的看法就是:最后的评价要考虑怎么避免人为因素和亲疏关系,怎么排除领导圈子或者学术委员里面私人的感情因素,怎么排除非学术的因素、个人的因素所起的作用,这个是最重要的。科学合理的评审制度要做到以下三点:第一,要排除人情。怎么样排除人情? 就是要找一些没有利害关系的人来投票,来表达意见;第二,要写出道理来,你为什么肯定,为什么否定,这个意见一定要讲清楚;第三,否定的意见要让被审者有一个申辩和说明的机会,以避免冤枉。有这样三个环节的考量可能会好一点、客观一点。否则无论是采用量化的方式还是代表性著作来考核,到最后一样的,还是会碰到人情关系这样的问题。这些讲起来容易,落实起来比较难。

访谈人: 非常感谢黄老师!您对过去和现有的人文学科评价体制谈了很多真知灼见,对于我们很有启发。

黄　霖: 还有一点我想补充的是,我们的评估标准要具体、清晰,要让评审者可以把握,摸得着头脑。例如过去提要达到"骨干教师"的水平,究竟"骨干教师"要达到怎样的水平?各个学校的标准可能大不一样,如果我们把标准提得很模糊又似乎很高,参评者就会达不到评审者心目中的要求。所以标准的分寸需要讲清楚。

14. 程章灿：同行评价是进行人文学术评价的最适当办法

程章灿，1963年生。南京大学文学院教授，博士生导师，教育部"长江学者"特聘教授。曾任美国哈佛大学燕京学社、宾州大学、西雅图华盛顿大学以及英国牛津大学等高校高级访问学者，台湾大学、中央大学以及香港浸会大学客座教授。主要研究领域包括中国古代文学、古典文献学、石刻学、国际汉学、中外文化交流与文化比较等。

访谈时间：2015年4月20日
访谈方式：邮件访谈
访谈人：常然

访谈人：您作为一个人文学科领域的知名专家，对学术、教学、社会服务等方面的贡献是全面的，您认为现有的人文学科评价标准能否完整体现您个人的成就和贡献？

程章灿：这个恐怕很难。

个人声望主要来自于同行的认定。

访谈人：您认为您在人文学科领域中获得的声望，主要来自哪几个方面？能否通过现有的学术评估体系真实地体现出来？

程章灿：我个人认为，这主要来自于同行的认定，包括业界的评价、学校及科研机构的认定和所培养学生的工作成绩。

访谈人：与前辈学术大师相比，前辈们的学术地位是如何产生的？与我们今天有什么不同？

程章灿：他们取得的学术地位，更多基于学术的层面，较少有体制力量的介入。同行间的认定发挥较为重要的作用。

培养的学生可以一定程度体现学者的价值。

访谈人：您觉得一个名师的价值，是否应该通过他培养的学生的成就来体现？有什么办法可以通过对学生成绩的评估来体现教师的价值？

程章灿：可以但不唯一。

二国手可以培养出大国手，而大国手不一定就能培养出大国手。这有师生两方面的原因。

但无论如何，教学和培养学生应该视为教师的第一职责，亦即天职。

同行评价是进行人文学术评价的最适当办法。

访谈人：您是否觉得应该有更好的评估标准来体现您的价值？可否谈谈您心目中比较合理的方法。

程章灿：同行评价最好，不要太多学界以外的外来机构和权力机构介入。

具体合理方法一言难尽。

实际上，以现在这种社会风气和环境，同行评价中也已经渗入了很多非学术的因素。社会大环境的污染太可怕，太难清理。让学术的归学术，学者自治，还要假以时日。

访谈人：您觉得学校或国家的科研经费分配和投入，能否反映学者的学术地位？

程章灿：不能。经费投入和分配机制不尽合理。大多数学者收入偏低，不如更多用于改善学者的生活待遇。

访谈人：您认为现有职称评定标准在您的学科中是否体现了学者的真正学术水平？

程章灿：大体尚可。但某种程度上也有"丛林原则"，适者生存，遵循体制者优先。

访谈人：您认为人文学科中研究论文或者专著的评价标准主要体现在哪里？如何评价？
程章灿：同行评价，由第三方组织的匿名评审最好。

学术水平衡定中，学术论文的质量很重要；转载率有一定意义；引用率不能过多看重。

访谈人：您认为发表论文的数量及主办刊物在学术水平的衡定中占多大比例？
程章灿：发表论文不要仅看数量，要看论文质量。甚至要看论文的篇幅、论述的深广度。
主办刊物，我比较看重专业化、专题性强的刊物。

访谈人：您认为人文学科的论著被转载率和引用率有多大的价值？
程章灿：转载率有一定意义，引用率不能赋予太高的评价意义。

访谈人：您认为在学术会议上发表论文对一个学者的成名有没有直接关系？应该如何来完善这一环节？
程章灿：从目前情形来看，在学术会议上发表论文，似乎与学者成名没有太大关系，一篇很好的论文，似乎也不能使其一举成名。要想成名，还不如上"百家讲坛"，这是可笑、也是可悲的学术现实。
如果前者可以成为现实，那就说明大家尊重学术，学术的归学术了。

专家参加媒体活动不应为学术影响力加分。

访谈人：您认为学者通过重要媒体活动，除了增加知名度和影响力

外,能否真正体现学者的学术地位?

程章灿:社会上大多数人认为可以,学校领导大多也认为可以,我个人不太认同。

访谈人:您认为微博粉丝的关注度,是否可以用来为人文学者影响力加分?

程章灿:如果影响力就是俗世的名声,那是可以的,如此而已。

不同的学科可能不一样。真正专业精深的人文学术研究,是需要大量时间和精力的,也是寂寞的、外人难以理解的。

访谈人:您认为人文学科的评估主要看什么?培养人才、科研、社会服务之间的权重如何?

程章灿:个人的科研最重要,这是练内功。培养人才其次,但这要靠机缘,没有好生源,累死也没有用。社会服务方面,不要排拒就行,但也不要过于热衷,失去学者的固有立场。

访谈人:院系主办学术研讨会能否作为衡量该学科发展水平的指标?

程章灿:这要看怎么主办。认认真真地设计议题,实实在在的内涵蕴蓄,严肃专业的组织形式,这样的学术会议多多益善,也真正能推动学术。

如果没有具体的内容设计,一干人坐而清谈,不着边际,劳民伤财,不如不办。

访谈人:重大项目申请获批,能否真正体现该学科的学术水平?

程章灿:大体上可以。但也有一些重大题目,题目论证本身就不通顺,居然也能通过立项并且中标,让我无语。项目外的工夫,太多了。

访谈人:国家社科优秀成果奖等奖项能否体现学术水平?

程章灿:不一定。但有比没有好。

访谈人：参加政府决策咨询会或者报告获得批示能否提高学术声誉？
程章灿：社会科学领域比较看重这一方面。人文学科领域不必太看重。

人文学科评价中，完全采用量化标准不可取。

访谈人：您对原来的人文学科标准有什么样的看法？
程章灿：量化标准不可取，至少不能成为唯一标准。
有标准而不能好好执行，与社会上的有法不依相映成趣。

访谈人：您自己觉得怎样的评估才能让自己的价值更好地体现？
程章灿：千秋万岁名，寂寞身后事。

访谈人：成为博导之后，您有多少个学生也做了博导？行政上，您的学生有多少做到了比较高的职位？
程章灿：我不看重这个。这两者都不重要，相对来说，前者重要一些。但也要看学生所在的学校本来有什么样的平台。
做行政，很占用学者的时间，甚至浪费学者的生命。短期或者表面来看，似乎有实利，长期则耗费精力，无助于个人真正的学术功力的增长。

访谈人：学术上，您的学生有多少成为了学科带头人，或全国学会副会长以上？
程章灿：学术组织本来是为了以文会友，起一个组织联系作用，是为大家服务，应该轮流当。现在会长居然成了官职，听过不少因为会长恋位不下、学会闹得不可开交的事，可笑之极，这是中国社会体制之弊在学术界的反映。

访谈人：您怎样定义原创？您觉得怎样能作出原创性的研究？
程章灿：前人未曾提出的理论观点，未曾开拓的学术领域，未曾使用的学术方法，都算原创吧。怎样出原创性的成果，也是一言难尽。

15. 裘锡圭：要评估一个学者，要看对于资料的运用、学术创新以及对前人成果的判断能力

裘锡圭，1935年生。复旦大学出土文献与古文字研究中心教授，博士生导师。出土文献与中国古代文明研究协同创新中心主任。曾任北京大学中文系教授、博士生导师、古文献研究室主任、中国古文献研究中心副主任。主要研究领域为汉字学、古汉字学和中国古典文献学（先秦、秦汉部分），也从事先秦、秦汉史的研究。曾参加过望山楚墓竹简、曾侯乙墓文字资料、郭店楚墓竹简、银雀山汉墓竹简、马王堆汉墓帛书和尹湾汉墓简牍的整理考释工作。著有《文字学概要》及《裘锡圭学术文集（六卷）》等。

访谈时间：2014年11月4日
访谈地点：裘锡圭先生家中
访谈人：陈思和

裘先生：要评估一个学者，一方面，首先要看对于资料的内容，他是不是真正理解，用得对不对；通过一些形式上的东西，可以看得出来他引书的体例，对古书体例的了解，典籍熟不熟。那么另一方面，从他自己的见解方面来说，就是看是不是有创新。这个创新，我们要求最好是能够站得住，至少在这一行，有水平的人能看出来是对的。即使不能够做到这么板上钉钉，至少他的说法是让人感到他很有意思的，思路还是可以允许的。比如说在这个问题上，他现在这个说法是最好的了。或许，他虽然没有彻底解决问题，但是很有启发性，对以后的研究非常有帮助。如果这些创新点都没有，根本是一种很牵强附会的研究，那当然就不行。

还有一点，从他认识层面可以看出来，就是他对于前人成果的判断能力。是不是该用的就用了，不该用的没有用。换句话说，也就是对于正确与错误，他能够有比较正确的判断。那么，再剩下来就是他文章的逻辑

性、行文这些问题。如果这些方面你看了都是有希望的,多少还过得去,那当然是可以培养。如果这些他都顾不上,那除非是在哪一点上,真是他看到了,那以后就用特别的办法来培养。就是让他补齐基础,敲打得厉害一点。如果这些都没有,那我们也没有办法。也许他脑筋还没有通,将来他哪一天通了,也有可能,那我们就是不能负责的。再者,还有个关键的问题,就是评审人到底有没有水平。举个比较容易看清楚的例子。我们比较年轻的时候,每年高考,都要去阅卷,阅卷的内容包括作文。当然一篇作文有几个人看,至少两三个,结果这个分数就很不一样。比如我认为这个不行,有人评得就很高。所以关键的是评审人是不是一个真正的学者,是不是在这方面都已经过了关?这个很重要。不然的话那就没有办法了。

除此之外,学者为人要正派,不是很自私,那就可以了。你要是把什么政治觉悟等条件加上去,这个就很难真正地培养人才。当然我们取的人,也不能是一心想把现在这个社会推翻的人。一般我们这个圈子里这样的人也少。当然像这样的人很可怕,如果知道这个情况,我们也不会取。一般情况来说,为人正派,不是很自私,那这两条就完全可以了。主要就是看他有没有悟性,有没有必要的基础。其实是很简单的事情。

16. 蔡长林：关键要建立一个严格的学术机制，且要排除人为的操作

蔡长林，1968年生。台湾大学中国文学研究所博士，"中研院"中国文哲研究所研究员，台湾大学中国文学系兼任副教授。主要研究方向中国经学史、中国近三百年学术史、春秋学。

访谈时间：2015年12月24日14点
访谈地点："中研院"文哲所会议室
访谈人：廖剑岚

现在学术机构里学术行政的层层要求，对学术研究有一定制约作用，人文学科不应过多注重量化。

访谈人：请问您认为怎样一种学术评价的方式或者体系，能够比较好地保护我们学者的学术自由，不受外界干扰更好地去做研究。有些学者可能一辈子就出了一部专著或者几篇很出名的文章，这个可能不是三五年可以实现的。现有的评价机制可能会对这些学者产生一些影响。希望听听您在人文学科评估方面的一些想法。

蔡长林：我只能就我在台湾的经验来谈。现在学术机构里学术行政的种种科层制度的层层要求，对我们的学术研究扣分的效果远大于加分的效果。需要我们要花很多年的时间去写一部著作的条件，显然没有像古代的学者们那么好。所以在现在这种评价机制里面，如果是单篇文章的话，最好应该要像我们《文哲集刊》这样，有大概三个层次的审查，包括内审、外审、决审。这样的文章、这样的刊物，它有一个很公平、很严格的审查机制。比如说决审，我们有9位先生参加，如果这9位先生都同意你的文章可以在我们的期刊刊登，那表示你的文章是受肯定的。而像我们

《文哲集刊》在台湾的人文学门里面,排行算最高的。假设说你的文章可以在这上面刊登,那么我相信,不管是台湾或者大陆的学界,不管是学者个人或是学校单位或官方单位都应该认可。我第一个指的是单篇论文这个问题。

第二个问题是,我认为我们现在都是被那种理工科或是商科的数字化、数据化给限制了,人文学科不应该这个样子。也就是说,应该要很充分地向主政者或是有决策能力的人反映人文学科本质跟自然学科是不太一样的,应该要比较有弹性,容许有一些学者可以在一段比较长的时间进行他的研究,而不要强迫或硬性规定他要马上把成果拿出来,因为对人文学科的研究具有一种本质性上的威胁。在我看来,再怎么样优秀的一个学者,一年写出一篇、两篇好文章,已经很不错了。但是这一两篇的单篇论文其实对一个学术的整体架构来讲,帮助不大。一个学者,他如果能有传世之作,那应该就是一个系统性的研究。这样一种系统性的研究,可能不是一、两篇单篇论文可以涵括出来的,它应该是一部著作。一部著作,可能要花很大的心力去撰写、去完成。其实我讲这样的话,倒也不是站在一个本位主义的立场说,因为在我的单位,至少不会有这个问题。如果你三五年不发表任何一篇文章,但最后写了一本书出来,也不会有人去管你。但是,我相信很多学校,可能每年的评审、评鉴,逼着老师们要去写好几篇文章出来,或者到处去开会。对老师们,除了教学负担之外,还要这样疲于奔命,我觉得不利于研究的进行。我也不讳言,看到一些在学校里面任教的老师们的文章,并不是那么理想。尤其是大陆,人文期刊本身受到字数的限制,比如说一篇文章五千字、六千字,老实讲,这样的字数限制,能够有什么好文章?我很怀疑。不是说不能有,但是我觉得,很多都只是蜻蜓点水,讲不出个所以然就已经戛然而止了。

善于做研究或善于做引导、教学的老师,地位都应该被肯定。

访谈人:您刚才谈到,大学里的老师他可能要教学、做研究,面临一些指标的压力,不能很投入地去做某一项专门的研究。如果有一些老师专职做教学工作,您是否觉得学生的学术贡献能够体现老师的学术水平?

蔡长林: 我想应该可以吧,有的人比较善于用嘴巴,有的人善于用文字,但这个很难用普遍化的数字来说明什么。也许只是个别的现象,如果学校或者单位愿意有这样一种比较特殊的老师,愿意不是只有一套标准去评鉴老师,我倒是很乐意见到这样一种情况。这不只是在台湾,我想在世界各地应该都要这样子。有的老师比较善于做研究,有的老师比较善于做引导、教学,其实我相信他们的地位都应该是被肯定的,都应该是并重的,不应该有一种轻重的差别。有的人,他可以把学术传给别人,让大家看到,有的人是通过他的很多学生进行学术传承。但我还是要强调,这不能当成是一种常态性,这应该是个别的特例。如果是常态性,那就不得了了,因为这样会让老师有惰性。

通过教学体现的学生的学术贡献能够体现老师的学术水平,但不能当成是一种常态性,这应该是个别的特例。

访谈人: 您觉得目前所处的环境当中,学术评价标准能不能很好地反映您自身的学术研究水平?或者您认为在哪些方面还应该有所改进?

蔡长林: 如果您问的是我现在的这个单位的话,我觉得我很满意现在这个单位。因为我刚才强调过了,我们不硬性要求你每一年都要拿出什么成果来。虽然我们每一年也会有考绩,这个不是针对你学术优良、优劣的一种评断,那只是政府要发一笔奖金,然后要看看你写了多少篇文章之类的,而不是最后评断你学术成果优劣的一个数据。一个助理研究员,过了5年要升等成副研究员,这个过程当中的机制才是最重要的。你拿出研究成果来,然后我们所里面组成一个委员会。这个委员会的组成分成两阶段,先组成聘审小组,大家讨论这个人的学术倾向、性质是什么,再由聘审小组拟出审查人名单,找到5个审查人之后(当然是全世界最顶尖的专家)来针对你的研究成果进行客观的评价。如果不好,那当然不用讲;如果好,那么在所内进行投票。所以我觉得这个机制算是很严谨的。重点在于,我会问我自己:你的东西准备好没,你写得够不够好,而不是去怀疑这个机制。这个机制有它的公平性。

多参加社会活动提高知名度与学问的好坏并没有绝对的关系，跟人的个性有关系，应该先建立一种客观的制度出来进行评价。

访谈人：有些人文学科的专家学者社会活动比较多，他会接受一些电视采访或者他个人开微博、微信，有很多粉丝关注，可能他的知名度会提高。您觉得这些社会活动是否可以在学术评定的时候做参考？

蔡长林：这个问题其实是敏感的。我也常常碰到这样的情况，或者是常常在想这个问题。这个用我以前读书的时候，老师问我的问题来回答。老师问我说：你要当高僧还是要当名僧？当高僧就是，你关在书斋里，认真地读书、做研究；但当名僧就是您提到的，常常上电视啊、接受采访、微博有很多的关注者。我觉得其实这个有时候跟学问的好坏并没有绝对的关系，是跟人的个性有关系。不见得说，关起门来读书就学问好，那也不见得说，到处受采访的就是学问不好。当然了，可能会造成一些印象，就是这个人比较有名气，所以他学问比较好。这个时候就需要有一个非常严格的学术机制来评定他。这就是我刚刚提到的，虽然你关起门来，可是要升等的时候，我们有一个很严格的学术机制帮你把关，不管你在外面的名声有多么好、多么响亮，你的研究不过关还是不过关。所以，我觉得重点不在于这个人他的社会活动力高不高。我其实每天都关在书斋里，对外面那些世俗的名声从来不在意，我认为一个读书人应该有这种纯粹的态度和想法，可是我并不会去否定有些人，他们具有某种推广学术的能力、功能或是理想。但是，个人自身学术的好坏不是靠那些大众媒体吹捧，不是那些粉丝能吹捧，而是真正严格的学术机制，由专家们来给你评定。所以，我觉得关键还在于能不能建立起一个严格的学术机制，而且这个严格的学术机制必须要排除人为的操作，这个很重要。在台湾我都不敢保证绝对能够排除人为的操作，可是我相信一定是尽我们所能做到最大的客观性。所谓的人为的操作就是，人与人之间很难讲，搞不好这个人很嫉妒你，但是他也不表现出来，那你学术成果送到他手上，会产生什么后果，大家不知道。但这也不是把你的学术成果送去审查的人应该考虑的。我讲的就是这种不确定性，可是至少还是应该先建立一种客观的制度出来。我的想法是这样子。

一个人的学术声望跟他的学术成就不见得能够成正向的比例。

访谈人：你们在送审的时候，可以提出回避哪些专家吗？

蔡长林：通常我们的秘书都会问我们，我不知道有没有人去做。我想说的是，还是要先问问自己的学术成果好不好。我还是以我的单位为例子，这里是台湾最好的一个学术机构，资源最好，待遇当然全台湾都一样，大学教授和我们的薪水差不多，但是我们的研究资源是最好的、环境是最好的。所以我们要先去问问，给了我们这么好的环境，我们有没有把学术水平表现出来？学术水平表现出来了，你就不应该担心你会受到什么样不公平的待遇。

访谈人：现在学术会议也比较多，就你所在的领域，有没有觉得经常参加会议，对提高您在学界的地位有一定帮助呢？

蔡长林：我想，有时候一个人的学术声望跟他的学术成就不见得能够成正向的比例。也就是说，有些人可能就是多跑学术活动、多认识人、有人脉，好像大家觉得他是专家之类的。尤其像我们这种这么高深、偏僻、艰涩的学问，说实在话，能够认识或是通读、读得懂你的著作的人也没几个。所以你的学术名声怎么建立的，往往包括刚才提到的很多社会活动。但学术活动其实也是社会活动的一种，只是它在学术界里面进行。我不否认会有这样的一种现象，你勤快地、到处去参加学术会议，不能说建立了声望，至少对把你这个人推销出去有很大的帮助。我想应该是说，在年轻阶段、刚进入学术界的阶段，可能比较会有这样的一种心态，到了一定阶段之后，有时候参加学术会议都会是一种情面。像我明年要参加7个学术活动，有时候也没有办法拒绝。所以这个是要看你在哪个阶段和你个人的心态，如果是我，我是希望都不要参加就好。有些在学术界都交往很久了，不去好像也觉得对不起人家。对年轻人参加学术活动，我还是肯定的。但是一个人的学术声望跟一个人的学术成就，这两个是没有办法成正比的。有的时候，你的学术成就跟你的学术声望会有一段落差，要去弥补这段落差，就要看学者个人自己怎么想，他想要做什么。我们都会认为学术声望会带来很多学术资源，但学术声望不一定是学术成就，我只能这么说。通常我是不太喜欢参加学术会议，我喜欢读书、写书。还好这个单位其实还不错，他们可以容许我们写自己想要写的著作，不见得写论文。

台湾现在发表论文的期刊有划分等级。

访谈人：发表论文的期刊有没有分等级？

蔡长林：有，现在的科技部有一个核心期刊的评定，核心期刊有10个吧，我大概可以记到5个，比如说《文哲辑刊》《汉学研究》、台湾大学中文系的《台大中文学报》、台湾大学文学院的《文史哲学报》、师大《国文学报》、《清华学报》，这几个算是比较前列的刊物。《文哲辑刊》是最好的，原因是它有一个类似陪审团的制度——决审（第三审）。这个决审制度，我们的编辑委员有很大的否决权。像文哲所，分成三个方向：文学、哲学、经学。那就是说，这个委员会是由这三个方向、每个方向各3个人所组成的。但是，不是说文学的人只去负责文学这个部分，他必须要负责文哲经这三个部分，也就是说他全部都要去看，每一篇文章他都要仔细阅读，然后去看这篇文章这个水平是否足够发表到我们的刊物。所以这个机制是做得还不错，其他的刊物可能没有像我们这么严格，但还是有一个算是比较客观的外审制度，就是匿名的外审制度。所以还算是不错。

期刊上发表的文章被引用或者被转载这些因素,在台湾不被纳入考核评价范围。

访谈人:期刊上发表的文章被引用或者被转载这些因素,你们会考虑吗?

蔡长林:其实我们都不考虑。因为这种数字化的东西有它的客观性,但我相信每一篇文章都有一个限制,这个限制就是它的学术性质。假设你研究朱熹或者研究郑玄或研究那些比较大的名家,那它的被引用率会不会就比较高?假设你研究的是比较小的题目,你文章写得很好,可是它的被引用率会比较低,所以我觉得这个数字没有太大的意义。不是说你研究古代的某个议题,然后受瞩目的程度比较高,就一定是比较好,这不过就是一种客观的因素而已。所以从这个角度来看,这些所谓的转载率、引用率,我倒觉得不是重点。就是说,我刚才强调过,像我们这么专门的、高深的研究,也没有多少人看,所以它要建立的是一个公平、严格的审查机制,由专家来认定你好不好,这个才是比较重要的。一个人的学术声望,其实不需要通过你到处去开会或者当一个论文制造机来实现。重点是你要有即使不能说是传世之作、也应该是不可被取代的著作。一个学术论著发表出来,如果有人要讨论跟你相关的议题,不能回避到你,不管是赞成你或者是反对你,他都要面对或者引用、或者反驳你的研究。这个时候,你的学术地位自然而然就建立起来了。我相信这个才是重点,我一直希望学术界单纯一点,所谓单纯就是这是一个学者的世界,就由学者们自己来决定。至于行政单位,它应该是基于服务学者的立场而不是限制学者的立场。那么多的条文、那么多的规定,我觉得这是舍本逐末,是一种懒怠行政,出于防弊目的。所谓防弊就是怕钱被乱用或者其他,做的各种防弊的手段。但是,这种手段可能最后会扼杀了很多的学术精华,让它没有办法面世。而且,我必须要很语重心长地对大陆的学界提出一个忠告:大陆学界当然有客观的限制,可是我觉得还是会让学术水平没有办法充分地发挥,那就是期刊论文的字数过短。这个现象应该要去改变,应该要像我们的学报这样,至少要 2 万字到 2.5 万字;如果不行的话,要 1.5 万字到 2 万字,应该有这样的字数的扩张。就是说一篇文章,你能够做一个比较充分的论述。那几千字的话,往往是很多古人的观念截头去尾,用自己的话去把它串起来,可是即使不是错的,也没有办法很完整地论述出来,等于是用自己的话去解释而已。这样子的文章往往都是曲解,没有办法去真正的理解,除非他要做的是一个哲学式的建构,否则,如果他做的是一种历史性的考索,这样子的文章没办法说透。大陆学界是有这个问题的。

两岸不管怎么样,对于传统中国的学问,我们都希望它能够蒸蒸日上。但是它现在受限于一个制度面的不利,我们这些人文学者要常常去配合这些细如牛毛的规定,而这些规定往往对我们一个做整体性学问的人来讲是一种切割。这种不当的、零散的切割对我们做研究是很不利的。在台湾如此,在大陆我相信也是如此。我其实倒是很高兴看到复旦大学已经意识到这个问题,我的期待是:这不只是一个研究报告而已,我希望研究报告的成果能够带来一些新的契机或是影响力,做慢慢的改变,毕竟复旦大学也是学术领头羊。我很高兴有这样的机会,希望我的阐述对你们有帮助。

17. 谭帆：人文学科评价的三个关键词：评价体系、尊重、诚信

谭帆，1959年10月生。华东师范大学终身教授，中文系主任，教育部"长江学者"特聘教授，国务院学科评议组（中国语言文学组）成员。兼任全国大学语文研究会会长、中国俗文学学会副会长、中国古代戏曲学会副会长、上海市古代文学学会会长，《文艺理论研究》主编等。主要研究领域为中国古代文学，主攻中国文学批评史、中国戏曲史和中国小说史等。

访谈时间：2015年3月31日
访谈地点：华东师范大学逸夫楼
访谈人：常然

量化的方式很难衡量一个人文学者真正的学术素养。

访谈人：谭老师您好，作为一位人文学科领域的专家，您认为现有的学术评估体系能否真实体现人文学者的水平及声望？

谭　帆：目前评价体系存在的问题不小，一个"量化"，一个"权威"，这两者把教师压得喘不过气来。因为人文学科有特殊性，可能今年产出少，明年产出多，完全以数字化的产出来衡量学者不是非常合适，这种量化的方式很难衡量一个人文学者真正的学术素养。

学者在高校里面一辈子做三件事：读书、教书、写书。现在的评价体系中，写书是最根本的，教书是可以混的，读书是可有可无的。与过去相比，现在是倒过来了。按照常规的做法，尤其是民国的时候，从他们的传记可以看出，其基本的工作是读书，在读书的基础上开一门课，开课以后写出讲义来，随后讲义结集成为一部专著。我们现在好像写文章和教学也没有关系了，跟个体的素养也没有关系了，这样的一种做法带来的后果

是什么呢？文章越写越多，文章写出来的领域越来越小，题目越来越偏，因为他要寻找别人没写过的东西。包括我们自己的学生也是这样，大量的经典都没有读过，一进来就要求写文章，然后找一个很小的题目，这种做法他仅仅是学会了怎么写文章，怎么找题目，对于整体素养的提升是很少的。这种评价体系对于整个学界，对于学术、学者、包括学生的影响都非常大，所以这的确是一个非常严重的问题。这么一种刚性的、硬性的评价体系，比如说刊物的层次、刊物的数量、出版的数量等要求，蕴含着另外一种内涵：对学者的不信任！好像学者都是懒惰的、需要拿鞭子督促的，这在高校里表现得尤为明显。

人文学者的兴趣应该与专业、工作需要相结合。

访谈人：您觉得我们的评价体系应该怎样设计，才能更好地促进学术发展？

谭　帆：在高校里，最根本的就是让学者对自己的岗位有兴趣，把它看得非常重，那么他必然能够做出好成绩来。现在的情形是：个人的兴趣与专业、工作是分离的，这对人文学者伤害很大。

一个人文学者为什么要选择高校？第一个是自由，即自由地从事学术和教学工作；第二个是兴趣，这两者是根本。现在的评价体系把他的自由剥夺了，把他的兴趣也剥夺了。人文学者怎么能够再找到自己的位置和动力？当下最难办的事情是评估数字化，谈的全是指标，否则没法衡量。人文学科的评估需要给学者一些空间，给他一个宽松的环境，不仅仅是外在的，更是心理的。

教学对于大学而言，是一个本质的东西。现在量化的评价体系往往把一个学者的学问和人才培养分离开来。

访谈人：要让人文学者看重自己的岗位，有什么好的方法可以实现这一点?

谭　帆:比如入职的时候,更多地考虑个人的兴趣问题。如果学术只是他的工具,他可以不停地操作,而其整体修养并不高,这在遴选人才的时候就需要斟酌。在高校中,教师的本职是教学,教授是否把对学生的培养作为一项最崇高的工作,这个是最重要的。现在的评价体系有一个客观的效果:数字化的东西往往把一个学者的学问和人才培养分离开来,把人才培养放在一个不太高的位置加以看待。所以高校里会出现学者不上课的现象,晋升教授的时候,教学是一个非常软的部分。按理说升教授不是升研究员,教学应该是一个很重要的标尺,但是这个标尺是隐形的、看不出的,所以这种氛围很不好。

我们这样下去的话,教师唯一看重的就是科研。我就听到很多教授说,真忙,真的是浪费时间!我就问他在忙什么?回答说:我在上课。他们认为教学与自身的发展关系不大,这种现象带来的后果是非常严重的。教学对于大学而言,是一个本质的东西。如果我们再讲得彻底一点,现在写这么多的文章,这些文章的价值还不如认真地上一门课。现在从数字的角度来看,我们的论文数量世界第一了,但是好的不多。记得我们读研究生、当青年教师的时候,系里哪位老先生出了本书,不管他是哪个学科的,我们都会借来看。现在连本行的都没人看了,哪个青年教师手里没有四五本书?太多了!书没人阅读有价值么?好在大家都在反省现在的评价体系,不把量化当作唯一的指标。复旦现在已经开始推行代表作制度,效果怎么样?

代表作制度不仅要做,而且要坚持下去。

访谈人:整体上反响不错。有些老师认为代表作制度可能存在一些其他方面的问题,比如缺乏持续的发展和产出。

谭　帆:代表作制度我还是拥护的,这个不仅要做,而且要坚持下去。不要怕复旦大学的期刊文章数量会下降,实际上每个教师都充分信任他,这是一个前提,大家都有自尊,都有追求,不会说没有这个评价体系大家就都不干了。

现在的大学评价、大学排行榜,把整个学校的思路都搞乱了,谁都怕在排名中下降了一步。但是它的评价标准是什么?只看外在的数字,高校的评价就成了某些指标的评价。比如人才,它不看学校怎样培养人才,人才未来的发展怎么样,教育体制到底好不好,而只看指标(有多少杰出的人才,甚至升学率如何)。现在大量的研究生都在写论文,其实我们中文系一直是不强求学生写论文的,但是现在没办法,评奖学金只能靠这些指标来评,因为学生发表的论文在高校的评估中占一定的比重,所以谁也不敢把这一块砍掉。

对现有评价体系的拨正需要一些顶尖高校带头。

访谈人:在之前的访谈中,确实有老师表示,担心采用代表作制度以后,论文数量的减少会导致学校排名的下降。

谭 帆:但是我觉得像复旦这样的大学,已经没有太多的后顾之忧,这条路总要有人开辟性地闯一下,要对现有的评价体系有所拨正的话,只能靠你们这些学校。大家已经明显地看到评价体系的不合理,但是一般的高校还不敢拨正,像顶级的高校应该要坚持。这里面牵涉到另外一个问题,除了整个的大学评价之外,还有社会的诚信。社会诚信这个问题也非常严重,已经影响到了高校的诚信。现在真正认真评的人越来越少,存在太多人情的因素。所以这项工作要开展起来的话,第一,要好好地制定规则;第二,要好好地落实。若干年以后会有改观,好多风气会变的,评估也是。所以不要一开始就认为人情很可怕,担心所谓诚信的问题会影响评价的准确性,一年不行两年,两年不行三年,总会实现的,到这一步就彻底改变了。

刊物等级的划分给老师施加的压力很大。期刊论文盲审有助于提升文章的质量和发文的公正性。

访谈人:谭老师怎样看待刊物的等级划分?

谭　帆：刊物的等级给老师施加的压力很大。好多所谓的权威是定出来的，刊物每年发文章有个常数，要发的人太多了，这跟学术和学者没有多大的关系，有的只是领域的问题。

访谈人：如果一篇论文刊登在高水平的期刊上，这能否作为衡量文章质量的一项参照？

谭　帆：比如《文学遗产》，包括我们编的《文艺理论研究》杂志，我们现在都在盲审，很难说一点人情都没有，但是盲审以后带来的变化的确是非常大的。我觉得，这些年好的杂志发文章的确是比以前难多了，而且也公正多了，包括我们的杂志，博士刚毕业的文章发了不少，我们甚至发了一位硕士研究生的文章，学生所在的学校在国内也不是名校，而且他和我们一点关系也没有。

理想的评价体系应对教师综合评价，重视教学；评价体系的改革要有先行者；评价体系的改革要以整个社会评价体系的改变为前提。

访谈人：您心目中比较理想的评价体系是什么样的？

谭　帆：简单地说下我的观点。第一，对一个人文学科的教师应进行综合评价，科研的评价仅仅是其中的一部分，人才培养应该越来越重视，尤其要强化，这是一个根本。出书写文章都应在教学之余，西方人哪有一天到晚写作的，都是假期写，平时就是工作，都要承担一定的课程。西方高校里面，延聘教授是没有退休制的，但是唯一的要求就是上课。而且，我们不要把教学和科研分开来，科研是为教学、人才培养服务的，两者是有机结合的。第二，评价体系总有一天会改变的，但是肯定要有先行者，这的确需要勇气。一个是不要怕指标的下降，实际上也不会下降，主要是充分信任教师。以对教师的信任和不信任为标杆的话，好多方法都会两样，所有的考核都是一个"技"，"技"要以"道"为根本，我们的"道"就是信任教师。第三,评价体系的改变的确要以整个社会评价体系的改变为前提,这肯定会有一个过程,但不能总是等待,否则永远不会来。

专著与论文的评价标准,一是史料,二是思想观念和研究方法,三是文章。

访谈人:您认为专著与论文的评价标准是什么?

谭　帆:以古典文学为例,它的标准有几个:一是史料,史料肯定要非常丰富,甚至要有新发现的史料。二是思想观念和研究方法。三是文章,学术文章不是要漂亮,而是要符合学术文章的"体",文章最高的要求是干净,语言干净、史料干净、逻辑顺畅,这是最基本的。而最根本的标准是方法和观念,观念的本质会影响到视野和视角,决定了研究问题的思路,这种最根本的东西恰恰是我们现在所缺乏的。我们每年出来这么多专著和文章,都是在同一个平面讲,没有太大的突破。

还有一个问题是,我们现在把专著看得太轻了,很多代表作都是以论文为主,其实论文与专著都具有同样的价值。

学术评估中同行评议应该加强。通过学生的成就来衡量教师,比较难操作。

访谈人:您觉得是否应在学术评估中增加同行评议的比重?

谭　帆:同行评议应该加强,不妨将一些评审送到海外,把国内的风气先扭转过来。目前的情况还存在一个面子问题。

访谈人:谭老师,您比较强调教学,认为应该增加教学在评估中的比重,您觉得学生的成就能否作为衡量老师价值的尺度,或者有没有其他更好的评价方法?

谭　帆:这个工作现在是比较难做的,因为一个学生的成才不是短时期的,不可能在一两年之内看得出来。像我们学校评价教师的做法,一是规定课时,达到一定的量才有资格评教授;二是学生的评价,以前我们是以学生评价为主体,比如说学生评价一定要达到多少分数,或者在整个系里排多少名,这是一个刚性的标准。因为学生评价有时候也存在偏颇之处,所以后来辅助一个督导组的评价,每年有教师去听课,得出来的成绩也纳入综合评价中;三是看教学档案,包括简单的教案、提案,考卷问题,课堂秩序等。按理说,这些都不应算作评价标准的,但是大家都觉得教学是一个软的指标,人人都能通过的,所以也需要强化一下。

访谈人:其实教学还是很花时间和精力的,有时教学与科研比较难兼顾。

谭　帆:很多人都认为,一位真正的好教授,一定是科研和教学都强的。这个也对,但毕竟是少数,对青年教师来讲很难。教学跟科研实际上是没有冲突的,一边教学,一边从事科研,对科研来说是有促进的。教学的确非常重要,大家总觉得教学是有技巧的,其实不见得是一个技巧,它更是一个综合体。

社会服务很多是无形的东西,很难进入评价体系。适当做一些媒体活动,可以推动文化的普及,但不能以此为标杆。

访谈人:在人文学科评估中,是否应增加社会服务的比重?

谭　帆:今后的评价,科研、教学、社会服务应该并重。社会服务体现的是一位人文学者的社会责任心,很多是无形的东西,实际上是考核不出来的,因此很难进入评价体系。现在是一个过渡的时期,因为功利化已经登峰造极,大家都在反省这个问题,我觉得若干年以后可能会有所改观。

访谈人:您觉得媒体活动与学术之间是怎样一种关系? 会不会对学

术产生负面影响,或者起到一种促进作用?

谭　帆:任何学科、任何学者都不能回避现代社会的发展,现在是一个媒体社会,适当做一些这方面的工作也无妨,关键看有没有兴趣,适合不适合做。实际上近几年的问题非常严重,这跟评价体系也有关系。比如看一个学者有名与否,是看他的曝光度,所谓的名教授,现在是有歧义的。一个是学术上有名;另一个是社会上有知名度,为大众所熟知。适当的媒体活动都可以做,因为这也是文化的普及、学术的普及,但是学校不要以这种引导作为一个标杆,否则会带来一种负面的影响。

<u>学术会议对学者的成长有好处,但要避免"为开会而开会"的情况。</u>

访谈人:您觉得学术会议对于学者的成长是否有帮助?

谭　帆:学术会议肯定有帮助,但是现在的学术会议跟社科项目的资助、跟整个评价体系有关系。"为开会而开会"的情况也非常严重,会议的学术性不够。从本质来讲,学术会议对学者的成长肯定是有好处的,但关键还是"认真"二字,需要主办者的认真、与会者的认真。假如今后有硬性规定,没有文章就不能来参加会议,一年也不会参加很多,每年的学术活动就会看得非常重。

<u>现在的项目申请和指标挂钩,不能真实体现学科的学术发展水平。应取消评奖和指标的关系,才能评出好的学术成果。</u>

访谈人:重大项目申请获批,能否体现该学科的学术发展水平?

谭　帆:现在项目也成了指标,就有点变味了。学术不应是为了指标做的,一旦成为指标就容易出问题。很多腐败也好、人情也好,都跟指标有关系。比如重大项目现在越来越多,好多承担单位没这个水平,但是学校对此非常需要,因为在整个高校的评价体系当中,重大项目所占的比重较高,所以大家都在抢,好多是"为项目要项目"。

反过来讲,有项目总归比没有好,这也体现了国家对文化的一种投入,当然弊病也比较明显,为什么现在项目会出现许多问题?限制太多了。这里面也牵涉到对人的不尊重。要把科研项目真正转化为能够推动学术发展的力量,就要尊重人,尊重学者。

访谈人:谭老师怎样看国家社科优秀成果等奖项的评选?
谭　帆:评奖现在都是要动员的,最不起劲的就是教师,如果不放在指标里面的话,参评的估计就不会这么多。哪一天评奖跟指标没关系了,就能够真正评出好的学术成果来。

书评在国内很难做,跟氛围有关系。

访谈人:您觉得书评能否作为一种有效的评估形式?
谭　帆:书评在国外比较成熟,在中国很难做,跟氛围有关系,这涉及评论的人是否以纯学术为准则,而被评的人会担心影响他的学术声誉。现在国内几乎没有一个刊物敢正面发书评,原因有两个:第一,瞎吹捧的文章实在不好看,没意思;第二,真正的学术书评做不起来。

访谈人:很难做是因为有老师不愿意写,还是其他原因?
谭　帆:在健康的学术氛围里,学术评价是无所谓的;而在中国的学术体制中,一旦哪个人给另外一个人指出了问题,好像就是影响被评者的学术声誉了。由于完整的、健康的学术共同体还没有真正建立,所以中国的书评做不起来。

这项工作与学术评价体系的改变一样,需要人闯一下。书评体系的建立有背后的东西,学术共同体没有建立的话就很难做。好的书评不仅要对作品很有研究,可以认可你的作品,也可以指出你的不足,而且更能指出该领域未来的发展方向,这才是一个好书评,这种好书评是很难写的。

访谈人:谢谢谭老师对我们这一项目的支持与鼓励,您的很多见解对于我们也深有启发。

谭　帆:我觉得复旦目前做这个事情还是很有价值的。概括而言,评价体系、尊重、诚信,这是我今天所谈的三个关键词。

18. 潘悟云：评估最重要的在于是否解决了研究领域里的问题

潘悟云，1943年生。上海师范大学人文与传播学院教授，博士生导师，上海高校比较语言学E-研究院首席研究员，复旦大学中文系杰出访问学者，复旦大学人类遗传学与人类学双聘教授，曾任上海市社联副主席，上海社联语言研究中心主任，《语言研究》《语言科学》《民族语文》《中国语文》编委。主要研究领域为汉语史与东亚语言历史比较、历史语言学、方言学、语料语言学。在他的领导下建有国内最大的东亚语言数据库。

访谈时间：2015年1月9日

访谈地点：复旦大学光华楼潘悟云教授办公室

访谈人：王烨、常然

<u>一定的量化是需要的，没有量化就反映不出整个科研的水平。代表作是一种进步，但是也有它的缺陷，没有量化的约束，会养成学术上的"懒"。</u>

访谈人：您可以来简单讲一讲有关人文学科评估的问题吗？

潘悟云：有关人文学科的评估，可能是整个人文学科发展最重要的事情。这几年大家谈论得比较多，对大学的评估意见也很大。现在最简单的评估方法就是量化，比如论文有多少篇，有多少科研经费等等，这些都是比较容易做到的，在一定程度上是能够反映一个人的学术水平的。可有些学者很有学问，有深度，但是不发文章。比如我们中文系以前的蒋天枢老师，他平时就不太写文章。但是他是陈寅恪的学生，大家都知道他很有学问。我的导师吴文祺教授，也是非常有学问的人，解放前是燕京大学的教授，但是他也很少写文章。这些都是以前的教授，但是现在可不一样。我们必须要写文章，不写文章连职称都评不上。这是必要的。况且你学问再好，如果不写文章，怎么样反映你的水平？怎么样反映你的价值？如果你满肚子的学问，却没有写出来，对社会也没什么贡献。所以我觉得一定的量化是需要的，没有量化就反映不出整个科研的水平。但是有时候也不能绝对，就像刚才讲的有些人学问很好，不太发文章，也是有的。这之间怎么样找到一个平衡点，是很难的事情。

复旦这几年采取代表作制，这是很大的进步。因为一个学者整天忙于发文章，实际上也是很大的浪费。所以美国采取 Tenure 制度，给副教授以上的学者稳定的学术时间，不用整天考虑发文章之类的事情。像那些只是为了评职称，为了某种需要而写出来的文章其实也没什么用。现在很多文章都是垃圾，都在浪费纸张、浪费金钱、浪费时间。这的确是我们目前的评估制度造成的，因为没有这些评不了职称。有些人甚至拿钱去买。所以我觉得复旦采取代表作制度应该说是一种进步。但是我觉得也有问题，首先什么是代表作？你觉得自己这个作品是代表作，但是别人可能觉得并不太好，不以为然。所以代表作怎么确定？第一，不能你自己说了算，即使学校里面同仁的评价也不一定都准确。第二，你的代表作能不能是中国学术界的代表作？也就是在整个学术界，你这篇代表作起到什么作用？是否代表了很高的学术水平？第三，代表作不能够定终身。不是你发了代表作，以后文章就不用写了，这也是不行的。你过去发的代表作即使是不错的，但是以后不写就是退步了，再也没有贡献了。我觉得代表作对粗制滥造是一种否定，是一种进步，但是也有它的缺陷。光凭代表作，没有一定的量是不行的。这个会养成学术上的"懒"。

哪些文章、哪些刊物可以代表你的学术水平？也不能绝对化。不能说发到顶尖级刊物的文章才是好的，发到一般刊物的文章就是不好。通常来看，如果你能发到顶尖的刊物，文章肯定是要好一点的。比如说你发在 Science、Nature 上面，世界四大名刊，当然要比发在一般刊物上更能体现你的学术水平。因为它难发，投稿的人相当多。所以我觉得刊物的级别是要考虑的。

但是现在的腐败已经腐败到学术上去了。现在大家都在议论，最吃香的不是名教授，而是刊物的主编。他们到处被请去讲课，给很高的讲课费,因为拉好关系以后发文章就比较容易,所以刊物级别也不能完全反映学术水平。应该还有一些其他的评估手段来补充,比如说参加国际会议。参加国际会议当然是不难的,叫对方发一个会议通知来是很容易的事。但是在国际会议上作为 keynote speaker,做中心发言就比较难了。当然也可能大会主办人和你是好朋友,那是另外的事了。但是通常来说,大会主持人如果请一些水平不高的人发言,听众自然会议论,所以通常也不会乱来。因此在国际会议上做主题(中心)发言可以作为一个评估标准。还有,参加国际会议到底是你自己出钱去,还是对方出钱请你去,这是不一样的。如果你是去做大会中心发言,一般都是对方出钱的,所以这也可以作为考察的标准之一。因为如果你没有学术的知名度,对方即使是你的朋友,他也不敢让大会负担你的所有费用。所以在一定程度上,对方出钱也是一个标准。还有,外出讲学也是一种评估标准。不过讲学有好多种,一种是自己出钱,一种是对方出钱。如果不是邀请方出钱,让某大学出一张讲学邀请函,也并不困难。有的人利用自己的经费到外面讲一次,回国就可以吹嘘了:"美国什么知名大学都请我去讲学了,可见我的水平很高。"但是如果所有的费用由对方出,那又是另外一回事了。

除了著作、论文或者讲学,学术上的其它贡献(如组织重要的学术活动、完成社会调查等),也应该纳入评估体系。

访谈人:您刚才说到代表作,那么您觉得代表作的量怎么定比较合适?是要在一定时间跨度内有一个量呢,还是整个的学术生涯里有一个量?

潘悟云:这个也很难定。有些人整个学术生涯只有一本著作,而这本著作的确是非常厉害的,那已经够了。爱因斯坦发相对论,一篇就足够了。但如果只是一般的代表作,那我们就要考虑他的时间跨度了。比如一个人三十岁的时候出版了一本著作,以后再也没有发表,那是不够的。因为之后还有四十岁、五十岁,所以必须要考虑他每个时间段有没有代表作出来。至于时间跨度,我想至少要十年吧,因为十年对于一个学者的学术生涯来说已经是一个相当长的时间跨度了。如果十年内什么事都没有干,那你在做什么呢?

当然,除了著作、论文,或者讲学之外,还有学术上其它的一些贡献,比如他组织了一次很重要的学术活动,或者完成了某一个社会调查等等,这也应该算的。例如北京语言所组织过一次全国性的语言大普查,如果你没有很高的学术地位是没法组织的,没有人会听你的。要有人出面,把好多大学组织在一起完成这件事情,所以像这种大型学术活动的主持人,他的贡献往往会比他的著作更重要。

访谈人:一定是要召集的主持人吗?如果是主要参与者可以吗?

潘悟云:如果只是跑腿干杂务,作用有限。如果他发挥了很大的作用,是完成了大课题中某个重要的子课题,当然应该要算的。

访谈人:那您刚才说的调查,它最后的成果展现形式是报告还是书?

潘悟云:有些是图书,有些是学术报告。50年代的语言大普查,材料现在都放着,虽然没有出版,但却是一件大事情。首先,查好的材料放在那里,只是没有出版而已。第二,的确促使了一批人才的出现。我们原来不太有这方面的人才,通过那次调查出现了好多相关的人才。第三,通过调查我们也发现了很多问题,促进了这个学科的发展。所以很多人参与的调查是有意义的,不是一个人说了算的。

还有,发现新材料,也是一件很重要的事。但是材料的发现也有大小的区分。有些人发现一个新的版本,和原先的版本相比只是多了几个字,他们就以为不得了,可以研究一辈子,其实意义并不大。但是有些材料的发现意义就很大。比如说第一次发现西夏文,或者像甲骨文、帛书的发现,可以推动整个学科的发展。即使发现人没有作出很深入的研究,只是发现而已,但也是很重要的。

访谈人：这些内容都应该是评估体系里的一部分吗？

潘悟云：是的。评估应该是一个总体。现在我们的问题出在不是总体评估，而是很简单的量化的评估。这就很不准确，而且会导致学术腐败。

现在的评估一定程度上能反映学术水平，但不能将其绝对化。

访谈人：量化还有一个问题就是只看数字、刊物的级别，很少有人会去关注它的内容。

潘悟云：这个也是没办法的事，因为现在的评估往往是官员去评估学者。即使组织学者评估，往往也是隔行如隔山，那就只能看数字。你发了几篇论文，在什么级别上的刊物发表的，得到过国家哪一级别的课题，或者什么级别的奖项，是国家级还是省部级，只能看这些。这些不是没用，在一定程度上是能反映学术水平的。但是有时候不能绝对。现在我们是把这些都绝对化了。从上到下，所有的学校都根据这些来绝对化地评估。

因研究方向的不同，专家有时也无法给出客观的评定。如今的评估体系容易埋没年轻学者，其导向性会使人浮躁。

访谈人：所以有一些年轻的优秀老师会因为这些量化指标而在评职称的时候碰到各种问题。虽然他可能比别人写得好，但是他的数量没有别人多。所以我们想设计一个评估标准，把这些学者保护起来，让他们的价值得到承认。这就取决于评审者，以及怎么去评估他的内容，谁来看这些东西。

潘悟云：是的，这也是很难的问题。我也经常收到论文让我来评估，但有的时候我实在不太懂，隔行如隔山。比如语言学中的内容非常多，同样是语言学家，我写的东西可能另一位语言学家一点也看不懂。假如有本数学论文让你看,你肯定看不懂。语言学有点像数学,很多东西是互相看不懂的。但是别人认为你是语言学家,就要让你来评。于是,我只能看看这个作者发表了一些什么论文,得过什么奖,做过哪些课题,以这些为参照。其他我也没办法,因为我看不懂。

访谈人:您是很资深的专家都有可能看不懂,所以专业隔得更远一点的专家估计更看不懂。

潘悟云:现在的评估体系不仅使年轻学者埋没了,而且它的导向性会使人浮躁,没法坐下来做大学问。有一次我在瑞典高级社会科学院,我旁边的一个房间住着一位日本学者辛岛静志,一个年轻人。我真是很佩服他。他对梵文非常精通,这么厚的梵文词典,每一页都是密密麻麻的笔记。他原来是京都大学梵文专业毕业的,然后到牛津大学访问过3年,又到德国访问了3年,之后到北大跟从季羡林3年。我觉得他是目前国际上最好的梵文专家。我那天问他,能够利用梵文做研究,最少要花多少时间?他说,时间不长,十年就够了。于是我立即写信给我复旦的师弟陶寰,让他赶紧学,十年就够了。中国现在研究佛经的专家很少有人懂梵文。不懂梵文的人去研究佛经,等于是不懂英文的人去研究莎士比亚。所以我说,你十年的时间花下去,以后你就是权威了。他写封信跟我说,老潘啊,十年还没到我肯定被复旦炒鱿鱼了。因为文章没发,就评不了职称,就得走人,这是很现实的问题。但是十年的时间都无法安排怎么做学问啊?

访谈人:是不是学德语、法语等语言都得花这么多时间?

潘悟云:梵文当然是比较难学,但是做一门学问,十年是最少的付出。我买的第一本音韵学的书是1964年买的,是张世禄先生的《广韵研究》,到现在都五十几年了。所以要有这么多时间花下去才能有学术积淀。但是现在的问题是,年轻人要买房子,肯定要评职称,不然他工资提不上去。因此他要拼命写文章,有些文章写出来真是没用,是浪费时间。你要叫他沉下心来做一门大学问,没有十年二十年哪里能成?所以现在的评估制度很严重地妨碍了中国学术的发展。

对教授最好不要年年考评,应该给他们更多的时间潜心做些大学问。

访谈人: 您觉得教授的考评应该几年一次? 是不是评估时间越长,越能让教授有一个宽容的环境来做学问?

潘悟云: 我觉得最好不要年年都评。因为写文章是有一定周期的。我今年写了,第二年就不一定有好的文章写出来。我一年写文章不超过2篇。但是如果要我发文章去拿钱的话,估计一个星期也是可以写一篇的。但是一般说来,我一年只写2篇。我现在是教授博导,没有论文数量的压力,首先考虑的是解决学术上的重要问题。所以,我希望能给那些年纪大一点的教授,特别是那些很有成就的人,更多的时间潜心做些大学问。年轻人体力好,要逼他,他大文章写不出来,小文章多发一点也可以。因为学问是靠文章写出来的。以前一些老专家,提倡十年不写文章,好好做学问。我并不以为然。一个人为了写一篇文章,会看很多书,做很多笔记。我的很多学问都是在写文章的时候积累起来的。你不写文章怎么去思考问题? 怎么去看书? 所以我觉得年轻人还是要逼他多写文章。在美国,评上副教授以前每年都是要考评,考评不合格要走人的。但是评上副教授以后,他前几年大体上已经积累了很多的知识了,那么就可以静下心来做大学问了。我们都经历过这个阶段。记得1991年我评上正高,那天上午天还蒙蒙亮,我还没起床,听到校长夫人在楼下喊我,说校长从杭州打电话来,告诉我正教授评上了。我叹了口气对我妻子说,现在总算有时间可以写我自己喜欢的东西了。做学问、写文章本来应该是一种享受,但如果只是为了拿钱、评职称而去写文章,那是一件多痛苦的事情。

所以我觉得应该像美国一样,分开来对待。对于年轻人要逼他写,让他在写作过程中积累知识。对于已经评到副教授的,就应该让他有时间静下心来做大学问。二者是不一样的。所以我觉得最好要分这两个阶段。

评估最重要的，在于是否解决了研究领域里的问题。

访谈人：美国 Tenure 拿到之后，从副教授到教授的职称评定有没有时间限制？

潘悟云：没有时间限制，完全是靠你的学术成就了。比如说你有很多著作和成就，就可以申请了。但是他不会因为你文章写不出来而要求你走人。Tenure 的意思就是永久教授。所以我们很多海归从美国回来都印了名片"终身教授"，其实不过就是副教授。但是美国的制度是非常好的，我们应该采用。

但是每个学校情况又不一样。像复旦大学是"代表作"制度，那会宽松一些。我在上师大的时候逼得非常紧，正教授每年评，每年要发表核心刊物两篇，如果完不成，教授要降为副教授，压力非常大。我们那里有一个正教授由于完不成就退下来，退到副教授，后来就走掉了。这种评估有利也有弊。好处是懒人不容许出现。但是逼得太紧出不了大人才。不过复旦如果只是代表作制度，而不对教授进行一定量的考核，也可能会使一些人评到教授之后就什么都不干了。我觉得这里要有个度的考虑，到什么程度会最好。

另外我认为评估最重要的不是看发表的文章，也不是被请去访学、做大报告，这些都不重要，最重要的是解决问题。就是在你的研究领域，无论是数学、物理，包括我们文科都会有很多问题，如果一个问题是你解决了，这就是很重要的衡量标准。比如爱因斯坦解决了时间和空间的关系问题；霍金解决了黑洞产生的问题。你解决了哪些问题？这是最重要的。如果你解决了一个很重要的问题，那你这辈子也就足够了。现在我们很多文章其实什么问题都没有解决，只是写了一篇文章而已。

所以我在上师大、复旦都提出过"述职制"，就是教授述职。虽然它未必完全可靠，但是至少有一定的作用。比如说学术带头人向校学术委员会述职。学科带头人，最好不是校长任命，而是校学术委员会聘请。校学术委员会之所以聘请你作为学科带头人,是因为你在这个领域的成就。那么校学术委员会怎么知道你的成就呢?学科带头人每年要向校学术委员会述职一次,介绍自己这一年干了些什么,在这个领域中所处的地位是什么,解决了哪些问题,接下来怎么发展,怎么带领学科等等。很多学术委员会的委员对你的学科不一定很了解,但是你讲的时候,他们大体能听得出来,你是在吹牛,还是实实在在地做工作,有自己的成就。比如霍金搞的研究我一点也不懂,但是如果他介绍自己在天体物理学上的成就,我想我是能知道他是很厉害的科学家。学科里的教授可以向学术带头人述职。学术带头人每年召集自己的团队,让每一个教授来述职。包括你今年做了些什么,你在自己领域里的地位、你的成就、你的发展。我想这比看那些著作更有用,因为如果你没有学术成果就无法作出好的述职。

学科带头人、教授述职,可以作为评估的一个重要参考依据。

访谈人:那评估就根据述职的报告为依据吗?

潘悟云:是的。学术带头人述职的时候学术委员会是要打分的。而各个学科的述职,所有的教授都要参加。某个教授述职以后,其他教授给他打分。在一个学科团队里,所有的人就组成一个评估小组一样,采取互评的方法。这比没有述职要好,否则大家浑浑噩噩一年就过去了。每个教授都会为自己负责。如果一年内什么事情都没干,什么文章都没写,到时就无法述职。述职会给他一个压力,至少到年底以前他都会去努力尽自己的责任。

访谈人:那您说的这个学科带头人是要分到几级学科的?

潘悟云:我只是提议最好有这么一个分级的述职制度。全校有这么多的教授,都叫校学术委员会管理是很难的。但是学科带头人的人数有限,而且文理科要分开来管理,让学术委员会仅管理学术带头人,就会比较容易。现在的学科带头人几乎都是终身制,只要当上之后就退不下来。

这是个很严重的问题。长此以往,年轻人就上不去了。这个评估要真正反映在学术带头人负责制上。你是这个学科的带头人,就必须要真正带动学科的发展,如果不能就应该退下来。我们的竞争机制不够,学术就很难发展。

访谈人:那学科带头人的竞聘机制应该怎么建立呢?

潘悟云:这个我就不知道了。学校应该有一个制度吧。比如说根据你的业绩、你的水平,看是不是适合继续聘你当学科带头人。现在是校长负责制,但是校长一个人也的确太忙。如果把一些权力下放到学术委员会,让学术委员会来分管学术的一部分事情,效率可能会更高。

访谈人:校学术委员会是要最顶级的教授才能加入其中吗?

潘悟云:除校一级外,院一级、系一级都有学术委员会。校一级的只管院长。而院系的学术委员会则管理全院的学科带头人。这样来分级管理可能会效率更高。

访谈人:那么这个述职报告要讲多久呢? 如果讲十分钟、二十分钟,可能没法很完整地把他所有的东西都讲出来。而如果讲个一小时或者两小时,一天内要让这么多教授述职又来不及。所以如果时间太短,他可能无法表达清楚,未必是他学问做得不好,或者那天他状态不好,分数就会受到影响。所以是不是具体问题还需要细化?

潘悟云:是的。不一定要集中在学校来搞。可以在学院或者系,人数就没有这么多了。当然也不能讲十分钟就够了,二十分钟到半个小时总是要的,这样能使学术委员会的委员对你有一个总体的了解。

<u>隔行如隔山,对文章、作品的评级,最好增加面试、竞聘环节,否则准确度会有问题。</u>

访谈人:正好再问您一下,我们有一位教授提出来一个方案。他认为

要选拔每一年或者近几年里一些学科非常好的作品,可以建立一个制度,成立一个评审委员会,然后请一些顶级教授,对近五年最好的一些文章或者作品评个等级。比如 A 类五十篇,B 类五十篇,C 类五十篇。可能 A 类里面的作品不一定是名教授写的,可能是些很年轻的老师,但是他觉得这个作品够格,就把它放到 A 级。这样一个像排行榜一样的榜单,可能会对年轻人,主要就是年轻人评职称的过程中有一些帮助,比如可以从里面发现一些非常好的苗子,复旦以后就可以把他们聘过来。您觉得这样一个提议可不可行?

潘悟云:这个不好说,因为文章优秀不优秀要内行才知道,即使是有些语言学的文章我都无法评价。所以最好有个面试的过程,就是说竞聘的人提交论文,他要说清楚他这篇论文的作用是什么,解决了什么问题。而且有人要向他提问,他要来解答。现在评优评奖,把新闻、文学、语言组合成一个组,其实这里面隔行如隔山。有一篇语言学的论文其他人看不太懂,就让我来说评评,那就变成我一个人说了算。这种评估在很大程度上不是很准确的。

访谈人:如果这个榜单挑的书都是您看过的书呢?您五年里肯定也看很多作品、论文,那么就从您看过的、了解的和熟悉的里面来挑,类似于专家推荐的形式会不会好一点?不是下面报上来的,而是从您看过的里面选。

潘悟云:这个更难说,我只会挑选我自己感兴趣的文章来看,其他学科我可能不感兴趣,其他学科里的优秀文章,我很可能看都没有看过。

访谈人:那么每个学科都选一些专家组成专家团的形式怎么样?

潘悟云:反正我参加过很多次,觉得准确度是有问题的,关键是专家也不一定懂。

访谈人:您刚才说想把美国的 Tenure 制度移植到中国来,那可能从讲师到副教授有参考意义,但是从副教授到正教授可能还是会陷入到同一个问题中去。

潘悟云：所以对这个制度还是要进行改造的，不能一锤定终身，还是要隔一段时间就进行一次考核。如果你一点学术水平都没有了，那你要下来。文科还好些，比较有稳定性。理科的变动比较大，特别是计算机。一个计算机的正教授，五年不做研究的话，还不如刚毕业的大学生，因为知识更新得很快。五年前你觉得好像在学界还很有水平，过了五年，一般的大学生都比你好了。文科问题小一点，搞文学的人，不会过了五年教授就不好当了。

学生的成就能够体现导师的价值。

访谈人：所以人文学科和理科、社科还是有很大的不同，评估的时候要考虑人文学科的独特性。潘老师，您觉得带学生的成就能否体现导师的价值？

潘悟云：当然了，这是非常重要的。学生都带不出来，在一定程度上反映你自己的学术有问题。我在上师大带的学生很多，而且现在很多都很有成就。我带出来的学生，博导就有十几个了，二级教授也已经有五个了，有些都是很有成就的。其实带学生，不是揪住他给他灌输知识，最重要的是用自己的学术感染他，让他觉得有意思，感兴趣。我就是做到了这一点。其实我花在学生身上的时间很少，但是我使他感兴趣了，他感兴趣了自己就会去钻研，发展就会很快，三四年就能卓然成家。但是你怎么样使他感兴趣？首先你自己要觉得自己的学问有意思，如果你自己都索然无味，怎么让学生去学？所以，一个学者要用自己的学术成就，给学生展现学术前景，使学生有所感染，让他觉得有意思，有奔头。这是最重要的。现在评优秀教师就是看你是不是天天下课堂，生活上怎么关心学生等等。这些当然需要，但这不是最重要的，重要的是你要有学术魅力来感染学生。今后评优秀教师，应该更重要的是从这个方面去评价，而不是说你干得怎么辛苦。

媒体活动与学者学术之间有一定的关系,但不是必然的。

访谈人: 您觉得媒体活动与学者做学问之间是什么样的关系?

潘悟云: 学者的学术活动,如果得到媒体的支持,那当然是如虎添翼。但是,媒体或者学者自己过于追求新闻效应,也会适得其反。有个别学者不关心真的学问,而是通过某种社会效应来提高自己的地位。有些媒体动不动就给人贴"国学大师"标签,对学术发展会造成误导。

人文学科社会服务功能最重要,甚至比著作更重要。

访谈人: 您觉得人文学科社会服务的功能是否能作为评估体系的一部分?

潘悟云: 我觉得这是最重要的,比著作更重要。我说的服务主要指学术服务。你自己埋头做学问,发现了很多的真理,这当然是对全人类的服务。但如果你能够带动整个学界,使他们一起做,同你个人去做,意义是不一样的。因为你自己一个人的能力、贡献都是有限的,但是如果很多人同你一起做,所创造的财富和对世界的贡献就可能会更大。因为一个学科的发展,很大的程度上是由方法、工具决定的。我们整个社会形态几乎都是由工具命名的,石器时代、青铜时代、铁器时代,到现在的计算机时代。工具的发明会促进整个学科的发展。最近几年我们这里很特殊的工作就是发明工具,通过新的方法和新的工具来服务整个学界。比如我们做的"东方语言学网",上面的文献检索系统、语言检索系统、地理信息系统,完全都是服务性质的,但是意义比自己做学问要大许多。因为它是对整个学界的影响,对整个学界都有推动,这个服务比你自己写几篇文章、几本著作意义要大得多。

第二部分 外国语言文学学者篇

1. 叶廷芳：有时非本领域专家也可以来评审，从非专家的角度也能发现一些问题

叶廷芳，1936年生。中国社科院研究员，博士生导师。曾任中国社会科学院外国文学研究所文艺理论室副主任、中北欧文学研究室主任，兼任全国德语文学研究会会长、第九、十届全国政协委员。荣获苏黎世大学荣誉博士学衔，享受政府特殊津贴。主要研究领域为德语文学。

访谈时间：2015年4月1日
访谈地点：叶廷芳教授家中
访谈人：谢琳

代表作要兼顾数量和质量，其水平和价值要看它们的社会反响或社会评价。

访谈人：我们做这个调研的出发点，是考虑到现在人文学科整个评估标准，包括评职称的标准和对于优秀人才的选拔，都很难完整体现老师们的真正水平。现在都是比较量化的标准，虽然说复旦改用了代表作制度，但还是缺少一套被大家公认的评估方式。此次我们项目组广泛听取人文学者的建议，希望能够推出一个相对合理可行的评价体系，更贴近人文学科的发展规律。在此想了解一下您对这个问题的看法。

叶廷芳：首先，代表作是否真正代表了这个学者的研究水平，是否代表了他的主要观点和成就，这个学者本身应该是可以判定的，这样的代表作是可以做为评判依据的。如果学者还有些其他成果与代表作水平接近，也要充分考虑这部分的著作，代表作的数量也要作为一个考量依据。但他的代表作的水平和价值，还要看它们的社会反响或社会评价。

学科分支多、观点更新快，都会导致同行评议存在争论。

访谈人： 目前有种观点认为同行评议对于问世时间较长的成果是有效的，而对于问世不久的成果，特别是问世不久的独创性成果却是低效率的，往往是非共识的，有时还形成了"不是伯乐选千里马，而是老千里马选小千里马"的局面。您对这种观点怎么看？

叶廷芳： 现在这样的争论确实有很多。比如经济学有很多分支，有古典经济理论，有现代经济理论，还有新自由主义经济理论等等。对新自由主义经济理论排斥的人，他对这个打分就会很低，无记名投票时可能会不投你的票，这种可能性也是有的。另外，现在社会科学特别是人文学科的观点更新得很快，不仅不同年龄层次有新、旧之隔，就是相同年龄层次也可能互相陌生。比如某个领域一年出了十本观点不同的书，你读了那三本，我读了这三本，我评你的著作可能就有困难或误判。再譬如，我研究了一段时间的欧洲17世纪的巴洛克文艺，觉得对理解20世纪的西方现代主义文艺非常有帮助，因此写了一篇《西方现代主义文艺中的巴洛克基因》，自己觉得这是个重要的发现或创见，但对于那些不熟悉巴洛克的人，就好比对牛弹琴。所以，我作为德语文学研究会的会长，几次提出某一届的年会应以巴洛克文学为主题，但几次在理事会都通不过（当然最后还是通过了）。试想，如果我写一本关于巴洛克文学的专著，会获得好评吗？还有，信不信马克思主义，或怎样对待马克思主义，互相评论起来也很难做到中肯。

看待一个学者我首先看他的战略眼光，看他的创新思维特别是"另类思维"，真理往往就是另类思维的产物，所以开始都以"异端"面貌处于少数或孤独地位。记得已故周扬先生说过一句颇有见地的话：凡是有才能的人往往都是有偏风的。这刺眼的"偏风"往往刺痛了我们的视网膜而竭力避开他。这就难怪在我们对待清代龚自珍那句名诗"不拘一格降人才"的时候出现这样的悖谬现象：一方面在认识上我们几乎无人不欣赏他这句诗的真理价值,一方面在实践中我们又抵触甚而抵制那些"有偏风"的人才"降"下来!于是在我们社科院就出现了这样的怪现象:一位学者最近出版的一部个人文集达 26 卷之多,而且在全国拥有大量的读者和听众。因为他的著作蕴含着诸多哲理,频现思想火花,且文笔流畅。但在今天博导多如牛毛的情况下,他居然连个博导都不是!何况他并没有任何"偏风"!

核心和非核心期刊不能完全作为衡量文章品质的标准。

访谈人: 您认为核心期刊或非核心期刊是否可以作为文章品质的衡量?

叶廷芳: 社科院有核心期刊列表,有些期刊确实很有公认的学术地位,但有些学报很难说有多大的学术价值。有些非核心刊物也可能发表有价值的文章。我觉得还是不拘一格降人才吧。另外,有些所谓核心期刊也腐败了!我曾经有个朋友的博士生要毕业,需要发表一篇论文,希望我给他推荐,还不断说明,学校有这笔经费,只要能发核心期刊,要多少钱都没有问题。我认为这样的期刊发文就变味了,有时就会出现某些不合格的文章因为期刊收了钱而给发表了!这样作为毕业的依据就有问题了。这些牵涉到学术界的腐败问题。我认为一个刊物收了钱而发了不合格的文章,这个性质应该和剽窃同罪,这样的后果也造成了你这个刊物即使是"核心",也没有权威性,让一些不合格的文章混进来了。

打造一个高端的学术平台,推荐有影响力有价值的文章,是一个好主意。

访谈人: 如果打造一个高端学术论坛,借助这个平台,能每年推出一些大家公认的有影响力有价值的文章,营造一个健康的学术导向,使一批优秀的作品能够脱颖而出,您有什么看法?

叶廷芳: 这是个好主意。人文学科有很多分支,比如有历史、语言、文学、民俗、影视等等，如果范围缩小，请这个领域的专家来评审比较容易操作；范围太广，针对性就不强，有的专家的知识够不到。当然有时非本领域专家也可以来评审，从非专家的角度也能发现一些问题。我这个人兴趣比较广，有时会对艺术、戏剧、建筑等方面发表某种意见，大家反而喜欢听我这个非专家的发言。我觉得可以把人文学科的各门知识融会贯通起来，心得和眼光会有些独到之处。比如"放开二胎政策"，不是我一个人的观点，很多经济学家也有这个观点，但他们只是从导致老龄化提前，生产力、劳动力减少的角度来考虑，这当然是对的。而我则是从人文学者的角度来看，觉得独生子女会导致人性的变异，人的内在精神生态受到破坏。我这个观点通过政协提案在网上披露后引起广泛的共鸣。这就是非专家跨学科参与评判的作用。这里的行外人是指长期对此领域有兴趣的、关注这个领域的人。

总的来说，被引用在一定程度上反映这篇文章的价值。

访谈人：一篇文章被引用和转载的情况可以一定程度上反映这篇文章的价值么？

叶廷芳：引用的价值要看情况分析。总的来说，如果一篇文章被许多人引用，应该说明这篇文章是比较优秀的，我认为被引用是一篇文章价值的很重要的标志。如果你的文章很平淡，他人不会引你的观点，引用说明他对你这个确切的观点表示赞同，说明对你这个人信任度比较高。比如这样的引用：鲁迅先生认为……这就是鲁迅先生的威望，假设你的威望达不到一定的程度，就不会有这样的引用。

项目的申请以及经费的多少，不能反映学术地位和学术成就。

访谈人：您认为申请项目，以及经费的多少能否体现老师的价值，现有的项目及经费等是否与专家的学术地位、学术成就相匹配？

叶廷芳：不匹配。很多经费没有用于学术，有时用于出国、买些硬件或者请客等等。国外比如德语国家我去过十几次，像德国、奥地利这些富裕的国家，他们的大硬件如教学楼、体育设施等往往都不如我们。人家教授作为你的合作伙伴，出于礼貌会请你吃个客饭，也很简单。现在国内许多学校都有星级宾馆，甚至五星级宾馆，真是灯红酒绿啊。国外学校的经费多用于购置公用设备，包括图书、影像资料等，有时出国访问、考察、举办学术会议包括国际学术会议等的经费都来自社会上的有关基金会，基金会派专人盯着你怎么花。而我们的由国家划拨的经费有相当一部分用于非学术。

有的人魄力比较大，公关能力强，能申请到很大的项目，有的人比较老实本分，不轻易去申请这些大项目，有些老专家也不想去申请项目。申请博士点，也是靠金钱开路，到处请客吃饭拉关系。你这样得到的博士点，和那些不善于活动的人得到的博士点的学术水平可能就不一样。立项目也是类似的，校领导带着一批相关人马四处活动，成功率可能就高一些。这里竞赛的是公关能力，而不是学术水平。

召开学术会议并不能完全体现院系学术能力。

访谈人：学术会议的召开能体现这个院系的学术能力么？

叶廷芳：这个不能一概而论，一个院系如果活动能力比较强一点，举办会议可能就多一点，但学术实力不一定就高。具体的说，上海外国语大学的德语系和北京外国语大学的德语系，从召开国际国内会议的频率而言，上外明显要高于北外，但就学术实力而言，上外可能就略逊北外了。这次上外和北外研究生交换半年培训，上海派来的研究生认为颇有收获，觉得北外的实力要强些，一些非德语课的课程，比如文学等，都是用德语教学的，而上外德语以外的课程都是用中文教学的，说明北外语言的实力比较强。

访谈人：在您的心目中，外语学科专业中，国内985高校的学术声誉有个怎样的排序？

叶廷芳：外语学科中，我认为综合实力较强的是北大、北外、上外、南大、复旦、川外、武大，还有很多地方的外语学院各有所长。一个学校的实力就是由这个学校的教师队伍的水平体现出来的，综合实力包括语言实力、人文深度、知识水平、学术嗅觉以及毕业生的成才率等。

学生的科研学术实力能否体现老师的学术水平，这要视具体情况而定。

访谈人：您认为学生的科研学术实力能体现出老师的学术水平么？

叶廷芳：这要根据具体情况加以分析。如果老师水平较高且尽心负责，那学生的成绩相当程度上应归功于老师；如果老师并没有太多付出，这个学生也取得了较大的成就，这主要就应归功于学生本身的素质和能力。

现在博士招生培养有些问题，比如有些博导的博士生有十个八个，但我的博士生一直很少。很长时间只有一个研究生，偶尔会有两个，就这样我还是觉得有负担：除了给他（她）上课，还要关心他的选修课程、给他开书单、毕业论文的修改和答辩，光看完论文就要好几天，修改又要好几天，如果只有两个研究生还能应付，多了就没有办法做好。听说北京某高校中文系的系主任，他带了60多个博士生和硕士生，怎么会有足够的精力来指导呢？平均每年有20个研究生要毕业，这个毕业论文怎么看得过来？而且这20个人的专业与你的本行不可能完全一致，如何能够指导得了？这种放羊式的培养，我认为是不可取的，误了国家，也误人子弟。这个现象说明现在的学制很混乱，有的学校和导师很不负责任，可能主要为"创收"考虑吧。

学者要有战略眼光，要有自己的见解。知名度不一定能代表学者的学术成就。

访谈人：您的学术地位是怎样奠定的？青年教师经过怎样的努力，才能成为像您这样的大家,有比较高的成就?这些成就主要通过哪些方面可以体现?是通过一篇文章或是发表了独特的见解?

叶廷芳:对于一个学者来说,首先要有战略眼光,选择研究课题时要具有价值判断能力。改革开放初我看准了德语国家有两位作家是有研究前途的:一位是奥地利小说家卡夫卡;另一位是瑞士戏剧家迪伦马特。那时我左右开弓,急着把他们翻译介绍给国内读者和观众。结果他们在我国很快引起巨大反响,以至我一连翻译的迪伦马特的四个剧本全部被搬上我国舞台。我翻译和介绍的卡夫卡也持续发生影响。2008年瑞士苏黎世大学授予我荣誉博士时,首先表彰我最早把欧洲两位重要的现代作家介绍到中国云云。

其次,有自己的见解也很重要。对我比较熟悉的人一般四五十岁的比较多,因为我在八十年代写了一本《现代艺术的探险者》,把探索现代艺术与探险相联系,这是我的一个新观点,在青年读者中引起较大兴趣。后又陆陆续续以专著和论文形式分别谈论卡夫卡和迪伦马特,传播了一些现代的人文观念和审美观念,通过《文艺报》《文艺研究》等报刊发表了出来。所以那个时候大学生、研究生知道我的比较多。那个时候书的出版情况比现在好些,我写的关于卡夫卡的书印了好几次,销量有四五万册。现在我出本书,销量就少多了。这可能和现代人的阅读习惯和读物的大大增加等方方面面都有关系。

知名度不一定能代表学术成就,一般电视台找你做了专访,知名度一下子就会提升不少。你口才好,效果就会好些,口才差的,效果也就相对差了。作为一个学者,不要去追求知名度,误了大家也误了自己。一旦追求这些,一个人的学术成就就到顶了。过去中央电视台《百家讲坛》曾经约了我,让我去讲讲。我说我不一定讲我专业方面的研究,我想讲讲我自己比较感兴趣的、比较有见解的建筑方面的内容:对中国传统建筑的文化反思。这原是我在国家图书馆"文津讲坛"的一个演讲,讲的是对中国传统建筑文化的某些负面现象的批评,反响很大,很多人听了觉得"醍醐灌顶"(后来《光明日报》以两个整版刊登了它,连《解放日报》都登了一个整版)。但电视台认为讲缺点不合适,希望能改成以正面为主。我说:一个学者的观点如果能随便更改,就不叫学者了。对方说:有一笔不少的报酬呀!我回复说:不管给多少钱都不可能把以批评为主的主题改成以赞扬为主!如果你要我讲,我就这样讲,不然就算了。最后由于不能达成一致,就没有讲了。这是一个学风问题,它是以科学为轴心的,因而是不能讨价还价的!我再举一个个例:我以前有个邻居叫刘凤翥,一辈子专心致志研究契丹文,获得突破性成就。论知名度他可能没有我高,但论对自己学科的贡献他肯定超过我。

2. 刘文飞：人文评价中，圈内的口碑是很重要的

刘文飞，1959年生。首都师范大学外国语学院教授，博士生导师。兼任中国俄罗斯文学研究会会长，中国作家协会会员，中国翻译家协会理事，中国社科院长城学者。曾任中国社会科学院外国文学研究所研究员，中国社科院研究生院教授。曾受聘于解放军外国语学院、黑龙江大学、北京大学、哈尔滨工业大学、河南大学、哈尔滨师范大学、西安外国语大学等多所高校。曾获俄罗斯利哈乔夫院士奖、第二届"阅读俄罗斯"奖以及由普京亲自颁发的俄罗斯国家奖章。主要研究领域为俄罗斯文学。

访谈时间：2015年4月22日
访谈地点：刘文飞教授家中
访谈人：常然、侯丽娟

人文学科不评估肯定是不行的，但是用理科的方法来评估也不行。

访谈人：刘老师您好，我们正在做一项有关人文学科评估体系的调查。因为目前国内外人文学科的评估缺乏被广泛认可的标准，想请您谈一谈对目前评价机制的看法与见解。

刘文飞：实际上现在全国的人文学科都意识到了这个问题，大家都觉得不评估肯定是不行的，但是用理科的方法来评估也不行。在高校中，理科可以全世界共用一个标准，没有语言、文化的差异，但是人文的研究各个国家都不一样。

获得声望与评估体系之间没有多大关系，圈内圈外的口碑更重要。

访谈人：学者在人文学科领域中获得的声望，能否通过现有的学术评估体系真实体现出来？

刘文飞：没有人认为自己是通过评估体系而出名。获得声望与评估体系之间，我认为是没有多大关系的，还是圈内圈外的口碑更重要。

可能有这个评估体系还是比没有要好一些，但是它只能从数量上来衡量，没办法完全反映人文学者的成果质量与学术含量。现在最大的困惑是，一套用纯粹的技术手段来衡量人文学科的体系，我很怀疑能否真正建立起来，而且即使建立起来大家也不会相信。人文学科有自身的特点，纯粹的技术手段对于人文学科至少对文学的创作和研究是没有说服力的。道理非常简单，大家可以对其争论，对得出的结果可以不承认。我们无法很精确地确定它的质量，甚至连边缘的东西都确定不了，更难说它的水平在什么程度了。

但与此相悖论的是，人文学科的研究谁做得好或不好，大家基本上会有统一的口碑，你们也接触到这个核心问题了。人文评价中，圈内的口碑是很重要的，口碑是怎么来的呢？我想谁都不知道。我觉得像你们这种方式还是比较好的，在圈内或者校内采用一种民意测验的形式，这完全是社会学的调查问卷。人文学科本身应该淡化评价心理，看到你们的题目，我最大的感觉是，由你们出面来做一个评价体系确实很好，但还是有一点庸俗，这可能有所冒犯。人文学科当中，有时不一定要分出好坏来，大家相互之间共同来做一件事情，为的是让生活不至于过得太枯燥，同时生活也不要太精细。消除人类的不平等、心理的对立、社会的艰难，这是人文学家都会有的一种追求。如果一定要分出高下等次，从这个角度来讲是没有意义的；但如果用于评定谁适合早点评教授，谁应该早点带博士生，则是有意义的。

评估时，出版社的层次可以作为参考。匿名评审有时也回避不了人情因素。

访谈人：您刚才提到现在的评估多注重数量方面，在您的心目中，哪些要素能给质量方面的评判提供支撑？

刘文飞：这个很难，我觉得必须局限到小范围的同行之间来评。具体的要素也是有的，比如一本书的评估可以看它的出版社。在中国当下的环境中，大出版社与小出版社出版的学术著作，水平还是有差异的。当然现在补贴出版也很多，我想大的出版社还是会有一定的底线，特别差的研究可能给多少钱都不会出版。因此出版社的层次可以作为一个参考。发表论文的杂志，在中国的层次分野还是比较清楚的。中国是一个人情社会，有时候学者不大会公开发表批评，但是真正的同行是知道谁写得好的，哪种机制能让同行不避嫌地说出真话来，这一点很重要。我在耶鲁待过，在牛津也待过，我觉得西方学者与中国学者相比，最大的特点是：人情是人情，学术是学术。在中国就不大可能，因为我们是朋友，所以你的所有文章都是好的。甚至连匿名评审的时候都无法无动于衷，人情在中国学术界很难回避。

访谈人：匿名评审也回避不了是么？

刘文飞：像我们这个专业，圈子很小，即使匿名大家也都知道是谁，尤其是做得比较好的那些人。我想每个专业都一样，做得最好的学者全国大概也就三五十个人，各人在做什么实际上都知道。排除人情因素，我想实际上是很难做到的，也未必一定要坚持这样做，应该想到，学者间的人情和友情有时也是与对彼此的学术肯定和学术认可相关联的。

学术评估中，刊物级别有一定代表性，但不能急功近利。

访谈人：发表文章的刊物级别，像核心和权威在学术评估中是否应该占那么大的分量?

刘文飞:现在的刊物鱼龙混杂,但杂志客观上的好坏还是存在的,列出核心期刊、权威期刊,还是有意义的。但是我也反对很多学校的一些极端做法,例如在某个杂志上发表文章奖多少钱、加多少分,这种奖励是比较急功近利的。然而杂志本身还是可以代表一些东西的。

文科的引用率,偶然性很大,只能作为参考标准。

访谈人:现在人文学科评估各方面的指标都非常精密,其中包括论著的被转载率和引用率,您觉得这两项指标有多大的价值?

刘文飞:理科的引用率还是有一定的道理。文科的引用率,偶然性很大。不同学科之间的引用率差距很大,同一学科中不同领域的引用率也是不同的。我认为引用率不能作为一项很重要的标准,只能作为可参考的标准之一,因为同一类文章的引用率才具有可比性。文科中有人文学科与应用学科的差异,理工科中有理科与工科的差异,人文学科有点像理工科中的理论基础研究,文科中的应用学科更接近工科一些。传统的观念是文理两大家,实际上研究哲学的人与研究数学的人更近,因为他们的思维是相通的。经济、法律、社会学等学科,则更像应用化学、生物学等领域,因此文理科的划分也不是特别合理。

前辈的评估多是依靠口碑,现在很难做到凭借口碑使某些老师脱颖而出。

访谈人:您觉得前辈的评估是否有值得我们借鉴之处?

刘文飞:我很怀疑以前是否有过评价标准,如果有的话,这一杆秤是在关键人物的心中,比如校长、学术权威。像鲁迅那个时期,大家多是依靠口碑。当时的社会比现在合理在什么地方呢?社会的分界是比较明确的,做学问就是做学问,经商就是经商,交叉的现象不是特别多,不像现在的中国社会经常出现"通吃"现象。首先,当年大学是私立的,可以聘请任何一个人当教授,而且不会有任何人产生异议。其次,校长一定不会瞎来,所选的教授一定是他认为最好的,其他人也不会嫉妒。如今我们在西方的私立大学里仍然能看到鲁迅那个时代大学的公正公平。当时虽然没有任何评价体系,却比今天现代化、精细化的体系运转得更有效、更具权威性,大家都认可。现在我们有各种体系,但无论是否被评上,很多人心里其实都不服气。

访谈人:十几年前曾有过这样的佳话,卓有成就的老师通过系主任的推荐,未满期限可以破格提升为教授。

刘文飞:这当然是好的,我认为可以给系主任、校长更大的学术决定的权力,但现在他们宁愿不要这种权力,因为那会使他们焦头烂额。这与整个社会、学校的体制有关,因此很难做到像过去那样凭借口碑使某些老师脱颖而出,不过小范围内我觉得是可以的。

把评职称看作评估体系的一部分,是存在问题的。

访谈人:您认为现有的职称评定标准能否体现学者的真正学术水平?

刘文飞:如果把评职称看作评估体系的一部分的话,也是存在问题的。一些高校有所谓的"硬件门槛",要求一定要有博士学位、社科基金、得过奖项等,感觉好像教授的标准提高了,实际上是很危险的,又是把理科的标准拿过来,如果要去满足这些条件的话,会分散很多注意力,这种现象在中国是比较普遍的。

评奖可以作为衡量学者水平的一种方式,但对实际成就的反映是相对的。

访谈人:您认为评奖能否作为衡量学者水平的一种方式?

刘文飞:评奖也是一种方式,尽管大家觉得评奖现在也很滥,但是评上奖比没评上奖还是要好一些。获奖者肯定还是有水平的,这一点不可否认,因此评奖是有必要的,但是大家一定不要对它迷信。因为第一,评奖带有偶然性,我是不太相信任何奖的。看一个人学术做得好坏,我首先不会去看他得过什么奖。第二,评奖经常有比例之类的诸多限定,不是那么纯粹。所以奖应该继续评,但不应把评奖的结果作为衡量学者水平的重要依据。大家对于能否评上奖,应把心态放松一些。现在的情况是,得到第一个奖以后,更容易得到第二个奖,因此奖项对实际成就的反映是相对的。一个人出了几部专著比得了多少奖项,实际上更有说服力。

社科基金重申报、重前期的评审,缺乏对成果实施过程的监督。

访谈人: 那么学校或国家的科研经费分配和投入,能否反映学者的学术地位?

刘文飞: 现在大家对项目、社科基金的反应也很强烈,批评的声音很多。不过就我所知,外国文学组社科基金的评审还是比较公正的,虽然有时候好的项目由于其他各种各样的原因没能立项,但是通过的项目就总体而言还是不算太差的。现在项目完成的情况不好,社科基金重申报重前期的评审,而不重对成果实施过程的监督,后期的审查比较弱,其实应该倒过来。我们也提了很多建议,后来就出台了国家社科基金的后期资助。本来我们特别希望像国外的基金给大家的奖学金一样,将其作为对好的成果的一种奖励,但是现在也走样了,因为后期资助也要划到账上,所以报销的手续非常繁琐,很多限制和规定非常不人性化,甚至不人道。这是一种不信任,实际上国家也给了不少钱,但获得基金的人一点也不感恩。比如我拿过国外的富布莱特学者项目资助,其实钱也不太多,但拿过的人都对它感恩戴德。这一项目开始时对申请者审查得很严,一旦通过它会把钱一下打给你,它完全相信你,所谓的"最终报告"也十分简单,区区数百字。这样多好!其实最应该看重的,还是你所花的钱对这位学者一生的成长提供了怎样的帮助,在他学术爬坡的时候是否起到了助他一臂之力、为他雪中送炭的作用。

对于人文学者来说，研究是最重要的。

访谈人：刘老师，您在科研之余还从事教学吗？

刘文飞：有的，但是没有学校的老师任务那么重，我们主要是硕士生和博士生，每年要求带一个博士生。

访谈人：那您觉得教学、科研和社会服务之间的权重应该怎样分配比较合理？

刘文飞：我觉得对于人文学者来说，研究是最重要的，科研的比重应该占到70%到80%，而培养人才也可以大致地归到社会服务中去，是为社会培养人才。一般人文学科与社会经济发展有一定的距离，它的社会服务功能表面上看不见，实际上是有用的。现在中国已经出现这个问题了，比如整个社会崇尚金钱拜物教、对利益的迷恋已经到了无以复加的地步，其中一个很重要的原因，是与中国的人文精神的缺失有关的，整个国民不读书已经到了可怕的地步。世界文学这么大，中国文学这么大，如果一个人一生都找不到自己喜欢读的一本书的话，还是蛮可悲的。

不应以学生的成就作为老师价值的衡量尺度。

访谈人：您觉得老师的价值能否通过学生的成就，或者其他方式得到体现？

刘文飞：中国可能从孔子开始就是这样，很注重师门。我觉得当代社会不宜过度强调这一点。现在有的学者把学生看作自己的财产、学术思想的继承者，这是一种很自私的方式，有的学者之间甚至还出现拉帮结派现象，这样非常不好。如果老师水平很高，学生水平也很好，老师可以把学术思想尽快尽广地传播出去,这是好事情。但我坚决反对看一位老师有多少学生、学生当中有多少当了校长或者系主任,用这一指标来评价老师的学术水平,这是很可怕的。通过看学生有多大的成就,反过来看老师有多么不得了,这是很可笑的,是中国人光宗耀祖的封建思想在当下学术界的体现。还有人想通过读博士来添加政治筹码,利用学术攀附权力,这是更不好了。带学生多的人,一定是有某种学术之外的权力。所以说这样的话,就会助长这种风气。我们应该保持学术相对的清纯。美国也是一个金钱至上、很功利的社会,但是校园中会有很强大的气场,将其排斥出去。

访谈人: 也就是说,您认为不应以学生的成就作为老师价值的衡量尺度。

刘文飞: 这是一个具有封建宗主意识的问题,不能作为学术的评判因素。当下学生能带得多的、学生又能当大官的,即所谓有成就的,一定是一个学阀,他的学生可能会比其他人的学生发展得好,但这与学术完全没有关系。中国人说"导师如父",问题是父亲也不能把孩子的成功看作自己的成功,何况是"学术父亲"!

访谈人: 有老师说过,一个优秀的博士生不是两三年间可以培养出来的。

刘文飞: 我觉得学生好的话,主要的功夫一定是在学生自身。学生的好坏,实际上与老师没有太大的关系。"师父领进门,修行在个人",硕士博士主要靠自己。即便学生很成功,我会说那是学生自己的修行。

学术会议为刚起步的人才发展奠定基础。

访谈人: 您认为学术会议对年轻学者的成长是否有帮助?

刘文飞: 那是有帮助的,尤其对于年轻学者。我现在担任俄罗斯文学研究会的会长,我们一般不太看同龄人正在做什么,而比较关注那些有时能在会议上突然发现亮点、或者口才很好、或者观点很新颖的年轻人。经验证明,这个人再过三五年就冒出来了。学术会议对于老学者不太有用,但是对于刚起步的年轻学者有时会有生死攸关的意义。在全国或者国际会议上,一篇文章冒出来,就会被所有参会者记住。确实有很多名学者都是在学术会议上崭露头角的。学术会议能为刚起步的人才的发展奠定基础,这一点很重要。

访谈人: 您刚提到了发现年轻学者特别有水平,那么对于一篇论文、一部专著的好坏,您是从哪几个方面来衡量的?

刘文飞: 到我们这个年纪,我觉得写到一定程度上,后来与以前的相比差不多,也没有太大进步。但是学者起步时写的论文或者专著,与大会发言一样的重要,尤其是个人的第一篇论文如果特别站得住脚,第一本书特别有影响的话,这位学者就诞生了。我们现在说这么多人在做学问,高校中这么多人被逼着写文章,但是真正作为一名学者诞生的人,在我们这里不会超过三分之一。有的人一辈子在做学问,但他也不是一名学者,尽管这样说有些过分。说他没有作为学者诞生是指他一辈子都没产生有影响的观点,没有作为学者的自主性和独立思考。学者总要有所发现,对学科有所补充、有所推动,所以我不认为每一位做学问的人都是学者。我们知道现在大多数博士论文是没有自己的发现的,转述别人的东西太多。如果年轻学者在起步的时候,第一篇发文就有反响的话,接下来会越做越认真,一篇文章上一个台阶,三五年以后就非常出色了。

媒体对于学者成名有帮助,但这不是学术意义上的帮助。

访谈人: 现在有些学者参加媒体活动比较频繁,您认为媒体与学术的关系是怎样的,对学术更能起到促进还是相反的作用?

刘文飞: 有的时候有促进,有的时候有危害;对某些人有用,对某些人没有用;促进的方面更多是在非学术的知名度方面,我想真正的学术知名度一定不是中央电视台制造出来的。电视上大家越爱看的内容,越不可能有太多的学术。学术说到底还是少数人的事情,学术前沿的研究,一定不是适合大众的。参加媒体活动尤其是上电视,一定是非学术性的。上电视时间的长短,与一位教授的学术水平成反比。教授如果热衷于上电视的话,他的学术水准肯定会下降。媒体对于学者成名或者扩大影响有帮助,但这不一定是学术意义上的帮助。

人文学科具有为政府决策提供咨询的功能。

访谈人:您觉得人文学科是否有为政府决策提供咨询的功能?

刘文飞:毫无疑问有,我也被请到中南海去为高层领导人讲过俄罗斯文学。文学能够为国家服务,这个命题实际上还是成立的。我们刚才也谈到,现代人都不读书的话,国民素质就会低下。更不用说是历史了,历史很熟的话,就会发现很多东西都是有前车之鉴的,历史上最繁荣的时期,类似事情的做法是怎么样的,因此历史包含着大量能服务于现实的功能。更不用说哲学了,我们读大学的时候,一篇哲学文章《实践是检验真理的唯一标准》产生出的社会功能之大之深,现在怎么说都不过分。没有这个大讨论的话,就没有后来的改革开放,它有多大的价值谁都没办法估计。越是看似不实用的东西,可能往往价值越高,它是潜移默化的。有的人认为文学无用,帮不了社会的忙,就是茶余饭后的事情。我觉得不是这样的,文学实际上是整个人类最早产生的一种思想和感情表达方式,人与动物之所以不同,就在于人有思想、有感情,人把思想和情感记录下来、表达出来,这就是人文学科。可能是最近二十多年来,太多的人感觉人文学科没用,才造成中国的现状:整个民族没有信仰,人们除了挣钱以外不知道该干什么,已经快到不会娱乐的地步,这与人文修养的缺失是有关系的。

人文学科评价存在三方面的悖论。如果要评估,最重要的还是口碑,但缺乏可操作性。

访谈人:非常感谢刘老师!如果描述一下您心目中比较理想的评价体系,会是一种什么状态?

刘文飞:这比较难回答,因为有三个方面的悖论,我们自己也比较纠结。第一个悖论是:没有评价体系是肯定不行的,有的话也未必能帮上什么忙。第二个悖论是:人文研究的最大特点在于它的模糊性和不确定性,评价体系却一定要确定它。第三个悖论是:如果人文学者心中一定希望通过某种体系达到某种地位,一定要做到这个领域的第几把交椅,而有这种心态的人往往就不是一个真正的人文学者。

回到你的问题上来,理想的评价体系里,可能最重要的还是口碑。口碑是很好的,但没有可操作性。如果你问别人心目中认为哪几个学者好,我想严肃的学者不会回答这个问题,关键是没有意义。所以最终可能要到学术成果上来评价,学术著作的出版档次、发表论文的刊物档次,恐怕要作为人文学科评价的首要因素,总归要看学者都做了什么事情。

3. 张冲：学科评估首先要看研究成果在国内的领先程度以及在国际上的影响

张冲，1954年生。复旦大学外国语言文学学院教授，博士生导师。国际莎士比亚协会会员、国际改编学会会员、全国美国文学研究会副会长、英国文学会副会长、莎士比亚协会副会长、上海市翻译家协会会员、国内多家学术刊物编委及评审。曾任复旦大学外国语言文学学院副院长。主要研究领域为英国文艺复兴及莎士比亚戏剧、美国文学史、美国本土族裔文学、经典文学改编研究等。

访谈时间：2014年10月28日
访谈地点：复旦大学文科楼张冲教授办公室
访谈人：邱彦超、郭新超

前辈学术大师的研究多半是首创的，今天的研究基础是前辈大师奠定的。

访谈人：您觉得与前辈学术大师相比，前辈们的学术地位是如何产生的？与我们今天有什么不同？

张　冲：其实我觉得，前辈们做学术有一个特定的历史环境。他们多半是首创，就是在一片荒野之际，什么都没有的时候，他们做出了那样的成绩。

当然，我只是讲我自己的学科，其他学科情况不了解，不敢妄断。因为有的学科本来就是中国的学科，是另外一回事。我们学科里的老前辈，他们早年以庚子赔款计划出国，到美国以后开始学习生涯。比如像我的导师陈嘉先生，他早年出国，在美国拿的本科、硕士、博士学位，然后回国。解放以后，在国内就是最顶尖的几位教授之一。因为那个时代做研究的人少，特别是像他们那样有留洋经历的人，并且整个就是美国教育出来的,他们就能够站在很高的位置开始学术工作。再加上这些老先生的基础教育都是在国内完成的,国学底子很厚,年轻时没有外国教育的掺杂。所以,他们可以站在那样的高度,很自然地把中西文化结合到一起,用一种适合中国人接受的方法把国外的学问传进来。尽管他们具体有形的成果按现在的数量来看并不多,像我的导师,他的学术著作主要是三卷本的《英国文学史》、四卷本的《英国文学选读》,还有几篇论文,但是由于这些都是未开垦的处女地,所以他们的研究就像标杆一样。这和我们今天是不一样的。我们今天站在很多前辈人和同辈人的肩膀上,有很多学术成果可以参照,况且又有这么便利的国际联络,整个研究基础是不一样的。因此,我们在一些具体的细节上,包括在老先生那一辈对问题认识的基础上,都会有很大的不同,甚至会有较大的推进,但基础肯定都是他们奠定的。

一位参加过好几次我们全国美国文学会会议、在美国也颇有声望的美国教授(曾担任我们美国文学研究的顾问)说过的一句话,让我很感慨。他说:"你们也许再也不需要我了,你们的'美国文学'研究到这个地步,不需要我了。"为什么呢?因为他觉得我们很多研究成果已经和他们十分接近,有的已具有了自己的特色。这就是因为有交流,再加上我们不同的视角,所以能有如此的成绩。虽然这只是个案,但也在一定程度上说明我们当今的整个学术已经和从前不太一样了。

现有的学术评估体系,若完全建立在引用率和下载率基础上,并不能完全体现出真正的价值。

访谈人:您认为您在人文学科领域中获得的声望,主要来自哪几个方面?能否通过现有的学术评估体系真实地体现出来?

张　冲:所谓"声望",只不过我到这个年纪,牵头做了一些相关领域里的研究而已。因为走在别人前面,见得可能比别人多一些,所以我的有些研究就可能是别人从没做过的。我提出了新的观点,希望别人沿着这个方向,他们感兴趣的可以自己去做。对年轻学者说,我的角色永远是一个探矿人,是个探路者。我不一定、也不可能会对所有的问题都仔细研究,深入研究、仔细研究是后辈学者的事情,我只是去发现。我说这个地方可能有矿,不一定真的有矿,只是我觉得这里很有意思,很好玩,然后他们有兴趣的就去研究,肯定能做得比我好。

客观地来说,我的确在国内的几个研究领域里做出了一些成绩。比如说,我在莎士比亚研究领域有几十年的积累,也有一些专著、文章和译作。现在不仅带博士,还在协助辅导国内另一所重点大学外语学院的一位博士生做有关莎士比亚的博士论文。另外,我现在做的美国本土裔(印第安)文学研究,在国内也是比较领先的。我从 20 世纪 90 年代初开始着手,直到最近刚刚和另一位学者合作把一本国家项目成果的专著写完了,我想它在国内也应该是填补了一个空白。还有莎士比亚电影改编研究、改编学研究等,我做得也比较早。所以,在这些领域里,我的研究可以说有一定开创性和开拓性。总之,我觉得我的任务就是到国外把新的东西引进来,加上我自己的认识,把他们的学术研究向国内学术界做推广。

但是,我的学术能不能通过现有的学术评估体系都体现出来?不见得。为什么呢?前段时间,我上"中国知网"看了下我论文的下载率和引用率。我被下载得最多的一篇文章大概有一千多次"引用"和五六千个"下载"。"下载"最多的 3 篇文章,是关于英语教学、英语专业的现状和未来的。这很自然,因为国内研究英语专业教学的很多,所以我讲的那些他们都会去转。而在文学研究方面,虽然我自己觉得是有意义的研究,但由于这个圈子本来就相当小,而我做的研究又比较前沿,只有一个很小的圈子里的人知道,因此不可能有很多的引用下载。所以,我觉得现有的学术评估体系,若完全建立在引用率和下载率的基础上,恐怕不能完全体现出真正的价值。

评估论文的标准一是看数量,但同时要看论文的质量。评价学术成果,一是需要选择最顶尖的同行组成评审委员会,二是需要设计比较合理的评价体系。

访谈人: 您认为发表论文的数量及主办刊物的级别在学术水平衡定

中占多大比例？人文学科的论著被转载率和引用率有多大的价值？

张　冲：论文的数量当然有一定的意义，应该占评判的一部分比例，但是我们也要看论文的质量。我认为，论文的质量表现在两个方面，第一，论文本身的长度。我曾参加过上海一所高校的职称评定，一个系里所有老师晋升职称的论文都发表在一个刊物上，并且集中在某几期中。那个刊物当年虽然也是 CSSCI，但一期竟可以发表一百多篇文章，而每一篇文章只有一页到一页半的长度，最多也就两三千字。我觉得，像这样的文章，很难有高的学术价值。所以，这一类的数量就不能作为评价标准。

第二，我们看论文的质量，还要看发表的期刊。当然，现在的期刊等级评定也有一些问题。以我自己的学科为例，我们学科的期刊中，文学的刊物相对来说比较少，CSSCI 里面只有六本期刊与文学相关，我觉得这是不合适的。有些期刊目前还没有进入 CSSCI，比如像河南大学的一本期刊，但是它本身的要求非常高，一次只刊登十来篇文章，而且都经过了同行评估。像这一类的优秀期刊我觉得就应该入选 CSSCI，作为评估论文质量的一个标杆。当然，如何把期刊的内容范围拓宽，到底由谁来决定这个目录，是个很重要的问题。因为目录太宽了也会有问题。所以，我觉得最好在一个学科里面成立一个专家委员会，把有一定话语权的人组织起来，我们相信他们有一个全局观，能够判定杂志的质量。

总之，评估论文的标准一是看数量，但同时要看论文的质量。而论文的质量是由两个因素组成的，一个是字数本身，另一个就是内容本身。而内容在一定程度上我们可以通过它发表的刊物来保证。

至于论文的被转载和引用率，我觉得不能一概而论。就像我刚才提到的，有些老师的研究比较前沿，那么，别说是被转载和被引用，就是他去申报项目，也许都没法获得评审人员的认同。毕竟不在这个领域里就不知道它研究的前沿性。比如说前两年国际上兴起改编学研究，我在 2006 年和我们院系的几位老师去国外开会以后，觉得很有意思也很感兴趣，就马上推广出来。2008—2009 年，我们在复旦开了第一次改编学研究的全国性会议，与会者都很积极很踊跃。2009 年的时候，在国内引起一阵反响，包括《外国文学评论》《文艺评论》《中国社会科学报》《文艺报》等好几家报刊都发表了我们的相关文章。但是后面我们没有办法再继续。我们去申报的任何项目,最后都没有结果。为什么呢?因为评审的专家大多只熟悉原来的和自己的研究范围,没法完全理解你的领先性,所以自然就不会给高分。

所以,我只能说,论文的被转载和被引用率只能相对而言,不能绝对地看。当然被引用率、下载率高的论文一定有它的价值所在,但我们也要考量论文本身,包括它的前瞻性和权威性等等。这些我觉得都要靠同行来评定。所以现在我们评价学术成果,我觉得有两件事可以做:一是我们需要在这个领域里面有一批最顶尖的同行组成评审委员会;二是我们需要设计出一个比较合理的评价体系,把能够体现出真正价值的学术成果都保留下来。

学者的成名与其在学术会议上发表的论文有一定的直接关系。

访谈人:您认为学术会议上发表论文对一个学者的成名有没有直接关系?应该如何来完善这一环节?

张　冲:我觉得学术会议上发表的论文,对他的成名是有关系的,并且有一定的直接关系。因为学术会议是全国性的。而能够参加国际会议,并且论文能在国际会议上被接受和认同,最后被收录进国际会议的论文集,我觉得这对我们学者来说,最重要的作用是让我们和国际接轨,扩大国际影响力。当然论文本身肯定要有质量。因为一般的学术会议,学者交了论文和会务费都可以去参加,但是国际会议不仅追求规模,更讲究质量。学者的论文若是能在国际会议上宣读,那么之后肯定会有很多人来参与交流,这样渐渐会引起更多的关注,一波一波地像波浪般扩散出去。所以,我觉得这可以作为衡量学术水平的一个参考。

至于在国内的学术会议上做主题发言,是否和学者的成名有关,则见仁见智。因为有些发言确实是做了研究的,但有些也只是根据年龄资历来的,倒是在小组里面的一些发言会很有意思。当然我也觉得,能够在国内的会议上发表论文,并且能被收入会议论文集,相对来说,也应该是一个比较好的成果。除此,像我们每年自己填报的学术成果,发表过多少文章,有没有参加过学术会议等,也是比较重要的参考。

对于人文学科来说,原创主要是看它在原有的基础上做的推进和增加的附加值。

访谈人: 您认为什么是原创?怎么样才能做出原创性的研究成果?

张　冲: 其实在我们这个外国文学领域里面,很多时候很难有真正意义上的原创,但一定意义上的相对的原创是可以的。比如说,外国学者做到了这一步,而我们的学者做的比他们更远,或者视野比他们做得更宽,我觉得这也应该算是原创。其实我们现在"原创"的这个概念是沿用了理科的概念。理科是可以有原创的,比如我做出的一个实验结论和你不一样,这就是我的原创。你们这个实验用了这几种素材,而我的实验用了其他几种素材,这也是原创。我的实验做成功了,或者我虽然失败了,但是我得到的结果是对这个研究有意义的,也是原创。但是对于人文学科,古往今来,无论中西,我们都是站在别人的肩膀上往前走的。人文学科不太会有革命,哪怕是某一理论的提出者,他也是站在别人肩膀上的。那么人文学科的原创是什么?你坐在档案馆的一大堆故纸堆里面,整天坐在那里翻阅文献,从二十几岁翻到五十几岁,有一天突然翻到一本被别人遗忘了的手稿,拿出来研究,我想这个可以算是原创。但它也不是你的创造,只是你找出来别人的东西而已。所以,我觉得原创对于人文学科来说,主要是看它在原有的基础上推进了多少,附加值增加了多少。比如说,我们最近完成的美国本土裔(印第安)文学史,增加了些什么呢?从国际上说,国外的研究只写到2005年,但是我们的书一直研究到2012年,那么这七年的内容是我加上去的。另外,国内目前的研究,只局限在个别的作家,而我们则把整个文学史包括口头文学历史,以及十九世纪末、二十世纪初的这一段研究加了进去,还把当代的诗歌戏剧也加了进去,这是国内学术界尚未有人研究过的,不仅增加内容,还做了一些评述。所以我觉得这也算是一点原创。不是石破天惊的创造,而是在他人基础上的一点点推进。

获得国家重大项目、社科成果奖应该是能够体现学术水平的,但学术水平评价更应该关注的是研究成果而不是项目。

访谈人:您认为重大项目申请获批,或者获得国家社科优秀成果奖等奖项能否真正体现该学科的学术水平?

张　冲:重大项目申请获批,或者说社科优秀成果获奖之类的,当然应该是能够体现学术水平的。但是现在国内的评奖有一些问题,比如只看学者有没有拿到项目。如果你不是国家社科、教育部或者省市的项目,那么不管你这本书写得再好,基本上是不太可能获奖的。我觉得这是我们整个评价体系中的一个重大缺陷。所以我认为,我们评价更应该关注的是研究成果而不是项目。不管这个研究成果到底是国家项目还是个人项目,甚至没有任何项目,这都不应该是评奖的必要条件,因为人文学科领域的研究更多的是源自个人兴趣。不管国家支不支持,个人写自己感兴趣的研究,没有压力,没有束缚才可能做出更有意义的成果。

我历年也参评过很多奖项,有些成果的质量是堪忧的,只不过是因为他们拿到了项目,做了这个研究。比如说我曾经看到过一本很薄的研究,大概也就是十万字左右,也许有些人觉得十万字已经很多了,的确也有很多有分量的学术成果并不以字数取胜。但是从专业眼光来看,一般一部有分量的著作不超过 20 万字,恐怕很难把有意义的问题说清楚。所以说字数本身也是一个很重要的考量。而我们现在的评奖,基本上就是看项目和人。所以社科优秀成果奖里面,有些研究确实是不错的,但也有少数成果并不是太好。因此,我觉得,获得国家重大项目、社科成果奖在人文学科里是一个重要的评估标准,但是它的权重不应该太高。

现有的职称评定标准，不能完全体现学者真正的学术水平。

访谈人：您认为现有职称评定标准在您的学科中是否能体现学者的真正学术水平？

张　冲：现有的职称评定标准，我觉得不能完全体现真正的学术水平，因为现在的职称评定过分强调获得的项目和论文的数量。比如一定要有一个个人主持的项目，加几篇核心期刊文章。当然，曾经复旦杨校长也提出过"代表作"制度，当时我误以为凭代表作就可以不要其他的学术成果了。其实我是同意这种办法的。代表作就应该是有一定全国影响力、在一个学科里有领先意义的一部作品，而不是别人研究这个美国作家，你研究另一个美国作家，那么你是和那些十几或者几十个人站在同一个起跑线上。不应该是这样的。应是你的这部作品在国内目前很少有人能写到这样的水准，它的内容很新颖，或者视角很独特，这样的作品才能够成为一部代表作，而不必一定是国家的项目成果。

可惜我们现在的职称评定等一系列标准都太过注重立项。网络上现在也讨论这个问题，其中不乏对中国学术的一些批评，包括科研经费的问题。比如，人们总认为，你得不到立项、得不到经费，说明你这个人的水平不行，却不注重最后出来的成果究竟怎样。有的人可能立了项之后五年、十年出不来结果，到最后项目被取消，或者完成的成果根本达不到质量要求。所以我觉得，不是说我们不必考虑项目的因素，而是应该有一个机制重新考量这个因素。比如我们可以放宽对项目的要求，学者申请职称未必一定要有某些级别的项目，他如果是一个项目的重要参与者，我们也应该酌情考虑。当然我们也要有比较详细的鉴定。像那些一大群人做的项目，而他只是其中的普通参与者之一，我想这应该也不能算。我们可以先规定一个范围，比如说两三个人的项目中，他是参与者之一。或者我们可以更明确地规定，他的成就在最后的成果里面必须占到多少百分比。不能一本 30 万字的作品,他只写了 1 万字或者 5 千字就算参与者了,这个是肯定不行的。但如果是一本 40 万字的作品,他写了 10 万多字,这实际上就相当于是一个子项目的分量了,那么我觉得就应该承认。所以,如果我们可以把合作的项目也纳入评定的范围中,那么作者应该是重要参与者,而不是一般参与者。

同时,我们还可以考察他的其他成果。如果是著作类或成书的作品,我觉得出版社也是很重要的考察点。国内那些一流的出版社,比如大学出版社,一定会有严格的同行评估机制。比如北大出版社,他不会因为你出三五万就随便什么书都会出版。一定是先看到你的书稿,然后再去找同行评估,三个同行写回来说这本书很有意义,建议出版,他才会收你的出版资助。

现在出版学术作品都是自己赞助,当然也不能理解为是学者自己掏钱就降低了书的质量,但也不能说因为这个学者出版了著作,就表明他的学术水准很高。因为有些出版社根本不是我们这一行的出版社。比如说一本文学方面的书,却找了科学技术方面的出版社。这怎么能够保证它的学术质量?所以我觉得,著作的字数和出版社都是很重要的评判标准。比如说一本 20 万到 25 万字甚至以上的著作,是由像北大、复旦、上外这样的出版社出的,那么大致是不错的。据我了解,上外出版社的评审制度很严格,而且一般会给稿费。我每年都会收到他们寄来的书稿让我评审。好的作品自然就通过了,那些我觉得意义不大或者不值得出版的就肯定不能给他通过。所以这都是很严格的。这样的成果,其意义至少应该等同"项目"。

现在的问题是,我们有些老师自己每年都在评别人的项目,但是他自己的项目却一直申请不上。为什么会这样?很可能是该项目有些超前,其他人无法理解;也有可能是评审机制上的问题:我们现在的评审,给一沓材料,比如 20 份申报书,规定里面只能评六份,其它的都要去掉。我觉得这种强行的规定会导致很多好的、新的研究都被埋没了。所以我觉得这些问题都应该重新考虑。

项目经费可以做参考,但不能算是一个很重要的衡量标准。

访谈人: 您觉得学校或国家科研经费的分配和投入,能否反映学者的学术地位?

张　冲: 我觉得这个现在很难讲。因为每年国家给的项目经费都在变的。比如,我以前申请一个项目只有三万元经费,到2005年项目经费就有七万元了,而今年申报一个项目可以有二十万的经费。经费每年都在增加,但这些项目的级别都是一样的。所以我觉得项目经费可以做参考,但不能绝对地看。经费不能算是一个很重要的衡量标准。

一个名师的价值是可以通过培养学生的成就来部分体现的,但还要根据具体情况来看。

访谈人: 您觉得一个名师的价值,是否应该通过他培养的学生的成就来体现?有什么办法可以通过对学生成绩的评估来体现教师的价值?成为博导之后,您有多少个学生也做了博导?行政上,您的学生有多少做到了比较高的职位?学术上,您的学生有多少成为了学科带头人,或全国学会副会长以上?

张　冲: 我觉得一个老师很重要的一条就是他的课程,而且我所指的课,是给本科生上的课。我从做大学教师到现在,每年给本科生开的课都不少于4个课时,研究生课程相对只占少数。因为就我们复旦而言,本科生的来源是全国最优秀的之一,能站在本科生的讲台上,本身就是做复旦教师的一个莫大荣幸。当然,我们要给本科生良好的教育,就需要国内一批学术领先的老师,把自己的研究有机地灌输给他们。不一定完全是研究成果,或者像研究生的课程一样,要他们去深入研究,而是把我们参加的学术会议、一些见识都点点滴滴地贯穿到课程当中去,使学生觉得很新奇,很有挑战性,这样可以使我们的学生走得更高更远。所以从这个角度看,我觉得一个名师的价值是可以通过培养学生的成就来部分体现的。但是由于学生都是不一样的个体,而人的成就不一定仅仅就是学术地位这一条,更重要的是做人本身。有的人学术不一定做得很好,但是他在行政工作上做得很好,所以这还要根据具体情况看。

至于学生中有多少做了博导,我觉得对于文科来讲这不应该是一个很重要的评价指标。因为人文学科的教授本身就是相对较少的。我培养的第一个博士可能到现在还不是博导,可能也就只是教授、副系主任这一级别。职称的评定往往是根据他所在的那个单位,横向纵向各种关系来衡定的。就我的学生看,目前没有职位比较高的,学科带头人应该有不少。但是全国学会的副会长以上是没有的,也是不太可能。要成为学会的负责人是很难的。我们现在培养的博士都是年轻人,资历尚浅,不太可能直接进入这些学会成为会长或者副会长,这需要时间和阅历的积累。

学者应该参加重要的媒体活动,传播经典和真知,拉近大众与文学的距离。

访谈人:您认为学者通过重要的媒体活动,除了增加知名度和影响力外,能否真正体现学者的学术地位?

张　冲:学者应该参加重要的媒体活动。特别是就我们这一行来讲,因为我们的学科不是显学。而像搞经济、政治、社会学研究的学者,肯定会有很多媒体活动是必须参加、无法推脱的。我们搞文学研究的学者这样的机会相对较少,但是我觉得我们也应该适当地去参加一些媒体活动。为什么呢?因为这对全民文化水准的提高是有意义的。我们正是缺乏一个让普通读者感受经典文学魅力的渠道。

2014年是莎士比亚诞辰450周年,所以我也应邀参加了很多相关的媒体活动。我在上海电视台和电影配音演员曹雷老师一起做了一档有关莎士比亚的读书节目;另外,我在上海图书馆做了一场面向普通读者的演讲;参与了上海思南读书会的莎士比亚朗诵等。还有许多家媒体,比如从新华社到《北京青年报》都来找我做采访。一直到暑假,我还接受了《山东大众日报》周末版记者的采访,给我做了整整一版的专访。还有像《河北青年报》《第一财经日报》《三联生活周刊》等一些文化类杂志等等,都来约过我的稿子。有些我也给他们写了一些东西,虽然学术性不是很强,但是在里面也是提出了很多自己的想法。

其实,就我个人性格而言,我不喜欢这类的媒体活动。我喜欢一个人坐在那里写写自己喜欢的文章。但是我觉得,其实我们有很多想法或者意见,上层听不到,那么我们需要借助这些媒体传达到他们那里。另外,就像我刚才讲的,这对提高我们普通民众的文化素养是非常有益的。我参加的这些媒体活动反响还是很好的,很多人都很激动,他们没想到原来经典文本还可以这样理解。所以,我认为,做到像我们这样位置的学者应该要有社会责任感,而媒体活动也能给我们创造一个比较好的平台,我们利用这样的平台,不是为了宣传自己,而是为了传播经典和真知,拉近大众与文学的距离。

人文学科的评估主要看:第一,学者的成果在国内的领先程度,以及在国际上的影响;第二,要采用匿名同行评审;第三,专职科研部门的学者当以科研为最重,而对我们而言,科研、培养人才和社会服务三者之间的比重 4∶4∶2 比较合适。

访谈人:您认为人文学科的评估主要看什么?培养人才、科研、社会服务之间的权重如何?

张 冲:第一,我觉得主要还是要看他的成果在国内的领先程度,以及在国际上的影响。当然我的所知还是很有限的,所以我只讲我自己的学科。我认为我们现在做研究不能靠自吹自擂,很多成果也不能靠自吹自擂,这是没有意义的。我们不能局限在一个小圈子里,而是要能拿到国际上去。现在有些国外学者不太愿意到中国来开会,因为他们觉得我们的一些研究缺乏新意,是在重复国外的研究。因此,对于学科评估,我们首先要看研究成果在国际上的影响,以及在国际会议、国际期刊上的收录情况。

第二,如果是对人文学者个人的成就做评估的话,我觉得还有一点比较重要,就是匿名同行评审,这是比较真实可靠的。因为如果你把研究拿出来给别人看,大家知道你是谁,有的时候评估就不一定可靠了。而且即使说是匿名,也未必是真正的匿名。所以有的时候真是很为难。我们现在的评审到底有多少是真正做到了匿名?很难说。因为我也经常会收到这样的消息,说某某的材料送到你这里了,请你帮忙关照一下。惹不起,只能躲,尽量不参加这些评审。

因此,正如我一开始所讲的那样,人文学科的评估,第一是要看成果。这个成果应该和项目没有直接关系,有项目是最好的,但是没有项目的成果也应该和有项目的成果一视同仁。第二,这个成果无论有无项目,都要经过严格意义上的匿名评审。而且参评者的人数不能太少,最好是有三到五个评审专家。第三,如果是专职的科研部门,相对于培养人才,科研当然应该是第一位的。那里的学者当以科研为最重,培养人才次之,社会服务再次之。当然,我们不是专职的研究院,培养本科生、研究生同等重要,而且培养人才实际上也是间接地为社会服务,因为这是在为社会储备人才。社会服务也是要看的,比如我们刚才讲的,像经济、金融、企管类的,他们是直接为社会服务,像我们人文学科则是间接地为社会服务。因此,如果要给一个比例的话,我觉得科研、培养人才和社会服务三者之间4∶4∶2的比重是比较合适的。

4. 陆建德：希望有一个比较好的评论平台，把学术研究、思想交锋再推到一个高度

陆建德，1954年生。多年任职于中国社会科学院外国文学研究所，2010年任该院文学研究所任所长、研究员、博士生导师，兼任中国社会科学院研究生院文学系主任，《文学评论》主编，《中国文学年鉴》主编。主要研究领域为英美文学、比较文学和中国近现代文学。著作有《破碎思想体系的残编：英美文学与思想史论稿》和《高悬的画布——不带理论的旅行》等。

访谈时间：2015年4月22日
访谈地点：社科院文学所陆建德教授办公室
访谈人：王烨、陆艳

> 要评估的话，一方面要看到评估有其局限性，另一方面大家也要对评估结果有个善意的体谅。

访谈人：能否请您谈谈对目前的人文学科评估体系的看法？

陆建德：我们要搞评估的话，不是在一张白纸上评估。每一个国家的教育都有一个传统，或者说是继承体系。有的传统给人印象特别深，比如大家会觉得北大、复旦必然很好。如果现在有评估说某一个学校的中文系排名第一，那我们会觉得这是一个偶然现象，可能觉得这个评价体系出了毛病，但是我们不会觉得这个学校的中文系一定比北大、复旦强。所以大家不是生活在类似一张白纸的世界里面，简单地只看评价结果。大家还是愿意相信有一个学术传承，加上一些极其优秀的学者所形成的综合印象。这些综合印象有时候不一定能用数字或出版物来表现。比如英国有一个学校，最近一两年他们英文系的排名非常高，因为他们出书非常多，而且与媒体的互动比较多。英国也有评估体系，比较注重学校研究的社会影响，所以那个学校评出来就特别好。这个

学校的老师当然很高兴,但是他们绝对不会说自己学校就比牛津、剑桥好。可能在有些评估指标方面,牛津、剑桥不会去做,所以他们在评分体系中就会吃亏。

　　有一点是全世界通用的,就是你的学术成果影响因子怎么算?比如电视台根据某位老师的一本著作拍摄了一部纪录片,反响很好,那么他在评估体系里面的分数就很高。但有些人不那么做,可能分数就低,所以有时候他写的文章、写的书也许受众没那么多,但是可能业界的评价很高,认为这是一本开拓性的著作,完全从新的视角提出了一个问题。因此专家评价、市场评价、社会评价,这里面是不一致的。但是现在比较可悲的是,中国的学术传承经过了世道变迁,原有的秩序被打破了,而新的权威还没有形成。我们社科院也是这样,对作品我们也要打分、算点,要看是否为核心期刊。但是如果由我来主持文学所学术委员会的讨论会,我绝对不会强调是否核心期刊、权威期刊,因为这样会变成非常可悲的情况。我们这里有一些做法,国外也在做。但是在国外的学术传统方面,他们对权威的认可状况比我们理想。他们比较权威主义,我们在这方面比他们更民主。他们只要有一个人写推荐信,就什么都解决了。但是中国的推荐信名声不好,比如我们这里的委员会评出一个人,其他人会吵,变成一个事端。这与我们的文化有关系,我们"能争善斗"。在国外,如果评出了一个人,他们有一套礼仪,会对评出的人表示祝贺。其他落选的人可能学术水平也挺好,但是他不会鼓励自己往评估结果不公正那方面想。因为他也要体面,他不会为自己来争,这样会显得在同行面前特别差。但是我们这里比较难。有人会质疑委员会的权威性、质疑结果的公正性。比如美国评图书奖等特别多,但评奖后很少发生不愉快,但我们发生不愉快的情况就特别多。所以要评估的话,一方面要看到评估有其局限性,另一方面大家也要对评估结果有个善意的体谅。评估肯定有不合规范的地方,或者有待改进的地方,我们可以用积极的方式,研究怎么样把它做得更好,而不是一下子闹得不愉快,总觉得有阴谋。

教学特别重要，不能完全量化，一定程度上要听学生反馈，也要反映在评价体系里面。

访谈人：除了论文、项目，是否要把教学、创作、做数据库、社会服务等都纳入评估体系？

陆建德：作为大学老师，教本科生其实是非常重要的。哈佛大学、耶鲁大学等都最重视本科教育。但是中国老师是反过来的，以不给本科生上课为荣。写论文与完成教学任务之间，应该有一个权重。而且青少年正在成长阶段，心里要有楷模人物。中国的大中小学这方面做得特别差。在欧洲做幼儿园、小学、中学老师，对资质要求很高，因为孩子以后的做事方式、说话方式、习惯的养成，很多方面仰赖老师的人品和修养。但中国不是这样，这方面文明的资源特别稀薄，学生心目中爱的人、敬仰的人特别少。人文学科教育特别重要的是面对面的教育，这与光读书、看电子材料是不一样的。知识的获得仰赖具体的场景。比较理想的教育还有赖于人与人的接触。你的知识是从哪一位先生或者女士身上得到，其实是血肉相连的。最终你的知识就会与你的为人、信仰等有机结合在一起，而不是说考试时知道几个概念填上去就可以，这种知识没什么用。我们对"教育是什么"这方面的认识是有所欠缺的。怎么样的师道算是有尊严？这个尊严不是摆架子，而是让学生通过听课，尤其人文方面的课，学到很多具体的知识。具体的知识是和老师带有地方口音的讲课，他的动作、顾盼有机结合在一起的，这样的知识就成为了学生的生命。中国这方面做得不太够。我们古代的学问是有传承的，但是师生之间不平等，学生像崇拜祖先一样崇拜自己的老师。怎么样跟老师有积极平等的互动？这点我们是不够的。所以教学这块特别重要。有些东西不能完全量化，一定程度上也要听学生反馈，这个也要反映在评价体系里面。有些老师对学生给他的教学打分有反感，其实现在学生是很懂事的，老师也要接受学生的反馈，学生是否喜欢这个课也应该作为参照。

我们的学术传统很失败。整个评估是焦虑时代的产物。

访谈人: 您认为人文学科中研究论文或者专著的评价标准主要体现在哪里?

陆建德: 著作的评估很难。我原来在社科院外文所工作,那时我们比较看重论文,不一定看重著作。我们做外国文学,比如要写一本英国文学史,我觉得自己没有能力写。但是有的人比我强,他能写。但是看到这个人我心里一点不虚的,因为我知道他看过的作品不一定比我多,对作家具体的知识不一定比我了解得多。他写这本书案头放了很多同类著作在那里参照,并且他的著作里面没有一章是可以拿出来单独发表的,也很少看到真知灼见。中国这样的问题很多,很多时候其实是"编",但是他就写"著"。

访谈人: 编也分很多种,有的人编的时候确实花了很多功夫,有的主编只是挂个名,像这样的情况在评估的时候很难区分。

陆建德: 我觉得我们的学术传统很失败。我们有很多著作其实是带有编的成分,比如现在大量的新兴学科,金融、国际贸易之类,有很多参照了国外的教科书。我就注意到有的书就写"某某人著",如果审查严格的话,他们几乎有剽窃的嫌疑。现在国内各个学科对外交流的情况比较多,我们要有比较好的查重体系,尤其要防止去外国作品里剽窃。我原来做过《外国文学评论》的主编,我看有的文章的立意和知识结构,不太像我知道的这个人或者不太像一个中国学者的学术风格,就从关键词、从引的著作里面尽量去查背后是否有外国文本。这样的事情发现过好几次。

访谈人: 这样做挺困难的,要花很多人力、精力去做。

陆建德: 对,我也觉得做这样的事情挺不值得。一个是我自己变成了"卑鄙小人",因为不应该怀疑的。但是我一定要这样做。因为我不希望投稿人把编辑部都当做傻瓜。但是现实生活中,因为种种原因,我们的口子还是放得比较宽,这点要做到特别不容易。所以又回到一个问题,学术生产量是要的,但是又不能过分注重它。美国也有一句话:"publish or perish"(发表或是灭亡),这也是事实。但是一定要知道如果把它当作指导方针,会出现很多弊端。我们的制度是所谓的"奖勤罚懒",但是有时学者的工作状态是一张一弛,有一定的工作节奏。另外有的"懒人"也许后来出了很好的东西,我们要意识到这些可能性,而不是鼓励博士生一定要去发表论文。哈佛大学有一个教授,他说他的老师看到学生写文章会不太高兴,他会说"某某,以后你看到这篇文章,你会感到羞耻"。但是现在说这种话的人很少,毕竟有硬性规定。所以整个评估是焦虑时代的产物。

希望有一个比较好的评论平台,把我们的学术研究、思想交锋再推到一个高度。

访谈人:有人说,在中国现在很多书评是人情稿,很难有客观的评价用处。您觉得书评体系能否建立起来?

陆建德:书评不一定都是人情稿。中国有几个书评比如《上海书评》办得比较好,还有文汇报下面的《文汇学人》专刊。我在90年代就写过几篇文章,介绍英美世界他们怎么进行书评。比如《伦敦书评》《纽约书评》,如果你的一本书被选中来评,其实是特别好的宣传平台。评价人也不是根据人情来写,他该怎么样就怎么样。这些书评虽然不是学术刊物,但是在他们的社会里这种评论是很重要的。可能一些特别优秀的学者最终会出一个文集,其中的作品都是从这些评论上来的。但是中国不是这样,我们认为文集价值不高。如果在英美世界,这个人如果老是给《伦敦书评》或《纽约书评》写文章,其实他的水准很高。他写的方式也跟论文不一样,写论文往往拿腔拿调,有个论文架子。真正写书评的人,资格、辈份其实更老一些。但是我们还没形成这种系统,我也希望有一个比较好的评论平台,真的把我们的学术研究、思想的交锋再推到一个高度。中国特别缺乏这个高度。我们很多学科真正的创新能力不强,思维在很多方面受到巨大的限制。

对国外发表文章不应该简单认定：国外发表的一定好。还是要经过专家鉴定。

访谈人：有一些研究外国文学或比较文学的老师，在国外发表的文章可能比在中国发表得更多，但是那些期刊并不在我们现在的评估体系里面，这个矛盾应该怎么解决？

陆建德：我觉得要看文章本身，有时候很难说。有一些人在国外发表的文章，要是翻译过来，你就会觉得这篇文章在中国是发表不了的，也有这种情况，所以这个不一定。也有的文章确实好，国外某些方面确实需要人来写，但是在中国这方面，可能有人做得更深。所以对国外发表文章不应该有简单的认定：国外发表的一定好。还是要经过专家鉴定，看这篇文章怎么样，如果可能的话要把这篇文章翻译成中文。我知道这里面的差别是非常大的。有的国外发表的文章确实是好，而有的是国外正好需要了解，比如中国当代文学怎么样，就邀请相关的人来写，这并不代表他对中国当代文学了解得就特别深。所以专业研究的文章最好翻译过来，然后邀请专家来看是否有价值。这还牵涉到一些台湾地区的出版刊物。台湾有同行评审，他们做得很好，比我们做得规范。但是台湾的刊物我们就不算，我觉得这个不太公平，台湾有很多史料方面的学刊做得很好。这方面我们需要有一个意愿，要把我们的范畴松动些，怎么样把外面的刊物引进来，但是也不是单纯地说外面发表的就好。

人文学科有很多价值判断，专家也有不同的意见。

访谈人：您觉得如下想法是否可行：成立一个顶级专家团，将他们几年内所看到的好的论文、著作，尤其是年轻人的论著，列一个推荐榜单。时间久了会形成公信力和权威力。以后可以根据这个榜单，作为其他高校挑选人才时的依据?

陆建德:这可能比较理想化,特别难做。因为有不同的学科。学术不是完全中立的,比如美国的学术评价,现在注重偏向黑人、少数族裔和女性,有一个暗含的政治立场正确。但是有些老派的学者就不喜欢这样。所以最终专家推荐的也是不一样的。学术不是很纯粹的,背后还要求阅读者跟他有一定程度的共识。人文学科有很多价值判断,专家也有不同的意见。

希望评职称不要有硬性指标规定。

访谈人:社科院对青年研究员的职称评定要求是怎样的?

陆建德:我们评职称不看国家项目或核心期刊,但是现在社科院有创新工程,研究人员进创新工程的条件是一年一篇核心期刊论文,要求不是很高。前些年文学所在评职称时有点吃亏,因为没有名额,所以有些同事做得很优秀,但他们晋升正研究员的时间比较晚。最近两年稍微好一些。总体来说我们掌握的度比较合适。

访谈人:有些青年教师,学问很好,上课也非常好,但就是因为硬性指标不符合,所以一直没法评副教授。您觉得这样的问题该如何解决?

陆建德:这个特别荒唐,希望不要有这种硬性规定。有的哪怕是报刊文章也很重要,对这个学科也很有意义,但是它什么都不算,说明我们整个评估设想上的局限非常大。比如《纽约书评》《伦敦书评》,上面发表的书评社会影响挺大的,比那些很少有人读的、发行量特别少的学术刊物上的文章,社会影响力要大得多。但是如果换一个体制,这些文章不算入评估体系,我觉得挺可惜。

同门观念不宜过强。制定评估标准,要考虑对学界可能产生的负面影响。

访谈人:学生的成就是否也能算进老师的个人成就,成为一个评价标准?

陆建德: 所有的学生都是独立的,有师承关系,但是不宜过分强调。这样的标准不太健康,同门子弟会互相吹捧,拉帮结派,看不起其他老师的学生,以后会变成一个弊病。所以我们制定一个制度,也要考虑到这个标准以后在学界可能产生的负面影响。任何看起来不错的规定,都要考虑到可能的弊病,所以同门观念不宜过强。

访谈人: 学者参加很多学术会议,在国际性大会发言,发表会议论文是否可算在评价体系里面?

陆建德: 很难说,考核的时候要看你从事的一切学术活动。这些活动的意义都不一样,比如学校请你去讲座,听起来就好一些。而有的人光是去参加会议,我就不知道意义在哪里。中国有个情况是会议偏多,但比如有时候朋友希望你去参加一个会,如果你不去,说有更重要的事情,那么我就觉得我把自己看得太重要了。我没有什么重要的事情,那就去吧。生活要有一定的原则,但是不能太强。可是有时候一妥协下去,浪费的时间也蛮多。反过来说,如果什么会都不参加,会不会太自以为是,也是给自己头上戴了光环呢? 生活里面永远有一定妥协,用人情来看怎么样合适,做到什么度,背后是个艺术。

5. 金雯：评价标准的分歧需要通过时间来慢慢折中，趋于规范

金雯，1977年生。华东师范大学中文系教授。曾任复旦大学英语系副教授、外国文学研究所副所长，哥伦比亚大学英文和比较文学系助理教授。兼任"当代文论与比较诗学"学会常务理事，"比较文学与跨文化研究"学会常务理事，上海市外国文学学会常务理事等。主要研究领域为英美文学和比较文学，包括不同小说传统的流通和比较，以及英美诗歌。

访谈时间：2014年10月29日
访谈地点：复旦大学文科楼金雯副教授办公室
访谈人：谢琳、朱文佳

不赞同以年资作为晋升的标准。

访谈人：就目前的评价体系来看，有一些很不完善的地方，我们在思考应当怎样完善。今天上午开了一个中文系专家的座谈会，大家觉得可以恢复学术委员会，请那些可以置身事外的，不受到人际关系、人情影响的专家来评判。还有一些专家认为，一篇两篇论文不能说明什么问题，总的晋升体制首先要考虑年资，这个标准针对大部分人，另外还可以有破格的情况：如果你年资没有到，但是你特别优秀，那么就给你破格。您有什么想法？

金雯：关于年资，我不是很赞同。如有人在研究和教学上问题较大，是不是他达到了一定年资后就可以晋升？这就好像是学校对他有个承诺，只要工作到一定年限，就可以让他晋升。这是个问题，我觉得需要把关，但怎么把关还需要讨论。

社会影响度在人文学科晋升方面是一个次要因素。

访谈人：您觉得外文的发文量、引用量等在晋升方面能占多少比例？一些微博粉丝的关注度，对人文学科可能不太适用，对社科来说，有一定的影响，社科还做一些制度制定方面的工作，需要得到政府批示，人文方面可能会涉及的少一些。

金 雯：对人文而言，影响度只能是辅助，是一个边缘性的考虑因素。在考虑晋升或对绩效进行考评的时候，肯定不应太关注微博、豆瓣的粉丝关注度。

晋升不能简单依靠数字衡量，应对年轻教师多扶持，量化的标准应由学院民主讨论。

访谈人：那您看目前的绩效评定合理吗？

金 雯：现在是有一大堆问题了，我们就按照条理一点一点的说吧。首先说晋升。晋升制度肯定需要平衡，至少我倾向于折中的方法，也就是说在建立一套合理的、量化规定的前提下进行人性化的调整。一是年轻教师进来时负担比较重，因为他们要发表文章的时候，可能人脉圈不够深广，会有困难，发表周期会长一点，但并不代表他的学术水平差，可能就是在操作体系方面还不太熟练，所以要给他们一定的回旋余地。如果他们有一两年发表文章有困难，系里或院里应该有一些资深的老师帮他们"通通门路"，不是说开后门，而是帮他们介绍一点关系，让他们知道学术圈实际上也是一个人际网络圈。给他们一定的帮助，带他们进门，让他们能够更好地发挥水平，尤其是在考评的时候。现在如果是按照这个"六年非升即走"政策的话，那么你不能到了第五年、第六年冷不丁地来查他，这之前的一二三四年应该有一个辅导的机制，每个学院的教授、领导要对年轻人多关心一点，扫除不必要的障碍。最后在考评的时候，万一有一篇不达标,也要按具体情况,看他是不是在教学中投入的比较多。虽然论文篇数比较少,但每一篇的质量很高,挖掘很深,这都是可以由学术委员会中那些有眼光的专家来评定,而不完全依靠机械的数字来计算。要有一定的灵活度,给年轻人一点帮助,而不是任由他们去闯。但是另外还有一个问题,那就是工作量非常不平均的情况。有的老师在科研中投入大量精力,有好的成果,有的老师会出现懈怠、拖沓的情况,成果比较少。这个也是需要处理的情况,不能搞平均主义,以年资为晋升制度的主要考量标准肯定不妥,这样可能会影响整个学术水平和教学水平。因为在很多情况下,只要科研不占据太多的时间,它对教学,对这个老师掌握最前沿的思维方法、写作方法,并把这些方法传授给学生是有好处的。所以总体来讲,不能完全摒弃量化评判标准,但量化标准应该由每个学院进行一些民主讨论。如果一般要求五六篇,青年教师可以提出,也许五六篇太多,可以在院里自己商榷一下,要定一个大致的标准,比如说四五篇或六年内四五篇。最后评定的时候,学术委员会在保证人选比较公正,专家眼光比较好的情况下,也应该具体事例具体分析,万一有一个人没有达到硬性标准,或是他离这个量化标准还差一点,那么大家可以通过考虑他的科研质量、在教学上的贡献,以及对整个院系其他方面的贡献,做出一个比较个性化的决定。学校也应该尽量尊重学院、系里的决定,不要太粗暴地以量化的标准来定。但是另外一个倾向,我觉得也是需要扭转的:我们常常会觉得文科和社会学科是不一样的,文科是一个没有研究特性的学科。其实不是这样的,文科的研究目标和方法还是明确的,按照这样比较有体系的方法来操作,成果应该是可以按期出来的。

访谈人: 您的看法的确是和我们之前接触的老师不太一样。

金 雯: 这个观点和年龄层次有关系,我们比较年轻,或者因为我在美国读的文学博士,受的训练比较贴近当代学术标准。大家就是把文科看作一个学术领域,比如说解读文学,怎样解读,是有一套业内比较公认的一些专业方法的,它怎样跟历史相连,怎样跟理论衔接,并不是随便来的,都有一套标准方法。根据这个方法去阐释、研究文学,应该可以不断产生新的解读,可以不断地发表文章和其它研究成果。我觉得四十岁左右的文科学者普遍会认可文科是一个研究性领域,有一套方法可循。我觉得我们应该向前看,不能重复文科即修身养性这样的传统观念。复旦是以人文学术为自己的优势和风格的,复旦的文科建设也应是与时俱进的。可以坚持高蹈的文人志向,就是立人、立言、立德各方面做到完美,继承老学者的风范,也要跟上我们这个时代对于人文学科最新的认识。在成果产出方面,复旦不一定要在数量上与其他学校相比较,但它在总体质量上应达到非常高的水准。

评价标准的分歧需要通过时间来慢慢折中,趋于规范。

访谈人: 那您觉得这个质量怎么衡量呢?怎么算高呢?

金　雯: 这个很麻烦了,就是说,需要一些时间来确定一套比较好的标准。我觉得现在,拿我们系来说,有不少老师是从英美留学回来的,这样的人在年轻一辈——四十岁左右的或者是更年轻的——中间比例已经很高了,可能百分之五六十,我们之间的共识还是比较多的,因为我们受的训练、培训都在国外,对于学术标准,什么叫好什么叫不好,都是比较明确的。到了五六十年代出生的学者,他们的分歧就比较大了,不过我们学院总体还是比较统一的,从院长到比较资深的教授,基本上也受过严格的训练,本身是不断有学术产出的。我们学院,或拿英文系来说,大家对最新的学术标准都是比较熟悉和认可的,所以我们倒是没有出现特别大的分歧或断层。而且我觉得即使是有断层的话,也会随着时间的推移而弥合,1990或2000年代读研的这批学者成长起来之后,对增进什么是文科学术的共识会有很大的好处。学院内的学术委员会这个体系的运作也会越来越完善。目前学校各院系肯定有不少混乱之处,不同专业领域和年龄段的学者总有不协调的时候,虽然外文学院还算是很透明单纯的环境。这个也没有太有效的解决方法吧,时间的流逝会有一定好的作用。总之还是要向前看,目前各学院还是只好通过自己的方式来尽量找到一个大家能接受的量化标准,进行规范化公平公正的管理。

借鉴国外量化标准时要更人性化一些。

访谈人:您在美国学习工作过,那您觉得那边的考核方式可以移植或借鉴一下吗?

金　雯:一部分可以移植,当然可以更人性化一点,就是我们刚才说的。国外学校也用很量化的标准来评定职称,如果达不到的话就很危险。比如斯坦福大学,六年里要写一本书还要加半本书,就是一本书出版了,手头还有半本。哥伦比亚大学也有相似之处。杂志文章的数量也有一定规定。中国高校开始实行的"非升即走"的制度以及量化的评定标准,实际上是从美国引进的,英国是没有"非升即走"制度的。但从美国引进后,我们完全可以做些人性化的改动。在美国当年轻的教师也是非常累的,学校不管你是否年轻没经验,就希望新教员一进来就立刻高速运转。我们要加强对年轻教员的支持,同情理解力度可以更大一些。但美国也有可借鉴的地方,对新教员会有定时的中期考评,结果如果不太理想,领导会及时找你谈谈,帮你改进。而新教员自己也要做一个自述,说明在学术、教学和组织工作上有什么成就,对系里做出什么样的贡献,在学术圈里有什么知名度。此外,评终身教职的程序更复杂,拿哥大(哥伦比亚大学)来说。哥大会有一个 executive committee(常务委员会),是由比较资深的五六位教授组成的,每个人可能做两三年,所以人员是在不断变化的。他们先大致看看你的材料,会形成一些意见,也会在比较关键的考评中专门把书面的意见写下来,然后再召开全系大会,大家参考常务委员会的意见,再来一起讨论这个人,决定是否应该让他晋升。在充分讨论的情况下进行表决,一般是举手表决的。这是比较民主化的一种方式,但也不完全民主,常务委员会的意见肯定比一般的老师更有发言权和说服力。系里面决定之后,学校层面还会有一个临时委员会再来评审一遍,如这个委员会的人员意见不一致,最后就由教务长决定。学校和系里有时候会决定不一致,但这要看某一年系领导与学校的关系怎么样,有没有很好地沟通,如果沟通得较好,关系比较融洽,那么学校一般不会刁难学院或是推翻他们的意见。

学术委员会的运作，应包括匿名投票、评审结果的反馈。

访谈人：听上去这个还挺复杂的，涉及很多人的意见。

金　雯：对，最核心的就是系里面有一个学术委员会，学校层面还会组织一个学术委员会来进行评定。系里面也不只是这个委员会作出决定，它的决定还要全系的教授开会来讨论投票。中国也有学术委员会，每个学校也都有自己的学术委员会，对这个事情也是进行投票的。我们可能不是全系开大会投票，但是我们系里也有自己的学术委员会，决定晋升名额给谁的时候，也是学术委员会集体拿主意。

访谈人：如果有一天推行这样一种制度，邀请您作为学术委员会的一员，如果不是匿名的，您会给出否定这样的意见吗？会保持完全的公正客观吗？

金　雯：匿名肯定需要，被选举者不能知道具体谁支持谁反对他（她）。但是几个老师在学术委员会讨论的时候可能做不到匿名，大家都坐在面前，你说这个人的好话坏话，大家都是听到的。

访谈人：现在这种投票，就是给你一个结果，您希不希望以后，能把评价好与差的原因比较公正客观的反馈给个人？比如说今年你没评上，我会告诉你为什么你没评上，或者说我投别人，没有投你，这两个人差在哪里了，比如说我觉得他学术方面跟你有一点怎样的不同等等……

金　雯：是的，这是需要的，这很好。但是在理想的状况下，这个应该是匿名的，反馈人是谁，你应该是不知道的。如果你知道了是谁给你写的这个意见，可能会造成吵闹纠缠的现象。作为职业操守，知道这个信息的人也不应该泄露，学术委员会的人都知道是谁执笔写这个报告的，但不能跟候选人说，这应该是匿名的。但我当然支持给出具体意见，让候选人知道自己的弱点在哪里。但评价是谁来写的,这个主要代表了谁的意见,应该是不能跟候选人说的。候选人有权得到一个说法,没有沟通是不行的,莫名其妙被筛下来是很痛苦的一件事。若是很小的考评,那就算了,但如果是比较关键的考评,像那个三年、六年的考评,是应该给落选的人写个详细的批评意见的。如果学术委员会有四五个人,可以由学术委员会主席来指定哪两三个人来写评价意见。这是一定要写的,至少一个人、最好两三个人来写。这都是匿名的报告,写后给落选的人看就行了。如果他还有挽回的余地(一般都有的),那么由系主任出面和他好好谈谈,你哪些方面需要改进,你在改进的时候,还可以去找其他什么人帮助。委员会所有成员都应该全心全力去帮助他,这是很关键的,我也是完全赞同的。你不能只给他一个结果,让他感到莫名其妙,这是不行的。但你给他结果的时候,不让他知道是谁写的,这也很重要。这在中国可能很难操作,很多人会出于各种原因和动机泄密,这只好依靠大家共同行使自制力了。

项目申请中有一些不恰当的规定:前期成果、盲审、评审、经费使用。

访谈人:那你觉得现在项目的申请和您的科研方面关系大吗?

金　雯:科研评定的时候有各种各样的问题。可能有些机械的规定,就比如说,你填表格时,只能写你文章的题目、标题,不能够写文章发表在哪个杂志上,好像是说为了公正起见,不能让人猜出是谁在填这个表格。但这没有任何意义,要想查出你是谁,还是很容易。而且,中国不认学术履历表,一定要把内容都填到指定表格里,手续就人为变得繁琐了。类似比较无理的规定比较多。还有前期成果的判定也有模糊性,如果一个学者开始一项新的领域,就会被认为没有前期成果,虽然说学术其实是相通的。

访谈人:就是说项目申请必须有相当的前期成果?

金　雯:对,这些规定是比较繁琐的。而且即便课题申请到,资金下拨后的管理模式行政化,也是一个问题,经费到了手里用起来特别不方便。最好以后能有所改革,课题既然通过,这个钱就给老师,让他自己决定如何处置,这个方法绝对有助于减轻老师负担。课题又是学校里需要的,因为评副教授、教授时候是一定要有一个市或市级以上项目,所以你非得去申请不可,但是申请过程很痛苦,申请后拿到钱用的时候也很痛苦。这整个过程是非常不利于研究的,研究之外还要做那么多无用功,非常麻烦。其他国家的制度就要合理很多。像澳洲和美国,申请资助的程序就比较简易,申请书和推荐信交上去后就不用操心了。如果通过了,经费就会给你,随便你用。成果验收也很简单,最后写一个自己的报告就行了。即使你成果没有出来,发放资助的机构也不来追究,因为一开始是它给你的钱。我就是想说在决定这个钱给谁的时候,在筛选评定的时候要尽量公正严格,但一旦选出来之后,就不要再多加干涉。中国现在刚好相反,评的时候是稀里糊涂,各种关系搞不清楚,用的时候却卡得很紧,这是个很大的问题。

评价标准应与国际接轨。

访谈人:像外文系,怎样您就被公认为是这方面的专家,是因为您翻译了什么著作,还是写了什么著作?

金　雯:几十年前,外语学者的主要成果是译介,我们外文系的许多老前辈都是以翻译家著称的。现在情况不同了,文科的科研标准不同了,翻译一般不作为科研成果。我们学院内部也有讨论,现在的情况比较折中,翻译还是可以计为成果,但不是主要成果,主要成果还是论文、专著等。现在我们对于文学研究的认识也和以前不同,以前认为是翻译,现在认为文学研究不仅是翻译,也不仅是讲解评点某一部作品。文学研究就是要说清楚某一文学体裁或其中子类在历史上是如何演变的,演变的原因(是由哪些历史环境造成的,哪些历史动因交织在一起促进了历史的演变)。或者反过来考量文学在历史的演变中产生了什么作用,比如对阅读习惯、公民社会的形成有什么影响。这是文学研究的两个关键问题。围绕这两个问题,你可以在具体的时期里面,在具体的作家具体的作品范畴内,用自己的方式来探讨和深究。学者有各种各样的研究活动,需要很细致地去掌握手头的一套文本,还要使它跟历史、文学史相连;有时还要进行稀有文献调查,去图书馆、博物馆查资料和档案;有时需要采访在世的作家等。同时还需要大量阅读二手文献,进行系统地梳理整合。所以,文学研究的科学性不能说比社会科学差。其实我们都是研究人类社会的,文学是人类创造的产物,我们就是研究文学在社会中如何演变,追寻的就是人类社会的变化轨迹和规律。文科研究与社会科学已经不能分割了,有时候我们还会涉及文学数据的处理,会用到社科的标准。这个要求很高了,一般人不怎么做,我也缺乏经验,不过是以后努力的方向。总之,学术观点是否合理,论证是否严密,这些都是有比较成熟的标准来评判的,就是有时候标准的贯彻不力。改变需要时间,就像我说的,等新一代学人成熟起来以后有些问题可以迎刃而解,但也需要所有人持续不懈的努力。目前,我认为职称和绩效评定机制不要乱改,不要为了改而改,其实人文学科在世界上是有比较统一的评判学者能力和贡献的方法,我们必须吸收并创新,不能任意搞"中国特色"的人文学科,还是要以了解和融入世界为主。

不同时期的学者,在评价标准上有不同观点,时间是解决分歧的最好方法。

访谈人:就是说,您觉得还是应该放在国际的大环境下,还是应该和世界保持同步。

金 雯:对,保持同步,你还可以进行自己的人性化、个性化的调整,符合我们复旦校情的调整,但是首先你要认可这是一个事实:世界是有惯例的,不能罔顾这个惯例去做一套自己认为的人文学科评价标准。

访谈人:很多东西在国外是行得通的,我们也这样做,就会发现结果可能不太一样。

金 雯:要做一些小的个性化的调整,但是你要说中国人的研究完全跟外国人不一样，这我就不太认可了。现在的评价标准可能适合调整改进，比大动干戈重新提出一个理念更好。我们现在遇到的很多问题，随着时间的推移，比如说过了五年十年，年轻一代学者成熟后会得到解决。现在也不用太焦虑，我对我们这一代学人还是怀着不少希望的。

不是从根本上否定量化存在的必要性，只是增加对其它因素的考量。

访谈人：我们是想有这么一个标准，或者一个标杆，一种评价方式，能让大家觉得，至少符合我们现在的一个认知，让大家比较认可。

金　雯：人文学科的强弱当然应该让专家评定。但它还是有一个很大的评判体系，就是社会上的读者。有的学校也许论文出了很多，但这些论文有多少人看呢，除了业内研究人士，外界读者能有多少呢？他们老师出的书在社会上有没有影响呢？我们中文系有名牌教授的，这个名牌教授并不是说他的论文出了多少，而是说他在社会上的威望有多大，比如大家想到复旦、想到文科、想到中文，就能想到陈思和老师，这就是名牌效应，名牌效应跟他的论文产出不一定成正比，是跟他的论文影响度成正比的。

访谈人：对。但是怎么样能把这些东西量化出来？您可有什么高见？

金　雯：影响力，比如说引用程度、引用率，文科普遍都是低的，没办法，这只能是适当的作为参考。每个院系可以按照自己的特点制定出一个比较好的公式，学术界内部的引用占多少权重，多少比重，在社会上的影响占多少比重。这个比例问题是学院内部可以进行协商的，不需要有过于统一的标准。任何标准都是双刃剑，社会影响也不能完全倚重，因为社会上哗众取宠的事很多，不能说书的好坏取决于卖了多少册。内部的评价也是这样的，引用率当然越高越好，但也不能说引用得多就代表是好文章。所以说这几个因素综合起来看，最重要的应该是学术委员会专家提出自己的意见，然后再结合引用率、社会影响来综合考虑，这可以是一个因地制宜的个性化的过程。从整个复旦层面来讲，文科还是有很多优势的，树立学术标杆还是可以做到的，学术产出的数量保持在较高的水平是必须的，但也不必太机械或苛刻。

访谈人：您觉得现有标准在没有特别强有力的证据支持下还是先维持？

金　雯：差不多吧，评定教师研究成果的标准要清晰，合理量化，但对年轻教师也应做到宽容和热情扶助。"非升即走"的制度可以继续推行，但也应减少评职称过程中的不公正，劣币驱逐良币的现象。总之，复旦目前的晋升制度比较合理，用的是代表作制度。复旦本身还行，比较难的是大环境问题。怎么样为复旦创造一个有利的大环境，估计是有难度的。最理想的是，在评定一级学科的时候，或者是评定学校名次的时候，教育部不要用机械粗暴的量化标准，也要与个人访谈等评定方式结合起来。弱化量化要求，不是从根本上否定量化存在的必要性，只是增加对其它因素的考量，这就是我的想法。

获奖对作品的评估起锦上添花的作用。

访谈人：那您觉得"获奖"能代表一个作品水平的高低吗？比如说国家社科奖。

金　雯：我自己还没有得到社科奖，我倒是去年申请过一次，后来没有消息。这个也弱化吧，我觉得它代表不了多少，应该是锦上添花的作用，就是本来你这个人很好了，大家都觉得你作品的质量很高，你还得了一个奖，那很好。但是如果大家觉得你总体水平很糟，你有个奖也是不能扭转局势的。奖项不能有很大的、一言九鼎的作用，但是作为辅助因素，我觉得还可以。

6. 程巍：各类学术评估体系是在类似的"外行的惶惑"中产生的

程巍，1966年生。中国社会科学院外国文学研究所副所长，中国社会科学院研究生院外文系教授、博士生导师，《外国文学评论》常务副主编。主要研究领域是英美文学——文化史和文学理论，兼治中国近现代文学——文化史。主要著作有《中产阶级的孩子们：60年代与文化领导权》《"泰坦尼克号"上的"中国佬"：种族主义想象力》《否定性思维：马尔库塞思想研究》《隐匿的整体》《文学的政治：英美文学史论集》等。

访谈时间：2015年4月23日

访谈地点：中国社会科学院外国文学研究所小会议室

访谈人：郭新超、赵继琳

当"学术评价体系"成为一条利益链，就与其初衷相违背了。

为学术评价体系辩护的人经常辩解道："没有评价体系，我们拿什么来评价每个人的科研水平？"这个"我们"的身份很可疑。学术评价体系的出现只有不到百年的历史，难道此前数千年，学术就一直在糊里糊涂地展开，连学者们的学术水平高低都难以分辨出来，载在学术史上的那些名家均是碰巧出现在那里？只要是入了门的学者，他一定知道本研究领域里哪些学者达到了何等水准，他能在心里为本研究领域的最好的一些学者列出一个名单。但如今操持学术评价之权的往往是那些以"没有评价体系，我们拿什么来评价每个人的科研水平？"来为学术评价体系的合理性辩护的"我们"——大体上是一些非学术机构。并不是说这些机构中的少数个人在各自研究领域都是外行，而是除了自己的专业领域，他们在其他一切专业领域都是外行，而他们却要去评价所有不属于他们专业范围的研究领域的研究状况。古人云："隔行如隔山。"此时，他们就只能借助于"外在指标"或者"数据"了：论文属于何种"科研项目"、论文发表于哪些期刊、一年发表多少篇、引用率如何等等。这就相应地要对所有的"科研项目"以及学术期刊进行分级，于是又在这条评价链条上产生了两个核心环节，即"科研项目分级"和"学术期刊评价体系"，将所有科研项目区分为"国家级""省部级""校级"等等，将所有学术期刊区分为"核心期刊""核心期刊拓展版"和"非核心期刊"等等。如此一来，就等于将所有的学术评价又委托给了"国家级科研项目"或"核心期刊"。

每当国家的相关部门对科研项目申报进行评审时，全国各地高校的校长们和院长们便云集于北京，希望通过关系为本校本院争取项目，但这些私人申报的项目与这些校长和院长或者说高校和学院有什么关系？大有关系，它们与该高校或学院的评级息息相关，也与申请者个人的职务升迁乃至经济利益息息相关。对所申请的科研项目本身是否有兴趣，是否有长久的前期研究，是否能够将相关研究向前推进一步，这些都不重要，重要的是填好表，并千方百计地获得项目，为此，一些机构甚至创造了一种新的盈利模式，即开设"填报项目申请表培训班"，并在各高校巡回演讲。

同时，权力高度集中于"核心期刊"，就使得这些核心期刊有了向投稿者"寻租"的可能，而那些"核心期刊拓展版"和"非核心期刊"为了进入"核心期刊"名录也以各种方式向中外学术期刊评估机构以及"索引"机构输送着利益。在学术评估体系席卷高校的时刻，中国社科院依然以"行家评议"为准，不管被评议者的论文或者著作由哪家报刊发表或者哪家出版社出版。不过近些年，中国社科院也彻底改变了以前的传统，一切评价均以论文是否发表于"核心期刊"为准。这说明学术评价的权力的转移，由"学术中人"转移到了"学术管理者"手中。

当学术评价体系成为一条利益链时，它就与其"初衷"相违背了。毕竟，当它以触动个人或者机构的利益欲望来指望提升学术品质时，它就实际上将学者或者学术机构降格为不择手段的利益追求者。我们这个盛行"学术评价体系"的高烧时代往往将"前学术评估体系时代"的钱钟书挂在嘴边，视其为难以翻越的高山，不过，谈到学问，钱钟书却说过这么一句话："大抵学问是荒江野老屋中二三素心人商量培养之事，朝市之显学必成俗学。"

从来就存在同行评议。各类学术评估体系是在类似的"外行的惶惑"中产生的。

我办公室的地板上堆着好几大本"学术评价"机构寄来的"评价方法"，几百页的篇幅里像"股票行情"一样列着各类数据以及图表。每当翻开这些像长城的砖一样厚的大开本书时，我总是感叹人类心思之缜密。难道我要了解我隔壁办公室的几位英美文学同行的科研水准，非要通过这些神秘的数据和图标？假设其中一个同行一年之内在多种"核心期刊"发表了十篇论文，我就认为他的水平一定高过某位只在某个"拓展版"或"非核心期刊"上发表了一篇论文的同行？

假若我通过阅读他们的学术论文就能知道他们各自的学术水准，那么，那些像长城的砖一样厚的列着神秘的数据和图标的"评价方法"又有什么作用？有作用，但通常是副作用，因为它对学者或学术机构的排名往往与同行心中的排名不一致，导致学者追求学术评估机构的排名，而不是同行心中的排名——同行心中的排名顶多只是一项内在的荣誉，不可能像学术评估机构的排名那样立刻带来职务的升迁以及大笔的奖金。

专业研究要求"问题意识"和大量的扎实的文献，每一篇论文都艰难地将所论问题向前推进或大或小的一步。从我熟悉的一些优秀学者的情形看，一年完成两篇论文，已是相当高产了，但每一篇论文都能带给同行对相关问题的一种新的理解。你只有熟悉这个专业，熟悉这个专业的研究史和研究现状，你才能对它下判断。换言之，也只有同行才能对它进行评判。你若给我一篇语言学方面的论文，让我来评判它的水平，我只能推辞，因为我缺乏评价它的起码的资格：对这一领域的学术史及其研究现状的深入了解。你若强迫我对它进行评判，那么，我只好求助于以下这些指标——它属于哪个等级的科研项目，它发表在哪个等级的期刊，引用率多少,等等。各类"学术评估体系"也正是在类似的"外行的惶惑"中产生的,但它很快就利用行政资源将一种专横的评估标准强加于内行。

"创新"变成一种强迫症。

我审读过不少硕士生和博士生的学位论文以及国家社科基金项目申报表,自己也填过不少科研管理部门下发的表格,里面总有一项,要求对论文或课题是否有"创新处"提供说明,如果不填上几句,就肯定过不了关。如果你有兴趣,可以去翻阅一下各类表格的"创新处"一栏所填的内容,你会感到十分振奋,似乎"创新"无处不在,我们正在迈入一个"人人创新"的时代,连二十出头的硕士生都在大谈他的学位论文的"创新处"。其实,一个硕士生,甚至一个博士生,你要求他做到文从字顺就已经相当不容易了。

中国社会科学院曾经流传着不少影响其治学传统的故事。例如上世纪八十年代文学所的老所长要求从名牌大学毕业刚刚入所的年轻人(他们往往已过而立之年)十年之内不要发表论文,但鼓励他们写论文,写完就交给文学所的老研究员评判并在这些老研究员的指导下进行修改。这是名牌大学毕业之后的一个长达十年的"学徒期",那些论文只是"习作",并不用来发表。谁都知道,大学时期——无论硕士生还是博士生——只是在选择今后所欲从事的学术专业,但对这门专业,他们的了解依然主要停留在浮光掠影的阶段。他们如果想有进一步的发展,就必须对本专业领域的重要的以及相关的专业文献、漫长的研究史以及研究现状有广泛而深入的了解,而这需要长久的时间和艰苦的阅读和思考,尤其是对人文学科而言。此时,你会发现基本所有的重要问题都已被前人或者前辈探究过。等到哪一天你突然发现前人的貌似严丝合缝的研究出现一些裂隙的时候,你才进入真正的研究阶段,因为"问题意识"浮现了,正是"问题意识"使你对前人和前辈的研究有了不同以往的看法。但你还必须为自己的新看法提供严密扎实的论证,这意味着你必须潜入以前不被注意的大量史料,并在一种不断拓展的视野中使用越来越多的相关领域的文献史料。只有到了这时——往往年龄已过不惑——你才感到自己能够对某些问题做出一点贡献。

但如今,本来对自己的专业领域还感到云山雾罩的硕士生和博士生被要求在"核心期刊"发表论文,并要求其在学位论文中体现惊人的"创新处"。实际上,硕士生和博士生在填写自己的学位论文的"创新处"时,比那些已在自己的专业领域沉浸了几十年的知名教授(往往是这些硕士生和博士生的导师)在"科研成果统计表"上填写自己的论文的"创新处"时要容易得多,因为知道得不多,就会认为自己每个突如其来的想法都是创见,而知道得太多,就会看到即便最为偏僻的地带都为前人耕作过。

我们当今的"学术评价体系"及其相应的"学术管理"没有为年轻人——这里还不是指在校的硕士生和博士生,而是指已进入科研机构的毕业生——留下多少"学徒期",他们总是被迫在"发表"的压力下勉强凑合一些论文,并艰难地寻求"卖家"——那些学术刊物。他们宝贵的"学徒期"就被消耗在了对他们今后真正的学术发展没有任何意义的忙碌中。他们总在忙,尽管很难说是在忙真正的学术,而且压力巨大,尽管这种压力并非学术的压力,而是发表的压力,本该享受爱情和求学的年龄却被这些忙碌和压力污染了。

当今的年轻人是学术的未来,但令人感到担忧的是,当今年轻人身在其中的躁狂的学术生态还不如老一辈学者年轻时候的学术生态那么健康。

从学术的分工的视角看待"专业研究"与"大众推介"。

一些在本专业领域名不见经传的学者通过"电视公开课"而在全国暴得大名,其"公开课"内容化为一本接一本的著作,发行量动辄数十万乃至数百万之巨,出现在全国各地的白领女性、行政官员以及其他业余爱好者的书架上。新闻记者注意他们的一举一动,注意他们每天换了什么牌子的昂贵西装或者裙子。他们的"学术明星"一样的巨大名气,给那些往往只在本专业领域为人所知的学者带来一种或深或浅的挫伤感。

但必须将这种受挫感置于一边,从学术的分工看待这一问题。如果我们将一个社会的学术生活分为"专业研究"和"大众推介"两个不同区位,就会发现驱使它们运转的是不同的驱动力:前者追求的是"发现",这一区位的学者不在乎非专业人员的评价,而在乎本专业领域最为优秀的少数人的认可;后者追求的是"传播",这一区位的学者在乎的是非专业人员的热情,并成为他们的追捧对象,而不在乎本专业领域的评价,因为他深知专业学者不大瞧得起他。

"专业研究"代表一个国家的智力在某一学术专业上可能达到的最高水平,对一个国家或者社会来说,它不可或缺。所以,一个国家或者社会应该不惜花钱养着这批学者,并以极大的耐心忍受他们长久探求的失败——即便失败,也为同行标识出了新的探求方向。因而,在专业研究上,根本就不存在"失败",任何"失败"都解决了一些问题。专业研究者的生活几乎是一成不变的,因为专业的探求是一个漫长的过程。不能想象这些专业研究成果能够直接变为非专业的大众读物,但这并不意味着大众对超越于他们的日常生活的文化没有需求。相反,即便他们没有这种需求,也应该让他们产生这种需求,或者说制造这种需求。毕竟,大众是一个国家或者社会的支撑,如果他们不能共同地阅读或者谈论一些书,被一些相近的知识或者情感联系在一起,他们就很难凝聚为一个国家或者社会。

而为大众提供专业知识的通俗版或者简化版的正是"传播者"。他们尽管不具备专业的探求能力,却具有一种通俗的领悟力,能够将同行们的专业著作变成通俗的"话本"。他们类似传教士,而不是神学家。如果一个神学家嫉妒一个传教士在广大教民中的名气,正如一个传教士嫉妒神学家在其有限的同行中的声望,那么,这就等于瓦解了社会分工和学术分工。

7. 褚孝泉：真正的学术地位、学术声望以及学术评估是要靠批评来实现的

褚孝泉，1954年生。复旦大学外国语言文学学院教授，博士生导师。复旦大学法国研究中心主任，上海市翻译家协会会员。曾任复旦大学外文学院院长，复旦大学外文学院学位委员会分委会主席，复旦大学学位委员会委员，国务院学位委员会第六届学科评议组成员。主要研究领域为理论语言学，语言学思想史，社会语言学，句法学、符号学等。著有《语言哲学》《语言科学探源》《言为心声》《法语语言学导论》等专著，译著有《拉康选集》，并在国内外专业期刊上发表学术论文数十篇。

访谈时间：2014年10月31日
访谈地点：复旦大学褚孝泉教授办公室
访谈人：王烨、常然

> 现有的中国人文学科评价标准基本上分为官方和民间两种途径，都存在一定问题，今后要逐渐建立起按照学术水平来评估的有权威性的、能够体现学界普遍看法的评估体制。

访谈人：褚老师您好，您认为现有的人文学科评价标准，是否可以完整体现学者的成就和贡献？

褚孝泉：现在中国的人文学科评估标准，的确是有比较大的问题。因为它基本上有两个途径：一个是官方途径，比如教育部的评估、各种各样的荣誉称号、政府机构或官方机构设立的荣誉等；另外一个是民间的，例如各种层次的书评等。这些对学者们在学界的地位都是很有影响的，但两种评估都是有问题的。因为官方进行评估的话，有时候要考虑学术以外各种各样的影响。而且，它有个马太效应，就是已经得过奖的学者会继

续再得。这类评估不大会关注以前没得过什么荣誉的人,而是比较注重已经功成名就的人。这是不利于青年人、不利于新的学者冒尖的一种状况。民间则常常牵涉到各种各样的人际关系。这两种都是有点问题的。

  对于一个学者来说,我觉得要达到被社会、或者被学界认可的地位,还是要看学术成果。现在媒体上一些很活跃的学者,包括我们复旦的一些学者,他们的社会声望很高,但实际上,在学界内部,对他们的看法还是很不一样的。就是说,官方的荣誉、媒体上的曝光所形成的知名度,和在学界内部大家闲谈时候的认可,是有差别的。这实际上是中国学术发展中一个比较重要的问题。真正有学问的人,不一定能得到尊重;在体制内能得到的资源、荣誉等,和学者的成果是不一定匹配的。有些人的曝光度、媒体上的影响力,和他们本身的能力、水平和成果,常常是有差异的。我们去看国际学术界的情况,在那里官方途径是不存在的。因为在西方那些学术发展比较成熟的地方,官方基本不加入评奖,很少有那么多的奖、那么多种称号和评选。中国官方评奖的情况比较多,恐怕是中国特色的问题。而媒体的情况则是世界性的,就是在媒体上露面比较多的、社会上比较知名的学者,在学界里倒是不太被认可,常常会被认为是有问题的。所以我觉得,我们的学术评估不要太看媒体的曝光度,也不要太看体制内的各种各样官方的荣誉或者名称,要使学术界真正有良知的、有水平的学术评估声音发出来。只有这些声音发出来,才能使我们的学术评估得到整个学术共同体的认可。

  实际上,学者在学术界的地位和声誉,学术评论尤其书评是很重要的。中国的书评不发达,书评的学术贡献不是很大。在国外,一个学者的声誉在很大程度上是被书评所决定的。如果你的著作出来,在权威性的学术期刊甚至主流媒体的权威书评专栏里有好评,那么你的声望就上来了。而且,书评一般共识性很强,不会差异很多。大众媒体的评价和学界的评价,这常常是有差异的。但是一般专业的杂志、学术界的杂志、主流媒体的权威书评专栏里的一些评估,与学界的评估是比较吻合的。所以,国外一些权威的学术期刊都有分量很重、篇幅也大的书评,可以说这对一个学者的声誉起决定性作用。中国在这方面做得不好。

现在中国也开始有所改变,开始出现公允的、比较有深度、比较有学术分量的学术书评,但是还在起步阶段。而我们看到的更多的是大量的互相吹捧的文章。互相吹捧的都彼此是好朋友,都是有利益相关的人。中国还流行着一种做法,即有了些资金以后召开关于某人某书的研讨会,来的都是些朋友、学生,大家混在一起唱赞歌。这种情况就是十分不好的习气,国外很少见到,主要是因为中国是一个人情社会,样样都人情化了。而且中国还有一个很不好的情况,就是学术批评常常情绪化、个人化,对我这本书的批评立刻被看作是对我个人的攻击,而且一下子就牵扯进派系。我觉得中国在学术评估方面的确是有很长的路要走,要逐渐建立起有权威的、体现学界普遍看法的,而且真正是按照学术水平来评估的体制,这方面的确和国际上的差距是蛮大的。

> **前辈大师的学术地位是基于他们自身的学问,同时他们掌握学术话语权,坚持学术本位的评估。而在中国现阶段,评估成果的时候还做不到像过去那样公正、完全出于学术的公心。**

访谈人:与前辈学术大师相比,您觉得前辈们的学术地位是如何产生的?与我们今天有什么不同?

褚孝泉:现在说得比较多的是,我们跟民国时期的学术评估好像很不一样。过去曾经有一些大师,这些学术权威人士实际上著作很少,只有几篇论文,甚至就一两本书,但是并不妨碍他们成为这个领域的权威人士,成为大家都认可的专家。这主要是民国时期的带头人,就是掌握学术话语权的那些人,他们本身是有学问的,而且坚持学术本位的评估。在这方面,中国现阶段做得还是比较差的。最有发言权的那些人,掌握学术界领导权的那些人,他们在评估各个学者的成果的时候,做不到像傅斯年那个时期那样公正,完全出于学术的公心。在当代中国,人际关系常常起的作用太大了,实际上学者们平时一起吃饭聊天时的评论,才是代表自己真正看法的。复旦有非常好的学者,他们的眼光都是很"凶"的,看问题是很尖锐的,但他们只在闲谈的时候讲。

整个学界都认可的评估比较少,评估标准要视具体的学科而定。

访谈人:您觉得匿名评审比较好还是公开评审的机制比较好?

褚孝泉:现在博士论文基本上都采取匿名评审,这是有一点进步了。匿名评审是没有办法的办法了,但是如果连名字都不公开的话,那么许多人在评审的时候常常不会认真地做这个工作。因为评估实际上也是一种学术工作,要看送审者的著作、论文,仔细地看,仔细地挑毛病。实际上做匿名评审的话,就是一个服务性工作了。是不是所有学者都愿意认真地评估别人呢?这是比较难说的。另外,我们在评估一个学者的时候,有师承方面的因素,比如说他是谁的学生,他有很多个学生构成这样一个学派,这种所谓的学派其实并不是在学术思想、学术方法上的学派,而是他们这些人是在一起的。这种情况下评估的时候常常会造成这派与那派的冲突,因而现在评估不容易做。整个学界都认可的评估还是比较少的,至于说评估的标准,其实各个学科也是不一样的。

原创性是评估的重要标准,根据期刊的水平来评估学术水平,有存在的必要。

访谈人:您觉得哪些评估的标准是比较重要的?

褚孝泉:原创性是一个很重要的标准,还有至少在一些基本的观念、基本的知识方面不能有错。实际上现在一些很有名的学者写的东西是有很多硬伤的,特别是在这个学者已经功成名就、已经有一定地位的时候,他就不怕人家批评。因为他受到很好的保护,有朋友、有学生保护他的。这种情况有些是我们体制上的问题,权力对学术评估的介入太深。这是中国的特点，许多东西例如官方授予的荣誉称号太多等等，这里涉及到许多学术外的因素。另外一点是中国学者还没有把学术与个人分开来。以法国汉学为例，法国汉学达到了很高的水平。原来在20世纪初的时候，有一个叫保罗·伯希和的法国人，他的学问非常好，跟中国的文史学者可以对话，当时中国的大学者们都是非常尊重他的。他自己写的学术成果不多，后人感到可惜。可这并不是因为他偷懒，他是个很勤奋的人，他做了什么事呢？他做"学术警察"的工作，是很有名的"学术警察"。因为他懂的东西很多，学问又广又精，所以当他看到有学者写的文章里有毛病，马上就出来挑刺，指出来这是不对的、这是有问题的。中国就缺少这样的人，因为会得罪人。这样的人在中国是没法生存的，但是他在法国就可以生存，而且还得到非常高的学术地位。通过他的工作、他的学术监察，现在法国的汉学就能达到并保持这么高的水平！这是一个基础性的工作，所以学术评估并不是可有可无的事情，一个国家的学术水平能够达到什么样的高度，学术评估实际上是起非常重大的作用的。如果我们真的有一批"学术警察"，在各个领域里能够毫不留情地指出这个是错的、那个水平太低了，那么经历一二十年的努力，中国的学者就能迈开一大步；但如果还是维持现在这种状况，你好我好，而且听到批评的时候就认为是对我这个人有意见，那么就难以看到根本性的改变了。

还有一个问题是，在学术管理部门开会的时候，常常有些人提出，为什么我们文章的水平要看发表在什么样的期刊上？为什么我们学者的成果要由那些编辑来决定等级？好像是这本期刊的编辑收了你的文章了，就提高了你的水平？这些批评话语也不是没有道理。有很多很重要的学术成果是发表在不是很有名的小杂志上的，但毕竟是比较少的。像前几年有一个俄罗斯的数学家，他做出了非常重大的成果，完全能得到菲尔兹奖的，但是他这篇提出解决方案的论文是发表在一个网站上，这种根本没有名利思想的人比较少。要说学者的水平、论文的好坏由期刊编辑来评定，这似乎是不太合理的，的确有可以批评之处。然而，在我们现在这种情况下，这也是没有办法的办法，因为在中国的环境里，一般来说，期刊的编辑作为第三方是比较中立的。他出于对期刊的责任心，要保证这个期刊达到一定的水平,他是不愿意很烂的学术论文发表在他的期刊上的。因为期刊编的好坏全靠编辑的责任心和学术标准,我们那些权威刊物之所以被定为权威,就是因为那些编辑对自己期刊的水平很有责任心,不能让它水平太低,牌子不能砸,所以他会在质量上把关。我觉得就中国目前情况看,根据期刊的水平来评估一个学者的学术水平,还是有存在的必要性的。

访谈人:也就是说,您认为学术刊物参与学术水平的衡定是有必要性的?

褚孝泉:是有存在必要的,因为现在我们自己的学界里面并没有比较权威、比较客观、比较公正的做法。即使评选的时候建立一个评选委员会大家投票,也仍然会有许多其他的因素夹杂在里面。

<u>学者的匿名评审也不能完全解决问题。在学术评估方面,中国的确存在许多不利的因素,还有很长的道路要走。</u>

访谈人:匿名可以解决问题么?

褚孝泉:实际上匿名也不能完全解决问题,一个就是我刚才说的,评选人会不会花大量的精力来做这个工作?另外一个问题是,所谓匿名实际上是不可靠的。这并不是我对哪个机构有批评,我们都知道匿名评审都是需要经过一些职能部门操作的,送审材料寄给谁他们是知道的。我们这里有很多匿名评审的不愉快经历,有许多所谓匿名评审的研究成果送到学者手里,材料还没寄到或者刚刚寄到,被评估人就打来电话了,他就知道你在匿名评审了。毕竟这些最后都是职能部门里具体工作人员在办,他若不好好地负起保密责任,那些很有办法的被评估人便可以通过种种方法知道谁是评委。这说明哪怕我们的匿名评审是部里组织的,也是不可靠的,所以即使匿名评审,你也不敢很尖锐地提出你自己的意见,因为到最后都会泄露出去的。

访谈人：这说明我们现有的评估机制中存在不完善之处。

褚孝泉：在学术评估方面，中国现在的确是不利的因素非常多，还有很长的道路要走。所以要以学术为本体，以学术为中心，以提高学术水平为最高责任，慢慢地来做，开展真正的、有水平的书评，组织真正有真知灼见的研讨会。

<u>引用率和转载率都是有缺陷的，但是在目前情况下还是有存在的必要性。</u>

访谈人：您认为人文学科的论著，被转载率和引用率有多大的价值？

褚孝泉：引用率和转载率这些东西都是有缺陷的，但是我觉得在目前情况下还是有存在的必要性的。当然在这方面我们一定要走国际化的道路，不能关起门来称大王。许多人出于一种民族主义的情绪，说为什么发在国际性期刊上的你就接受，发在国内期刊上的你就觉得水平不够。但实际上，为什么讲评估的时候需要有国际因素的加入，因为中国的学术评估在目前的情况下还是问题很大，在这方面国际性期刊的做法相当成熟。例如我们写文章、投稿给国内的期刊，如果接受的话那是非常简单的，编辑根本不做什么事情的，发了就是发了。而国际期刊的编辑真正是做编辑工作的，他从头到尾对你这篇文章进行匿名评审，提出非常具体的修改意见，甚至包括标点符号，需要反复来回好多次，所以你不能不觉得发表在那些期刊上是体现你的水平的，一般很烂的文章不大容易因为各种其他原因在那里发表。

<u>相比于国内由于人际关系的忌讳而不敢写书评，国外书评撰写者主要是找寻与书作者没有任何利害关系且是该领域专家的人，这点较为值得借鉴。真正的学术地位、学术声望以及学术评估是要靠批评来实现的。</u>

访谈人：您刚才提到书评撰写人的体系，我们国内其实还没有很好地建立起来,那您觉得怎么样的学者或者编辑才能够有资格做专业的书评撰写?

褚孝泉:一般来说,国外常见的做法是,有一本书出来了,请该书的学术领域里与作者没有任何关系的专家来写。他们对书评文章的组织、检查、审核是和真正写论文一样的,有些书评写得很长,本身就是一篇学术论文。这样的书评是完全有权威性的,而且是署名的,所以写书评也能建立学术地位,就像刚才我说的伯希和,他就是专门写书评,专门批评人,但是他在法国汉学界的地位是不可动摇的。所有人都知道他是第一权威,他的确是一辈子写了很多这方面的评论文章。有人觉得他应该多写一些专著,写一些自己的文章,但是实际上他的评论工作对提高整个学科的水准起了非常大的不可替代的作用。

访谈人:您是说,(国外书评撰写者)找的是跟这书作者没有利害关系的人?

褚孝泉:是的,没有利害关系的人,也就是中国人说的"回避"。你如果是他的学生、同事或朋友,那就不会请你来写。你必须是跟他没有利益关系的,而且必须是这个领域的专家。

访谈人:那国内会不会有这种忌讳,比如说,因为您写了一本书,我要给你写书评,即使不是一个学校的,他肯定也会认识的。由于我们存在这种人情的关系,所以就不敢写这样的书评?

褚孝泉:对,是这样的,肯定会得罪的。在国际学术界,如果一本书、一部著作出来,连写书评的人都没有,在学科内的重要期刊上都没有书评发表,那么这本书就不会有名气,这个人也不会有名气。如果人家关注你了、批评你了,那么首先你已经入门了,已经是值得关注了。书评写了之后,在发布之前会给作者本人先看的,你接受就接受了,如果你有回应,你的回应也会被发表。

访谈人:那如果作者不同意呢?

褚孝泉:作者常常会不同意的,那就要论述出你不同意的理由。如果评论者有什么批评意见,会给原作者先看,原作者看了以后觉得是认可的,那么就不写了;如果原作者觉得有反对或反批评意见,要进行证明,也写文章,会发表在同一期或者下一期。这个做法被证明是非常能活跃学术的,可以来几轮回合。我写了书评,你回应了,有时候这个书评作者再回应,接下去就是能有共识就达到共识,没有共识的话,大家就各自保持不同意见。所以书评对学术评估、对一个人的学术地位及学术影响力有非常重大的意义。而且这是国际上成熟的、也是非常有效的一种做法。中国这种情况就比较少,有各种各样的原因:一个是太讲究人际关系;一个就是你批评我好像是对我人身攻击一样,而且有许多批评就是使用了人身攻击。中国现在这种情况很多,如果是在网上,非常低级的谩骂的话也很多,有些学者会用很粗鲁的话来骂批评者。这种风气恐怕是要慢慢地改变,我们希望能朝好的方面来发展,可能要花比较长的时间。

访谈人:您刚才提到的"学术警察",您觉得像这样的角色是不是只有到一定的地位,大家都已经承认的学者才能够担任?

褚孝泉:一定要大家都共同认可你是这方面的权威,你是懂行的,你说的话是有道理的,那你做些批评,就像真的警察一样;如果自己没有这种权威,自己也是违规的,那还怎么权威,出来维持秩序也没有力量了。因为毕竟像真的警察还有国家权力在做支持,"学术警察"则完全靠他的学术权威性,靠学术能力作为支撑。像我们史地所的周振鹤老师,他写过一些书评,他提出的批评都是非常对的,被批评的人很难辩解。像他这样水平的人,如果愿意的话,写批评意见出来,那就是非常好的。一般作者知道自己领域里面有这么些大权威在做"警察"工作,那么他下笔就小心了,整个学术水平就随之提高了。如果乱七八糟的文章到处都能发,发了之后又没人批评,也没人指出,只要我和别人的关系好,到了一定的年龄,集聚了一定的学生,还会来吹捧你,把你捧成大师,那就糟糕了,学术风气就越来越差了,中国学术就越来越没有希望了。学术批评是非常重要的,能提高学者的学术水平,而真正的学术地位、学术声望以及学术评估也是要靠批评来实现的。

> 职称评定的机制仅靠申请人的学养、质量、成就等量化标准来评选是不容易操作的,应着手于整个社会的风气、学术界的风气这个大环境来建设。

访谈人:您觉得怎么把这种批评机制跟现有的职称评定结合起来?因为现在青年教师评职称还是以量化为主,那您觉得目前的机制有没有需要改进的地方,是不是可以把您所说的批评机制适当加入进来,应该怎么加?

褚孝泉:我们学院每年评职称,评职称涉及的问题更大了。像一篇普通的书评、普通的批评文章,是关系到这本书、这个人的声望,而评职称则是牵扯到具体利益和实际职位问题了。复旦现在的改革就是要淡化数量、强调学术质量,这个方向是对的,这个想法也是对的。但是实际上在具体操作的过程中间,还是看数量的,这是比较硬的。同样两个青年教师,年龄都到了,都可以评了,两个人都出版了论著,最后投票的时候许多委员还是看数量来投票,觉得这比较公正。一个能拿出一大叠,一个没有很多,前者肯定得票多。当然学术委员会在投票的时候会考虑质的问题。这个问题比较难操作,在我卸任之前,这也是每年最重要的工作。中国有个什么样的问题呢?国外的规则意识比较普及,委员会投票结果出来以后,如果程序上没有问题,投票计票上也是正确的,程序做完了,一般的人再不痛快再不高兴,也还是接受的。而在中国,许多人会闹的,因为他觉得,委员会十几个人投票,他不能找一个个委员闹,他会找学术委员会的主席、院长、系主任,他会来跟你闹:"我有10篇学术论文,他才7篇,为什么他上去了?"他就来找你,在你家门口等你!这种人现在不多,但是来一两个,你其它工作就不要做了,他老是坐在那里。在中国有个说法叫"会哭的孩子有奶吃",这种情况在国外是罕见的,因为大家都是讲究脸面的——我这样吵多难为情!但中国总是有这样一些人,这些人闹到最后,大家就觉得还是数量最硬,人家发了10篇,你才7篇,让人家先上。

访谈人：那就妥协了吗？

褚孝泉：投票的时候，为了防止口舌之争，为了防止评选好以后的一两个月里不太平，那就按照数量来定。所以像大家津津乐道的传说中那些过去的故事，某人只有几篇论文但还是评上教授了，这种情况在过去罕见，在现在几乎不可能发生。不可能发生是因为要闹，这是很头疼的一件事，也是一种社会风气问题。说不定将来年轻一代上来以后会好一点。过去这几十年，好像会闹、会吵、会找领导的人总是不吃亏的，而老实人是要吃亏的。整个社会的风气、学术界的风气将来要改变，如果这种情况不改变的话，那我们在评选过程中完全从申请人的学养、质量、成就的分量来评选，就还不容易做到，这是个大环境问题。因为做行政领导的人都怕这种人，他整天盯着你哭诉，你什么事情都不要做了，这是比较伤脑筋的事情。

访谈人：有没有很好的办法来解决这个问题？

褚孝泉：没有很好的办法来解决。实际上你按照规则要接受这个程序，这是一个法治社会里起码的要求。但有许多人总是要闹一闹，觉得好像是在为自己争取。

访谈人：我们就很希望把这个新的规则加进现有的规则里面去，让他没有闹的前提。

褚孝泉：闹不是规则问题，他坐在你那里，你什么事情也做不成了，他就在那里讲，"你看我10篇文章，他才7篇，你看为什么……"我跟他说，这是投票出来的。他不管，因为你是领导，他要找你。我跟他说，我不可能改变结果，他也要争取。无论什么样的评选方式出来，他都会这样做。避免这种情况需要整个社会风气的改进。

访谈人：如果说加个权重，文章数量只是一部分，另外一部分是专家的意见，还有假设媒体或科研项目等其它几个部分，这样的一个规则定出来之后，经过公认的投票，他还依然会这样做么？

褚孝泉：有，依然会。他的习惯就是一定要去争，一定要去闹一闹。

刚才你说到媒体,媒体起的作用经常是有害的。因为媒体记者不是学界的人,他也是道听途说的,而且有时候是听领导的意见,领导说了这个学者好,那么他也就这样认为。媒体不应该在学术界起作用,因为他们不是专家,他们对人的认识、对学者的认识并不可靠,而且有很多是奉着领导的意见。所以我们在学术评估的时候,不能认为他在媒体的曝光度大,在社会上有影响,就给予他学术的荣誉、学术的地位,我觉得这是不对的。学术还是学术,还是看你论文的水平、专著的水平,还是看你在这个领域有没有站得住脚的、有学术基础的创新,看你的学术修养是不是深厚。我们不能看媒体,也不能看一般大众的反应,大众喜欢能说会道的人。而且学科与学科之间也不一样,有些学科容易得到公众的追捧。中国老百姓都喜欢历史,历史学者如果表达能力很强,能吸引公众,就很容易出名,但这并不是学术工作。而倒过来有些很冷僻的学问,不大可能受到追捧,是不大容易在媒体上曝光的,那么你不能因为这一点而否认人家的成果。

虽然学者应该保持社会责任心,但对社会的贡献、对社会的影响力不应该成为学术水准的考量。

访谈人: 您认为社会服务在人文学科评估中应占多大的比重?

褚孝泉: 学者对社会的贡献、对社会的影响力不应该成为其学术水准的考量。当然学者应该有社会责任心,应该有为社会服务的精神,应该在社会事务上发挥学者的理性思维,但这不是学术工作,不能把它作为学术评估的一个因素。学术评估就是学术评估,学术水平就是看你的学术贡献。你如果同时还想做一个公共知识分子,还想在社会上发挥作用,那你是在另外一个领域里做工作。像复旦这样的大学,还是应该有一些"象牙塔"的精神。象牙塔不能太多,也不能人人都往象牙塔里去,但是像复旦这样有志于成为世界一流大学的学府,要在"象牙塔"这里钻研艰深甚至枯燥的学问,一些目前来看还没有使用价值的学问。这样的学者做了研究工作以后,要对他们有完全根据学术标准的评估。所以我觉得对学术水平的评估不能看媒体,不能看他的社会贡献,也不能看他对政府提供的服务,虽然社会贡献和对政府的服务很重要,但这是另外一回事。你可以成为很重要的顾问、很重要的咨询者,你可以对国家的经济、社会、国家的发展提出很好的建议,但学术就是学术,要保持学术的本位性、本体性,这是中国学术发展的一个很重要的因素。这是我们努力的方向,不能够追求轰动效应。因为引起了媒体轰动而觉得他水平很高,那是大众的误解,学术界里不能这样,也完全不应该是这样。

为社会服务、为政府服务、在媒体上发声,这不是一个学者的本分。某些专业的人可以做而且应该做这些事情,比如研究经济学的人可以做理论经济学,做很深奥的经济研究;也可以做比较实用的,对中国目前和将来的经济发展提建议,这都是可以的。如果一个数学家很有水平,同时又是个社会活动家,那也是很好的事,但是你不能让每个数学家都对社会起作用。美国最著名的语言学家乔姆斯基同时也是个社会批评家,对他来说,这是两个不同的、没有关联的领域。他对美国的政策和美国政府的批评影响非常大,但这并不等于他的学术贡献,对他的学术评价还得看他的学术论文、学术著作。

学生培养可以看作是一个并非最主要的、但还是有一定重要性的评价因素。

访谈人: 您觉得对学生的培养是否可以纳入到评估体系中来?

褚孝泉: 如果学者培养学生花精力比较多、比较成功的话,那也是很重要的,因为这是一个学者的本分。

访谈人: 您还记不记得,您教出来的学生有多少成为了教授、博导或者学科带头人?

褚孝泉: 我带的那些学生,成为教授、博导并担任一定行政或学术领导工作的倒是有的,现在成为系主任或者在自己的研究领域里面被看作带头人,也都是有的,但在学校范围以外担任行政领导是没有的。这恐怕跟学科有关系,有些学科毕竟和具体的社会活动还是有一定距离的。学生的成就是不是可以被看作老师成就的一部分？那就蛮难说了。学者们在闲谈的时候，即不会被记录下来或者没有记者在旁边时的闲谈，一般都认为主要是看学者自己的学术创作，对于他培养的学生，大家认为这是他工作的一部分，并不是最主要的部分，但也是体现他能力的。如果他带的学生都很差，那首先会认为他选学生没眼光，而这些学生毕业后没有成就很高的，那么他培养学生也有问题。所以学生培养倒可以看作是一个并非最主要的、但还是有一定重要性的评价因素。

访谈人：像您选拔学生的时候会比较注重哪些方面的素养？

褚孝泉：首先他是不是真心向学的，同时也看他的基础，基础不好是很难推上去的。但要学生在我这里学个两三年就面目一新了，这不大可能。特别是我们外语学科，基础是很重要的，基本功不扎实是很难往下做的。有些学生的学业素养上有缺口，那是很难补上的。所以，第一看他基础，第二看他对做学问有没有真正的爱好，他是否真的喜欢学术工作、喜欢做研究。这两条是比较重要的，符合这两条，如果他是比较有灵性的、悟性比较强的，那就更好了。

申请科研项目的重要性要视申请者情况而定。如何能够真正促使有水平的成果出来，需要探讨和改进。

访谈人：您觉得现在学者、教授申请科研项目对自己的学术研究有没有什么帮助？或者说科研项目的成果、数量等可不可以作为一个重要的衡量标准？

褚孝泉：对一个正在建立自己学术事业的人来说，项目很重要。因为这是官方评估的一条，没有项目你根本评不到高级职称，这在制度上是很重要的。如果是一个已有高级职称的人，申请还是不申请科研项目的问题就比较复杂了。第一，国家的科研项目是有一个指导范围的，如果你有兴趣做的工作不在它的范围内，你就很难申请到、很难中标，这是第一个问题。第二个问题是，现在中国评估和争取项目的过程中间有很多不规范的地方，也会有人拉选票之类的。例如说你今年申报项目，我是评委，我面子比较薄的，你来打个招呼就通过了。所以我们常常可以看到，每年国家级项目公布时，大量中标的人其实并不是这个学科大家认可的优秀学者。当然这并不是说我们看不起那些名不见经传的学校、学者，而是说你在争取项目的时候采取过什么办法？在得到了项目后他们怎么做常常就是另外一回事了。为什么说这是一个问题呢？国家实行科研项目制度以来，结项以后一般会出书的。在中国学术界里面，就我了解的学科范围而言，那些大家公认有水平的、有突破性的而且后人也会记住的成果，许多都不是项目结项成果。国家社科项目、教育部项目、上海市项目，每年会有大量的书出来，这些书一般来说不大受学者们的关注，这就说明这些项目没有起到很好的作用。学者们争取项目为的是拿到这个钱，所以他们需要适应这份项目指导目录。拿到项目以后，在经费使用过程中间，在研究的期限方面又有种种的限制，很多就是和学生一起这么炮制一下。所以有科研经费支持而产出的那些项目，在资助之下而出版的那些著作，水平高的、影响大的占比实在不算高，这是很令人失望的。以后应该怎样来管理，怎样来做？实际上应该在制度上好好升级。因为在整个项目的立项、使用、结项过程中，管理方式就好像搞基础建设一样。对科研项目就像建一座桥修一条路那样管理，可行性报告通过了就给了你钱，然后让你按期做，最后结项检查，就结束了。但是学术工作毕竟不是搞基建，它比较灵活。我们国家每年在科研项目方面的投入越来越多，现在的总量其实是不少的，这个钱怎样能够真正促使有水平的成果出来，我觉得要好好探讨一下、改进一下。目前来说，这些项目经费使得中国学者在请人来、在自己出去参加会议这方面不太有资金的局限了，但怎么才使它能够有效提高学术成果的质量，我觉得还是要好好思考的。

学术会议的水平参差不齐，小范围的研讨会比较能反映学术会议的根本目的。

访谈人：您觉得学术会议有哪些环节需要完善的？我们现在会议论

文集的水平如何？

褚孝泉：学术会议的水平参差不齐，也有些比较好的学术会议。那些规模大的、参加者很多的会议，里面宣读的论文或者最后论文集水平都不怎么样；而效果比较好的是那些范围比较小的会议，参加的人是有选择的，题目也是很仔细地设计出来的，常常会有比较好的论文和论文集出来。所以你说论文集到底算不算学术成果，不能一概而论。现在一些比较大的会议，有比较重要的领导人参加，学术水平就不是太好，它起的作用就是让那些学者走到一起互相交流，这是一个社交场合。而小范围的研讨会有个专门题目，那么参加以后就会有一些比较有意思的结果出来。所有的会议其实都有经费支持的，有些经费使用得好，有些使用得不好。现在科研经费规模这么大，得到资助的人这么多，很难一概而论，这方面要管理好恐怕要在制度上改善。怎么能从中体现以学术水平、学术创建为主导，而不是大家跑项目、拉关系，想尽办法在期限里花完钱？在整个评估过程、整个立项中间，特别是整个管理过程中间，怎么能够符合学术的规律？这其中最大的问题就是学科与学科之间是不一样的。学科之间研究的方法、需要的资源、整个完成的过程，是完全不一样的。中国因为国情的关系，就定一套制度来管所有的学科，一套制度来管所有的学者，这套制度就算设计再完美，它总是会造成问题的。实际上文科跟理科不一样，理科跟工科不一样，文科里面经济学、文史哲不一样，历史跟哲学又不一样。如何才能够既体现它的灵活性又保持它的严谨性，是需要好好思考的。

<u>学科评估建设，首先要以学术为中心，以学术为本体，行政干涉要少，要有制度。其次，制度既要规章严密同时也要留出空间。</u>

访谈人：对，我们调研的最终目的，也是想建立一个相对于现在更加客观、更加合理、更具可操作性的评估标准。像您说的，一开始人文社科

是一个总的框架,后来通过不同的访谈,我们就发现不同的学科肯定有不同的变量进去,不能一概而论的。比如说外语学科和中文学科有很大的不同,这个比重您觉得怎么设计会好一些?

褚孝泉:我觉得要做到这一点,首先要做到以学术为中心,以学术为本体,行政干涉要少,要有制度。但是制度一旦建立起来,那么行政领导只管程序上是否符合,具体内容不能太关注,这是第一。第二,这套制度下面,以学者为主体来进行自主评估的时候,你要留下足够的空间。比如说学术权威,他说不定可以一手遮天,能量非常大。不要让这种情况存在,不能让少数人操控一切。要让学者能够独立工作,在自己的学术空间独立开展研究。所以一方面你要以学者为中心来建立这个评估系统,另外这个评估系统一定要有一定的自由度、一定的变化空间,让非主流的学者也能够在里面生存下去、冒尖出来,这两点是很重要的。说得简单一点,这个制度既要规章严密一点,同时也要留一些空间出来。

8. 魏育青：不应将某一学科、某一视角作为具有普遍有效性的量具

魏育青，1956年生。复旦大学外文学院教授，博士生导师。教育部高等教育外语教学指导委员会委员，兼任德语专业教学指导分委员会副主任委员，上海翻译家协会副会长，上海市外文学会副会长，德语文学研究会理事，《德语文学与文学批评》《Literaturstrasse》主编之一。曾任上海理工大学外语系常务副院长，德语系主任。主要研究领域为德语语言文学。

访谈时间：2014年11月3日
访谈地点：复旦大学文科楼魏育青教授办公室
访谈人：张春梅　赵继琳

不同学科的特殊性是导致评估结果与学界共识有差异的原因之一。现在的评价机制可能会影响到人文学科的学术生态多样性。

现在我们有时候会有一种印象：基于评估体系的评价结果与大家的总体印象乃至学界共识会有差异，甚至是不小的差异。原因之一可能是不同学科各自的特殊性。最近学校出版社准备给多位已过世的复旦名教授编集子，每本大概有二三十万字，其中一些外文系以前的名教授的照片现在就挂在文科楼四楼走廊里。他们当时做的工作，如果按照我们今天这个体系来评估，也许就会有一些麻烦。他们有的一辈子就写一两本书和几篇文章，有的是辞书类的成果，但是对后代的影响非常之大，大家一提到他们都公认学问非常好，但是他们学术成就的展示形式和我们现在要求的不完全一样。德文系的董问樵先生，他最为大家佩服的、影响最大的成果是歌德《浮士德》译本，但如果依据现在的评价体系，这不是项目，不是专著，也不是"核心""权威""顶级"期刊上的论文，但它的影响是那么

大,那么深远。世界名著的翻译不是一项简单的工作,不同于仪器说明书之类实用文本的翻译。要翻译这些重要著作,必须具备深厚的研究基础,包括译本里写的评注等,都是要有很大的学问做底子的,而这些在今天,恐怕未必能获得充分认可。大家都说现在翻译界有很大的问题,抱怨文学翻译每况愈下,后继无人,那么原因在哪里呢? 一个青年人,如果他对文学翻译很感兴趣,本身也具备相应的前提条件,愿意为中国的文学翻译事业做点贡献,但是他要考虑自己今后的发展,考虑每年的表格要填发表了几篇论文,发表在什么期刊上等等,而翻译出的作品可能什么都不算。他也有可能完全出于内在驱动力去做些在翻译方面有意义的工作,但是外界诱惑和干扰因素实在太大了。可以想象在五年、十年之后,那些一直在写专著、写论文、报项目的同事可能要比他的发展好得多,他不得不考虑这些现实问题。诺贝尔文学奖获得者托马斯·曼有本极重要的名著《浮士德博士》,北大德语系有位老师花了约十年时间精雕细琢,把它翻译了出来,出版之后影响很大,大家都觉得她做了一件非常好的工作。北大就有这个气度,让这个老师花十年功夫去做这个也许不能替学校数据"加分"的事情,而不硬逼她做一些短平快的研究。不少高校的许多乱象就是这样发生的:每年规定发几篇核心、几篇权威,考核、评职称时都不可少,这可能会引发一种心态,选取一些难度有限的题目写文章,争取很快产出可以上报的成果,硬骨头都不太愿意去啃。文科和理科、工科不太一样,很多地方都有区别,比如说专著对理工科来说可能不是最重要的,对文科来说则很重要。理工科要在学术最前沿做实验发论文,但对文科来说可能就不一定是这样,传承和创新不一定是这样体现的。我的意思不是专著和论文不重要,不要误解我的意思,我自己也写论文和专著,在德国顶尖专业杂志上发论文,当时学校是有奖励的,A&HCI、人大复印资料全文转载了多少篇,这些都是学校认可的,但是很多其他的工作,比如说主编或者说参与主编两本年刊《德语文学与文学批评》和《Literaturstrasse》,等于是为中国日耳曼学界凭良心做的工作,却不会被认为是什么成就。有很多地方都是这样,可能现在这种评价体制会影响到人文学科的学术生态多样性。以理工科的某些规定来要求人文学科,我觉得效果可能不一定好，可能导致平面化、单一化，特有的潜能不能充分发挥出来。现在有某种看不见的指挥棒让大家向着一个方向走，虽然这个方向也很重要，但并不是全部。以前的大师没有单维度的考核指标，没有人硬性规定他们必须做什么，他们完全是按照自己的兴趣和能力，去做他们能够做出的最好的工作，可能因此才得以成为大师级的人物。而现在的情况，我觉得几乎就像德国人说的"用一把梳子梳所有的头"。大家心里多少有看法，但是多数人，尤其是年轻人，会按照这个标准去做，不这样做不行，坚持不了多久就会"出局"了。

学术地位的真正确立应以学术共识为先。

关于学术地位形成的问题。学界共识就是学术地位，而不仅仅是某某机构赋予的什么头衔和称号。时常能看到这样的现象，学校对某位老师的评价和他在学界的地位有时候并不完全一致。可能某位老师在他的领域中很有声望，一提起他大家都说了不起，如何如何行；但是在某把并不适合他的尺子的衡量下，就成了平平之辈，或许他特别擅长的方面不在评价之列，甚至在表格中都没有相应的地方可填。举例来说，某位老师是研究辞书编撰的，颇有成就，但在南大目录上，唯一的相关期刊《辞书研究》却不属于核心期刊，在上面发表的文章有可能不算，于是就在科研上失分了。我觉得这种状况亟需改变。复旦的环境还是相对宽松的，但是也不是没有考虑改进的必要。我也知道，就操作性而言，用量化标准肯定最方便。我见过一些同行业的院校，看过他们的表格，真的是很好操作：到年底把研究成果拿出来，然后对号入座。文章发表在什么杂志得几分，参加国际学术会议得几分，文章被 A&HCI 收录是多少分，然后算出来你70，他65，那你就是比他好。然后年轻老师可能就按照这个表格，看哪个分多就做，真正的质量如何，却并不总在关心之列。对这种情况，大家都不太满意，但是如何改变，却也是个问题。比如说代表作制度，应该说比较理想，但是如何落实，还是有点难度的。

人情、关系、利益等非学术因素会干扰学术评价,但取消评价又会造成学术驱动力的减弱。

因为我们的学术生态不理想,有的情况下,会有人情、关系、利益等非学术因素干扰学术评价。说到项目,评职称时是少不了的标准,但是我在想,国家的重大项目,国家的社科项目,是不是就代表学科中最有水平的成就?这个可能会有疑问。或许应该考核的不是拿到了多少和怎样的项目,因为获得了国家的经费资助并不等于项目做得好,而应该衡量项目完成得怎么样。就像修鞋,找到修鞋的并不能说修鞋的是大师,而要看最后是否真能把鞋修好。真正的评价应该放在最后,拿出来的成果漂亮,这才是最重要的。反过来说,如果拿了国家很多经费,做出来的成果却一般般,甚至拿出来一个急就章,那就不值得赞扬。如果发现不拿经费的人做得比拿经费的好,那谁应该得到更好的评价?显然应该是做得好的。但是评价时只看拿没拿过国家项目,不是看最后完成得怎么样,这就造成很多人拼命争取项目,用合理的、也不排除用不太合理的方法去争取项目,因为这对个人有好处,对学院、学校都有好处,因为上面检查时要看有多少项目。当然,拿到项目有时也能反映实力,因为重大项目如果没有水平、团队、声望也不容易拿到。但是更重要的应该是完成得怎么样,敷衍过关不就等于浪费了国家的钱?项目完成以后,有没有一个公开的、大家可以进入的方式去看项目完成得怎么样?否则就不能真实和准确地反映出某些情况。

诸多排行榜恐怕也有类似的问题。比如复旦外文学院在全国大学里的排名,这个我们一直是有看法的,我们有陆谷孙等诸多名师,然而排名竟然比不上另外一个什么学校;又如前几年学院的某专业情况不是最好,大家都很担心,然而在某相关排行榜上却是名列前茅。某校一个成立没几年的德语专业,在某个排名榜上却超过了北大和北外,我一直没弄懂其中的原因。复旦外文学院有两种选择,一种是从俗,看别人用什么方法提高名次,我们去学。如果复旦很多老师说我们仍然不能媚俗,我们要守正创新,那么根据现行评价制度恐怕难免多少会吃亏。有人也说应该完全取消评价制度,可是我个人认为这也是太极端了,因为即使在复旦、北大这样的学校里,仍然无法分清谁是十年磨一剑的人,谁是十年睡大觉的人。一个五年、六年不出成果的人有可能是在精心做他的大研究,这是完全有可能的。就像陆谷孙先生当初编英汉大辞典,这对中国有极大的意义,他做了十几年。但是也有少数的人,根本不搞科研,什么也不做,也没什么事儿,这会造成学术驱动力的减弱,所以取消评价肯定不行,会养懒人。

学术评价应鼓励学术创新,要有冒险精神,失败的经验教训也是有意义的。

但是要进行评价的话,现在纯粹的量化制度造成了很多弊端,怎么达到可操作性是个问题。我们经常去国外开会,总觉得我们现在的创新性到哪里去了?不少学科在世界上看不到中国人富于原创性、独创性的理论和学派。很多人都在引进别人的研究,替别人写脚注,替别人的大理论做一些小补充,这与我们的评价体制有没有关系呢?我们是不是应该鼓励一些冒险、创新、探险的研究呢?

我一直想,真正的科研就像去幽暗的林子里采东西,我想办法去找,但是找得到找不到,用哪种方法会成功,用哪种方法会失败,这都是需要探索的,研究本身就是探索。然后我可能成功了,也可能失败了,但是我总结出来几条路走不通,后人就能吸取教训,知道这几条路走不通,然后可能在另一条路上成功了,你能说前人的工作毫无意义吗?不能说一定就是成王败寇,赢者通吃。我们应该要鼓励有失败经历的前人,这样中国的创新是不是会比现在好呢?有些工程或许可以规划,花多少钱,投入多少人力和设备,第一步第二步第三步是什么,到明年十月份应该做到怎样程度,这至少是可以有一定预见性的。而有些学科的探索,很难在之前就有一些非常明确的预期。有时候看项目,申请人的观点、想法好像在做之前就已经明明白白地放在那儿了,既然如此,说明你已经完成了,怎么还做这个呢？对探索工作而言，只能有思路、假说、设想，不大可能有非常明确的结果。别人说过的话再重复一遍，在严格意义上不是论文，只是一篇综述。再说我们本行业的期刊，最有声望的、大家公认的没有进入A&HCI，而进入A&HCI的期刊就会宣传，稿子可能都会发到那儿去，因为在那儿发表的论文"含金量"高。

学者的论文发表与真实水平可能存在不一致的情况。

　　至于论文发表和真实水平不一致的现象，现在也不是没有。一个人应聘带着文章来，我都会存疑，我要和他谈半小时，有些人对文章有见解，有些人却不明白，那我也不明白他为什么能写出文章却说不出道理来，有些情况就是非常值得存疑的。说到博士生发论文，博士生无疑是科研活动中的重要力量，但在文科、理科、工科中恐怕还是有些区别。北大有位老师跟我说，文科博士三年是读不出来的，学生做题目看书就至少要两年，然而在这种情况下，不但最后要出博士论文，还要三篇核心论文。核心期刊发文的时间有时很长，这也就意味着博士生入学后不久就得把论文写好，其他事情都不管，才能赶在毕业前发表所有毕业要求的论文，这谈何容易！我不否定有些人很勤奋，或者机缘巧合能做到，但有些人肯定做不到，即使能做到，那么论文是否经过深思熟虑，是否只是过得去而没有太大的创新性和价值，都是个问题。为什么不相信博士论文本身呢？博士论文是博士生主要的研究成果。现在很奇怪，一批教授、博导进行成果认定不算数，要看某些杂志某些编辑的认可，在有些杂志里面就一个刚毕业的硕士生当编辑，在他那里发文就相信。每年学术委员会、学位委员会开会时就会讨论很无聊的问题，说这篇论文是在德国发表的，南大北大的核心目录上没有，我们认定不认定。照理说应该看他学术水平达不达得到标准，我们现在就在讨论这个杂志到底算不算，能算了就行了，瓜长得好不好无所谓，长在哪片地里成了最重要的。此外，一个国际期刊上也有不同的文章，打头文章和一般书评应该是两样的，一篇报道性的文章不能说比另一个杂志上的核心文章重要,这有很多很多的区别。我还是比较相信要有公开性。比方说某人某篇文章发表在某某期刊上,那最好让我瞄一眼,让我心里大致有数是什么情况,你说他发在什么期刊上,是从第几页到第几页,这个我没办法评估,我只能看题目,如果题目看不出来,我只能看期刊是不是有匿名评审的,只能从这个角度去大致了解。如有一个让别人深入了解这篇文章的可能性,能确实保证公开性,学术风气可能会好一些。比如甲老师请乙老师写个评价,如果评价会上网我会努力写公正一些,如果我写了以后要拿到别的单位仅给别人用来评职称的话,而且这些人又都是一个圈子里的,大家都很熟,以后有可能还要求对方,那么笔下写出来的评价未必全是我真实的想法。如果孤立于这个社会,以后很多事情就难办了。如果是公开化,你说你成果好,那是骡子是马拉出来遛遛,成果拿出来,大家心里都有杆秤。

微博、粉丝关注度与学术影响力,只在一定程度上有相关性,微博上名气大的教授未必就是学术上最出色的教授。

说到微博、粉丝关注度的问题,我觉得只能部分说明问题,在微博上名气最大的教授未必就是在学术上最出色的教授。如果论粉丝多的话,学术明星肯定是最多的。于丹不能说是中国最好的哲学或国学教授,但她的粉丝关注度大得惊人。朱维铮先生有几个人关注他呢,真正搞学术的人才关注他,一般粉丝是不会关注的。比如上中央台《百家讲坛》之类的学者,肯定比关在象牙塔里搞研究的人更受粉丝的关注,所以我认为微博关注度和学术影响力充其量只是在一定程度上有相关性。关心社会普遍问题,经常在社会、民生、政治、法律方面某些热点问题发表见解的学者,可能影响度会更大一些,但是这些影响度不一定建立在他的专业成就之上,因为他不总是就专业问题发表意见,而是作为公共知识分子,作为对社会有责任心,能对社会产生一定影响的人。

参与政府的决策咨询与学术影响力之间的关系,不能一概而论,学科间有差异。

参加政府政策咨询会或者报告并获得批示是否与学术影响力有关,这个问题我觉得也不能一概而论。与社会发展结合比较紧的社会科学,比如经济、政治、法学,影响可能要比某些自然科学和人文学科多得多。很少有哪个政府部门会来找外文学科进行咨询,除了"中国文化怎样走出去"这样眼下的热点问题。至于获得批示意味着什么,我就不知道了。也许政府真愿意做什么事情,会给一个批示,但是不是就体现了学术水平很难说。所以也只能有保留地看待两者之间的相关性,而且各个学科之间的区别也不小。

人文学科评估中,人才培养、科研以及社会服务很难截然分开,评价权重比例为40%、40%、20%较为合适。

还有一个问题是人文学科的评估主要看什么?人才培养、科研和社会服务三方面如何衡量?经常会听到这样的说法:某某老师不搞科研,但书教得很好,学校对他不公平,而某某老师只搞科研,教书随随便便应付。但我始终觉得把这两者分开看是不对的,我们一直在说洪堡精神,作为现代大学理念创始者的洪堡,他的一个主要观点就是科研和教学相结合,这是学术共同体里两个不可分割的部分。如果一直不参与科研活动,一直不关注学术动态,就不可能站在学术最前沿,那么教给学生的东西难免会比较"水"。三十年不搞科研,教的内容还是读书时候学的,那么对学生肯定是不利的。对教学效果,有时也要区别看待,有的老师擅长 performance,有的老师比较擅长与学生沟通,但这种效果是否等同于课程质量呢?在老一辈大师里,有些很会上课,也有些是有学问倒不出来的,学生跟他学,大多是平时一起聊天,一起做一些事情的时候学的。我反对把人才培养和科研工作完全分开,两者都是不可或缺的。当然为了"潜心科研"而随意打发学生,是辜负了教师这个称号的,教师就是要教书的,不然完全可以去研究所。

至于为社会服务,我不知道该怎么理解,也许与教学和科研绝对分开来看也不妥当。我觉得能够培养人才,实际上就是为社会服务做出巨大贡献,源源不断地为社会提供人才,提供后继力量、新鲜血液。科研成果也完全可以为社会服务,是当下的或从长远来看的贡献。人才、科研、社会服务这几个方面实际上是很难截然分开的,要是硬要给个比例的话,我认为是40%、40%、20%,前两者肯定要兼顾的(实际是一回事)。社会服务工作,像上海外文学会、上海翻译家协会、教育部的教学指导委员会以及各种各样的学会活动和工作,我们也都会积极参与,这些参与也能推动科研工作,也能推动教学发展。作为高校教师,我认为三者不能偏废,甚至在某种意义上可以说三者其实是一回事。永远不能说我是老师,我就不搞科研,或者说以科研为重,什么教学撂一边去,或者说我对这个社会根本没有任何义务,我只是象牙塔中人,至于能不能运用到社会实践与我毫无关系,这种态度也未必非常合适。

名师的价值能够从他培养学生的成就来体现,高校需要真正把老师作为核心。

名师的价值是不是能够通过他培养的学生来体现,我对这个问题的看法是应该能够体现。一个老师教出好的学生,说明他做出了很大的成就。我们一直说名师出高徒,从总的方面来说,我觉得没问题。以前在德国读书的时候,总觉得有一点和中国不一样。在我们这儿,人们常会问你是哪个学校毕业的,如果说是北大、清华毕业的,那么别人马上对你高看一头;如果你说你是某某边远地区某学院毕业的,别人脸上的表情可能就会两样。国内常见根据所谓毕业学校的层次来评判的现象。比如招聘的时候,"985"、"211"、普通大学,这是很有讲究的,有时甚至很夸张,"985"毕业的才能上台竞聘,不是"985"的连上台展示的机会都没有。而德国人更可能会问的是:你是谁的学生?哈贝玛斯的学生,你管我是在哪个学校的,就是在一个中学里面,哈贝玛斯的学生也是厉害,在此我想起以前托马斯·曼说过一句话:我在哪儿,德国文化就在哪儿。好的老师你别管他是哪个学校的。而我们现在是不一样的,不是说老师怎么样,而是现在看单位,单位有国家重点、省市重点,学科是不是学校的重要学科,上海市规定的重要学科,国家规定的重要学科,这些起的作用可能比较大。我们学校人文学科博硕招生名额被限制得很紧,许多高水平的老师没有招生名额,被搁置在那儿,纯属资源浪费,换其他学校,有可能水平不如他们的教师也带着很多博士生并以此为荣。数量或许重要,但质量是不是也重要甚至更重要?

什么时候高校能真正把老师当成核心呢?我们经常做规划,设计一个很壮观的蓝图,描绘一个很漂亮的前景,但是不应该忘记,所有这一切都要人去完成的。有时候看某某学校的教学大纲,做得真是漂亮,比复旦的好多了,但是我心里有问号:这些宏图是如何并且由谁来实现?比方说有某课程,有人能上这个课吗?仅看这个方案,绝对是好的,但我心里的疑惑是:现有的师资队伍有无可能完成?什么时候把老师作为中心,在培养学生方面的成就应该能体现出来的。但是也未必那么简单地一对一,还要考虑其他因素。你看陆谷孙先生,全国没有一个人不肯定他在英语语言文学教学、研究、翻译方面的杰出贡献和卓越地位,但他现在所有博士生的数量可能还不如其他学校的一名普通教授带的博士生多,我们有些专业本科生没人家硕士生多,硕士生没有人家博士生多,想要名额非常困难。很多老师没学生带,三个老师带一个学生,把优秀师资搁置在那里就是无谓的浪费。由于种种原因,不让擅长的人去施展才能,这是浪费,我不是说别人做得不好,但是优秀的老师完全应该有用武之地。这种情况也不是复旦能决定的,但是总是希望和呼吁有一天能改变这个局面。外面有一些学校的翻译系,有的老师都没有像样的、有影响的译著,就招了许多学生,而有些翻译大家们却很少有与这些学生见面的机会。

评价体系是指挥棒。科研学术方面的乱象是怎么产生的?这一问题值得思考。

有些事情可以照着做,但是有时候做着心里真是不舒服。这么多年一直提各种意见,但是没有什么改变。只能独善其身,做好自己的事情。评价体系是个指挥棒,会引导别人向某个方向发展。科研学术方面的乱象是怎么产生的,大量低水平重复的研究是怎么出来的?为了让学生做文献综述,让他去查材料,最后学生告诉我有两个体会:第一,只要不发在中国某些杂志上就不可能被别人查到,比如发表在德国、美国的期刊上,国内查到的可能性很小,知名度很低;第二,某个题目查了100篇文章,国内所有文章查下来,只有4篇算是较有见解,其他的都似曾相识。他觉得很难受,我也觉得很难受,学生还没真正进入学术界,就先看到了学术界的阴暗面。90多篇,差不多就是非常低水平的重复,不能说抄的,就是这个水平,翻来覆去谈这个问题,没有提出自己新的想法,不敢提出自己新的想法,或者不屑于去探索,这与评价制度或许多少有些关系。国家如果能够更重视研究成果质量,评价机制、体系方面更合理的话,对长期在静心钻研的老师来说是利好消息,他们会觉得自己做的事是有意义的,要不然很难保证年轻一代的学者会怎么样开展研究。如果这个标准不改,会很麻烦,因为现在青年教师压力都挺大的,新进复旦的年轻教师有非升即走的问题,评价肯定需要有标准,很详细的一个标准。不按照标准完成就会有后果,为了避免消极后果肯定要照这个标准去做,不管与你的观点是不是一致,不管认为是不是好,即使在别的方面有兴趣,或许能做出更好的成果,也只能先完成机构的规定指标后再说,自由探索成了一种奢侈。

<u>全新的、更具公平性与操作性的学术评价体系,首先应听取不同学科意见;第二,要有一定公开度;第三,处理好质与量的关系。</u>

如果想有一个新的、更公平、更具有操作性的评价体系,应该如何构建呢?这个体系应该是什么样的呢?这个问题蛮难的,但是我想说几个方面。

首先就是要让各种不同的意见在事前有一个交锋酝酿的过程,也就是说参与制定者应该来自于各种不同学科,比如人文学科中外语学科虽然容易被人忽视,但是也应该有点儿发言权,在话语权中至少要有一个小份额,不管多少,至少应该有人发表意见,这个非常重要。有些规定让人想不通,比如古籍评注算是科研成果,但名著翻译就不算;现代汉语翻译古文算成果,现代汉语翻译外文就不算,或者没说不算但表格里没给你留填的地方,这个无论如何也说不过去。不能学两年大英就觉得英语不重要,这样的话中文系可以不要存在了,我一年级就会写小作文了,在之前就会说中国话。要让各种各样学科的人都参与,让文科的多听听理科的,理科的多听听工科的,工科的多听听社会科学的,社会科学多听听人文科学的,人文科学的多听听医科的,大家情况都不一样。假如只找几个人去制定标准,这些人来自很少的学科,他们可能会"理所当然"地觉得什么规则是必须的。一位理科教授可能不会认为翻译有太大价值,只要会英语就行了。但是理科论文语言的丰富性和层次跟文学的丰富性和层次是不能比的。到德国去学数学,学一年半载德语就大致可以应付,教科书上翻来覆去就那么几句话,但是去读哲学行吗?读康德、读黑格尔,没有五六年的语言功底是不敢去碰哲学的,可能根本不得要领。每个学科都有各种各样的成果显示形式,所以大家要充分交流。这是我想到的第一点,要有一个让人畅所欲言的氛围,不要在规则还没定出来之前就先有一个权威的说法,先有一个由谁主导的东西,我觉得有一些学科会被忽视掉,特别是那些出于种种原因声音不大的学科。有时候在学校里大幅屏幕上可以看到某某学科在世界顶尖杂志上发了什么论文,但好像没怎么见过文科发文的展示,不知道是否我孤陋寡闻,是不是文科就没有在本学科的世界顶尖杂志发论文的?

第二,学术评价要有一定的公开度。一个人有多少专著多少文章,我要能看见他做了什么工作,或者能说出他这篇论文的价值所在。比方说论文A,提出了一个什么观点;论文B,有一个以前从来没有的视角;论文C,运用一个新的方法,发现了什么迄今未见的材料。如果就一个标题怎么知道做的是什么?有时候文不对题的也很多,这样不利于学术交流,所以必须要有公开度。

第三，量和质的关系要处理好。我的想法是应该有一定的量，不太能想象一个人之前什么都没做，一下子就会有石破天惊的研究。有一定的量逐渐积累，他才会在质上有所突破。但是，质当然是最重要的，比如说记录一个人跳高的情况，张三他一直在蹦，一次蹦50厘米，从来没超过1米，但是他以50厘米的高度一直在蹦；还有个人不太爱蹦，一两年蹦一次，突然有一次蹦得特别高，他蹦了5米，但以后又不太蹦了，这种情况应该怎么评价？让我来说，肯定看蹦得最高的一次，只要蹦那么一次就是教授，就是博导，就是院士。忙得不亦乐乎，却从来没蹦过5米，这只能说明很勤快，但不能说就是水平最高的。而我们现在是要看填在表格上的量，一个人填了半页A4纸，另一个人填了15张A4纸，很多情况下肯定是填了15张A4纸的人上去。在评价的合理性和可操作性之间还是存在不小的差距。

不应将某一学科、某一视角作为具有普遍有效性的量具，应由不同学科和专业根据自己的具体情况来确定。

人文学科评价要怎么做？如果复旦牵头能做出一点成果的话，我觉得对全国高校的发展是个福音。我不是专家，这些就是我平时的一些想法，肯定很多地方也是从自己的视角看问题，其他人会从其他的视角看问题，可能就会觉得我的说法不对，这个倒也没关系，如果大家看法都完全一致了，那倒是一个很奇怪的现象。但是我不想看到某一学科、某一视角成为具有普遍有效性的量具，应该由不同的学科和专业根据自己的具体情况来做事，当然要说出理由来，必须言之有据。我回国之后最大的震惊就是，某校外国语言文学科研考核表上竟然有一项写着图纸质量，这是要打分的，显然定这个标准的人是工科出身，搞机械或者建筑的，或许对他们来说图纸质量非常重要，可是对外语专业来说有什么图纸质量可言？难道是要看打印得清楚与否？这个是90年代中期的事情，当然现在不会有这样的笑话出现，但是比这稍微隐蔽一点的弊病仍然存在，包括有些是我们学科内部的。我们有几个语种，不同语言发表文章的渠道都不一样，比如韩语专业老师的文章大多发在韩国的期刊上，我们就无法判断了，恐怕连英语为主导的A&HCI的制定者也是不太懂的,那么最好的方法就是忽略。我就不明白了,既然老师能够发在韩国中央研究院的杂志上,那我们这里为什么就不能认可呢?非得去南大、北大的目录上找这个杂志有没有,没有就不算,这个说不过去的。人家能够用对象国的语言发一篇文章在对象国的核心杂志上,如果就因为不知道、无法判别,就不算成果,这无论如何是说不过去的。

如果把参与政府决策咨询作为衡量的一个参数的话,那还是要为形式多样化留一定的空间。

如果把为政府作决策咨询作为衡量的一个参数的话,那么这个情况也不一样。有些跟社会联系比较紧密的学科,如金融、经济、社会管理等,我想他们在这方面会大有用武之地,人文学科用武之地就会比较小。但是可不可以把在其他地方做出的工作等同于这些参数呢?比方说教育部的外语专业教学指导委员会,会让我们承担制定"国标"之类的任务。那么承担德语专业国家教学标准的制定工作,是否类似于参与上海市交通方面的咨询呢?这算不算政府决策咨询呢?是不是一定要一个领导批示才算?可能还是要为形式多样化留一定的空间。我们这样的人文学科很容易被毫无道理地边缘化。有些事情做得挺好的,但是连一个水花都没有,没有任何反响,这对年纪大的老师来说关系不大,但是对年轻教师来说是不利的。对真正做出好成果的老师应该给予及时的认可,这样可以鼓励大家做更多更好的研究,对那些积极性不高的老师也多少是一个触动。如果一直无视的话,道德素养高、内在驱动力强的人能够继续坚持做研究,这当然是最好,但是不能保证都是这样或者永远是这样。图书馆如果能改变目前某些不利于学术发展的局面,那真是一件大好事。

有些外在评价不一定能完全说明问题。

如何判断某位学者在学界的地位,我说不清楚。有些外在评价不一定能完全说明问题。还有学术评价将来要少一些外行评内行的情况,如果实在难免如此,至少要做一些前期工作。假如我是某委员会的委员,有个医学院的研究成果让我投同意票反对票,这简直是折磨,我不可能做这个事情,因为我完全不懂,只能问医学界的人这个行不行,人家说好、行、不错,那就听他的,我在这方面没有判断能力。一个人不是在一切领域都有判断能力的,不管他地位多高。招聘的时候,我发现表格有时真的不能说明问题。另外看表格评价教学也有欠缺,比如说拿半小时视频来,让你评价能不能进哪一级的精品课程。半小时的视频就要决定整个课程是不是精品,这没有任何意义,这种评价都应该要拒绝,不应该做的。

以上是根据自己的体会谈了一些不成熟的看法,真的是一孔之见,仅是从一个角度看问题,更多的是考虑本学科、本学院的问题,对学校或者其他学科而言可能是片面的或者不正确的。

第三部分
历史学学者篇

1. 王汎森：人文学科评价尽量以同侪评议为依据，同时进行实质内容的审查

王汎森，1958年生。台湾"中研院"院士、历史语言研究所特聘研究员。"中研院"副院长，英国皇家历史学会会士。兼任台湾清华大学历史研究所教授、台湾大学历史系教授等。曾任台湾"中研院"历史语言研究所所长、蔡元培人文社会科学研究中心主任、台湾"国科会"人文及社会科学处处长等。主要研究领域为明清到中国近代的思想史、学术史及史学史研究。

访谈时间：2014年12月24日
访谈地点：台湾"中研院"王汎森副院长办公室
访谈人：陈思和

评鉴系统在推动学术严谨化、国际化、推动学者参与学术主流等方面有一定的成绩。

陈思和：人文学科的评鉴一直没有找到一个很合适的办法，台湾大概也有这个问题。

王汎森：当然。

陈思和：我们想请两岸一些著名专家来对目前的人文学科评估做一些反思和探讨。所以第一轮我们在复旦校内做了些访谈，第二轮想到台湾来，台湾对我们来说也是标杆性的，尤其是"中研院"。也想听听您的高见。

王汎森：首先谢谢。我对评鉴有很深的经验及反思。十五年前我是国科会人文及社会科学处处长。在台湾学术界，所有的评鉴、评比、审计划的事情几乎都由国科会人文社会科学处负责。

王汎森：我经历这个事情，反省这个事情，思考这个事情。在台湾，我

常常跟大家讲,在做学问上没有人敢自居权威,但关于评鉴我真的是有深厚的了解。我的前几任处长,后来都做了非常重要的位置。譬如我的前两任"部长",有一任做了台湾教育部门的负责人,有一任回来做了"中研院"副院长、"国科会"主委。"国科会"是胡适之先生创的,原先叫长期科学委员会,后来改成"国科会"。有人开玩笑说,台湾的整个学术界,几十年来,大学是教育主管部门管的,可大学的科研跟荣誉是"国科会"管的。所以教授有两个身份,一个是教育主管部门管的,一个是"国科会"管的。"国科会"对他们的压力很大。SSCI 及 TSSCI 的评估体系是人文处长期以来逐步建立的。不瞒你说,我去负责这事情之前,对这些一无所知。我在美国念书多年,从来没有听教授讲过 SSCI 和 A&HCI。也从来没有从余英时先生的口中,或者听系里面其他教授说过这个东西。所以事实上我是负责了这事情才知道,有这个指标,而且当时正在建制。"国科会"人文处下面两个中心,一个叫社科中心,设在"中研院"经济所;一个叫人文中心,设在台大文学院,当时两个中心的主任都是很杰出的学者(其中一位后来成为台湾经济方面最高决策人物),他们各建一个指标资料库。TSSCI,就是台湾的社会科学指标资料库,在我上任的时候,已经建制完成了,而且要公布了。可是 TAHCI 我就不准它公布。

我观察了一段时间,发现这个指征系统有一定的好处,对很多学刊的拖期、格式不一、内稿太多、完全不审查的状况都有绝对的改善,对提升刊物的水准贡献也不小。就这几年之间,包括英文摘要、关键词、出刊审查内稿比例、文章的水准等,都很快得到提升。尤其社科中心有一组人马,整天都在查对你的格式是不是一致,没有一致就扣分。所以如果说这个评价系统完全没有作用,我不完全同意。这些评鉴系统在推动学术严谨化、国际化、推动学者参与学术主流等方面,都有一定的成绩。

评鉴标准应该从一元化到多元化,应该容留相当大的弹性。

王汎森:但是它也有很大的流弊,就是学术评鉴标准不能太一元化、不能执行得太机械、太彻底。评鉴标准应该从一元化到多元化，应该容留相当大的弹性，尤其在人文学科更是这样。我为什么当时一直不让TAHCI公布，就是我认为人文跟社科不太一样。人文更个人化，它的知识更个人化，完全要由指标性的评价或是计量评价的时候，它必须要降一格。降一格才能比较，但是它独特的部分没办法比较。可降一格就不是人文了。现在量化标准在整个东亚流行，不止台湾和香港地区、韩国，连日本也在做，那大陆当然也做，所以这是一个普遍的现象。我觉得它们有几个共同的特色和值得反省的地方。

第一，评价指标太过量化，所以必须要降一格，使得它有可比较性。而可比较性常常牺牲了独特性。

第二，被承认的指标太过单一。

第三，太重视外国的评价，太过依赖外国和外国刊物的评价系统。

第四，太过重视形式主义。只是看了一下刊物的名称等第，就决定这篇文章的好坏，而没有实际去读内容。

讲到这里我举一个小例子。我在人文处当处长，人文处有16个学门，学门召集人都是各个领域顶尖的学者。他们大约每个礼拜要来一次，审出国开会那一类的补助。我就注意到有一个管理类的学者，是杰出的财务金融学者，他怎么每次来半个钟头就走了。后来我才慢慢明白，他不需要读内容，他只要看看刊物名称就够了。所以他每次的评语就几句话："这一个刊物在哪一级，所以可以"。很简单，几乎不必看内容。我觉得这种方式应用在社会科学我都已经不太同意了，在人文，我更不能同意。我觉得实质性的审查比形式性的审查要重要。

第五，我们的评鉴标准太过自然科学化了。而很多自然科学化的标准事实上连自然科学都未必适用。譬如说现在很多人光是看刊物好坏，看这个刊物的 Impact Factor（影响因子）有多大，越大越好。很多像生物医学刊物的影响因子一定要在10或20以上才像样。可是数理方面的刊物可能10就很不错了。有些很冷门的学科，比如演化生物学，现在非常的红，可演化生物学在过去有几十年的时间是比较边缘的，所以即使是非常好的文章，也因为引用的人少，Impact Factor 就很低。有些研究主题因为门坎低、容易模仿跟进,投入的人多,引用率就偏高。所以光看 Impact Factor 并不太公平。我们的前任院长李远哲先生获得诺贝尔奖的最重要的一篇文章,事实上是在一个 Impact Factor 很低的刊物上刊登的。这个刊物的 Impact Factor 虽然低,可是它是实验仪器方面最好的刊物。

以上几点,是我这些年,尤其是我离开人文处这个位置以后总结的。

指标系统太成功也有流弊。

王汎森:人文处后来发现它的指标系统太成功了——不是失败,是太成功了。太成功会带来很大的流弊,所有人都跟着去做,到最后许多大学校长都不准它废掉,那差不多是"斯德哥尔摩症候群",被挟持的人到最后跟挟持的人完全认同,不肯离开了。许多大学校长说,"没有这套系统,我们怎么来决定谁可以升等?"可是其它国家不照这个也一样可以为教授升等啊。

人文学科评价尽量以同侪评议为依据,还要进行实质内容的审查。

王汎森:你说它完全没有价值,我也不承认。当时因为我在负责这件事情,学者压力非常大。我当时曾经请承办同仁去通查,收在 SSCI 的刊物到底是什么样的刊物?我发现 SSCI 的刊物比较有客观的标准。就是说社会科学各个学科中较好的刊物大多在里头。至于 A&HCI,就是艺术人文指征系统,就完全不是这回事。A&HCI 里包括了大量的表演、艺术、绘画等非学术性的文章,而且许许多多重要的人文刊物不在里面。所以当时我就下定了决心,人文不能适用这个标准。人文应该有它自己的一个评价标准,比较独特的评价标准。这 15 年来,我发现建立指标系统大多可以很快就成功。上次有一个单位来了一群人请教这个问题,我就跟他讲,我必须警告你,你可以非常快就成功,但你要考虑成功后怎么办?你把所有东西都纳入你这个标准系统,人们都会自觉地靠上来,因为人们喜欢比较,比较要有一个标准,指标就是一个可以拿来就用的标准。尤其现在教育经费有竞争性,大学之间要竞争、要比较,就要降一格,把带有个人性的或是学科独特性,无可比较的东西,都降一格成为可比较的,这个时候指征系统就非常管用了。我个人认为,这些可以是参考的举证,但不是全部。

第二,人文学科还是以它的创发性,尽量以它在同侪的学术社群里面的评价高低作为评价依据。

第三,一定是实质内容审查,也就是审查者要读过那些论文再定其高低,而不是光看刊物的名字及刊物的 Impact Factor,连文章都不翻就定其高下。

陈思和:我们现在也有这个问题。很多年轻人,平时大家都觉得他一般般,但只要他在我们这里最高级别的刊物像《中国社会科学》发一篇文章以后,马上职称就解决了。学校的奖励都出来了。但实际上你仔细看这个文章未必好。因为像这种一流大学,一定会要求比较平,因为他也要外审,所以这种文章也不能说没有价值。但是真正有独特性的,或者将来对某些问题有深入见解的肯定都被淘汰了。

"我"曾就读的美国高校进行人文学科评估,第一是看书(好的大学出版社的专著),第二是学术刊物文章。同时,充分考虑同侪的评价。

陈思和:那我们这套机制不是从美国学来的?
王汎森:美国的社会科学采用这套机制。

陈思和:我觉得也是。那像美国的人文科学有没有这样的?

王汎森：因为我的母校在人文学科方面算是很好的，我就以当时印象做一个说明。第一，我没有听说过有这些指标系统。那他们怎么样来进行评价呢？第一个一定是书，然后学术刊物的文章也很重要。书一定是好的大学出版社的专著，商业出版社的书他们不接受。除非有些人已经非常有名，他不在乎，他就可以到那些非常大的商业出版社出书。

我记得大概20年前，可能不到20年前，我们有一个副院长，他原来是美国一位很有名的化学家。院里面当时有人在争论说，"我的社会服务应该占多少分？我的科学研究要占多少分？"等等。我就记得他说了一句让我印象很深的话，他说在美国，好的学者应该都会做这些。从最严肃的研究，到写教科书，到教书，到对社会的影响，他应该都会的。我们不应该计算这个40分，这个20分。好的学者、一流的学者他应该各方面都会的，只是有些比较强，有些比较弱。人们也不会看各项分数，而是看学者的整体表现。我们这个行道有一个做英国政治思想史研究很有名的学者，他被选进 British Academy（英国学术院）。他有一个学生在"中研院"，我就问他："你老师都没有写什么东西啊，怎么被选进 British Academy？"他说他有很多文稿，那些有地位的同侪们看过，人们知道他有料。这个居然可以成为一个标准！

陈思和：这些文稿没发表？

王汎森：没发表！我说这个在我们这里是天方夜谭的，就像萨特讲的，"不表现出来等于不存在"。但是在英国那种最老派、最精英的剑桥的学术社群也还是有这种评价机制。

我觉得西方学术重分工，教科书有一定的成绩，社会服务也有一定成绩，当然学术研究还是最根本的，这个我们不能否认。但是他们并不是严格地、很机械性地划分这个30分，那个20分，基本上是看同侪跟这个学术社群对一个人工作的判断。

很多人用这个指标是为了防那些懒惰、不及格的人，结果反而把好的人给平头化了。不及格的人可能只有一两成而已啊，为了一两成去规范八九成的人，这是很奇怪、很不值得的。我们"中研院"人文所最近刚刚进行过一次大评鉴。我跟委员说,不要去看那些指标,你就对他的学术整体表现,给 100 个字的描述。他如果有成果在社会上的影响非常大,请你指出来;他如果领导一个非常大型的研究计划,也请你指出来,这些也是他的贡献。我为什么当时一定要他们都指出来,就是因为怕这些东西被埋没掉。学科太专业化以后,有很多其它的工作会被埋没掉。"中研院"自己有传统,而且"中研院"谁做得好,谁做得不好,这些文章怎么样,大家心里比较有数。"中研院"还有一个很重要的传统,有一位人文的学者担任副院长,在院部为他们的特色、标准说明辩护。台湾很多大学领导人都是科学家,属于人文的几乎没有了。政大的都是社会科学学者(管理学),纯人文像我们这种历史、中文的做大学校长,全台湾几乎没有了。只有空中大学校长,是我台大历史系同班同学。所以大学里面的人文社会科学教授,声音发不出来,他们没办法捍卫自己的一套标准。理工科的人会觉得,你写书不重要,或是说在数字时代图书馆可以关门了。比如我们有一位学问非常杰出的所长,曾经被提名诺贝尔物理奖的,他曾经提议把图书馆的书都数位化以后,实体的书都弄到仓库里面去,图书馆的空间可以空出来。这时候至少有人可以站出来说,你那个太超前了。

陈思和:其实有些问题跟我们大陆是共同的。我们现在问题在这里:大家都觉得这样一种做法有问题,但是找不到一个比较好的,大家能够接受的做法。然后理工科背景的领导也要能接受,觉得也是科学的。这是比较困难的。

人文学科不太可能有唯一的评鉴标准。

王汎森:按照我过去 15 年的经验,我发现,以前教育管理部门没有评鉴中心,当时很多人说"这样没办法比较"的时候,教育部就设了评鉴中心。以后就要评鉴个人,每几年评鉴一次,搞得大学不堪其扰。你一旦想要提出一个跟科学家一样的标准,有时候就有这个危险。所以台湾的大学评鉴,直到我们上上一届院士会议,我们几位院士,包括一直在威斯康辛大学当教授的林毓生先生，才提出了一个改革方案，把这个期限拉长，本来3年一评的，现在5年。我当时就问林先生："你们怎么评鉴？"他说他们通常是这样：威斯康辛大学的历史系是个大系，每10年，校方会组织一个评鉴委员会。这些评鉴委员大部分是从英国到美国各个名校找来。来了之后，评鉴委员会大致看一看你的资料。他们因为平时都已经接触到相关著作，所以心里有一个判断。最后他写一个评鉴报告给校方。如果你做得非常好，哈佛、普林斯顿、耶鲁可能就会把你挖走，靠着这样形成一个系统。我们好像太想找一个换算系统，可以按一个计算机键，就算出每个人的体能状况。

陈思和：唯一的标准在人文学科是不可能的。
王汎森：我想不可能。

评价系统出来以后，出类拔萃的东西变少了。

陈思和：现在就是有两种，一种是评价最优秀的，还有一种是评一般青年教师的成长。现在量化的评价比较适合青年教师。他要有一个目标，比如今年发两篇文章，要出一本书，这样可以评职称。但是这种标准对一个已经评到教授的就不适用。就是应该有一个对学术、思想各方面的全面考虑。对青年教师，他刚刚开始起步，要有一个规定怎么做，虽然对他们成长也会有压抑，但是总的来说还是比较好的。现在问题在于，上述现象所有人都一样。这是一个问题。另外一个我担心的是，量化的标准就已经渗透到学科的骨子里去了。我们现在学科对这种东西是有点异化的。我们也知道它的缺陷在哪里，知道哪一些教师虽然是评价标准不能容纳的，可我们还知道他是好的。但是到了未来，我就觉得这个制度如果培养起一代两代人，他们今后就只能用这个标准来，那就麻烦了。那个时候我们人文学科就很难再出大家了。

王汎森：其实我常常形容台湾，评鉴系统普遍化以后的学术界，是处在高原的状态。就是大家都提升到一个很不错的状态，但是太过普同化之后，出类拔萃的研究好像变少了。

王汎森：因为我们现在用的这些都是为了还要给行外人看的（甚至是为了赶走那些懒惰不做事的人设计的），这是一个大问题。我们现在都认为这些标准是所有学科都看得懂的，没有考虑到不同学科有它自己的学术社群及学术标准，所以才会有很多"一致化"的评判标准。人当然不能没有一点学术压力，西方大学他们把压力放在三十几岁，就是"Tenure"（长聘）那一关。那个压力大到不得了。他们认为面对这一关那么大的压力，决定生死，决定去留，如果还逼不出成果来，你还要怎么样？这一关，要把你原来的潜力统统榨出来，表现出来给大家评判看。过了这一关，我觉得就是各发展各的研究。他们弹性很大。最近我们"中研院"里的人也注意到，同仁年龄偏大，到副研究员、正研究员的时间花太长了。这个情况在西方不可想象。西方诺贝尔奖得主的第一炮大部分都在40岁以前，然后慢慢地扩大、深化。很少人做到五六十岁第一炮才出来。

如何设计一套适合年轻人的评鉴标准。

陈思和：我也是这么想。我想现在的评估标准出来，眼睛一定要放在年轻人身上，让他们更合理、更自由、更独立地做学术。如果这一条没有培养好，等到他们五六十岁，他们已经不知道怎么做。他们只知道按照这个标准去做，那就完了，人的个性就完全没有了。

王汎森：老实讲，他的工作习惯养成以后，就很难改变。

陈思和：葛兆光先生跟我提了个建议，他建议设计一个由专家精英组成的，对某一个学科的学术著作的排行，可以分A类B类C类。请一些最好的专家，学科顶尖的学者，对近五年来，就所读的著作，推出一批真正有水平的作品，真正觉得这个学者在这个领域当中是做出成就的。学者也可以自荐，出版社也可以自荐，我们也可以关注。最后推出一个5年里面A类有几部著作，B类的有几部著作，主要是年轻人的作品。这样的话可以使他们在本单位得到一种自豪感："你看那么多专家对我这个著作肯定了。"但是这个人可能已经是教授了,也可能还是副教授,那么这也是提出一种标准。这个标准对评估是没用的,我们不看你在哪里发文章,就看你这篇论文,或者这部专著。主要还是内容,就是能够在这个领域有突破性的,对我们学科有一个推动,或者填补了一个前沿的东西。如果这样的话,会让年轻人有自信,希望自己的学术朝这个方向走。

人文学者搞研究最重要的是时间,而不是拿到多少钱、制定多大的计划。

王汎森: 像以前,美国国家科学院就有一些委员会,他们会定期找某一个领域最重要的人一起谈,譬如化学方面的领导人一起谈一谈,现在全世界做分子动力学,哪里的团队处于领先? 他们大概手上也有一些参考资料。我记得有几年他们曾说"中研院"的原子分子研究所的相关领域在世界上是领先的,甚至还领先美国。他们只要坐着讨论讨论,看看他们这些年读到的分子动力学的文章,谈谈他们的总体印象,他们就会有一个结论。他们学术社群里对研究成果的评价比较没有完全依赖统计的量化标准。

因为台湾的学术指标系统都是"国科会"在管,所以我对这个东西有很多的反思,尤其离开处长的位子之后。这十几年来,这个问题在台湾学术界始终是个核心的问题。我们也办过几次相关座谈,"国科会"人文处自己有个刊物,当年我们还登过一篇文章,就是关于评鉴的问题。那篇文章是我当处长的时候形成的,有很长一段时间人们都拿那篇文章作为人文社会科学评估的标准。当然也有人反对。我觉得做这些事情,要容许多元、弹性,不能做过头。香港现在就有一点点要过头,大学拨款委员会给你多少钱,就表示你的学术份量。我是不认可这一套的。最近有一次在院的一个大型计划经费审查会议中,我就问在座的同仁,我们最近当选的几个人文的院士,他们有没有申请金额很大的研究经费,当然其中有一位考古的,他的工作必须要花很多钱,但是另外两位基本上就是跟我一样不用什么钱的。所以如果完全以拿到多少钱来衡量地位,那我就觉得至少我不同意,没有反映事实。

陈思和：要做人文，要拿钱，必然要背离原来人文研究的方向，那么就不再是一个个人研究，要组织团队，有时要组织一大堆人。

王汎森：其实人文的学者最重要的是时间，你要有时间。如果弄了一个不切实际的大计划，搞了一大堆助理来，管理那些助理的时间就超过你自己做研究的时间。

陈思和：而且组织一个大团队，就是做一些基础性的研究，这样没有办法让学者真的集中精力写作。

王汎森：自然科学是一定要研究经费的。拿多少钱对他们来讲相当重要。

社会科学要很大的资料规模，动辄几十万个样本的，就要花比较多的钱。但是完全拿这个来衡量身份，就不妥当。我觉得我一直奉行一个原则，当你需要钱的时候，那个钱马上就来报到。当你不需要的时候，不必塞给我一大堆。对人文学者来说，那样的经费补助体制是最好的。

王汎森：其实最重要的是时间。像您最清楚了，没有时间，你都没办法想，没办法仔细思考。

王汎森：所以拿那么多钱，雇那么多助理，批他们的假单，忙着管他们，最后凑出一个成果，未必是好事。像日本曾经有一个 Global COE 计划，好像是由日本学术振兴队补助的，我注意到这些计划大多出了一大批书，这方面的贡献当然是很大的，不可以任意抹煞，可你问他有没有一个非常振奋人心，就这一本书让大家眼睛一亮的？反而没有。

陈思和：而且书可能也没有在学术上有大的推动。

王汎森：所以不是这个研究不重要，如果能够有机的合作当然是好的。但是跨领域的研究至少在某一个基本的程度以上，这些学科知识是要在一个人的脑袋里面，这样跨领域出来的研究成果才会精彩。如果跨领域还是切成几块，到时做一个计划，拼起来，那还是不如不跨。所以现在很多跨领域研究不是一种有机的跨领域整合。跨领域研究不是非常健康的发展。

2. 朱学勤：虽然有利有弊，代表作制度还是应该坚持下去

朱学勤，1952年生。上海大学历史系教授，博士生导师，上海大学和平与发展研究中心主任。哈佛大学访问学者。曾任教于空军政治学院。主要研究领域为近现代中国的学术与政治。主要著作有：《道德理想国的覆灭——从卢梭到罗伯斯比尔》《书斋里的革命》《中国与欧洲文化交流志》《思想史上的失踪者》《风声、雨声、读书声》等。

访谈时间：2015年6月15日
访谈方式：电话访谈
访谈人：常然

<u>整个大学校园功利性越来越强，氛围越来越差，这与学术评价体系是有关系的。</u>

访谈人：朱老师，您认为现有的评估体系是否能够真实反映学者的成就和贡献？

朱学勤：我是不太认同现在的评价体系的。根本问题在于20世纪80年代末，大学校园发生了天翻地覆的倒退性变化。此前十年当然也有很多问题，我们不必对其美化，当时比今天好的一个地方是，那一代人的精神动力是寻求真知、真理，相对而言比较单纯。80年代有影响力的作品，都是在没有科研经费、没有这么多的统计报表、也没有今天所谓学术评估的情况下做出来的。

进入90年代以后，国家对大学文科的科研投入越来越多，课题发包也越来越多，但所获成果极少，绝大多数投入打了水漂。看当今流行的评价体系是不是有作用，首先要看比学术评价体系范围更大的校园氛围的变化。

访谈人：整个大学校园的氛围不像过去那样纯粹了是么？

朱学勤：功利性越来越强，氛围却越来越差。这与学术评价体系是有关系的，现在完全是国家来投入、国家来评价、国家来分配资源、国家来验收，它收获的基本上是"跳蚤"。近二十年了，我从来不去看国家颁布的课题项目，我认为那些东西大多是"伪课题"，不看这些"课题"还好些，不受其干扰。

学者在核心刊物或者权威刊物上发表很多文章不能代表其学术水平。

访谈人：如果一位学者在核心刊物或者权威刊物上发表的文章很多，能否代表其学术水平？

朱学勤：不能代表。那些核心刊物与权威刊物的发文标准发生了变化，如果按照今天的标准，鲁迅评不上职称，陈寅恪也评不上职称。它并不能真实反映一个学者的水平，这种评价只是在收获数量，而不是收获质量。

论著的转载率和引用率对人文学科不适用。

访谈人：您觉得论著的转载率和引用率，对于人文学科是否适用？

朱学勤：我觉得这个标准是从理工科过来的，理工科有它的道理，其成果必须要同行在相同的可控实验条件下反复地检验，然后才有可能再向前推进一步，所以转载率和引用率是重要的。而人文学科不是这样，很多成果具有相当大的唯一性，怎么可能用成果的引用率来做评价呢？不能照搬理工科标准，至少不能绝对化。

国家社科优秀成果奖等奖项不能反映学术水平。

访谈人：那么国家社科优秀成果奖等奖项能否体现学术水平？

朱学勤：不能反映。现在的国家社科评奖项目年年搞，但是获奖者有多少是带有原创性，能在相当长的时间里引领学术潮流的？没有。而且评奖基本上是熟人评熟人，青年才俊很难出头。

<u>原创需要建立在前人研究的基础上，一要把握足够多的文献，二要提出有独创的观点。</u>

访谈人：朱老师，您刚才提到原创，一部好的作品符合什么特征才能称得上原创，或者说具有比较高的学术水平？

朱学勤：我觉得原创需要站在前人的基础上再往前走，而不是闭门造车，从这个意义上说，是要和前人的研究成果有继承和发展的关系，但这是重要的参考标准，而不是唯一的参考标准。

我们现在评估博士论文，从我个人的角度，第一步是从后面的索引看起，看他引用了哪些人的著作。如果引文数量不够，说明对前人的研究成果还没有充分地把握，在很大程度上是在闭门造车。但这一步很容易做到，是否有原创与此没有必然的联系。很多人文献检索头头是道，但是观点平平，基本上在重复别人说过的话。所以我们看青年人的原创性，第一要看他是不是把握了足够多的文献，第二要看他是不是有独创的观点，前者是后者的必要条件，不是充分条件。

我们现在把必要条件看作了充分条件，例如我们学校的博士论文规定要有盲审，而且是双盲审。我现在对于确实有原创性的学生论文，会关照他们做两个版本。第一个版本是比较平常的，把原创性的观点削弱或者隐蔽掉一些，或者干脆不要写进去，尽可能符合不知名的学术界通行的标准。第二个版本是真正答辩并交出版社出版的，这样我觉得对学生也是一种负责、爱护，让他们既能通过盲审的程序，又保护了他们的锐气、原创性，这实际上是一种很有趣的做法。因为学生与我们不一样，我们现在基本上是想怎么说就怎么说，如果不能发表可以放在抽屉里，等到形势允许的时候再拿出来；学生却不行，这种环境对学生的发展是不利的。

访谈人：感觉朱老师非常保护学生的原创性。

朱学勤：十年前我碰到过这样的情况，我的一位学生，论文很有原创性，我也很欣赏，结果盲审回来，有一份坚持不同意通过。按照我们学校规定的程序论文要重做，但留有一个余地，导师可以提出抗议，校学术委员会重新评审，那就得大动干戈了，而且很费时间。后来我提出抗议，我们学校的学术委员会重新评审后终获通过。

记得当年我答辩的时候，只怕学生没有独创，哪怕评审委员有不同意见。当时我的博士论文送出去，五个评审委员，一个老教授是坚决反对的，认为与传统观点不合，四个是给予肯定的，有赞赏，有驳议，这才正常。80年代的学术氛围比今天要好，当时学者还是有相当大的自主权的，碰到有争议的学生作品，老师非常保护和鼓励，我的答辩就是在老师的主持下举行，后来也顺利通过了。如果放到今天那就有大麻烦，盲审就很难通过了。今天我学生的遭遇与20年前我的遭遇完全不同，我爱护学生的心态与当年老师爱护我的心态如出一辙，而采用的却只能是另外一种方法。我由此深切体会到校园氛围的不一样，学术评价体系的不一样。

大学治理上存在用量代替质的问题。

访谈人：您认为当今评价体系所存在的问题，主要体现在哪些方面？

朱学勤：整个大学治理在量上做一刀切的规定，用量代替质是多方面的：比如盲审不能有反对意见、要有多少课题、每年要有多少发表字数等等，都是量化管理，这在今天大学校园的学术评价体系中随处可见。这并没有证明我们的学术生活在进步，而是在崩坏和倒退，是用面上的"量"来点缀，掩饰它在"质"方面的失败。这种评价体系，实际上是把学校的主体——教授往下压，压得不成样子。

现在强调教授要到第一线课堂给本科生讲课，我们这边是硬性规定，要求100％都要去。其出发点是可以理解的，事实上在没有出台这样规定之前，我们也是自觉自愿去做的，觉得教授应该跟本科生见面。我们以前是大约四五个所谓最有名的教授，大家合作开一门课《史学概论》，轮流讲，一共10讲。为的是让学生进入大学以后开门见山，通过每一讲能看到老教授毕生的研究心得、对史学的理解。现在突然规定每位教授都要开一门课，还要有相同时间的答疑，就像医生开门诊一样坐在办公室等学生来问，答疑时间、办公室等要报上去，还安排有人上门来检查。

事实上每位教授带学生的方式都是不一样的，有的是在办公室，有规定的时间，有的则不是。我就是通过校园散步的形式，每个星期都有一两次在晚饭后把学生们约出来，在校园里边走边聊，海阔天空，什么都谈，随便插话，三四个小时的时间，学生的博士论文选题大部分是在这种校园散步过程中产生的。现在这种机械的、形式化的规定，实际上是不把老师当老师，而是当做机械的答疑机器，大部分教师心里很反感，可是没有办法。这也是一种量化的管理，而非质的管理。

现在学术产出的数量可能比50年代要好，但是氛围和环境却恶化了。

访谈人： 的确有不少学者认为，现在量化的考评方式对年轻老师的成长不是特别有利。大家平时忙于写文章、拿项目，真正潜心做学问的空间可能就被挤压了。

朱学勤： 如今博士生毕业如果留校，需要每年不断地发表论文。以前我们没有这种压力，可以五年磨一剑、三年磨一剑，在这三五年之间，老师对学生持保护性的态度，科研部门也不施加数量上的压力。我想如果陈寅恪按现在的对于青年教授的标准来评判的话，就完了，1949年以后他就出了两本书，而且《柳如是别传》的出版饱经坎坷，他曾说过"我是盖棺有期，出版无望"。现在学术产出的数量可能比50年代要好，但是氛围和环境却恶化了。

大学扩招是造成现在诸多问题的根源之一。

访谈人： 您认为造成现在诸多问题的根源在哪里？

朱学勤：其中一个根源是，大学在扩招，大学的经费成百上千倍地增长，最后独立的学者有几个？所以我们同年龄的人碰到一起经常很感慨，80年代老师带我们出来，基本上没几年就独立成才了；90年代的博士生到现在有一二十年了，我觉得没有看到成长的群体现象。这是什么道理？并不在于人笨了，而在于整个体制的众化作用，学生发表的论著要变为体制接受的成果。

实际上我们和我们的前辈是隔过了50年代的大学毕业生，和1949年以前的大学毕业生隔代相传的，更多沿承了民国时代培养出来的学者的精神。我觉得这一幕历史有可能重演，我们很可能会和后面或者更后面的年轻一代隔代相传。整个学术的成长不是一代一代很自然的、衔接得很紧地发展，而是像跳棋一样，跳过一代传到下一代，这不是学术发展的节奏。

作为一位大学教师，第一是科研，第二是教学，第三是社会服务。培养的学生要看质量而不是数量。

访谈人：您觉得老师的价值是否应该通过所培养的学生的成就来体现？

朱学勤：老师带学生应该"青出于蓝而胜于蓝"，但这不能用于数量的标准。我觉得一位老师一辈子带博士生十到二十个，有一个在学术界站住了，就是他的成功；而不是像现在一个博士生导师可以带几十个人，却都默默无闻。

访谈人：人文学科评估中，培养人才、科研、社会服务之间的权重应如何分配？

朱学勤：我觉得作为一位大学教师，第一是科研，第二是教学，第三是社会服务。如果是研究型大学，科研应该放在第一位；如果是应用型大学，就是教学列第一位。

以前的会议是有帮助的，现在的学术会议营养不够。

访谈人： 学术会议对于学者的成长是否有帮助？

朱学勤： 以前的会议是有帮助的。我记得80年代的时候，老师开会时是鼓励我们去的，哪怕是坐在里面旁听。当时研究生管理中有一条：每个研究生一年可以有一两次参加学术会议的机会，并报销火车路费。我觉得当时的学术会议对我们研究生挺有帮助的。一个是能听到老师之间的交流，另一个是可以和不同学校的同辈研究生互相交流。我至今保留下来的学界同辈的一些友谊，都是80年代在学术会议上结交的，延续了二三十年。

而现在的学术会议，坦率地讲，营养很不够，太浪费时间了，就是个热闹、赶场子，我自己很少参加，并且也不鼓励、不带我的学生去。由于时代氛围变了，学术会议提供的营养变了，所以我的态度也发生了变化。

学者在传媒上谈论有关学术的话题是正常的，但不应频繁、轻易地对大众话题发表意见。

访谈人： 您觉得媒体活动对于学者的学术更多的是一种促进作用，还是消极的影响？

朱学勤： 我觉得学者在有关学术的传媒上露面，谈论一些有关学术的话题是正常的，学者也不必那么清高、与世隔绝。但是现在媒体上那些曝光率特别高的学者，我是很不喜欢的。举个例子，我很少看电视，曾经看到发生一件很小的事，哪个居民区发生了民事纠纷之类，就要请社会学的教授们出来讲讲，那些教授就会乐此不疲，一而再再而三地反复出现，那些话题不是不可以讲，但这是居委会主任就可以说得清楚的话题，我觉得既坏了传媒，也坏了学术。现在是有一批"传媒学者""明星学者"，把出镜率作为抬高身价的筹码，回过头来让学校承认其学术地位，我觉得很可笑！

访谈人：传媒的大众性特征，可能会将学术稀释了。

朱学勤：一般的大众性话题找学者干什么呢？如果找到学者，他也应该拒绝，可有相当多的学者是来者不拒的。我觉得比较自重的学者不大会去，除非跟你的研究方向、学术领域有关的，人家问到你了，可以说几句。其实还是应该守持住寂寞、守持住书斋，不要轻易地对大众话题发表一些很肤浅的意见。

<u>部分社会科学的学者可以给政府提供一些咨询报告，但要从自己的学术研究出发，不能以提供了多少决策报告作为评价的标准。</u>

访谈人：您觉得人文学科是否具备为政府决策提供咨询报告的作用？

朱学勤：一部分做社会科学研究的学者，比如经济学、法律学、政治学，他们给政府提供一些咨询报告很正常，我也不反对。但是这里面要守住一个界限：内在的界限和外在的界限。内在的界限是，当你提供咨询报告的时候，不是迎合政府，而是从自己的学术研究出发，一是一，二是二，无论政府是否听得进，该怎么说还是要怎么说，不是以政府听得进为标准，曲意逢迎，这是一个界限；外在的界限是，不能以学者提供了多少决策报告作为他的身价，这就是本末倒置了。如果将出发点定得很狭窄，就很可惜。

前面提到的这些学科，他们的研究成果有一部分是能够转为政府的政策报告的，美国也这样，世界各国都有这一部分内容，这是可以理解的。但这不是主要内容，最多占到30%—40%，更大一部分是不能转化的，是独立研究、自由思考、独立发表的。如果以政府接受了多少东西作为这些学科研究的标准，那么这些学科肯定要被扭曲掉。

较理想的评价方式是：废止目前的核心期刊与量化评议，把教授治校和同行评议这两条在整个学术机制中体现出来。

访谈人：朱老师，您心目中有没有一种比较理想的评价方式？

朱学勤：我心目中觉得，要废止目前的核心期刊与量化评议，把教授治校和同行评议这两条确定下来，并在整个学术机制中体现出来。

访谈人：我们此次的访谈项目，也是希望通过收集人文领域专家学者的看法，在复旦校园中做出尝试性的一步。

朱学勤：也只能勉力为之。我们上海大学的钱伟长校长是1949年以前留学美国回来的。我说过一句笑话，钱老爷子办上大，他实践的并不是90年代最新的教育理念，而是"复旧"，完全是在恢复他于三四十年代留学美国时的教育理念。钱伟长在的时候，我五年没有报课题，校长说，我能养这样的人，没关系，我知道他没有闲着。但是以后就难了。

虽然有利有弊，代表作制度还是应该坚持下去。

访谈人：复旦这两年开始推行代表作制度，如果老师能够拿出一两部代表自己水平的著作，可以在评职称的时候发挥作用。

朱学勤：我觉得代表作制度很好，应该坚持下去。一位教授如果通过一本书能立足，就应该保护他；有两本书就是超常贡献了。其实一位教授一辈子写一到两部不错的著作，能够领先学术界五年，这就够了。指望学者像写小说一样，两三年一部，不可能的！学者的积累期长，不像作家。即使是作家，我坦率地说，丁玲当年说"一本书主义"确实很偏激，但是一位作家真正能站住脚的，往往就是那一本书。陈寅恪也不是著作等身。

访谈人： 在之前的采访中，很多老师是赞同代表作制度的，同时也有一些老师担心，推行代表作以后学者会缺乏持续产出的动力。

朱学勤： 会有这个弊端，会有一些人钻这个空子。但现在的量化管理有更大的弊端，它压制了那些特立独行、有原创性的人；更多的人会钻形式主义的空子，为适应量化的管理，每年生产出学术垃圾来。并不是说我们反对量化制度，就能提出十全十美的体系来，不可能！只能"两害相权取其轻，两利相权取其重"，我们需要权衡利弊，用一个相对更好的标准来适应目前的情况，没有一种完全理想化的制度。民国时代强调"质"而非"量"，尽管也养了一些庸常的人，但是它的利处在于养成了陈寅恪、钱钟书等大家。如今庸常者更多，而大家何在？现有的体制下产生不了。

访谈人： 非常感谢朱老师，您谈得特别充分，许多观点对于我们深有启发。

朱学勤： 关于目前的评价体系及其存在的问题，大家心目中都有一杆秤，明白真学术是什么，假学术是什么，只是没办法，"四海变秋气，一室难为春"。一个人难有作为，我只有独善其身，守住自己的底线。

我很同情年轻人，因为我们这一辈基本上该走的路都走完了，这套"伪学术"的评价体系拿我们也没有办法，我们的职称也好、所做的课题也好、所谓"学术地位"也好，已经不起决定性的作用了。但年轻人不行，还要从评价体系的模子里面轧过去，他们没有80年代那种比较自由的氛围了，他们后面的路比我们艰难。我们也很难为年轻人做更多的事情，只是为他们多鼓与呼，尽可能减轻他们的压力。

3. 金光耀：建立人文学科评估体系，最重要的是人文学科学术共同体的自我认同和自我标准

金光耀，1954年生。复旦大学历史学系教授，博士生导师。英国 University of Leeds、美国哥伦比亚大学访问学者，瑞典 Lund University 访问教授，韩国高丽大学访问教授以及美国 Virginia Commonwealth University 客座教授。主要研究领域为中国近代对外关系史、中国当代史。

访谈时间：2014年11月13日
访谈地点：复旦大学光华楼金光耀教授办公室
访谈人：张春梅、席永春

学术代表作制度是一种理想的评价制度，但是实施起来却存在着诸多问题。

访谈人：金老师，能否请您谈谈对学术代表作制度的看法？

金光耀：关于学术评价标准，教师最关心的是职称晋升。复旦这两年开始推行代表作制度，确实有它的合理性，但是在具体实行过程中每个院系都会出现一些问题，所以我就从这点讲起。

学术代表作制度，是一个非常好的制度，非常理想。欧美高校基本都采取代表作制度，就是以一个学者代表性的著作作为升等的标准，而不在于其数量。这一制度对提高整个学术的质量是有好处的。但是理想的制度在执行时需要有一个理想的综合环境。在目前我们的学术环境之下，完全的学术代表作制度在具体推行时会产生一些问题。比如说有人认为这篇文章质量高，或者本人认为这篇文章是高质量的，很有创见，学术共同体中有可能大家也认为不错，但是当面对实际的升等评选的时候，因为牵涉到各种各样的人际关系，包括学科之间的，就有可能会本位主义地从

自己本学科的利益出发，就有可能不完全纯粹地从学术出发。现在整个学术共同体的自律，或者说纯粹以学术作为衡量标准这一点上，有时候还不能完全做到，这是一个问题。

根据我自己做行政时的体会，包括与年轻老师们的交流，感到在目前的情况下，原来的数量化的评审标准和代表作的制度同时并存或许更具操作性。因为不少年轻的老师会担心究竟谁来评判文章的质量，为什么我这篇文章就不能算高质量的文章，他那篇文章就算高质量的文章。还有在两个不同的领域怎么来评比，为什么这个人晋升，那个人没晋升，实际操作中往往会碰到这一类非常具体的问题。所以在这种情况下，如果从操作角度讲，有一条数量化的标准，比如至少你要有一本书，五篇文章等等，对年轻人来说目标会比较明确，也比较可操作。同时也不是只有数量化一条路，可以另有一个代表性著作的渠道。如果某人确实成果少，但是质量确实很高，他就有另外一条途径可以走。这样就现实的操作来说会更好一点，但从长远的目标看，应该是以代表作作为衡量学术标准的最终目标。如果抛开功利和人际关系，就是说抛开评职称，实际上大多数学者心中是有杆秤的，某人行某人不行，哪些人水平很高，尽管成果不多，大家是明白的。但是碰到具体问题像职称、教授的等级等等之类的问题，马上会出现互相不买账的情况，为什么他能上我不能上，评委也很难说话，但大家心里明白谁水平高谁水平低。所以学术共同体对学术评价标准及其具体操作要有共识，要能自觉遵守，这样就可以推行可以操作。目前在整个学术共同体还达不到这个水准的情况下，从操作层面来说，两种方法同时并行可能更实际些，但是最终目标很明确：应该向代表作制度发展，纯粹从学术质量上来衡量。这是我自己根据这两年系行政工作中碰到问题的一个体会。

评价一篇论文，要看其是否提出了学科中非常重要的、非常关键的问题，是否推进整个学科发展的问题。

访谈人：那么，您能介绍一下怎样评价一篇论文的好与坏吗？

金光耀：从历史学来讲，就要看是否提出对推进整个学科来说非常重要的问题,或者前人在这个学科从来没有提出过的问题。比如民国史中的"中山舰事件",以前大家都有各种各样的说法,北京杨天石先生在80年代写过一篇推翻前说的论文,对认识蒋介石具有很重要的意义,这就是好论文。从历史学来说,还有就是能不能发现并且很好地使用新的资料,很多别人没有用过的资料,能够发现并且很好的使用和解释,就是学术能力的体现。当然还有问题本身的难度,有些问题相对比较容易解决,难度不是很高;但有些问题就是有材料放在那里,一般的学者也不一定能够做好,有很大的难度,如果有学者做出来了,做得很好,大家会说这篇文章很好,这个学者有功力,这些大多数人心里都是有数的。但是如果放到存在利害关系的评价中,要将写文章的作者和自己放在一起评奖或者评其他,就会说这篇文章好什么,为什么我的文章就不好。整个评价体系和学术共同体的自我标准与学者的自我要求是紧密相关的。现在不少学术评价都是和利益相关的,大家都把利益放在前面,这样即使定出学术标准,但是具体投票评价时还是会把非学术的考虑带进去,所以最根本的是将学术放在第一位,对学术有敬畏之心。但很明显,目前整个学术共同体里不是所有的人都能做到这一点的,实际上问题就出在这个地方。

申请到的课题、评到的各种奖项,可以作为人文学科职称评定中的一个参考性指标,而不能作为唯一的指标。

访谈人:您觉得申请到课题、评到各种奖项是否应在职称评定中进行考量?

金光耀:这个问题比较难讲,人文和社科分应该开来讲。就人文学科来说,可以作为一个参考性指标,但不能作为唯一的指标。比如已去世的朱维铮先生,他好像没有拿过什么重大项目。但有些项目如《中国历史地图集》是国家项目,这样的项目确实是需要大量经费支持的。人文和社科是不一样的,社科项目要做调研,人文研究大多数情况下是个人的一种学术创造。科研项目可以作为一个参考性指标,但不能作为唯一的指标。现在的问题是将有否科研项目绝对化了,学者拿不到科研项目就是科研不活跃,或者科研能力不足。复旦还稍微好一点点,有些单位晋升职称一定要有项目,没有项目就是不行。

学生不能完全跟着老师走,要走出一条自己的路来。

访谈人:学者的价值能否通过他培养的学生体现?您怎么看待这个问题。

金光耀:培养学生是高校教师的职责。从我们自己来说,我们也是跟着老师一步步做出来的。作为学生要在老师的指导下做出自己的成绩,更重要的是要把老师原有的知识体系充分地消化吸收,但是不能完全跟着老师走,要走出一条自己的路来。如果完全跟着老师走的话,那走到后来,很难在学术界里走出自己的天地来。所以老师带学生就有这样一层关系,有一定的师承,但不要求学生完全跟着老师,那样最终走不出一条完全成功的道路,或者成功是有限的。学生最终开辟了属于他自己的学术天地,做老师的当然会感到高兴。这是在高校做教师的最大乐趣。

在媒体上发声,是社会影响力。真正的学术影响力还是靠自己的成果,或者论文,或者作品。

访谈人:参加政府决策咨询会或者报告获得批示能否提高学术声誉?您认为学者通过重要媒体活动,除了增加知名度和影响力外,能否真正体现学者的学术地位?微博粉丝的关注度,是否可以用来为人文学者影响力加分?

金光耀:这实际上是社会影响力,不是学术影响力。对学者来说,真正的学术影响力还是靠自己的成果,或者论文,或者著作。谭其骧先生那个时代,学者很少在媒体上发声,但谭先生的影响一直都在,而且是长久的影响。在媒体上产生的影响,有可能只是暂时的,一时很热闹,但过后就烟消云散了。当然学者确实也需要就一些社会关注的问题,发一些声音,这也是一种社会责任。但是媒体影响力不能和学术影响力等同,不能说发声发得多就是学术影响力高,这完全是两回事。有些学者从来不在媒体上发声,但他的学术影响力在学界是存在的,因为学术影响力主要是在学界存在。

建立人文学科评估体系,最重要的就是人文学科学术共同体的自我认同和自我标准。此外,要把代表制这一概念理解好,不应该放弃,需要有些过渡的方式。

访谈人: 综合以上您所说的方面,如果重新构建一个评价体系,您觉得应该怎样比较合理?

金光耀: 我开头讲过的首先目标要定得高,但是起步要根据现实情况,有点变通的手段。目标定得高,确定最终要达到的一个目标,但是现在一步达不到,就需要有点变通的方法,希望通过逐步地推进,最后达到目标。像复旦这样的学校应该是做得到的。

访谈人: 除了以上我们提到的问题,还有哪些问题您觉得有必要再谈一下?

金光耀: 这里所说的人文学科的评估体系,最终牵涉到的是人文学科的一个总体环境。这个问题归根结底,最重要的是人文学科学术共同体的一个自我认同和自我标准。如果每个人文学者都有很高的自我标准,都把学术放在第一位,整个共同体有了大体一致的认同,评价体系就比较好解决,剩下的就是技术上的问题了。对实行代表作制度存在的分歧,实际上很多是与学术无关的,而是有各种各样的其他考虑在里面。

如果全面推行代表作制度,就淡化数量考核了,这应该是我们的最终目标。我们现在都在说建一流大学，世界一流大学就在那里，他们的做法大家都知道，我们要做的就是一步步地向人家学习。欧美的大学里，大概二流大学、三流大学有量化指标，一流大学是没有量化指标的，就是看质量，看代表性著作。出版第一本学术著作就可以升第一个职称——副教授，并且没有名额的限制；然后做副教授时再写本高质量的学术著作出来，就可以升正教授，就是这样一个标准，这就是职称的标准，是我们应该努力的方向。对复旦来说，应该不在乎学术成果量的多少，应该在乎学术成果水准的高低。如果复旦以后能像国外一流大学一样，能真正地做到拿一本代表作出来、大家看水准到了就可以评职称，这才是最理性的状态。给年轻人定个具体的量化标准会是一种鞭策，他会去按这个标准去做，一本书，十篇文章，不断地努力去发表。当还差两篇文章时，他还不能报职称，他会再努力去写两篇。如果推行代表作制度，需要一本高质量的书，他就会把他所有的心血放到这本书中去，写到他所能达到的学术高度。只重视数量不重视质量的话，他的动力就会不一样，他的文章或著作达到了自己有可能达到的学术水准的百分之七十或八十，他就拿去发表或出版了，因为评价时是一个同样的数量。如果他花力气还可以将质量再提高百分之十，但是他去赶写下一篇论文了，争取多发一篇论文，否则论文数量会还没达到。这种现象不一定很多，但肯定有。当然有些天才型的人才不一样，他出手都是好文章，而且也很快。我感到学校提出的代表作制度非常好，但我们现在一步达不到，中间需要有些过渡，就是说可以操作的办法。但这个目标既然提出来了，就不应该放弃，复旦就是要朝这个目标走下去。

4. 周振鹤：人文学科是没有办法量化的

周振鹤，1941年生。复旦大学中国历史地理研究所教授，博士生导师。全国古籍整理出版规划领导小组成员、上海文史研究馆馆员。主要研究领域为历史地理学，旁及地方行政制度史、文化语言学、近代新闻史以及中西文化关系史、中外语言接触史等。

访谈时间：2014年12月11日
访谈地点：复旦大学光华楼周振鹤教授办公室
访谈人：陈思和

人文学科是没有办法量化的，特别是学术性很强的文章。

陈思和：学校推行代表作制度，但是代表作制度没有标识符的，理工科很容易量化，而人文学科是很难量化的。人文学科有那么多专家、大师，有没有能让人信服的代表作真的能代表复旦的水平？

周振鹤：人文学科是没有办法量化的。像民国时期，一个教授有没有水平，一是公论，二是人们心里有杆秤，大家都知道谁行谁不行，三是部聘教授，部聘教授比一般的教授高，教育部有权威性。现在三样都没有了。

陈思和：我曾经到一些学校了解过每个教师做个学术档案，做得细一点，分类分得多一点。对理工科来说很有用，但是未必适用于人文学科。

周振鹤：有一些研究，如果写一些大众化的文章，可能引起大家的注意，但是还有一些研究，它的学术性是很强的，需要专门写学术性的文章，不大能引起大家的注意,这是没办法量化的。

陈思和:我们先听听一些教授的意见,不要量化的,而是有些专家声音的。文史哲能不能每年做一个评估报告,或者做一个排行榜。比如:历史地理由你来判断或者领导一个专家小组来判断今年历史地理的排行榜的大概情况。我们先在自己学校来做,每个领域,每个小组负责收集资料,然后专家判断。我们慢慢来做,朝这个方向努力,至少复旦做出一个权威的评估,复旦自己认可的。对于一篇文章的好坏,不论发表在什么刊物上,而是由专家充分讨论。我们复旦自己老师的文章至少由复旦认定代表作,我们自己评估,然后得到别人的认可。

周振鹤:先要有人做尝试性的工作。

陈思和:是要有一个工作班子。现在,代表作看是不是《中国社会科学》上的发文,也欠妥当。

周振鹤:量化肯定不行。不久前《中国社会科学报》评出来的中国社会科学方面顶级刊物、权威刊物、核心刊物还不是很科学。文学的东西,比较过硬的是文学遗产,古典的。新闻系先有博士点的专业是新闻史,先立足在新闻史,然后再扩展到新闻理论。也就是说,具体的史的研究比理论研究标准更客观一些。另外还有一点,社会评价不一样。今天新闻报纸的头版报道的人物都是文学艺术领域的,做学术的一辈子也没有这个荣耀,文学理论家要比历史理论家出名许多。做学术研究的没有多高的地位。过去解放前是做文学的比艺术的有地位,现在都倒过来了,做文学的不如做艺术的,做艺术的还不如唱歌的、写小说的,现在社会价值观已经全变了。

陈思和:人文学科是个人化的,要是变成大众化的,比读者量、收视率、发行量,没办法搞了。

周振鹤:历史地理这个专业面窄,外行怎么去了解?谭其骧先生六十几岁时已经是全国的权威了,但是他的专著还没有出来,他主编的《中国历史地图集》还只出了内部版。现在的学者比他当时的研究环境还好,但是潜力都没有发挥出来,所以现在社会的评价体系已经成问题了。

陈思和:现在学校还愿意为人文学科投入,我们还是能做些什么的。
周振鹤:再不重视人文学科,人文学科就可虑了,复旦应该做得更好。

陈思和:现在评价体系的导向是不利于学术研究的,特别是个人的学术和独立的学术研究。
周振鹤:现在评价学术成果必须要可展示的,不是可展示性的就好像不是成果。

陈思和:所以我们必须做以学术为主的另外一种声音。对于学者来说,别人不认我,但是复旦认我,吸引有才华的学者到复旦来。复旦要有这个气氛与气派,这是个学术尊严问题。
周振鹤:李晓杰的《中国行政区划通史·五代十国卷》写了70万字,五代十国总共只有50年时间,写得这么详细,比汉代还详细,因为五代的情况非常复杂,不是专门的人士不会关注的,不可能大众化,只能个别人看。其他人去看,不知道我们在做什么。

陈思和:这种学术都是师傅带徒弟的,需要师徒传承、延续,不能很多人一起做,做不了的。学术要有荣誉感,这是很重要的。

5. 姚大力：学术评价制度最关键的影响是它关系到年轻学者转型之路

姚大力，1949年生。复旦大学历史地理研究中心教授，博士生导师。中国元史研究会副会长。兼任清华大学国学研究院特聘教授。曾先后在美国哈佛大学、日本庆应大学作访问学者。主要研究领域为元史、中国边疆史地。

访谈时间：2014年10月20日
访谈地点：复旦大学光华楼姚大力教授办公室
访谈人：张春梅、席永春

访谈人：图书馆正在做人文学科评价的研究，想通过采访文史哲的知名教授，了解他们对人文学科评价的看法。我们非常想听听您关于这个问题的看法和见解。

年资是一个人晋升的最基本的依据。

姚大力：人文学科的属性，与自然科学、甚至社会科学都不同，不能完全以"科学"视之。各个学者的研究成果之间当然有质量上的差别，但这个差别可能是很微妙、难以言说的，很难找到一个可以精确明白地加以把握的界定标准。我们没法找到一杆秤，可以用来秤斤论两。你或许会觉得某人好些、某人差些，但要你说明为什么这个人好、那个人差，往往很难用一种大家都认可的语言表述出来。所以当学术评价涉及到一个人的学术职称晋升时，我觉得年资还是应当被看成一个最为基本的标准。这不仅是因为针对成果质量的检验难以有一套精准、并且明确可操作的衡量标准，而且也因为人文学科的教学研究者的学识和眼光需要靠很长的一段知人识世的人生体验来涵育。马一浮论朱陆主张的差别，说朱熹重涵养(是即"仁"),陆九渊学本自悟,故重察识(是为"智")。"实则涵养不密,察识便不能精"。所以说文科学者的成熟可能较迟缓,道理就在这里。

文科的修习需要更长期学术投资的再一个原因是,对今后将成为学术主力的那一代、以及比他们更年轻的文史研究者而言,起码需要掌握熟练地阅读英文以及日文这两门外语的专业文献的能力,不然就很难成为真正前沿的学者,甚至恐怕连真正的学者也算不上。在外语能力方面的投资,包括熟练地掌握第一外语和学习第二外语的付出是相当大的。不能只是让他们比赛谁写了更多的论文和著作,然后再通过把这些成果折合成分数后对总分加以比较的定量裁判方式,由此决定谁优谁劣。这样做法,非但不是在鼓励、而且是在用针对短时期成果的不公正评价阻扰年青一代在外语方面的再提高和再进修。量化的学术检验标准在这方面起到的导向很坏,应该引起我们足够的警惕。

晋升考评还是需要设定一个基本门槛。

除了年资之外,考评当然要依据研究成果,也包括由其它方面的指标构成的一个基本门槛,诸如教学工作量、社会工作的工作量、担任现职的最短年限等等。我认为设置一个数量方面的基本门槛,还是相当必要的。

最近几年推行代表作制度,是对原先只在数量方面进行比赛的一个必要纠正,有非常合理的一面。但如果完全没有这么一个基本门槛,在青年教师中恐怕就会滋长出一种普遍的侥幸或觊觎之心。在这里我们遇到的,又是前面说过的那个问题:你拿出一两种"代表作",我也拿出一两种"代表作",凭什么说我的就比你的要差?标准本身有见仁见智的不确定性,结果可能是被评到的认为理所应当,毫无餍足之意,未评到的则一肚皮牢骚,客观上起到的是毒化同事间相互关系的作用。所以数量上应当有一个基本门槛。达不到这个准入门槛,那就等下次。而对已经过了这个门槛的人,就不必完全以成果数量的指标论高低。可以先看看年资前后。如果年资上也没有太大差别,那时再依据成果数量,乃至比较含混的

"质量"高低作出取舍，或许就可以大大降低产生不公平的可能或程度。

破格提拔人才的方式是必须要有的。

我这么说，绝不是主张不要采纳或建立破格提拔人才的做法和制度。如果有不期而遇地涌现出来的特殊人才，这样做绝对是必要的！实际上，如果真正是非常突出的人才，他的表现、成绩和水准应该比较容易获得大多数人的认可。对极其优秀的人甚至可以越级提拔。应该为这样的可造之材留出一条特别通道，还需要针对这个途径设计一种特别的审批程序，由学校组织的专门委员会对申报者进行比一般个案更仔细的讨论评议。

以权威性同行学术共同体的共识来认定破格。

至于怎么才能保证破格提拔的质量，这个我缺少操作的经验。也许有一条可以参照的经验："文革"以前，有过一批一批比较高水平的年轻学者涌现出来，在全国范围里获得大家的认可，成为学术"国家队"的接班人。这个标准是怎么做出来的？那时有一个超越各地、各单位的、由一流学者构成的在全国范围内具有权威性的同行学术共同体，它的成员们会把各自认为优秀的青年学者介绍到这个圈子去。别人通过与他们的接触和对他们工作成果的观察，从而作出他们自己的判断。如果这个圈子里有越来越多的人认可你，你也就慢慢变成了一个被整个学术界承认的人。这个圈子的成员之间也有矛盾，也有互相不服气，甚至也有你死我活的，但他们之间还是会达成相当多的共识。被这个圈子认可的人，一般说来后来都是一流的。

当然，那时各个专业圈子里的人没有像现在的从业者这么多，另外现在的任何圈子恐怕都已有它们自己的各种切身利益，很难再做到过去的那种公平。但我还是觉得，在一个高水平的学校之内，在相对邻近的共同学术领域(例如文史哲就应当是这样一个共同领域)里,应当形成一个权威性的、足够公正的同行学术评议集体,负责从事对破格提拔的鉴别和拣选。这个权威的学术共同体的功能,可以由校学术委员会内相关学科成员组成的集体来承担,或者以它为核心,增加若干临时聘请的校内外一流学者共同构成。无论如何,对于各类最重要的学术骨干的鉴别和使用,学校必须采取一竿子插到底的做法,在校级层面上直接认定和处理。这个权力若被放到各院系,那一定就会变成一场切蛋糕和分蛋糕的瓜分行动。

晋升评价要和项目经费、评奖区别开来。

晋升评价涉及人的基本尊严的一面。至于你要钱和此外各种各样的名誉或利益,那你就放手去争取。你可以去申请各种国家项目,至于是否认真去做,那往往又是另一回事。还有各种各样的奖项,都应当鼓励大家去申请。这方面收获越多,不仅个人得利,对学校、对集体也是有利的。可太把那些东西当真,就会有问题了。程颐说,如果一味反对人们"习举业而望及第,却是责天理而不修人事"。但他又强调:"科举之事,不患妨功,惟患夺志。"就跟清朝科举考试一样,我考理学、考宋学,可是连皇帝都看不大起理学、宋学,他看得起的是乾嘉汉学,而那东西考试偏偏又不考的。既拿到了经费、获得了奖,再要进一步把它们变成要求晋升的依据或理由。从一条牛身上剥几层皮,又要来评先进,又要来破格,这就可能把不公平放大了。我不要这些东西,不应该成为我不如你的理由。我不拿不就是少用点钱吗,不就是少要那点虚名吗? 我不要榜上有名我反而错了,那这个不是不公平了吗?

所以我坚持认为这个分开很重要。当然,有些非常不容易、非常珍贵的奖项,恐怕还是反映一个人的水平的,那另当别论。那你也可以走破格晋升的路。项目多不等于成果优秀,经费多不等于学术成绩大,获奖多不等于水平高。它们有各自的功效,但如甘于清贫一样,都不应该成为获得晋升的理由。

高等院校的普遍智库化是学术的灾难。

能不能把高等教育的教学研究人员智库化？绝对不可以。这样的提倡、这样的做法绝对是违背学术生长基本规律的。我并不一般地反对建立智库，我也认为需要一些专门的职业化的智库为国家需要服务。事实上，几乎每一个国家级和省级的部门似乎都有自己的职业化智库。

如果真有什么问题，国家需要我们出出主意，当然我们也有责任。国家有需要来向我们咨询，我们从自己专业角度出发谈一点看法，尽到一个公民的义务，那是应该的。比如你碰到边疆或民族问题了，我是做边疆史地研究的，你来问问我，我可能有些从历史角度看出来的特别见解，那是国家从其它角度来思考所难以获得的，那你可以来听听我的意见。在这个意义上，所谓智库的功能，实际上是通过某一特定专业的学术工作者，从他的专业知识和专业背景出发，去完成他作为一个国家公民的责任义务这个过程来实现的。这是一种流动的、不固定的智库，其成员也不以参与国家智库作为自己的职业。我甚至认为，即使是在职业化的智库成员里，恐怕也需要实行一定程度的流动性。他一天到晚帮国家出主意，到头来，他还有时间和精力去培育自己的学术根基吗？如果学术根基蜕化了，那他们又凭什么去给国家出这样那样的主意？他们拍着脑袋挖空心思想出来的主意，真的还会对国家有什么用处吗？

我这个意思绝不是说知识分子对国家是没有责任的，我们有很重的责任，但是我们要做的事情不是为解决非常具体的实际问题，比如说边疆民族问题，提供具体的可操作的方案。但是从学术角度、或者说得夸张一点，从解决现实问题的学术准备出发，我们有很多份内的工作需要加紧去做。比如边疆问题，我们可以做什么呢？我认为有三个维度上的事情要着手做。第一是学理（包括政治伦理）维度的。现在讨论得很热烈的一个问题，是要不要继续坚持和落实民族的区域自治政策。这种区域自治权利无论如何带有特殊人群的集体权利的属性。那么我们是否可以认为，在每一个国家公民平等地拥有的个人权利之外，这种给予边缘人群的集体权利是根本不必要的,甚至对前者是一种侵犯、因而对本国的主体人群是一种不公平呢?甚至立足于自由主义的原则立场上,对这个问题的讨论也没有获得解决。第一流的思想家如麦金泰尔、查尔斯·泰勒、哈贝马斯,都不愿意简单地退缩到自由主义的立场,他们力图在这两种选择之间找到能够兼容的解释。可以说,我们至今还没有找到在理论上去妥善地安顿这对矛盾的见解。中国也有人讲,由于有各种特殊的民族政策,汉族变成中国最受欺压的民族。这背后的理论预设,就是公民平等地享有的个体权利和特定的集体权利之间是决不能相容的。然而事情真的是这样的吗?这是学术界需要解决的任务。

第二个是历史的维度。中国的民族问题是中国历史的长期过程造就的。简单地从民族的现状去了解它,你是看不透彻的。从中国形成的历史过程去认识中国为什么变成今天这个样子,这个研究当然应该是由我们来做的。

此外还有一个很重要的维度,即比较的维度。当今的民族问题、族群冲突不只发生在中国一个国家,许多其他国家都面临同样的问题。这些国家的学者怎么看待他们国家的民族问题,看待他们国家解决民族问题的政策?这个在美国就有很成熟的名为 ethnic conflict(种族冲突)的课程。十几个大学,每个大学都有一大堆参考书,中国有人在那认真研读这些文献吗?当然,任何国家解决他们国家民族问题的方式、思想,都不可能简单地被移用到中国来。中国的民族问题是有它自己的特殊性的,这种特殊性就来自于中国历史本身的特殊性。所以只能由中国人自己来动脑子、想法子。但是你仍然需要吸取别人如何解决他们的问题的经验。上述学理的、历史的、比较的维度上的思考与探索,就是学术界应该做的工作。不需要我们人人都去写奏折,削尖脑袋去当智库。

用合理的评价体系引导青年学者。

我现在慢慢产生的一个比较成熟的看法是,在拿到博士学位以后,包括大多数留在学校的青年教师,其实在他们的学术生涯中还面临一个非常重大的转折。在博士毕业以后的五年到十年、甚至更长一点的时期里,他们实际上就在吃博士论文：先把博士论文拆开来，变成一篇一篇的论文发表，然后并起来再出一本书。这样他就有五六篇论文和一本书了，所以他最初的那几年就靠那些成果来晋升副教授。但过了这五年到十年，每一个博士都面临一个问题：他需要实现某种转型。也就是从围绕那本学位论文、或者在论文主题边沿略作开拓的思考和写作，转换到一个更广阔的关注领域，获得一个更开阔的眼界，并且相应地学会适应自己新需要的某些新理论、新方法（也包括新的外语语种）。这几乎是每一个博士毕业生或者青年学者在走上岗位后的十年里都要面临的一个转型。如果转不好，那就像捂发芽豆一样地捂烂掉了；转型转好了，他就发出新的芽来，他会有一个新的眼光，一个新的思考问题的地基，也有了从事更深入更宽阔的学术工作的能力。

　　因此，最关乎晋升的人才评价标准，其实还关系到用什么来引导这批人的重大问题。如果转型转僵掉了，这个人就没有什么更开阔的前途可言了。他或许只能停留在自己撰写博士论文时的水平上。虽然他也还能写很多文章和书出来，但是它们的水平还是博士论文的水平。转型转好了，那就可能是另一种"百尺竿头放步行"的局面。所以学术评价制度最关键的影响，是它关系到这批人在转型的时候，会选择怎么样的路。如果评价制度一个劲地鼓励他们多写，甚至为发表而去拉关系，可能就把他的转型给耽误了。那个时候是需要大量地重新读书、重新思考。博士期间好像读过一点书，其实有许多很可能还没有真正读懂，要有一个反刍，重新地咀嚼。这是一个很重要的重新进行学术投资的时代。这个时代，你却要求他拼命产出，这能行吗？

　　当然，我不是说他可以一篇文章不写，他以反刍自命，你吐了半天只有你自己的胃知道，别人一样不知道，你没有表现出来，那不行。所以我就讲要有个门槛。但过了那个门槛以后，就不应该再比数量。你拼命地要他产出，结果他根本就没有好好消化，没有时间和精力好好地再学习，那你就是在倒着使力气。在这个困顿期里面，他需要不断地投资，要用兴趣来支撑他追求学问，而不是别的。如果你那个晋升的标准是不健康的，那么就把这批人引导坏了。

6. 姜义华：评价的标准应考虑研究的原创性、跨学科思考以及对现实社会的针对性和关怀性

姜义华，1939年生。复旦大学资深特聘教授，博士生导师。教育部社会科学委员会委员。曾任教育部历史学科教学指导委员会副主任委员、复旦大学学位委员会副主席、上海市政协常委、上海历史学会会长、上海市社会科学学会联合会副主席、复旦大学当代社会与文化研究中心主任、复旦大学人文学院院长、复旦大学中外现代化进程研究中心主任。主要研究领域为中国近现代史、中国思想文化史、史学理论及近代中外关系史、中国现代化理论与实践。

访谈时间：2014年11月10日
访谈地点：复旦大学光华楼姜义华教授办公室
访谈人：席永春、王瑾

<u>不机械追求量化标准；正确看待权威期刊、核心期刊问题，更应看重著作、文章本身的水准；完善现有的匿名评审方式；建立由专门机构与学者专家进行评审的评价体系，是建立当下合理的人文学科评估方法的四个要点。</u>

访谈人：您认为您在人文学科领域中获得的声誉来自哪几个方面？能否通过现有的评价体系体现出来？您是否觉得，应该有更好的评估标准来体现您的价值？请您来谈一谈您心目中什么是比较合理的评价方法。

姜义华：这个问题，其实不是现在才提出来的。我觉得我们目前的评价体系问题是比较多的。

第一，人文学科评价机械地规定一定要有多少著作、多少篇论文这是不合理的。现在的知识生产，包括出版多少专著、多少书籍、多少论文，跟过去已经很不一样了。因为数据化时代，网上一检索，可以发现到很多相关的论文，所以很多文章其实是拼拼凑凑，一篇新文章就出来了。真正下苦功夫去做的，其实数量还是有限的。

过去在学校开校学术委员会的时候，我也一直在说这个事情。相比之下，为什么历史学系的博士论文就要困难得多，辛辛苦苦做三四年不一定做得出来。我们有些学院的同学，几个月的时间，他的论文，一长篇就出来了。因为大部分资料网上都可以检索到。不像历史学，必须在各种资料上下苦功夫，要对前人的研究成果得失有充分的了解，然后才能发现别人没有发现过的，必须在那些原始的第一手的档案资料上面下苦功夫，没有功夫你是做不出来的。这个学问，简单的按照专著的数量、论文的数量，是不合理的。真正带有原创性的，在资料的梳理与解读方面，在理论建树方面，都真正有自己独到观点的文章，不在于数量多，而在于功夫下得是不是深，是不是扎实，自己的见解是不是真正站得住，是不是能够经受时间的考验。

第二，评价体系中权威期刊、核心期刊的问题。首先，我们要承认期刊的水准是不一样的，有些期刊水准高一点，选稿的标准高一点；有些期刊不一定有那么高的水准。尤其现在，因为有博士论文、硕士论文都要发表，许多期刊都出增刊、副刊。刊物水准是有差异，但是机械地把期刊分为权威期刊、核心期刊、一般期刊，其实带来的弊病同样很大。使得有一些所谓的权威期刊身价倍增，那些编辑、主编出来，人家都作为上宾招待，形成了很多不正之风，这是一个不好的地方。其次，权威期刊上的文章质量不一定高过核心期刊，核心期刊上的所有文章也不一定都高过一般期刊。刚才讲了，因为包括人事关系，主编或者编辑自己的思想倾向，都会影响选稿的标准。过去像王国维、陈寅恪，人们公认的许多的大家，并不是因为他们的文章都在权威期刊上发表。所以真正评价他们的著作文章，第一不在数量，第二个不在于他的文章发表在哪个刊物、或者哪个出版社。其实，更重要的还是要看著作本身、文章本身的水准。

第三是关于一般的评价标准。我们目前的评价，现在已经开始采用匿名评审、随机抽出那些评审人。当然这也有一个弊端，因为随机抽的匿名评审人，可能跟你研究有些相关，真的有这方面的知识，也有一些可能对你的研究领域、对你做的课题，并不一定真的熟悉。所以现在有一个大的人才库，让你选择、随机抽样，希望可以提供一些比较客观的评价。但这往往又带来另外一个问题，就是随机性太强了，不容易真正提出针对性很强、很中肯的评价意见。现在包括博士论文的匿名评审、文章的匿名评审、专著的匿名评审，都有这个问题。

第四就是<u>树立真正科学而可行的</u>评价体系。现在因为文章很多，很难全部都组织专门的力量来评审。由专门的机构，聘请专门的专家，比较深入系统地来阅读你的著作，作出评审，这有一定的困难。但是这个方向还是对的。由专门的机构来进行评审，其实是比较好的，也比较客观一点。他聘请的专家，最好是针对性强一点、专业相关性更强一点，希望能够有一批比较公正的、能够出于公心的、而且学术水准确实比较高的专家来评。

评价的标准应该考虑研究是否在国内外现有学术研究基础上有原创性，是否在原始资料基础上下了扎实的功夫，是否有更多的跨学科的思考，以及是否对现实社会有针对性与关怀性。

我觉得，重点是评价的标准是什么？第一是在国内外现有的学术研究基础上，真的有自己独到的见解。有没有这条我觉得很重要。现在有些文章把几十年前的老话再翻出来当原创，其实就是骗别人不熟悉；还有的把国外的研究搬过来当成自己的创新点，其实你只要熟悉点国外的学术，就知道人家已经是早提出来了。所以现在我评审的时候经常提一个问题，国外同样的研究你知道吗？所以一个是要了解前人的，另一个是要了解国外的，在这个基础上他是不是真的有所前进、有所突破，有自己的独特见解。

第二个,要看在原始的第一手资料上,是不是真的下了扎实的功夫。不是说随心所欲地对权威提出一个异议,就是一个创新的观点。有没有在第一手的资料上真正下功夫,有没有第一手的资料,对人文学科来说尤其非常重要。因为人文学科,虽然很多不一定都像历史学一样,是一个实证的科学,但是有没有一个广泛的实践基础、有没有真正的在这些文献上下过扎实的功夫,其实还是可以看得出来的。

第三个,在人文学科中间,希望能够有更多的、跨学科的思考。研究者的思考方式有很明显的跨学科思维,特别是要有一个新的突破。在国内外有这么多研究的基础上,联系方便、检索方便的基础上,要做出独特的贡献、创造性的贡献,现在非常需要的就是跨学科的研究。这个就是可以超越前人的地方。现在的语言学,人类学,包括哲学、经济学、社会学,都有很多新的东西。你在这些方面,能够利用比较广的跨学科知识做同样的研究、做同样的东西,容易制造出一些新的东西。当然在这方面,如果在权威期刊核心期刊上面发表过,也就经过别人编辑审查过、通过匿名评审,当然都有一定的参考性。但是更直接的,还是应该从我所讲的这四个方面去考察你的论文和著作,是否真的有比较高的学术价值。

最后是有没有现实针对性、有没有对现实的关怀。我觉得人文学科还是要讲这一点。纯粹的学术的,当然还是需要的,要允许这些东西。但是我觉得学术更大的价值还是在于有没有现实的关怀。国家、人民、现实需要的东西,最紧迫的东西。对老百姓来说、对国家来说,这些东西,它是值得给予支持和鼓励的。

不能唯国家课题论,关键在课题本身是否有价值。

访谈人: 那您觉得,我们现在的国家课题、重大项目,能不能体现学者的学术地位?还有国家社科优秀成果奖等奖项,这些应不应该作为学术水平考量的一个标准呢?

姜义华: 国家的课题,现在也不完全都是领导人拍板,现在通常都会征求各学科一些专家的意见了。在那个基础上综合过来,所以现在的课题,相比过去而言,可能是更多地体现了整个学术界对学术的思考、关注的程度。所以国家课题,包括领导人提出的一些课题,我觉得还是要给予相当的肯定的态度。

但是也不等于列入这些课题就是有价值的,没有列入这些课题就是没价值的。学者没有考虑到的、或学者考虑到了由于国力不够没有列进去的,你做了,同样有价值。所以不能唯国家课题论。关键在课题本身是不是真的有价值。评奖,现在也是请大批专家了,其实也并不是所有专家都认真对待,或把那些论文著作看过,流于形式主义的这种情况也有。包括看一篇博士论文几十万字,你能够有多少时间去看?博士论文答辩高潮来的时候一下子来十本八本,专家也没有那么多时间去真的仔细地从头到尾地去看。所以这样的评价也是有问题的,因为量太大,没有充裕的时间。而且很多专家现在事情也太多,你给他时间,他不一定抽得出时间来看。话说回来一篇博士论文几十万字,看下来也就给一两百块钱,人家看你一篇文章需要多长时间呢?所以现在包括专家评审、专家评奖都有这样的问题。评奖的东西本身上下了功夫,所以这些东西有参考价值,但是不能把他们看得过高,更不能绝对化。

学者的职称评定,不仅要参考计量因素,更要重视其真实的水平与贡献。

访谈人:您认为现有职称评定标准在您的学科中是否能体现学者的真正学术水平?您认为应该建立怎样的可操作的职称评定办法?

姜义华:现在的职称评定,过多地强调了计量的东西。真正的质的东西没有得到重视,因为不是所有人都关注这个质的。同样像我们历史学科,古代史、近代史、现代史、中国史、外国史,外国史中间有各个不同的国别,你熟悉这个不一定熟悉那个。所以真正按"质"来评价,也有它困难的地方。你说到外面找几个专家,当然有些专家很明显一下就能看出是什么水平,但是有很多专家的水平忽上忽下的,拿回来的评价可能是参差不齐、相差很大的。当然也有很负责的,所以这个情况就变数很大。

所以说，职称评定上面，计量有一定的参考意义，但我主张的是，更重视他真实的水平、真正的贡献，要把这个放在更突出的地位。计量的结果可以作为一个参考。因为既然你在高等院校评高级职称，真正的学术水准是必须要达到的，因为现在要求量太容易了。从前我们的老师一辈子写十篇二十篇论文已经是非常多了，现在我们年轻人，一动就是几十篇论文、上百篇论文，因为太方便了。

<u>学术大师的学术地位主要来源于学术著作的原创性，他在领域里独特的贡献、权威性和影响力。</u>

访谈人：我们以前的学术大师，他们的学术地位是怎样产生的？

姜义华：他们的学术地位不是封出来的，也不是评出来的。过去也没有评奖、也没有大的国家课题，主要就是看这些学术著作的原创性，他在这个领域里面独特的贡献、他的权威性以及他的影响力，是学术界公认的、真的有创见的研究。比如王国维的殷周制度论，甚至他的《人间词话》，都是整个学术界公认的学术著作。还有最早他对甲骨文的研究，用一些原始资料对历史做出新的解释，从而影响整个的历史研究，这是学术界公认的，乃至到今天在学术上还是承认的。他不是靠什么项目评审出来的。

<u>名师的价值不仅体现在其培养学生的成就大小，同样要看其本身对这个领域里学术发展的影响。</u>

访谈人：您觉得一个名师的价值是否应该通过他培养出来的学生的成就来体现？有什么办法能通过对学生成绩的评估来体现老师的价值？

姜义华：应当说学生的成绩跟老师有相当密切的关系，但是不能完全变为直接的指标，情况比较复杂。比如我是做章太炎研究的，章太炎有很多学生，他们在各个不同的领域都有不同的成就，这当中有他们自己的努力,跟章太炎也有关系,所以在整个中国学术界的影响,可以通过他的学生的成绩来体现。包括没有直接做他的学生,受他的著作影响,那些人的成绩也可以体现出来。

所以,一个是看他的学生,还有一个是看他的社会影响,包括对整个学术界、对这个领域的学术发展以及对其他人的一些影响。学生情况比较复杂。像现在我们一年只能招一个博士,它局限性就很大,过去可以一年招几个,几个博士生共同接触,通过一个群体、一个团队,都可以体现出他的水平,教师的水准、学生的水准都能够得到提高。目前的制度就不太适合这个。

对现实的关怀,应当是学者义不容辞的责任。学者的学术水平与媒体知名度没有直接关系。

访谈人:学者参加政府的决策咨询或者报告,能否提高他的学术声誉？您认为,学者通过重要的媒体活动,除了增加了知名度和影响力外,能否真正体现学者的学术地位？

姜义华:这是两个类型的问题。

第一,提供对国家重要的有价值的咨询,提出意见,这正是我刚才讲的,学术需要有现实的关怀、现实的责任,这对学者来说,应当是义不容辞的责任。但是,不在于领导人给你写个批示,当然这样,能发挥的作用更大、更好。但是,有一些没得到批示、有价值的东西,领导人看了后,同样也是有价值的。

现在很多单位评价还是这样的,省一级的、副省一级的、或是哪一级的领导给你批示了,就好像身价百倍。可能你的研究正好对了他的需求。所以我说,要有现实关怀、要有责任担当,对领导人的批示不要太简单太机械地看待。学者应当对国家政策、国家战略提出一定的意见和建议。但是,这和权威期刊一样,不要太机械,哪一级领导批示的,就如何如何重要,这不是一个学术问题。所以不要认为领导人批示了,学术价值就高了。

第二个，媒体上亮相，这其实是另外一个问题。现在我们的媒体亮相还是跟它的广告有关，所以知名度对学术来说不一定有非常直接的关系。媒体上宣传的内容，甚至很红火的内容，不一定就代表你的学术水平特别高。媒体活动跟广告、资本、组织有关，跟受众的兴趣、需求有关，跟学术自然有一定的联系，但不能代表就是非常精深的学术研究，更不能自以为在媒体上有了知名度，学术水平就真的很高了。这是两回事情。

7. 黄进兴：学者切忌眼高手低，否则只是知识的消费者，而非知识的生产者

黄进兴，1950年生，曾用笔名吴咏慧。台湾"中研院"副院长、院士、历史语言研究所特聘研究员。曾任"中研院"历史语言研究所所长，台湾大学、台湾清华大学与新加坡东亚哲学研究所教授，香港中文大学哲学与文化研究中心通讯研究员，日本关西大学东西学术研究所合聘研究员，台湾"中研院"学术咨询总会执行秘书，台北市孔庙管理委员会委员，《Asia Major》学报编委。主要研究领域为近代思想史、宗教文化史、史学理论。

访谈时间：2014年12月26日
访谈地点："中研院"史语所所长室
访谈人：谢琳、王烨

人文学的评价标准有更大的争议。

访谈人：请问"中研院"在升等方面，是否有自己认定的期刊标准？

黄进兴：我们前几年也有一些检讨，这里的科技主管部门，以前叫"国科会"同样检讨这些问题。我们常常讲"人文社会科学"，事实上人文学的评价标准有更大的争议。什么叫做期刊标准，大陆也有SCI之类的，后来大家觉得这样的操作有点问题。要做期刊标准，就是要对期刊分等级，例如说最好的期刊算5分，接下来4分、3分、2分、1分，可能有些书评就是0分，不算正式的学术论文。这种操作方式后来有一些反弹，尤其在人文学方面。人文学主要的表现方面还是在专书，整本的书比较有分量，在西方，就是以书为标准，因为人文学不像数理、生命科学容易以单篇文章来衡量。例如诺贝尔奖得主，根据电影《The Beautiful Mind》（中译：《美丽心灵》）里面所述，纳什（John Nash）在很年轻的时候写了一篇文章，也很短，一二十页而已，就可以预定终生的荣誉，人文学科很少发生这样的现

象。人文学科的特色就是要累积,有点像终身成就奖,一步一步累积,每一个作品、每一篇文章表现都要杰出,却很少单靠少数几篇文章就奠定在整个学科的基础或声望。另外一点就是,人文学专书比文章更重要,所以在西方我们常常提到,某个人写过一本非常好的书,但是极少听到说他只写过一篇很好的文章。人文这种评估的方式跟自然科学不一样,自然科学很少听到写书,写书一般都是教科书;他们是以文章来论胜负,论表现成绩。人文学科跟社会科学相比也是不一样的,社会科学、经济学也很少说写一本书,经济学主要表现为发表论文,常常以理科的模式来运作,但是人文学基本上还是以专书为主。现在人文学有一种流行的方式来把几篇文章并成一个论文集,导致标题不是完全和里面文章的内容相吻合。例如,有人将十年来写的文章放在一起,彼此并不相涉。但有些是预先规划的,要写一本系统的书,所以他这个论文集合起来,再稍微调整一下,就成为一个首尾连贯的专书。史语所也有一些改变,我们的升等以前是靠文章为主,后来这十年来慢慢重视书籍的表现,所以我们现在就规定,书也可以用来升等。有些所,如近史所升等需要至少一本书。我们所采取折衷的方式,一本书可以抵4篇论文。假设我们所助理研究员升副研究员,需要4篇到5篇文章以上的论文,越多当然越好,超过这个标准就可以提升等,也可以以一本书抵4篇文章。折衷方式可以兼顾,书和文章不一样,文章的篇幅比较短小,有些人文章写得好,书则不见得精彩;有些人擅长大格局的做法,运用在写书里面,但是一般来讲,能够兼顾是最好。在总称叫人文学科的文史哲这几个学科里面,专书的表现一般来说超过单篇文章。这是我们目前的一个操作方式。当然,我们知道好的杂志也有烂的文章,烂的杂志也有好的文章,不要太迷信哪些杂志发表的文章就一定好,这个尤其在中国的环境,人情的影响很大。在西方说不定多少还可以考虑有些情形,比如学术社团对你的肯定,看你得过什么奖,也是一个指标。

<u>出版社是判断书质量优劣的一个参考标准。</u>

访谈人: 那么,请问书的优劣怎么判断?是不是书的出版社也有一个标准？出版社也有等级么？

黄进兴：出版社一般也是一个参考的标准，现在的出版社很多，出书有时候就比较容易。但在台湾来讲，一般认可几个重要的出版社。我们为什么认为它们重要，因为它有评审制度，在台湾给钱就印的书店（出版社）比较少，比较有品牌的书店，例如联经、允晨都有评审制度。有些书是没有评审的，有评审表示这个书局、这本书比较可靠。大陆也一样，例如像我的书在中华书局里面出版也要经过评审的。

访谈人：这些知名的书局，是不是要比较有成就的学者才有可能在上面出书？

黄进兴：确实有些这样。新入行的研究者可能比较难通过评审。

访谈人：那作者是否有申诉的机会？

黄进兴：书不能出版，一般没有申诉的机会。就好比诺贝尔奖没有评选上，也不能去申诉。这个和升等、续聘不一样，你心里可能觉得不公平，可能有人情因素，有金钱的作用，但是没有申诉的机会。

升等和续聘的评审一般会要求将书稿送至院外审核。

访谈人：贵院的升等、续聘要求的书有规格要求么？

黄进兴：助理研究员升副研究员，要求比较低，副研究员升研究员要求要高很多，一般要求文章要发表8篇以上。主要要求第一是要发表在有评审制度的期刊上，第二数量要达标，不管是书还是论文。升等评审一定要送审，要送4位以上专家，一般常常要求送到院外去审，不能关起门来自己审。例如，我们主要做中国文化的研究，常常会送到大陆去给一些著名的学者，我们认为可以相信的一些学者来审，或者到美国、日本，往全世界送审。一般本院只占4个人中的一个，但常常4个名额都是外审的，这样可以摆脱人情的困扰。至于《史语所集刊》的评审是采取"双盲制度",全世界这么大,我也不知道是谁在评审我的稿件。我这次去大陆,隔了大概七八年了,一个好朋友跟我说,你们所里有一个人,我不知道是他,我把他 down(拒)掉了。我说没关系,这是秉公处理,这样表示一个刚出炉的博士,不见得比老学者会吃亏。审的人不知道作者是谁,被审的人也不知道是谁在审我,这样是最公平的,主要就是摆脱人情各方面的因素。我们会做一些更细的工作,例如,在论文里,我们不免会引到自己的著作,在注解时说请看拙作×××,这样一段会做空白处理,评审的人是看不到的。不然一看拙作就知道作者是谁了。他如果和我是好朋友,原本对这个文章不满的,也可能看面子就会给过。我们史语所的《史语所集刊》被大陆评为最好的期刊之一,但是我们同时也很害怕,因为投递一篇文章,第一评审费时费工,第二不讲情面。连我是所长,我投稿都战战兢兢,经过一年这么长的评审,评审回来还有编辑委员会,即使评审回来的结果都对我有利,但是编辑委员会如果认为评审有问题,还是可以否决。所以编辑会两个月开一次,你送出去的文章,一般要三个月才会返回来,即使通过,一年后才能出版,所以这整个过程很严谨。我听说过以前大陆南部某个大学只要有《史语所集刊》一篇文章就可以升等。我们所现在负担很重,投稿量太大了,大陆每年也投很多,每个编辑委员都叫苦连天,我们现在一共 17 个编辑委员,每个编辑委员的负担都很重,现在 70% 的投稿量都来自大陆。

访谈人:投稿《史语所集刊》,每篇文章都会有返稿意见么?

黄进兴:不一定。我们这里有一个组织,如果初审就不合格,就会直接退稿,主编会审稿,看哪个编委可以负责审查的,就发给他看,这叫做初阅,初阅可能就会淘汰掉一批不适合的作品。我们也会录用一些优秀的博士班研究生的作品,最近还通过了一个博士班学生的研究。同时,有些有名的作者,甚至是院士的投稿,我们也可能会拒稿。这一点比较公允,这是站在和其他人完全同等的情况。所以我们的执行是很严格的,是不讲情面的,所以也会得罪人。我们得罪过很多人,包括美国著名大学的教授、大陆出名的学者等等。因此,他们都会先自己估量投《史语所集刊》,

录用的机会大不大。

要想打造一个人文学科论坛,可以找一些较稳健而成熟的学者,已经有一些成就的学者组成顶级专家来推荐一批优秀的学者和作品。

访谈人: 如果我们打造一个顶级的人文学科论坛,邀请大陆、香港、台湾甚至国外的人文学科的顶级专家,请他们在这个论坛上推荐一批优秀的作品和学者,摈弃人情的影响,引导人文学科良性发展。您有什么好的建议么?

黄进兴: 我觉得这个是可行的。第一,找一些比较年长、较成熟的专家。同世代的学者有时候会变成同行竞争,需要找一些比较稳健而成熟的学者,已经有一些成就的学者,他和这些年轻的学者不会存在一个相对竞争的关系,他会比较持平,去做一些推荐。如果水平比较接近,自然会形成一种竞争的关系。所以我想,这样的推荐对年轻人多少会有点好处。但是有时候真正好的作品,一些传世之作,当代人也许看不出来。例如清代章学诚,生前就非常潦倒,过了200年以后,人们认为他很了不起,这和学风的改变有关系。但一般不会太离谱。我想,在不同层次的情况之下,这个运作会比较公平。大陆假如设置一个"国家学术奖",那得这个奖的可能就这二十个人,自己去评比的话,就会比较困难,因为彼此之间是一个竞争的关系。但是,如果这个只是给副教授以下的奖,这个就会很公平。因为这个跟他之间没有产生竞争的关系,这个是很奇怪的事。我们常常讲某奖项开头就要求,你如果万一被提名的话,必须自动退出评审委员会,这是我们的规矩。不然你在里面,裁判兼球员,那怎么可以?所以,这个就应该有个制度,如果不肯放弃这个大奖的机会,那你一知道你被提名,就应该退出去,不能在这个评审委员会里面参与运作。我听过大陆不少人跟我抱怨,发生过这种事情。我觉得这是很不得当的。在程序的正义本身就站不住。

访谈人：我们之前去采访复旦文史研究院葛兆光先生的时候，他提出了一个想法。比如请十几个有名的、像您这样的资深教授组成一个评选委员会。然后每隔五年左右，请委员在整个学术界里面挑选专著，比如挑选100种，然后分成A等、B等、C等。A等的，比如说有20种，表示这些书是我们认为这几年当中最值得被肯定、学术分量最重。不一定非得是很有名的学者写的，也可能是年轻的学者写的。这个当然不具备任何价值，只是说能够得到我们这个书榜肯定的，对于他的升等可能会有一点帮助。通过若干年的积累，最终形成一个很有公信力的榜单。您觉得这个想法、这个构想有没有可行性？

要声援年轻学者的著作，让年轻人出头。

黄进兴：这个当然也有可行性。像我个人，我常常去声援年轻学者的著作，其实我的目的就是要让年轻人出头。我前一阵子也被《东方早报·上海书评》邀请写书评，我觉得大陆有一个年轻的学者会做得更好，所以我就推荐大陆那个学者。听说已经采用刊出了。因为我们"中研院"设有全台湾人文社会科学的书籍奖，每年都评5本，不论学科的。对年轻人升等来讲，你得过这个就是一个殊荣。我们没有区分年轻的或者年老的，但必须是5年内出版的书，因为刚刚出版，有时候搞不清楚状况，也许根本还没念过，当然不知道他的重要性。所以书的评鉴，必须要有一个时限，最好是3年到5年，让它沉淀一下，有时候突然出来的时候，大众叫好，其实也没有那么好。但是经过5年的沉淀，例如说看人家征引（citation index）的次数是多少，那这个也是一个指标，你的研究可能非常重要，别人才会引你或者批评你，都没关系，批评你也表示你非常的重要。所以这个也是可以考虑的。我记得大陆有国家图书奖，不过都是大牌的教授、老教授得到，这个对年轻人来说离的太远了。

黄进兴：我觉得可以某一段时间来看。五年我嫌太久了，年轻人都饿死了，来不及了。也许说两年、三年比较合适，每年又太频繁，有时候看不出来。你评的就是最近这五年认为最好的书是么？

访谈人：对。

黄进兴：其实有时候可以每个领域的学者挑出来例如说十本书。这五年内，你认为在你的领域里面最值得看的书。有的时候难得，真的只有一、两本而已。十本当做一个界限，最多十本，不然就泛滥了，变成人情。你也可以说最好的五本，在你领域里五年内最好的书是哪五本？这大家就看得出来了。这是一个机制，帮助年轻人，或者你设一个奖项，以五年内的作品为限，可以自由参加评审。但这种评审一般都只会选出一本、两本，我看到图书奖有一等奖、二等奖，评到三等奖反而是打你一个耳光。如果评奖只讲历史学科的话，未免太窄了，有时候遇到历史这几年没有什么真正的好作品，但是在文学批评领域可能有很好的作品。所以人文学科涵盖面比较广泛，反而会越来越公平。而不是硬说历史五本、文学五本、哲学五本，哲学五年根本出不了一两本书。把奖项开放了，反而有它的好处。整体的奖项，我们是这样来做：有时候我们看到，有些学科在这几年不是非常有发展，不容易出眼睛一亮的作品。某一个领域，刚好在冲的时候，就容易有好的成果出来，那有几个得奖，我觉得是应该的。这个制度当然有很高的理想，但另一方面也必须要有弹性，不然就是变得为了得奖而得奖，人家看了觉得也不怎么样，你硬给一个奖，那这个奖的公信力也没有了。所以这样的操作可能会比较公平一点。但评奖是人为的，没办法做到绝对的公平，但是我们的想法就是基本上尽量的公平，只能说到这样。

访谈人：那您说的这个图书评奖委员会由多少位学者组成？

黄进兴：要看那个学科有多少学者。因为有时候我们会分不同的奖项，如"最佳新人奖""最佳创新奖"等，年轻人有时候功力不够，但他有很好的想法，执行得也还不错，创意十足。但是你要他给一个非常成熟、完整的作品，又不见得到那个程度。有时候你可以稍微分一下，我参加过有些奖项，大概像电影一样，设最佳"评审奖"，大家觉得这个作品很有意思，很有创意，可以额外再给年轻人一些。但这个奖项最怕老人家来参加比赛，假设跟葛兆光先生来比一下，他60岁了，我才30岁，我差他30年的功力，他的书应该每本都比我的好吧，因为他在这个领域多经营了30年了,我才刚刚冒出头,好不容易挤出一本博士论文,我怎么跟他比?年龄的差别在某一个程度上,是有极大的影响。人文的知识,真的跟个人的人生经验、学术累积有关系。很少说坐在这里突然想出一个理论或者一个系统出来,要靠很多的经验、对不同史料的处理、对文学的感受等各方面,这样才会越弄越完备。

访谈人:黄所长,请问您觉得这种评判可以跨界吗?有的人觉得当他到了一定的高度以上,他就是能够有这样的眼光,可以评判别的领域。

黄进兴:我们要知道所有现在的学科都是19世纪西方定下的学科,历经一百多年的发展,各个学科的畛域都应该重新调整。现在这一二十年流行的都是跨界的研究手法。我姑且举自己的例子,不是我做的好,是因为我知道我跨了哪些界。例如要处理绵延两千年的孔庙祭祀制度,它一定牵涉到基本的历史,例如中文系的礼制知识、宗教问题、人类学问题、哲学问题,甚至社会学的概念等等,你不可能只用一个单一的学科去解决这个研究,必须要跨很多"学科"。而且跨界的研究手法,是近二十年,至少在西方是主流的。但跨界很困难,它的门槛也比较高。例如,研究比较文学,在1960年代很兴盛,后来就慢慢地衰萎下去。但是现在文化研究又开始流行上来。例如,做中西文学比较研究的学者常常要两面作战,中国文学的底子要很好,西方文学也要好,中国文学批评要熟悉,西方文学批评也要熟悉。我就看过一些学者做《诗经》的研究跟西方的史诗作比较,一些荷马时代等,结果两边不着边,学《诗经》的专家觉得不够味,学西方也觉得不够味,所以那时候比较文学常常被两边挨打,英文叫"crossfire"。所以当时流行过一阵子,到最后也没有很好的成绩出来。我看到台湾的留学生到国外去,回来在中文系、外文系教《诗经》,被中文系和外文系的学生批得很厉害。学生常常会说,你这个诗经讲解不对,不是这样讲。做比较历史也一样,如中国跟西方,或者印度、日本比较,中国历史要先掌握好,西方历史也要不差,还要一个像样的解释架构。例如时下流行的"东亚儒学",涉及日本或朝鲜常常不够到位。在自己本国的文化或者历史可以解决的问题,应该在本国的文化就解决。你要比较历史,要透过一个参照系才能凸显自己文化的特色。或者你要有一个更超越的观点,从比较手法跳出来才做这个。所以一般在做这种比较历史、比较文学研究,除非你自己在两个领域都有一定的把握,不然常常是失败,因为战线拉得太广了,照顾不到。

老师的声名有时候需要靠学生来传播,但并不是每一个伟大学者或者杰出学者的学生都很厉害。

访谈人:您刚才谈到学生,有一个问题想问您。您觉得一个比较有名的学者或者专家,他培养出来的学生的水准或者成就,能否在一定程度上反映这个学者本身的水准?比如说,您培养的很多博士生,以后变成了教授、博导或者学科带头人,像这样的一个学生的数量或者成就可不可以给老师的水准或者成就加分?

黄进兴:现在台湾还没有做得这么彻底,你指导多少博士论文、硕士论文,只当做一个参考而已,不能当做评鉴的标准。我想教育学术非常重要,就是要传承。有些人就喜欢做研究,不喜欢教书,我就是一个。但是我是因为喉咙有问题,常常讲课一个钟头后就没声音了,喉咙有弱点。事实上,我很喜欢和学生互动,但为什么老天没有怜悯我,给我一个好嗓子。所以我看人家中气十足,每次都用很羡慕的眼光一直看人家。我刚从四川回来,看到四川大学历史文化学院的院长霍巍,他讲话声音好洪亮,我就用一种很崇拜的眼光看着他。我心里想,倘若能够像他这样讲课、讲话,我一定可以好好去上课。所以我看到中气十足的人,就羡慕得不得了。我可以这样稍微聊天,没有问题,但是我一讲课,学生都知道,一小时后就没有声音了。

访谈人:您可以别个麦克风?

黄进兴:有麦克风,多少有点帮助。所以他们知道我的讲课,精彩只有前一小时,后面是嘶哑的声音,就听得很不舒服,讲的人也不舒服。我想有些老师善于教育,他会培养很多学生出来,但这是因人而异的,有些人就没办法。人们都说,"名师出高徒",每一个伟大学者或者杰出学者的学生应该都很厉害,其实不尽然。在学术史里,我也看过一些了不起的、伟大的老师。我在哈佛读书的时候,名师辈出,我看看有时候好像都颠倒了。因为在大师的阴影之下,人的思维模式都有它的惰性,除非你比这个大师更厉害成为另外一个大师,要跳脱他的思维模式、他的研究惯性,不是那么简单的。他会成为大师就是说他有无与伦比的聪颖与原创力,除非这个学生刚好有很大原创力,他常常会跟老师处于一种竞争的关系。所以历史上都是这样的一个关系,柏拉图跟亚里斯多德,亚里斯多德后来就跟柏拉图很不一样。我们可以看看,康德有哪个学生了不起?黑格尔有哪个学生了不起?都没有啊。哲学史没有人谈到。尼采的学生哪个了不起?也没有。但是我举的例子也不公平,我讲的都是哲学,因为哲学是演绎系统性。我们来讲历史,钱穆还可以算,有余英时、严耕望,这两个是他最大的弟子。王国维、陈寅恪,当然有学生,但有否真正在学术史留下名字的?老师的声名有时候需要靠学生来传播,他一定有学生,不然他就没有传承,没有人了解他。但是学生的成就高到足以跟老师相当是非常困难的,因为要看他是否幸运跟了一个好的老师。好的老师很重要,他带你入门。以前我们都比较迷信,就是要找名师,但是后来我想名师本身事实上是个陷阱,他只能帮助你前面,后面修行要靠自己。不然你想,像麦克阿瑟,美国的盟军元帅,他读西点军校,西点军校应该每一个人出来都是名将,没有啊,就是几个。拿破仑也上军校,为什么只出一个拿破仑。法国那么好的军校,应该每一个人都成为伟大的将领,事实上也没有。所以这里面事实上有一个迷思,大家以为跟了好的老师就会怎么样。有些人其实自己对自己有所要求,他的自省性比较高,他在角落默默做东西反而会做出了不起的作品。很简单,章学诚的老师是谁,没人记得,朱熹的老师李延平是因为朱熹而出名,朱熹不是因为李延平而出名。他们接触很短,几次的谈话而已,后来会进孔庙,是因为他是朱熹的老师。所以,老师因为学生而贵,这个是很颠倒的。有时候很难说,你真正去了解这些伟大的艺术家、学者,他可能会有一个模仿的阶段,但是他很快就会脱离那个阶段。但是绝大部分的人,事实上一辈子没有脱离那个阶段。不要说怎么老是举哲学的问题,唐君毅、牟宗三有哪一个学生极出色的,劳思光就问我这个问题:唐君毅先生、牟宗三先生,有哪一个学生真的很优秀?我说我对人不熟,所以不知道。他说,我觉得很奇怪,好像都没有。就是说这些创新、伟大的、民国以来的思想家,难有超越的人了。我刚才警觉到,我举的都是哲学家的例子,不太公平,那再说文学。文学家更没办法传承。哪一个文学家是因为老师很棒成名?全靠个人的才气跟聪明。你说哪里有托尔斯泰教你怎么写作,这个不可递传。你从文学来看,就很明显,没有人说,我来参加写作班,然后我写了四年就要写出伟大的小说。那都是骗人的,从来没找到这种例子。所以我想,这种东西只会让我越谈越迷糊。有时候学术上,太强调量化、客观的标准,也有它的危险性。因为所谓标准,就会有一个"齐一化",而创造跟齐一化基本上是一个矛盾。本来是桀骜不驯,创造力十足,但为了符合规定的标准,被"驯化",所以要量身定做,这里减、那里减,到最后就没有什么创造力了。我常常看到这种现象,博士班的学生,本来写的东西很有创意,修改一下,改了之后把创造力都埋没掉了。我说你原来那个好的地方要留着啊。他说,老师你叫我改,我参考别人的东西,东看西看,到最后出来的东西很平凡。所以,这个教育跟学问、跟研究之间,有时候像朱熹所讲的"为学如扶醉人,扶得东来,西又倒"。你跟他说,"不要用太多西方的理论",那他就一点都不用了,你又跟他说"你读了那么多西方的概念有时候也用一用",他又到了另一个极端。这是很不确定的状态。而且,我觉得因人施教是对的,因为每一个人的状况都不一样。所以老师所讲的一些研究的技巧、习惯,不能一概而论。有一些老师,例如刚才在讲找一些资深的老师,也有他的盲点,因为一般人都会喜欢自己熟悉的东西。看到你很怪,又不熟悉又不太了解,就难以赏识,未免有遗珠之感。所以很多东西都要保持一个开放的空间,不然很危险。

大众媒体对文化传播有正面功能,但最有知名度的学者不见得是最好的学者。

访谈人:黄所长,请问您对大众媒体的看法是怎样的?比如《百家讲坛》经常也请一些老先生去讲？

黄进兴：我想在大陆目前的阶段，这种对文化传播应该有正面的功能。因为能够作为学术跟文化、跟大众之间的桥梁，是不错的。可是不要犯下一个错误：最有知名度的学者不见得是最好的学者。我们看到，很多学者就比较闭锁、自闭，他不愿意跟外界沟通，他反而喜欢在一种非常宁静的环境中，可以自由、独立地做研究。但有些人比较喜欢这种世俗的盛名，这是两回事。所以，不只在台湾，在大陆也看到，在媒体常常出现的学者不见得就是真正很好的学者。反而那些默默在耕耘的人可能是最好的，可能他的价值观就有点排斥与外界接触。但是从一个文化传播的功能来讲，应该被肯定。

学者要切忌眼高手低，否则只是一个书本或知识的消费者，而非知识的生产者。

访谈人：黄所长，请教您一个问题。比如说我们系里有一个年轻的老师，大家都承认他的学问非常得好，他看了很多书。甚至一些比他职称高的教授会去问他一些问题，他都能很快解答，教课也非常好，学生非常喜欢他。但是他就是不爱写文章。

黄进兴：这个就是眼高手低，我看过很多这种例子。

访谈人：他觉得与其写得不好，还不如不写。人家都说他在十年磨一剑，要达到一个他认为很好的标准才能去申请。别人都觉得他很可惜，非常多学问没有他好的老师，量都够了，都上去了。但是他并没有，他很多年还只是个讲师。您所里有这样的情况吗？如果碰到这样的特殊情况，有什么办法解决？

黄进兴：多少都会碰到，要把一个问题点破。两天前，我刚跟我儿子讲这个道理，他很喜欢读书，读了很多好的书。我就跟他说，你不要犯下眼高手低的毛病。每一个地方都有这种人，因为这个道理其实很简单。就是说，你会欣赏很多好的小说，你不见得会写小说。我们喜欢看好的电影，可不是电影导演。他没有想通这个道理，只能是一个书本或知识的消费者,并没有达到一个知识生产者的境界。

访谈人:他也会写,就是写的很少。

黄进兴:但是那个就不一样。在西方就比较清楚,西方有时候会有两个轨道。一个叫 Research Professor(研究型教授),一个是 Teaching Professor(教学型教授),他的角色就是一个教学的教授。很多做研究教授,坦白讲,像我的老师,学问都极佳,但教书都平平。所以就要看你擅长在哪里。研究是完全不一样的,在知识论里面早就知道这个道理,就是发现的逻辑跟重建的逻辑常常并不符合。我跟研究生讲,做研究时,你可以找一些研究经验丰富的人请教,这和课堂上从老师演讲得到的知识是不太一样的。研究经验需要身经百战,碰到什么样的资料,碰到什么议题,你要会变化。那些只会读名著的人,他永远只是消费者,他没有去掌握"发现的逻辑",研究方面的经验太少了。这种年轻的学者我也看了不少,他们常常谈得头头是道,我就跟他们说,把你嘴巴讲的拿个录音机记下来,比你自己写的文章都好。有些读遍世界经典名著,人类学、社会学、神学、哲学、文学,但他什么都弄不出来,那他就是不知道这个道理。你可以看遍世界上的著名文学作品,但你写不出一篇短篇小说。我碰到太多这样的人,我跟他说,你自己想在学术界扮演什么样的角色?你要扮演一个知识的传承者,还是你要扮演一个知识的生产者?他还没有踏到另一个 Line 里去,今天让我去拍电影,我怎么拍啊?我根本不会,连脚本都做不出来。知道这个道理,没有操作过,就没有 knowing how,知识论里这个道理很简单。每天只说脚踏车要怎么骑、游泳怎么游,只在游泳池的上面讲,跳下去恐怕就没命。所以我跟那些博士班的学生说,要做研究,至少要找个研究型的学者,讲讲他的经验。只跟一个知识很丰富的学者,他跟你谈的都是要读哪些书,研究经验丰富的老师一听就能马上诊断出来你现在卡在什么地方,你现在研究存在的问题是议题的问题,还是研究手法的问题,或是资料的问题。不然这个学生会很茫然。而且没有经过学徒阶段。什么叫学徒阶段?就是传统的社会,要雕刻一个东西,要跟个老匠师慢慢学习手法。一下子就跳到名家的作品,那些都是已经完成的,就像研究者最后的成果，逻辑非常严谨。就像一本书，我已经写完了，你看不到中间酝思的过程，我尝试了哪些失败、运用了哪些手法，我可能看了5 000页的材料，但我表现出来可能只有100页。从19世纪以来，学术的表达方式，就是一个完整、厚实的逻辑结构。19世纪前的写法是，我把中间的过程告诉你，写很多有趣的过程。今天如果把这个过程再写下来，没一个书店会出版。第一个，太庞大又太啰嗦了，还有一个，你的议题到底真的有这么重要吗，需要讲述这个过程吗。所以现在的学术是最后的成品，就说我把它雕刻好，从来就像我们古诗所讲，最重要的是把金针度与人，要教我怎么刺绣，而不是成品给我看。你从来没有塑过粘土，这个土的特性，该怎么处理它，软硬，怎么雕刻，石头原来的形状适合做人，还是兔子，什么造型最能呈现材料的特性。他根本没有这个判断能力。我在哈佛碰过这样的人，很喜欢读人类学的理论，我就跟他说：你读理论只是在享受知识，但实质研究你从来没有进入情况。现在那个学者成大名了，他说：我还记得，三十年前跟你在哈佛散步时候，你讲的那一番话。你没有材料，怎么做出自己的理论，你永远是在消化别人的东西，从来没有自己的东西。他那时候也是和我一样，到处听很多大师的理论。我说那是增广见闻，教书用的，并不能进入做真正的研究。艺术、文学、史学、哲学，都一样。所以我在西方上约翰·罗尔斯(John Rawls，《正义论》的作者，系20世纪最伟大的政治哲学家)的课，一听就知道什么叫"做哲学"(doing philosophy)。其他我看的都是哲学老师，哪里有哲学家，中国哪里有几个哲学家，都在讲哲学史，没有自己在做哲学。所以你一看，就知道人家真的哲学怎么思考，他现身说法，教我们怎么想到这一步，中间会衍生什么问题，才知道什么叫"做哲学"。但我们都是在讲，朱熹讲什么、王阳明讲什么，问他自己的观点，他就讲不出来了。以别人的话来认为是自己的创作。

研究型教授和教学型教授的评鉴标准应该有所不同。

访谈人：那您刚才提到研究型教授和教学型教授，你觉得在我们高校里面,对这两类教授的评鉴标准应该是不同的?

黄进兴:应该有所不同。因为我们中国有个问题,我就是个创造者,你为什么要我去做教学的教授,那对我是一个侮辱。没有人愿意当纯粹的 Teaching Professor,这种人少,有些人愿意以教育学术为使命,其实这个非常重要。在西方,有诺贝尔获奖者去教通俗的课(如 general physics,普通物理学)是不足为奇的。而我们,都是找初出道的教授,刚拿到物理博士的人来当老师,这怎么行!因为他刚刚做了一个博士论文,他懂的就是那一些而已,他怎么能纵览全局教中国通史?那都应该是成熟的教授来担当,至少要正教授以上,因为他经验累积多了,看得多,研究得多,才适合担任这种一般课程。专题的课程由年轻的老师来担纲,因为他刚刚进入这个领域,对这个领域非常得熟,有自己的想法,尽量让他们教专门的课。老教授应该教一般的课,因为对一个学生,例如历史系的学生去上经济学的课,他希望知道经济学的全貌,而不是对 game theory(博弈论)讲得很深,对经济学其他知识完全都不知道。所以教学方面,教育家要能把握这一点。不然大家只会欺负年轻的教授,这些课大家认为不屑,年轻人去教通识课,老的教授就教他自己专门的课,这事实上把人力的配置弄颠倒了。

访谈人:高校目前的状况,就像您说的是个颠倒的状态。年老的教授,他很可能有行政职务,又要带研究生带博士生,精力有限,没办法去做这些通识的大课,可能面临这样一些问题。

黄进兴:对啊。所以我觉得很多问题都出在教育体系这里,它只是看到一个形式上的东西没有看到实质上的运作。还有一个也很重要,要站在学生的立场上去了解需求。

访谈人:学生评鉴也比较难做。

黄进兴:对啊。第一个学生也听不懂,第二个学生也不知道你对还是不对,但他要学又学不到,学生会很苦闷的。我想,大陆学生和台湾学生是一样的,在年轻人这个阶段求知欲都很强,而且有理想性。但是我碰到的学生一般非常的苦闷,抱怨连连,很想学但学不到心里想要的东西。最苦闷的就是博士班的学生。

"我"教史学方法时,一般都反其道而行。一个好的老师必须明了,学生有没有在正确的轨道运行。

访谈人:您今天讲的特别好,很有启发。

黄进兴:我在教史学方法,一般都反其道而行。一般做法是先要找一个题目,然后去看书目,哪些人做研究,你要参考。我跟学生讲,照这样做,就成不了好的学者。我想,首先那些发表论文的人都深思熟虑过了,你接触的研究那么少,马上看他的文章就被他房获了,不可能有创新的想法。如果你要做太平天国,就接触一些少数的、基本的资料,然后自己去乱想,这太平天国到底是什么样的情况。再参考他人的成就,最后要发表你做出来的研究,你的位置在哪里,这个议题的学术定位在哪里。你会发现跟罗尔刚、简又文(研究太平天国的名家)很不一样,这个就是你的创造力所在。那为什么会跟他们不一样?是不是他们掌握资料比较全,还是他的切入点跟我不一样?这个就是你创新的地方。你再去找材料,去修正自己,或者驳斥对方不对。如果你一开始就引用名家的观点,那根本就是在引别人的话而已。所以我们基本的训练方法也有问题,因为它太循着西方的方法论,但那种方式事实上不能让学生的潜能激发出来。

访谈人:但是这样也会很冒险,出东西很难。

黄进兴:当然。所以一个好的老师就必须明了,学生有没有在正确的轨道运行,而不是老师强加你,结论是什么。事实上我就非常得益于余英时老师,他给我个题目,很少人做过,你就无所依傍,没有人可以参考,所以我要把李穆堂的全集都看完。你接触过这些所谓文本,其实就是经验资料文本化,你自己就有自己的看法。很简单,你写坏了,人家也会引你,你写好了更好,就是去解决这个问题。人家要超过你,即使批评,也要看你的研究,所以这个老师就是非常好的老师。我另一个老师本杰明·史华慈(Benjamin I. Schwartz,比较思想史著名学者),有回他说你怎么论文写了快一半了,主角李穆堂还没出现,好像读侦探小说。但是我就是一章一章写下去,余先生则帮我看,知道我有按照蓝图在进行着,他至少判断你有没有跑远了,是否在既定的轨道往前进。尤其因为余老师学问渊博,有比较周全的学术蓝图,可以知道你是否跑到地图外面去了,至少知道你与既定目标是在趋近中。一个研究经验丰富的老师,在这个时候会让你受益很多,不然写到最后成了四不像,拼图到最后图出不来了。所以老师必须知道这个拼图大略的形貌,你就不会太离谱。有经验的老教授很重要。我常跟学生讲,要学习新知,就找年轻刚拿博士的老师,但是你要真的实战的经验,就要找老教授。所以我得益于史语所非常的多,因为我们史语所有很多专家学者,各个问题大致都可以找到答案,尤其老一辈的学者,我常常中午抓住他们去吃饭,因为我就要听听他们实战的经验。他们做的研究跟我不一定有相关,但我们老一辈的,像严耕望等学者,听听他过去的经验,就会受到潜移默化的影响,他以前遭遇了什么问题,他有哪些转折,我就可以受益很多。我跟研究生说,你要找找那些你认为学问渊博的老教授,多多去交谈,因为他会告诉你很多书本上学不到的东西。所以要老少互济,都有他的好处。

访谈人: 这是非常理想化的一种状态,教学相长。但是太难了。要这样特别好的优秀的老师,可能也没有精力带那么多的学生。需要特别好的运气。

黄进兴: 大陆也有很多优秀的老师,因为大陆人太多了,有时候可能应付不了。

<u>所谓的评审是一个综合评审,他不仅考虑你发表的文章数量多寡,并且必得包括质的考虑,领域里面做了什么突出的贡献,属综合的评论。</u>

访谈人: 像人多也是我们青年教师在升等的时候碰到的问题,比如说

要评谁可以升副教授,一共只有三个名额,但是报的人有六七个,那以什么样的标准来选呢。但最后为了以示公平,只好纯粹看量。比如说,规定是 5 篇,他有 8 篇,另一个只有 5 篇,那就 8 篇的人上。

黄进兴:那是不对的,人文这样是不对的。

黄进兴:这中间我们都会送出去给四个人以上评审。评审出来就能看出差别。因为所谓的评审是一个综合评审,他不仅考虑你发表的数量多寡,并且必须得包括质的考虑,领域里面做了什么突出的贡献,属综合的评论。所以,只要满足最低的数量就可以了,不然你每天都在写小品文,没有一个大作。重要的时候要写一些比较原创性的文章,就像在攻坚,解决掉关键问题,比你写其他不关痛痒的 10 篇还有用。这个要专家才有办法判断,这里面有几篇是关键的文章,对我们问题的推进有所帮助,其他十几篇都是在炒冷饭,没有原创性,意义不大。所以好的学者就能判断得出来关键点在哪里。我们会慎选评审人,如果这个学者评审态度不太严谨,我们就会换。我们内部都存有记录,以后尽量就不找他。评审的客观、公平、可靠,跟他的学识有关,每一次评审都是评审人学识的展现。评审人也被评审,只是他自己没有注意到这一点而已。我们十几个委员在看,大家都知道这个人讲的好,都是内行话。有些评审,你一看就会发现这个人事实上没那么好。其实,会进入编辑委员会的人都是学问比较像样的人,内行人慢慢就知道。有这样的自觉性的话,评审就会比较公允。

访谈人:您这边史语所可以用这种方式进行,因为大陆高校非常多、数量很大。如果大陆高校的年轻学者都送到海外评审,请台湾地区、日本的学者,比如像您这样的学者,工作量就非常巨大。这个情况怎么去解决?

黄进兴:我们送的都是信誉卓著的学者,他们有时候就说,要史语所送出去他才愿意审,因为他觉得为史语所评审是一个荣誉。他可以给别人说,连史语所都请我审,这代表某一种荣誉。你说我审了一个烂学校,我也不好意思讲,就讲不出口来,甚至就不愿审。但是一般来讲,学术机构的声誉要建立起来。有时候评审意见建议不应该刊登的,却刊登出来,就等于不尊重专业的意见。所以我们考虑是很复杂的。例如你们俩都说不要把结果刊登出来,我必须要给你们一个交待。不然评审的意义在哪里?评审的制度要形成一个惯例、传统,是要一点时间跟耐力的。因为我们实施长久以来,大家知晓我们的运作模式。一般我们送出去,大部分都愿意审,被拒绝的不算太多,还可以运行。如果大家都拒绝,这个制度本身就垮掉,陈义很高,但是根本做不出来。这个必须要大家愿意协助。

8. 彭刚：现有评价之下"废品率"很低，但较难出现有创造力的人物和成果

彭刚：1969年生。清华大学人文学院历史系教授，博士生导师，清华大学副校长，教育部历史学专业教学指导委员会委员。曾任哈佛大学、剑桥大学、法国国家社会科学高等研究院访问学者。主要研究领域为西方思想史和史学理论。著有《叙事的转向：当代西方史学理论的考察》《精神、自由与历史：克罗齐历史哲学研究》，A Critical History of Classical Chinese Philosophy（合著）等，译有《自然权利与历史》《德国的历史观》《新史学：自白与对话》等。

访谈时间：2015年3月30日
访谈地点：清华大学彭刚教授办公室
访谈人：谢琳

代表作制度优于量化标准，可以将代表作中量化的程度再降低些。

访谈人：目前国内缺乏合理的人文学科评价体系。很多国内学者都认为，人文学科与自然科学在产出方面有很多不同，与社会科学也有着很大的区别，过度看重论文发表，将其作为主要的评价指标，存在很多弊端。目前复旦在人文学科评价上推行了代表作制度，也仍然存在很多不同的声音。此次我们项目组广泛听取人文学者的建议，希望能够推出一个相对合理可行的评价体系，更贴近人文学科的发展规律。在此想了解一下您对这个问题的看法。

彭 刚：这个问题不仅是个人的问题，它也困扰着很多机构，包括清华。今天上午，我们上周才上任的邱校长来我们人文学院调研，这是他第一个调研的院系，他也谈到人文学科特别是基础人文学科的评估方式，应

该不同于别的学科、不同于理工科、甚至不同于社会科学。像清华这样一个工科传统浓厚的学校,新校长也是理工科出身的,也意识到了这个问题。具体怎么做才好,这的确是一个不太好办的问题。像你之前提到的现有的评价方式导致量化的倾向,我觉得在哪儿都存在。去年复旦一位历史系同仁评职称的评审材料送到了我这里,我认真地进行了评审,我也注意到了复旦实行的是代表作制度,我认为代表作制度比单纯的量化制度好。我收到的材料,就是几份代表作。我想很多人文学科的学者天然地就对量化有警惕,他不会特别在意作者还写过些什么和写过多少,而更多地只是关注这些代表作的份量。就我而言,就是目前的代表作制度也还是有问题,比如说要我评价的这个学者,我觉得很不错,但是你能感觉到作者挑代表作的时候,还是要挑出一些篇幅大一点的、厚重一点的,而不见得一定是他的研究作品中水平最高的。恐怕很少有人说,我就给出5篇论文,甚至有几篇是比较短的论文。以前,我们在提代表作的时候,有一个"一本书主义"的说法。人文学者的著作量差别很大,有的是著作等身,有的是著作不多,但同样在自己的学科领域都有很高的地位。我想这个代表作制度能不能在量上再减少点,比如5种论著变成3种,甚至就是3篇论文就行,不一定要专著,能让代表作的意味更强一点,使量化的倾向更轻一点。我本人不是著作量很多的,如果没有代表作制度,我在学术阶梯上的上升可能就会碰到更多的困难。我认为代表作制度还可以尺度再宽一点。我们要相信,只要你找来评审的专家是有学术判断力的,是有基本的职业水准和职业操守的,两三篇论文足以按照其心目中的标准判断一个人评职称是否够格。如果复旦在代表作制度这个方面能走得更远,我特别乐意看到这样的情景。

另外,以前的一些做法,比如几个老先生商量着说了算,其实这样也挺好的。今天我们校长也在说,比如人文学科的评定,请李学勤先生、陈来先生、万俊人先生几个人一起来做一个判定,也还是可行的。现在这样的情形比较少见,我想存在以下几个原因:一是现有的做评判的学者,仿佛不具备当初那样的权威;另外一个可能的原因是,更老一辈的学者更能够自律,他受别的人为因素的牵制比较少。我们经常看到来做评判的学者本身的学术成绩、学术地位都没有问题,但在评审时会受到人情关系的影响,如果涉及到不同的单位来评判,这种成分就更严重了。所以要区别情形来对待。如果是复旦内部来评判,完全可以是两种方式来评审。校内针对某一学科,有一个资深专家组成的小组,另外还有一个校外我们公认的这个学科最好的学者组成的小组,这两者结合起来可能会是一个更好的选择。绝对的公平,绝对的不出差错很难,我们尽可能把这个差错降到最低就是。任何人都有出错的时候,但这个是无法避免的成本。

访谈人:采用代表作,论文和书的标准哪个更合适?或者以书代刊是否合适?

彭　刚:如果学校的学术委员会能下决心,很多现状都可以改变。我认为论文比书更合适。例如复旦可能原来要求有 5 份代表作拿出去送审,这 5 份代表作中可能有好几本书,现在可以改为就只要 3 篇论文。书的份量可以通过他的 3 篇代表性的论文来体现。所谓"行家一出手,就知有没有",有能力写书的人不一定有能力写出合格的论文,而好书大抵都是从很好的论文中发展出来的。书里面可能有各种各样的内容,而论文更集中于论点的提出和论证。同时,论文的篇幅小,评审者也看得过来,能够更加认真负责。你是否有资格在复旦申请教授,要看你是否有能力写出高质量的论文。一篇严格意义上的论文,必须满足这样一些条件:你提出了真的问题,你掌握了现有的研究,你在解决问题上往前走了哪怕那么一小步。这个标准其实是很严格的,很多书其实是做不到这一点的。

访谈人:对于一些高产量的年轻教师,可能会觉得代表作的推出对他的竞争力不利,这个问题您怎么看?

彭　刚:只要作品是高质量的,低产或高产都是我们这个学科可以接受的。代表作制度的推行,对质的要求比较高,对量的要求比较低。代表作制度的评审方式,除了几篇代表作,同样还有很多其它的评审材料。例如我收到复旦的一个学者的评审材料,除了 5 份代表作以外,还有一个表格,列出了他的所有发表物,我对他的发表能力是能够评判的,他的能力完全可以在他的代表作中体现。可能有学者认为,大家都拿出3篇代表作,自己的优势就不明显了。其实不然,质量在同一水准之上,数量有多有寡,当然数量更多的占有优势。优先考量质量,并不会出现这些老师担心的情形。代表作制度没有屏蔽掉评审者获取被评人写作和发表能力方面的信息。

访谈人:您心目中是否有特别好的出版社,能让您对作品的第一印象加分?

彭　刚:我本人主要看文章本身的质量。国内的出版社和学刊的标准不是很统一,不是核心刊物的文章我也会仔细看。比如我自己相对满意的文章,并不都是发在权威刊物上的,我完全可以理解这种情形。

访谈人:从目前的调研结果看,代表作制度是广泛受到人文学者的认可的,如果广泛采取这样的方式,人力上是否可能存在问题?

彭　刚:这完全可以做到,像复旦这样的顶尖大学,应该会期望在本校评上教授的学者,都是在这个领域里面能够排得上号的学者。对本学科的学者和研究成果做出尽可能公正的评判,这本来就是学者对他的学术共同体应该负有的责任。其实每个学科就那么多人,我们对自己的本领域年轻学者的发展前景完全可能有比较有把握的预期。比如我要进一个人或者我要留一个博士后,一个学者到了三十七八岁,就应该成为这个领域内能够数得上号的人。我想复旦的同仁们对自己的师资队伍应该是有这样一个预期的。有这样一个预期,你就可以找本领域最好的专家来做这样一个评价,我觉得是一个顺理成章的事情。

越是顶尖大学,越要对自己的学者有信心,给他们更多的自由与宽容。

访谈人:清华目前晋升有怎样的标准呢?是如何评判的?

彭　刚:现在的确是学术成就的权重比较大,但即便是实行代表作制度,也仍然在不同程度上存在量化的倾向。当然,一个单位内部会有各种各样的情形,有时候是不同学科之间的竞争,有时是实力相近的竞争者中,资历更老、足够让大家有更多同情心的学者会有更多的机会。目前人事改革制度推行了"非升即走"的政策,大概是要求在两个聘期内能够晋升,六年左右。其实很多高校,比如北大,虽然还没有像清华这样推行人事制度改革,但也有类似的制度,比如说,教授需要隔年申报职称,几次申报不成就会永远失去机会。清华的人事制度改革不是全校一起铺开,而是一个院系一个院系地实施,全校有一个统一的精神,每个院系提交自己的方案,然后与学校进行沟通,得到学校和院系教师主体的认可后再推行。人文学院今年也要完成。我个人希望对教师评判不要被量化因素牵扯得太厉害。据说理工科的评判也有类似的问题,一味被量化牵着走,着急快出活,多出活,很可能就没有平和的心态和充足的精力来做一个"大活",一个重大的发明或发现可能就此错过。现在的情形是要研究者不断地发比较高等级的杂志的论文,这对于有能力的学者来说其实比较容易操作,结果导致一个学校发的高级别的论文越来越多,但是做出本领域很有影响力成果的机会也可能就此丧失了。我认为越好的大学,像复旦、清华这样的学校,首先你要对自己的教师有信心,他能够在整个师资队伍的水平提高、竞争越来越激烈的情况下愿意留在这里,是因为有他的学术追求的,不是因为他在别处的收入不如这里。所以我认为,更要紧的事情或许是能不能给学者更多的自由,即便有一部分人产出很少,但有更多的人有更多的自由来做创造性的工作。现在的评价方式注重平均水平,要求每个人都能有学术研究的成果出来。在这样的制度下,好处是废品率很低,研究能力差的人自然就被淘汰了。但我们能不能尝试换个方式?给我们的学者更多的自由,对他们有更多的宽容,即便有更高的废品率,也容忍了,因为这样才可能会出现更有创造力的人物和成果。我个人比较倾向于后一种管理方式。

访谈人:清华的晋升职称是否有名额的限制?

彭　刚:目前为止是有名额限制的,但在人事改革以后,可能会取消名额的限制,给院系更多的自主权。院系觉得够格可以多评,觉得不够,也可以一个不评。

访谈人: 清华的晋升评审是否会有返回的评审意见?

彭　刚: 没有。主要通过两轮,一个是学院的一关,一个是学校的一关。学院这边是委员会投票,通过者由学校安排进行匿名评审。就我所知,返回的意见是被评者看不到的。但我认为能有一个返回的意见也是蛮重要的。这样的话,大家在做学术评判的时候会更慎重,评审人的意见对受评人的学术发展也可能带来很正面的作用。

教师的成就能否通过学生体现,这是因人而异的。

访谈人: 您认为在"985"高校中,哪些学校的历史学是您认为学术声誉比较好的?

彭　刚: 具体到每个领域,会稍微有些区别。在我心目中让我非常尊重的学者,最集中的,首先还是在北大。然后就是复旦、南开、武大。清华虽然人不多,但在我的同事中,高水平的学者比例还是相当高的。

访谈人: 您认为教师的成就可以体现在学生身上吗? 老师会在自己曾经任职的学校留下多大的影响?

彭　刚: 这个要看情况,不好一概而论。通常情况下,的确是名师出高徒。比如像我们熟悉的葛兆光老师,一方面,他本人是高水平的,另一个方面,他愿意付出。他带出来的学生中,能够或者已经成为优秀学者的就很多。有的学者本人有水平,但不愿意在指导学生上面付出太多精力。既善于指导学生又愿意付出精力的老师,指导出高水平学者的概率就要大得多。而且越是名师,你吸引本领域最有天赋而又最有学术志趣的学生的本领也就越强。

媒体宣传不是坏事，关键看谁去讲、以怎样的方式讲。

访谈人：您认为"百家讲坛"等媒体途径，这些非常规学术途径的传播，对学科发展来说会有怎样的影响？

彭　刚：我认为学者出现在这些媒体上不是坏事，关键是看谁去讲，以怎样的方式来讲。人文学科一方面要创造知识，一方面也有文化传承的功能。比如历史学，本身就有它的社会功用，一方面，有可能最好的研究也是大众爱看的，历史学的工作语言就是日常语言，他的写作模式中很常见的一种就是讲故事，比如上个世纪七、八十年代，欧美一些最有价值的研究同时在法国、在欧洲其他一些国家也是畅销书。

有的研究很专门，但是它很大程度上改变了我们对过去的认识。有时候，我们评价一部教材好，会说："这部教材吸收了最新的研究成果，它是以一种学生能了解的方式对这些成果进行了解说。"如果你能够把历史学家最新的研究成果，包括对人类过去的面相所产生的新知，能够以大众接受的方式表达、传播出来，这是好事。这里分为两个方面：一方面，这是历史学应有的社会功能和文化功能，另一方面，大众的受教育程度、文化水准也在不断提高，愿意听这些，看这些，总比只看肥皂剧要好，这是值得鼓励的。

很多最优秀的研究者不申请国家项目，项目申请不能作为评判学术水平的依据。双向匿名评审可以减少人情困扰。

访谈人：您认为申请国家项目等是否可以体现出一个老师的研究水平？

彭　刚：我想对于最好的研究者而言，是否申请到项目等已经失去评判的意义了。一个方面，国家在发展，获取项目等机会越来越多；另外，按照我的了解,很多学者,包括我很尊敬的师长,一般都不申请这些课题了。现有的项目评审程序比过去有些进步,比如通讯评议之类的,会对研究者的基本素质进行判断,这部分权重会比以前大一些。

访谈人:之前我们采访过一些台湾地区的学者,他们的评审制度相当严格,例如稿件是否录用,要通过好几层的审核并且为了避免人情等原因,对往来邮件都要提交审核,我们这边的制度如何?

彭　刚:我们这边没有这么严格。但是举个例来说,我为《历史研究》审稿,通过的是极少数。要摒弃人情困扰,这里有两个方面。首先是制度,比如《历史研究》就是匿名评审,双盲制度,评审者和作者之间相互都是匿名的,即使有时候我能够判断出来作者是谁,也会秉公处理;第二是自律,有一个对自己基本职业操守的秉持。双向匿名是有好处的,比如,被评的人只是确知是本领域内够资格的专家在评审自己,但不知道具体是哪一位。这样相互的困扰会少一些。

微博等自媒体不能作为学术水准的评判依据。

访谈人:您认为微博、博客等自媒体有学术影响力么?

彭　刚:有些专业上很出色的学者,比如复旦的陈尚君先生也有微博,我虽然跟他的专业不同,但也会看。纯粹的、严肃的专业学者花很大的力气来经营微博,这种情况还是很少的,主要是花不起这么多时间。我会关注本领域学者的这些自媒体,了解有哪些有意思的事,出了什么书,发布了什么相关信息,但我认为这个和评价一个学者的学术水准没有什么相关性。

要打造一个高端的人文学科论坛必须分解到一个个小的领域,并且有一个业内公认的有号召力的主持人。

访谈人:假如有这样一个想法,打造一个高端的人文学科论坛,使之成为一个有公信力的平台,成为一个业内标杆,在这个论坛上的成果能够得到业内的广泛认可,您对此有何高见?

彭 刚:涉及的学科这么多,如何来保障高度分化的学科之间还能有一个共同的平台,这个听起来操作上会有些难度。因为你要召开论坛或会议,通常会是一些较为宽泛的问题。我认为在一个小领域召开会更有可操作性,比如复旦的历史地理研究所,每年举办一次历史地理论坛,这个论坛不是你有点名头或者想来就来的,必须是出了研究成果,一定要经过严格的评审,其研究水准得到了本领域的认可,才可以参加。类似的论坛国内做到的比较少,但也有,比如相对于很多学刊而言,《历史研究》的声誉会更高一些,就是因为一直坚持一个标准,坚持得严格一些。一个有影响力有质量的论坛,必须是一个具体的、一定研究范围内的,比如历史至少要具体到中国史这个层面。人文学科如果按照二级学科来考虑,那你要动员很多的评审力量,并且确保他可以一直坚持一定的学术标准,这也是个挺困难的事情。

我们一些学者也经常讨论这个问题,目前国内缺乏这样一个有公信力、标准一贯的平台。比如一本书在某个著名大学出版社出版,它也有可能是本很糟糕的书,也可能是本很优秀的书。而一本书如果是在剑桥出版的,它就可能比在哈佛出版社出版的声誉还要高。我们也期盼有这样一个有公信力的平台,能够坚持它的出版品质。学者都有这样一个心目中的标准。比如《历史研究》请我审稿,我会按照情况给出不同的意见。有些文章我会给编辑打个电话告知,这篇文章还不错,发在别的杂志够了,但是发在《历史研究》还不够,我需要专门解释这篇文章不算差,但是没有达到我心目中《历史研究》的水平。有时候我会专门解释,这篇文章我没有评审的能力,因为有很多细节不在我所掌握的范围之内,可是我觉得它是值得被认真对待的,请另外找人评审。或者还有一些文章,我会建议说,虽然这个领域我不熟悉,但我觉得已经不值得再找人评审了。

访谈人:如果要形成这样一个高端论坛的学术共同体,您认为难点在哪里?

彭　刚：首先必须分解到一个个相对专门的领域，才能有可行性。我们需要的是原创性的成果，不能大而化之地、笼统地放在一起。另外一个重点就是主持者。例如某个领域，葛兆光先生答应他来主持，我们就会相信他邀请的人应该是够水准的，虽然每个人都有自己的偏好，但是葛先生主持就能明显地传递信号：我这里就是学术标准，其他东西尽可能少的掺杂进来。这个和主持人的坚持以及他的感召力关系太大了。同样是高水平的学者，不同的人主持有不同的结果。一定要客观公正，尽可能摈弃人情关系的影响。比如我是某一杂志的编委，我对这个杂志就提了个意见，能不能本单位研究人员的文章少发点，如果一定要发本所的文章，能不能对本所人员的要求高于杂志的平均要求。

9. 葛兆光：学术评价一定要立足于学术

葛兆光，1950年生。复旦大学文史研究院及历史系特聘资深教授，博士生导师。兼任国家古籍整理领导小组成员，高校古籍整理研究委员会委员。曾任日本京都大学、东京大学、美国普林斯顿大学、芝加哥大学、哈佛燕京学社、法国巴黎高等师范、比利时鲁汶大学、香港城市大学、台湾大学等校客座教授或访问学人。曾任复旦大学文史研究院院长。主要研究领域是中国宗教、思想和文化史。

访谈时间：2014年12月11日
访谈地点：复旦大学光华楼葛兆光教授办公室
访谈人：陈思和

学术评价一定要立足于学术。

陈思和：如何让文科中冒尖的人才显现出来，这个问题在目前而言似乎很难做到。第一轮想先听听我们学校名教授对今天人文学科评价存在问题的一些看法，接下来我们还将去台湾听取一些台湾"中央研究院"、台大等专家的看法，他们也有同感。

葛兆光：说到学术评价的指标，关键在于，学术评价是否立足于学术。我们很多学术评价，并不是按照学术质量，而是按照行政级别、数字统计、"显示度"等等非学术指标来的。并不是说量化就一定不行，我曾经参加过台湾国科会有关大陆历史学杂志的评估，他们也有一套量化的方法。他们在评估大陆历史学刊物的时候，也要先分析大陆的哪些杂志是一等的，哪些算二等的，但是，这个一等二等，是以学术为标准的，而不是学术之外的。如果始终不能改掉这种依据非学术标准来评价的作风，人文学科的发展还是不行的。

陈思和：我想我们先不讨论怎么做，先讨论怎么不行。后续计划请学校里能够摆脱利害关系的教授，小范围的认真讨论。这一次先做面上的，广泛的谈谈人文学科评估存在什么问题，将来整理出来可成一本书，作为人文学者的声音。

葛兆光：我还是介绍台湾地区的方法，"国科会"请我们这些大陆学者帮台湾做大陆历史学刊物的评估，有一些值得称赞的地方，比如说，大陆过去是按照官本位来的，学术刊物的等级，也是按照处级、局级或者副部级这样一层层来，可是当时我们把这些标准全部扔掉。比如在专门历史研究这个领域，本来在大陆最重要的《中国社会科学》，恐怕要排到十名之外了，而厦门大学有一本杂志《中国社会经济史研究》，这本杂志原本在官方指标系统里可能排不上号，可是在我们的评价中，它排在前十名内，它在学术界同行中被认可，这是最重要的。现在，我们不能完全按照心目中的学术标准来评估，这是很悲哀的。在清华大学任教的时候，我曾经提出过四点，作为人文学科研究价值的评价标准：一是你的论著是否使用和发掘了新的资料；二是你的论著是否有新的问题、角度和方法；三是你的论著是否有一个新的结论；四是你的论著能不能超出本领域，对于临近学科也有典范性的影响。当然，这种评价标准有点儿不好把握，好坏的把握，在于学界有没有共识，有没有秩序，有没有独立的评价系统。这种虚的感觉和认识，如果和实的指标相结合，就比较好，也比较可以说服人。当然，完全是虚的是没办法落实和评估的，它只是一种感觉，我们心里的感觉，无法具体地客观地评价，有可能变成权威主义，如果这个权威心中有私，这就麻烦了，大家可能是不会承认的。

陈思和：是否可以定期地每年举办一个论坛，人文学科研究者自愿发表，找相关领域的专家，不要太远的学科，以三级学科为主，大家评论。

葛兆光：学校应该希望我们自己提出一套评估方法，而且这个方法可以被大家所接受，要可操作。可是，我们有没有办法？恐怕很难。比如说，我们也搞一个评价系统，在当年的人文论著中评出好的东西来，哪些值得推荐和应该上榜？这就跟大学排行榜一样，也会引起非议。因为现在权威与秩序,依靠的是行政、数字、政治和传媒,它们成了决定性的"因子",所以,你说我们是正确的学术评价,谁信你呢?就是大学排行榜,每个排行榜的背后都有各自一套体系。所以,你要想一想,怎么搞一套评价标准,能被大家所认同和接受?

陈思和:您说的是对的。这就是一套标准,既有合理性,也有可操作性。其实,我们的评估,只要学校认可,以后评职称就依据这一评估标准。现在的代表作制度,虽然很好,但是漫无边际,将来有了评估标准,只要你的文章能进入评估中心的推荐,哪怕只是助教或者博士生,只要论文真的有突破,在榜上已经推荐,学校聘教授或者副教授就都有依据。我们原来是想只做个论坛,当然如果这套标准可以推广更好。

葛兆光:假定这个评估中心每年推荐 100 本论著,比如,历史学领域推荐 20 本,文学领域推荐 20 本,哲学领域 20 本等等,评估中心认为这是好的,那么,它的影响力怎么来?评估要得到认可才会有影响力。比如说文学领域的 20 本书,其中有几种,过去什么也不算的,出版社很烂的,自费出版的,甚至没有正式书号的,但是,现在上榜了,我们说,这是学术的判断,是大家认可的,可是怎样才能让整个学术世界认同?现在上海社联也在做每年十篇优秀论文的评选,但是,学术界会接受吗?

陈思和:我们目前仅关注文史哲学科,其他暂时不管。

葛兆光:也许,我们可以先做一些减法。比如,哪些我们不应当算它为科研成果,哪些我们应当算它是正儿八经的成果。现在大学里面每年报成果,碰到一个很头痛的问题,就是数字化、行政化和政治化,一些很专业、很好的论文,因为发表在一些海外的、同行的,或者以书代刊的地方,就不算成绩。比如我在台湾出版的《中国史新论》写一篇 4 万字的文章,这部书作者都是世界上最重要的中国历史教授,可在我们这里就不算数,我的同事在百年历史的海外重要刊物《通报》上发表英文文章,但在我们这里也不算数,可是,在《中国社会科学》上发文章,就很了不起。我不是说《中国社会科学》不好,但是,我们这里总是这是国家级的、这是省级的、这是学校的，分成这种三六九等。这怎么办？

陈思和：所以，我认为不要以刊物为准，要以文章质量为准。

葛兆光：问题是，文章质量拿什么做大家认可的标准呢？标准不是凭空说的，刚才我说，有权威、有秩序的时代，大家可能有共识，但是现在，不光是官方标准很强势，而且学界也是乱世英雄起四方，你总得子丑寅卯说出来一些标准，否则谁听你的？

陈思和：我觉得标准就是好，不行就不进入评估体系。

葛兆光：那是不可以操作的，作为一个评估体系，好的坏的，总是要有一个理由。所以，我说，无形的标准和有形的标准，必须结合起来，否则没办法操作，人家会说你是在搞小集团，自己搞自己的。

陈思和：所以我们必须找一批比较公认的、有公信力的专家，这是最重要的。

葛兆光：你的标准是什么？可以每年发布一个入围的名单？

陈思和：比如每年出一本评估，好的文选，单篇论文，文史哲各选一些最好的，值得推荐的。

葛兆光：我不反对这个做法。也许，做评估仅仅是几部十几部书，范围就太小，做一个评估目录，每部论著下面有一段（评估的）话，也许会有意义，而且入围范围要很宽，范围小了就没有评估意义了。我担心的是，这个评估的权威性，也就是公信力，究竟从哪里来？

陈思和：我是这样想的，我们先做一个在学校有公信力的评估。要选择真正有权威的上榜，多了就没意义了，就是一等、二等、三等就够了。评估出我们认为对这一学科有推动意义的。

葛兆光：复旦做不到南大评估系统的规模，他们的系统很复杂。南大是以国外的 SCI 为基础模板的。

陈思和：他们是做刊物，我们可以做学术著作，我们要做学术的含金量。其实，国外做人文学科评估也没有太好的经验。我们复旦如果能做好，对人文学科发展是有很大意义的。人文学科是要有个人性和独创性的机制，但现在这样靠做项目，核心刊出论文，学生按照这样的机制培养下去，独创性就都没有了。

10. 葛剑雄：人文学科的评估体系应建立两种指标：纯学术指标和综合指标

葛剑雄，1945年生。复旦大学资深教授，中国历史地理研究所教授、博士生导师，教育部社会科学委员会历史学部委员，中央文史研究馆馆员。"未来地球计划"中国委员会委员，上海市历史学会副会长，全国政协常委。曾任复旦大学中国历史地理研究所所长、教育部重点研究基地复旦大学历史地理研究中心主任、复旦大学图书馆馆长、中国地理学会历史地理专业委员会主任、上海市政府参事。从事历史地理、中国史、人口史、移民史、文化史、环境史等方面研究。

访谈时间：2014年10月9日
访谈地点：复旦大学光华楼葛剑雄教授办公室
访谈人：张春梅、席永春

现有的人文学科评价标准较为单一，不能完整地体现个人的成就和贡献。

访谈人：您作为人文学科领域的资深专家，对学术研究、教学和社会服务等方面的贡献是全面的，您认为现有的人文学科评价标准能否完整地体现您个人的成就和贡献？

葛剑雄：现有的评价标准是比较单一的，它不能够完整地反映一个人的成就和贡献。出现这种情况，问题在于是什么部门或者什么方面才需要有一个全面的标准。从学校层面来看，它是要全面的；在学术界，它当然只关心学术；社会角度看，它只是做社会的评价。从社会来讲，对很多院士，不要说人家是哪方面的科学家，可能连名字都没看到过，但并不等于他们的学问不行。所以我觉得这个问题很难说，一个单一的标准不能够全面地涵盖一个人。但是我认为这要取决于学校是什么目的：如果学校是要了解学者的学问,当然就是学问的标准;如果学校要了解学者的社会影响,那就是社会影响的标准;如果是舆论传媒,当然就是了解在媒体中的影响。所以我觉得目的不同,标准就不同,现在缺少一种能够全面地涵盖一个人、一个学者各个方面的评价体系。问题在于无论是学校还是主管部门、教育部门,首先要明确目标,再根据需要制定标准。但是不能够各做各的,这样就会产生矛盾。不要有的时候强调社会影响,有的时候又强调为政府服务,比如获得了哪个领导的批示,这样的话就是很难全面反映学者的成就和贡献的。它应该有一个综合的体系。

访谈人: 您认为您在人文学科领域中获得的声望主要来自哪几个方面?能否通过现有的学术评估体系真实地体现出来?

葛剑雄: 正如我刚才讲的,现有的体系是很难全面地体现出来的。也许我是个特例,为什么呢,因为我也跟媒体打交道,也参与社会活动,包括一些网络上的活动。同时我在大学、研究机构也有很多学术讲座、报告等等。所以我刚才也讲了,其实这个评价是来自不同体系的。有时候他们是不一致的,有时正好又是一致的。所以我觉得这个问题跟前面的问题是一样的,现在缺少一个全面的评价体系。我本人,大家知道一部分是我本身所在的学术界,我是上一任中国地理学会历史地理专业委员会的主任,学术界对我是了解的、熟悉的。另外因为我跟媒体经常打交道,有人曾查过,复旦大学里能够在网上找到消息最多的人,据说是我。另外譬如我以前用博客的时候,有两百万的读者,现在微博上一般有一百万粉丝。有一些民间的评估体系,有几次好像把我的名字排在比较前面的位置。这个我想是学术以外的因素,这一点我自己很明白,并不意味着我在复旦,我的学术就一定是第一名或者怎么样,但是要加上这些体系排名就比较前面了。很多人了解我并不是因为我的学术,因为学术方面很多非专业人士是不会知道的。有的人给我发的邮件其实应该发给葛兆光的,在我面前赞扬我的人其实是将我当成了葛兆光。但葛兆光告诉我,同样有找到他,当面赞扬他的人,其实是看了我的书来的。这说明外界对这个其实搞不清楚的。

另外从学术上讲,很难找到一个指标可以跨学科来评价(特别是人文学科)。比如说陈思和馆长,他研究文学、文学评论,我研究历史地理,从学术的角度来看,我们两个人怎么比较？我觉得是很难比较的。如果是社会科学还可以比较,比如说法学、经济学或者其他什么学,它们在公共性的方面可以比较。但是人文学科连这一点都不容易比较。所以每次诺贝尔文学奖评出来争议就比较多。有的名气大,也不一定能评上,好像这次村上春树又没评到。像这个情况,你说孰是孰非呢？所以我觉得在人文方面很难找到一个共同的指标,那么只能找一些相对的、间接的指标。但不能以我为例子,因为我认为我是一个特例。如果说我今天不跟网络,不跟媒体打交道,不做一些普及的事情,那么我的学术成就再高,也不可能有这样的知名度。

前辈的学术地位来自于具体的学术成果、师承关系和社会影响。

访谈人：前辈的学术地位是如何产生的,与我们今天有什么不同？

葛剑雄：因为我们的上一代,譬如我的老师或者他人的老师,基本上都处在中国近代学术的开创或者从传统转型的阶段。所以这一批学者,他们往往是某一个学科、或者某一个分支、或者某一门具体学问的奠基人和开创者。他们的学术地位和对他们的评价来自于几个方面：第一,当然是他们的具体学术成果。第二,他们的师承关系。比如说我们这儿的老师基本上都是谭先生的学生,现在这里好多年轻人都是学生的学生。现在历史地理学界基本上都是三位导师的学生,或者学生的学生,所以这个学术的影响跟师承关系也是很有关系的。第三,他们的社会影响。社会影响往往是跟着某一些大的事件或者某一项成果联系在一起的。譬如我的老师就跟《中国历史地理图集》联系在一起,大家都知道他是主编者。他自己也说,他要是不编这个地图集的话,恐怕中国知道他的人会很少。比如说近代像胡适这批人,他提倡白话文,这个影响远远要超过他在哲学史上的研究。所以我想大师们的学术地位和对他们的评价主要是这三个方面构成的。

有些成果如果没有一些社会影响，大家都不知道，都不懂的。就像当初，"四人帮"刚被打倒，徐迟写了一篇《哥德巴赫猜想》。"哥德巴赫猜想"谁懂呢？但是经他这么一写，中国人只要识字的，几乎都知道有"哥德巴赫猜想"。陈景润就从一个默默无闻的、致力于非常抽象研究的人成为一个学术明星。所以前辈学者往往这样。到了现在，比如说大家对民国有些大师津津乐道，其实他们道的并不是大师真正的研究内容，而是大师的绯闻或者大师的经历、大师的一些行为。这就是社会影响。

名师的价值可以通过他培养的学生的成就来体现，但若不具备这个条件也不能就否定学者本身的学术地位。

访谈人：您觉得一个名师的价值是否应通过他培养的学生的成就来体现？比如像国外的一些教授的介绍，往往会把他的学生也列出来。

葛剑雄：我认为这是一个需要的条件，但不是一个必然的条件。学术说到底还是学术本身。像我刚才讲的，比如陈景润，他未必能够培养出一个什么人。就是说，有这个条件更好，但没有这个条件也不能说就否定学者本身的学术地位。培养好的学生有几种条件，跟老师的教导当然有关，但是在现代条件下，或者到了高级阶段，很大程度是发现合适的学生，发现好学生，这一点比培养更重要。因为像到了研究生的阶段，你很难把一个人再培养很多，或者他不具备这方面天赋的、不具备这方面基础的，老师有再大的本事都是教不好的。但是如果你发现了一个有天赋有发展潜力的学生，经过你的引导，他自己的努力，才有可能成为人才。现在有很多机会比较好了，比如说我们有自主招收研究生的机会。像我的老师，在文化大革命以前，他的研究生都是党组织定下来给他的，他是没有挑选余地的；相反他看重的人，往往因为出身不好等原因，就不分配给他，那么这样就不行。我有三个获得"一百篇优秀博士论文"的学生。第一位，他是在职的学生，他的条件基本上都有了，他自己本来就已经是副教授了，而且工作多年。我的贡献就是给他选了一个论文题目，因为我觉得这个题目有可能做出好的成果来，他做了；第二位研究生，进来的时候很一般，是一个地方的师范院校毕业,基础比较差。而且这个师院以不正常教学,进本科就让学生去准备考研出名,教育部还专门通报批评过。这个学生进来时我知道,其实他没有念满四年,而且本科的课都没有好好上,就是专门背研究生考题的。但是我发现他还是相当勤奋,看书很认真,所以后来他在我们研究所念了硕士以后,我就招他为博士。但是我觉得他有些方面基础还不够好,所以就要求他到医学院去选修几门课。因为他做的是一个历史地理的跨医学的题目,所以我跟他说你必须要有医学的基本知识,你这个概念必须正确,只靠自己看看书还是不行的。我要求他到医科学三门本科的课,《传染病学》《病理学》等这三门,去跟他们(医学生)一起学。他的博士论文完成后,我首先叫他去找公共卫生学院的院长郝模教授,让他去看,他看了以后我问他,医学上有什么问题,他说没有,很好,这样我就放心了。后来这个人也得了优秀博士论文。他当时到山东的中国海洋大学,一去学校就叫他带研究生,三年以后他带的研究生就到我们这里念博士了。后来上海交大把他破格招回去,定为教授,现在是交大社科处的副处长,交大给他的位置很高。像这样的学生,其实他本身有这个才能,他以前没机会发挥,现在有机会就发挥出来了。第三位,他自己选择考我的研究生,考下来成绩都不及格,外语更糟糕,简直没有什么分数。但是我跟他面试谈话时,觉得他的思路很清楚,而且看问题也很准。我就很奇怪,我说怎么你的成绩那么差,一问才知道他根本没学过历史地理,我说没有学过能这样,不错。所以我就把他作为特招,破格把他招进来了。后来他自己说,刚开始的时候,连上课的内容都听不懂。后来他的水平越来越显露出来,最后的论文无可争议地得了全国大概最高的分数,获得了最后一次评选的全国一百篇优秀博士论文。其实并不是我真的把他们培养到这样的水平,而是有机会发现,如果这些人你不发现他、你不要他,他可能就没有这个机会,他也就不一定能够达到这个成就。所以我从这个角度讲,这的确是一个重要的条件,但是不能把它作为一个硬性的指标,作为硬性指标那就麻烦了。这是可遇不可求的事。这个不仅是我个人的体会,我记得当初我跟哈佛大学考古学家张光直教授谈到这个事情的时候,他也有同感。他说好的学生不需要教,只要你发现他。我曾经赞扬他的学生罗泰如何了不得。他说我看见他,我就知道这个人是有前途的,只是给他个机会,现在果然罗泰是全世界知名的考古学家。

人文学科,应该有它独立的以学术为主的或者纯学术的一个评估标准,不要把其它因素都放在里面。

访谈人: 关于国家基金分配方面,还有它的投入方面您有什么看法?您觉得如果获得项目或者说科研经费,或者获得国家的一些奖项,是不是能体现教师的学术水平呢?

葛剑雄: 我觉得他能够得到基金,只能够证明,他的学术研究的方向比较符合国家基金的要求以及他掌握了申请基金的技巧、技能,并不是他学问的全部反映。社科基金、教育部基金都有重点项目,而且学校都以这个为荣。这个很显然更多地体现出现实的需要,学科的发展往往是第二位的。即使是学科发展,也不是为每一个人度身定制的。比如说,我们这个学科需要发展的重点并不是他所研究的范围,那么他如果从学术的提高、自己进一步提升的角度讲,就不应该放弃原来的研究方向而转过来迎合国家或者项目基金引导的方向,他应该坚持自己的方向。如果他为了申请项目,改变方向,这个对他自己的学术发展可能是个损失。所以项目基金并不是绝对能够反映出一个人的学术水平的,更不要说现在申报基金中间存在的一些学术不端、学术腐败。我知道国际上一些知名的大学,从来就没有把申请到多少钱、有多少经费作为评价学者的一个指标,特别是对人文方面的学者。这也反映出我们现在缺少一种真正的以培养人、支持学者的努力为目标的基金。我们的基金过于功利,时间太短,一般都是三年,最多再稍微延长到5年就要拿出成果来,更不要说支持一些后果不明确的项目。比如说积累性的项目我比较有把握报,探索性的就很难,要是三年没有探索出来怎么办?怎么交差?就是有五年时间探索,走到死胡同了要回过头来了怎么办?我们知道很多学术成果,有的一辈子还没有全部做完。陈景润的"哥德巴赫猜想",实际上他最终都还没有猜想出来,还没到最后一步,尽管他已经离目标很近了。人文学科也是这样的,有时候一个思想、一个论点、一个观点最后都没有达到理想的程度,像这样的研究就缺少一种基金来资助。其实也不需要,有一个条件就是学校或者所在的单位要保证学者衣食无忧。但是我们现在正常待遇太差,往往缺少在优渥的环境下无忧无虑地、没有任何压力地去探索的条件,而且不容许失败。大家以前都讲纳什,纳什精神不正常,最后他还得了诺贝尔奖。我曾经这样说"天才和精神病只有一步之差"。对一些超常的人就要有一些特殊的政策。往往一些杰出的思想贡献就是这样的人做出来的,所以从这种角度讲我们的基金太功利了。当然了,对大多数人来讲,这个基金还是合适的。但是如果真的要着眼于超常的、顶级的、突出的人才,那么就还需要其它方面来做。所以对于人文学者、人文的成果,应该有它独立的以学术为主的或者纯学术的一个评估标准,不要把其它因素都放在里面。否则的话就只能够助长一种所谓"短平快"的,一时的人,像万能教师随时都能用。这样一种人不是没有用,但也没有太多成果的贡献。

职称评定不是一个简单的学术认定,"评""聘"分开在操作上有很多具体的困难。要有制度、有规矩,但要允许特例,这样会使得评定结果更加合理。

访谈人: 您认为现有职称评定标准在您的学科中是否体现学者的真正学术水平,您认为如果某位教师评上教授、副教授是不是说明了他的学术水平?

葛剑雄: 职称评定其实不是一个简单的学术认定,全世界都有这个矛盾。因为它受到职称数量的限制,比如在很多国家,学校下面每个系、所、院,职称位子都是固定的,所以也许张三放在这个学校没评上,到了另一个学校就评上了。因为它不是一个纯粹的学术标准,所以一直有人建议,把"评"跟"聘"分开,如果认定已经有了教授的资格,然后就是该不该聘,可以聘也可以不聘。理论上讲很好,但操作上有很多具体的困难。比如现在所有的待遇都是跟"聘不聘"联系在一起的。所以这个认定,要么就是失之过严,要么就是失之偏宽。对评定的本身特别对人文的成果来讲,有很强的主观性,很难找到一个大家都接受的客观标准,所以只能够相对的合理。被评的对象自己也要注意,教授的职称,特别是聘和不聘并不是百分百的都根据学术成果来衡量的,所以自己要明白。比如大学里还要考虑一个教学的问题,有些老师不会上课或者上课质量很差,这个当然也要考虑,全世界都是这样的。在研究所不仅考虑本身的学术成果,还要考虑组织能力、创新水平。这里很难找到纯粹的或者纯客观的学术标准,也正因为这样,一些量化的评估方法只能作为参考。

访谈人:像以前,民国时候有那种学术权威的说法,比如有一个故事说梁启超把没有大学文凭的陈寅恪推荐到清华大学当教授。

葛剑雄:这个事现在也有的,也有不成功的。我们对民国的事大都一知半解,民国时并不那么理想,民国教授中骗人的、相互吹捧的、搞私人关系的、结成小圈子的有的是。梁启超他也不是每个人都看准的。就是今天,这种例子也可以找得到。但个别的例子和一种制度是两回事。个别例子可以破例,但是制度都破例就不成制度了。我觉得任何制度都不是万能的,也不是绝对完美的,但相对总是比较可操作可执行的。所以我一直主张既要有制度,也要允许特殊,允许特殊情况的破格。

访谈人:有人说现在用代表作评职称,您如何看待?

葛剑雄:用代表作评职称比原来只强调数量要好,但也是不容易的。比如说他自己的成果比较平均,就很难说他的代表作就代表他的最高水平。相反,有些人有一两篇很突出的(文章),在代表作的情况下,就会显得他的总水平比较高,就比较占便宜了。总而言之,代表作比现在只讲数量好,但也不是绝对的。比如说学术还受到社会风气的影响,他本人也是如此,他是不是挑出他最好的作品作为代表作,也会有种种顾虑。比如这个代表作可能短了一点,或者那篇受过领导赞扬比较符合评委口味,会有种种考虑,这些都是相对的。所以我一直主张要有制度,要有规矩,但要允许特例,这样会使得评定结果更加合理。

> **学术研究，就要体现他有没有新的学术贡献，有没有创见。在评价时，应当尊重学科本身，由学科自身来评价。**

访谈人：您认为人文学科中研究论文或专著的评价标准主要体现在哪里，应该怎么评价？

葛剑雄：既然是学术研究，就要体现他有没有新的学术贡献，有没有创见。还有一种工作是积累型的，也要肯定他，因为也需要有人去做。一般来讲应该更加鼓励创新型的。所以代表作应当让他本人说出他在前人基础上有哪些进步，审查他的时候要从这个角度看；再看这些进步是突破型的，还是创新型的，还是积累型的。比如一种进步，前人发现了五个我又加了一个，这也是进步。另一种进步是我发现前人的研究五个里三个错的，我把它纠正了，或者我发现前人的方法根本不对，我提出更好的方法，这个贡献就更大了。所以代表作的论著里还是要坚持标准，特别是坚持本学科的标准，不要过多受外界的影响。比如有些学问因为某个领导说了句就成了门显学，但对学术来讲没必要受到这个影响。学术还应该在学科本身，不应受政治干预。现在往往由外学科或外行来评价，这是错的。应该尊重学科本身，由它来评价。

> **学术评定的时候，首先应注重论文或者著作本身的质量，其次再看出版机构、刊物级别。在保证质量的前提下，还要看和本身学术的相关度。**

访谈人：论文发表数量和刊物质量在学术水平评定中应占多大比例？

葛剑雄：我觉得在名额有限、不得不挑选一部分人的情况下，要有一些指标，就是所谓的量化。我认为这个次序首先应该是注重论文或者著作本身的质量，其次再看是哪家机构出版的，发表在什么地方。现在认定的不同杂志不同等级,在一般情况下是可以的,因为不可能什么都来区分,而且一些国内国际著名杂志有很好的审稿制度,有比较好的盲审制度,能够及时回应人家批评,这种情况下总的质量是比较高的。还是这句话,应该容许申报者提出必要的申诉。比如他的文章并没有发表在这些顶级刊物上,但他如果申诉了他的理由,又经过评审的认可,也可作为一种特例存在。这里情况很多,一个杂志可能水平不高,但不排除有非常好的内容;相反的,顶尖的杂志也发现有抄袭剽窃的情况,也不是篇篇都是很好的。所以还是要把学术标准放在第一位,其他的可以参考。至于数量,数量多说明他很勤奋。但我还是主张在保证质量的前提下,还要看和本身学术的相关度,比如我是历史地理的,但很多论著不是历史地理的,就不能再在这里评。另外跨学科要遵守对方的规则,比如我写了一部小说,既然小说跨到文学界去了,就要听文学界的意见,不能再由历史地理来发言。现在往往跨学科后的研究不是被跨的学科评论,而是在自己学科发言,说自己怎么了不得,但在别人那里就不通了。比如我一个学生写的是疾病、传染病的分布,既然是传染病要听听医学的看法。现在往往跨学科的研究在对方的学科里根本就被否认了。我碰到过这样的例子,一个研究伦理的写了一篇历史的文章,他自己认为贡献很大,但研究历史的一看,这没有什么贡献,我们早知道了。另外的人捧他怎么了不起,怎么跨到历史去了,其实在历史学界是一般性的研究。

人文学科的论著被转载或引用应该被考虑,但与自然学科有区别。

访谈人:人文学科的论著被转载或引用,这个是否应该考虑,有多大的价值?

葛剑雄:应该被考虑,但与自然学科有区别。引用率高固然说明文章好,但更主要说明文章实用。我们中国有句成语叫"曲高和寡"。如果你研究的问题是非常高深的,人家看都看不懂,怎么来引用你。我被引用最多的都是我的一些相对通俗的大众化的文章,我的书印量最多的是两本,一本是普及型的《历史学是什么》,大概印数已经八万多了,另一本是《统一与分裂:中国历史的启示》。

出版不是问题,没有必要成立专家库匿名评审。关键是评价,在评估体系上要坚持标准。

访谈人: 现在关于学术著作的出版有一种现象:只有写不出的书,没有出不了的书。您认为出版是否也要建立相应的规范?

葛剑雄: 出版不是问题,问题还是评价。因为书本身是商品,出版社认为有利可图。此外自费出书也是允许的,只要他的钱是来路正当的。这本身正常,关键是评价体系。如果自己花了钱,或者挪用公款出了书,又进不了评价体系,就不会有多少人愿意出书。现在往往这样,一看书是人民出版社出版的,就认为这个书肯定好,不讲质量。或者还有一些当官的自己出了书或让人写了书,趁机腐败,就认定为成果,所以说关键还在评价这里。出版业要繁荣,各种出版物都能出版。特别现在、今后还要网络发表,这个挡不住。关键就是出版的书怎么认定。现在之所以出现那么多学术垃圾,就是不管什么出版物都认,或者只要有书号的都作为成果,这样才助长这样的风气。如果我们评估体系坚持了标准,那没关系,他本身愿意花钱就花,出版社也不会干这样的蠢事。

访谈人: 是不是应该成立一个专家库,匿名评审?

葛剑雄: 这个没必要。出版本身是商业行为,不要看太严重,只要不反动不违法都能出。有人担心出这么多垃圾出版社卖不了,卖不了那他自己就要考虑了,如果私人掏钱关你什么事。如果他挪用公款或者学术腐败这个纪委应该来管,应该由法律来管,而不是学术来管,学术只管成果认定不认定。

在学术会议上发表论文与一个学者的成名的关系不大,能够在学术会议上做主题报告,至少可以看成是对他学术地位和学术成果的肯定。

访谈人:在学术会议上发表论文对一个学者的成名是否有直接的关系,这个环节是否需要考虑?

葛剑雄:这个现在关系已经不大了,以前出书难、发表难,学术会议往往是一个很好的机会。现在无论国内、国外,发表成果并不难,实在不行网络可以发表,所以好的成果是压不住的。反过来,现在的学术会议倒是其次的。很少有一个完全新的观点或新的成果依靠学术会议来解决。特别是人文的成果,相对讲,懂的人比较少,有的还需要耐心,至少要全部阅读。比如说他讲一个观点,即使赞赏这个观点,但要证明这个观点,要使这个观点内容落实下来,我还要看他到底有什么证据,看他本身的著作或论文,这与科学上的新发现有所不同。现在大家已经不太看重这一点了,比如拿国际重要学术会议讲,人家看重的,能够证明他学术地位或成果的往往不是他的论文或著作,而是他有资格做主题报告,做主题报告至少可以看成是对他学术地位和学术成果的肯定。相反,国内学风不端,往往有些人剽窃他人成果,特别是还没有正式发表的、还没有写成文的。现在已经不大敢在学术会议上公开还没有发表的成果,公开的往往是已经发表了,所以不会给人以惊喜或者了不得的感觉。

目前,中国学术界的会议体现不了学术水平、学术地位。

访谈人:院系主办学术研讨会是否能体现它的学术发展水平?

葛剑雄:这也不绝对,举办学术研讨会的前提首先是经费,第二才是号召力。号召力和经费是相关的,要请到本学科顶级的人物,往往要提供旅费,有的还有酬金。如果经费没有,号召力就不容易。当然有特殊情况,比如老师在这里,学生们都要来。相反这几年倒是会开得过多过滥,有的会议形式比较多,交流成果每人讲5—10分钟,能讲些什么出来呢?还有我也要指出,现在片面的强调开短会是错误的,特别是学术会议。有些学术会议不认真研讨,还开什么会呢? 现在有的会规定一二十分钟发言时间,连讨论辩论的机会都没有,非要一天开掉,这种会议形式多于内容。所以至少在现在,在中国学术界的会议体现不了学术水平、学术地位,往往是钱多的单位、接待好的单位,这种会经常开,但是效果并不太好。

<u>学者参加政府决策的咨询会或者报告、媒体活动、个人活动(比如微博,博客),能提高社会影响或者对政府的影响,包括对学术界的影响,但不能绝对体现其学术水平。</u>

访谈人: 您前面也曾谈到,有些学者,也像您,经常会参加一些学术活动、媒体活动。您觉得一个学者参加政府决策的咨询会或者报告、一些重要的媒体活动、个人活动(比如微博,博客),这些能不能作为一个学者的学术地位的体现呢,能不能给学者影响力加分提高其学术声誉?

葛剑雄: 提高社会影响或者对政府的影响,包括对学术界影响这个是肯定的,但不能绝对体现出他的学术水平。因为学术水平特别是人文方面,是高深的而且是小众的。比如历史地理要影响社会的,并不是历史地理的全部研究范畴,有的很高深的、考证性的研究内容是不可能的,只可能选择其中为社会所接受的或和当前实际有关系的、或与政府决策有影响的内容,必须是有所选择的,绝对不是全部。比如我的老师的《中国历史地理图集》,对社会影响更大的、人家更关心的不是他的全部研究,而是这本书涉及到的比如边界、中国有多大这些问题。领导人很关注的是对当前边界的谈判有什么影响,而不是关注全部,这个是有选择的。比如一个人研究的是古文字，像裘锡圭先生这样，要说古文字研究的社会影响，谁懂这个？不要说社会，就是复旦也没几个人懂的。这因学科而异，当然能做的还是要积极做的。它的好处，比如说历史地理本来是很小一个小学科，很多领导、社会各界都是不知道的，但通过我们的普及，通过在决策咨询上发挥作用，现在至少中国以及国际上知道这门学科的人已经大大增加了。甚至有的人误以为这也是历史地理：比如有年轻人报考我研究生，我问他为什么要报考，他说可以世界到处走，我说两者是没关系的，我们这里有人连上海之外都不大去的。提高社会影响后，在增加扩大学科影响来讲还是可以的，比如报考我们研究生的面很广，什么人都有。报考我们所研究生的学生有本科是学化学、做牙医的、学电子工程的、通讯的，还有一个是学皮革制造专业的，什么专业的学生都有。他们就是因为社会影响扩大了才会来。事实证明这些人里的确有很好的学生，因为他们有这个实力，聪明才智发挥到这个方面来了。又比如，也会影响到政府部门对我们这个学科的重视程度。有些领导人对我们提出的建议作过批示，比如有一次李克强（当时任副总理）参加全国政协教育界的联组会，结束的时候和我聊了几句，他就知道了我的老师，知道我们这个学科对国家的贡献。如果你不去做这些工作，领导也不太会知道这个学科。当然学术界、学校不能把这作为一项主要的标准。也不能要求所有学科都这样做。你们也讲，怎么来评价领导的批示，这个有些单位我觉得有些过分了，比如政治局委员批一次相当于多少篇论文，或占多少分，或者这一年指标就完成了。如果最高领导批了，有的人职称都能解决了。我觉得对于一些实用性学科，而且所提内容又是本身学科的，可以这样做。但是人文学科，比如我研究唐诗的，一定要以领导人感兴趣、作批示为标准，这个是不可能的，不要把这个标准绝对化。但是这个标准应当重视，说明这个学科或这个学者本人能够急国家所急，为国家服务，能够为社会做贡献，但这不是学术标准。比如我给领导提的建议，可能和我的专业没太多关系，有的也有一定关系，那这就是综合的（考虑）。比如刘延东副总理上次对我有个关于公共外交的批示，驻外使馆请我去欧洲，用学者身份在欧盟参加活动，当然也不能说与专业一点关系也没有，因为我在欧盟的报告做的就是中国是怎么形成的,这是我的专业。但要讲得欧洲的政治家听得懂,或者要能和这些人对话,就不完全是专业问题了。又比如她对我的另一个批示是我讲的关于教育的一个意见,不能说跟专业一点关系也没有,大的历史范围总是有的,但不能够说专业水平很高,有的是业余的。比如温家宝总理曾批复我的一个建议。那是我从南极回来,我对国家极地工作的建议,当时他是分管极地工作的副总理,他批了。所以各个方面不一定一致。当然作为学校重视是应该的,说明这个学校在国家不仅是学术单位,还要考虑它的社会贡献。如果是一个智库,就要考虑这个指标,智库是为政府服务的,如果政府采用的多,说明智库水平高,但绝对不是人文学科的主要指标。

人文学科的评估体系应建立两种指标:纯学术指标和综合指标。

访谈人:最后能否简单地总结一下对于现在的人文学科的看法,和您觉得如果建立这样一个人文学科的评估体系,应该有哪些标准比较合适?在培养人才、科学研究、社会服务之间如何把握好权重?

葛剑雄:我想是这样,学校应该对于这些学者和学科建立两项指标,一个是纯学术指标,一个是综合指标。纯学术指标是用在学科的发展、学术人才培养与学科规划上,这个应该以学术成果,以已经发表的成果为主,但是也要参考它的潜力、未来的方向、未来可能有的成果。这样就把一些创新型的、但现在还未到达收获期的学科和学者包括在内。当然这里面应该以本学科学术界的影响力为主,影响力当然和评价有关,但也要参考在非本学科的学术界以及社会影响。在现在学科越分越细的情况下,如果仅仅由本学科本分支来看,会影响到这项成果本身未来的发展。比如一些新学科、跨学科、复合学科,你得去推广,不推广人家怎么知道?也许将来有个新学科,就是通过推广而得到发扬,比如遗传学。现在复旦的遗传学,比如基因的鉴定,扩大到与历史结合,与移民、人口迁移结合。如果它不主动出来介绍,出来扩大它的影响,我们外界很难进去。比如我们历史地理有很多和其他学科有关的，它们的学术影响如果能够扩大到学术界的其他学科，再扩大到社会，那会发展得更好。当然权重中间，主要部分应该还是学术成果本身，也就是本学科本领域对你的评价，这个评价要考虑国际影响的话，当然应该有国际的标准。有人说我是中文的，研究中国学问的，没有国际影响。关键你要不要国际影响？你不要国际影响当然没有问题，要国际影响就要考虑这一点。因为对任何学科来说，真正的所谓国际水平不在于具体的研究对象，而在于方法、理论、规范。比如说历史地理研究，如果研究中国历史地理，可以是一项了不得的成果，但很难说具有国际影响，不能因为外国人感兴趣就称为国际影响。国际影响是什么呢，就是用你的方法、理论、规范，也可以去研究中国以外的历史地理，那么这就表示你有国际水平了，你本人不一定要研究韩国的或日本的历史地理，但是你的方法、你的理论、你的规范得到了人家的承认，人家觉得这个方法很好，能用在我们这里了，这叫做国际水平，这是第一方面。

第二方面是综合指标。因为学校或者是政府主管部门，不仅要考虑你本身的学术水平，还要考虑学术水平能对它起什么作用。所以综合指标里还是以学术指标为主，但是要增加其他方面的影响力，包括培养的人，以及造成的社会影响、造成的国际影响，对政府的影响等。至于它的权重占多少，这就取决于学校的发展方向是什么，对这个学科的要求是什么。如果学校只要求这个学科关起门来做研究，这个权重可以减小；如果学校认为这门学科需要重点扩大影响，或者要通过这门学科来影响政府的决策，这些权重就要增加，因为最后的评估结果是要起到引领方向的作用的。如果学校评定出一个纯学者最重要，这实际上对下面的学科和人影响很大，要向他学习。如果学校从长远的发展或从现在需要出发，评价最高的是一个复合型学者，或者是既有学术又有社会影响的学者，实际上也对本校、对学科、对本人有影响，所以这个权重可以调节，不可能每个学科都一样。比如作为研究型大学，我们注重什么？就算是研究型大学里面也有偏向研究的，偏向应用的，或偏向教学的，这个都有不同，这个指标体系不是一成不变的。包括世界上对大学的排行榜，不同国家、不同体系的权重都不同。有的会要求这个单位获得了多少诺贝尔奖,那么这样你永远比不过哈佛大学,因为哈佛已经有一百多个了。有的要出了多少富翁,这个说明你学的有用,比如马云毕业的学校是杭州师院,那么现在权重一下就增加了。比如中文系是强调诺贝尔奖呢还是其他?有人讲复旦出评论家,华师大出作家,这个权重就是在于学校的发展方向,鼓励什么,引导什么,全世界没有固定的。

但这两个指标要区别开来,纯学术指标和综合指标,学校两个都需要。我曾经多次向学校建议过,有些事情可以更加灵活一点,比如说要了解这个人到底评价怎么样,面可以稍微广一点。华师大上次评原创著作就不错,他发给相关学科一百或两百个人,请他们提,比如说你心目中复旦大学既有学术成果又有影响的教师。比如说我发给全国所有的历史系的主任和学术委员会主任一个问卷,复旦历史系你认识哪几个教授,你知道哪几个教授,列举名字出来。如果这个人名字都列不进来了,我们就要考虑这个人是不是学术水平太差呢?还是影响力太小呢?还有你认为其中最突出的是谁?收回问卷,我们发现最突出的人不一定排在前面,这样我们就要考虑是不是标准错了呢?还是因为这个人影响力太小呢?如果我们的标准对,影响太小,就要适当扩大影响。总而言之,主观的标准要和客观一致,不能脱离实际。比如有人说他自己有多大国际影响,我们就可以向国际有关方面做个问卷,这种问卷根本不要钱,人家都愿意做的,而且现在世界普遍趋势是问卷的面一定要广。美国国会图书馆有一个奖,人称人文诺贝尔奖,中国现在已经有人得到过。台湾去年开始有一个唐奖,奖金比诺贝尔奖还高,每次我都收到他们要我提名的邀请书,提名人大概发得很广。现在的评估系统需要更多的抽样,本校也可以,文科研究生里面做个问卷,看看他们认为复旦大学人文学科里最有影响力的是谁?谁的学术地位最高?这样就可以看主观标准和客观标准的差别,如果本校都和原来想的不一致,那就要考虑是什么原因了。有些学问太深,我们可以请相关专家教授在学校里做些普及性的报告,比如古文字研究,讲讲古文字的魅力,古文字研究是怎么回事。老先生自己不讲,也可以请他下面的人(学生)来讲。社会上也可以做这种工作,比如复旦大学认为最顶级的思想家是谁,那么他的思想大家都知道么?所以有这个评估系统还是很重要的。

研究成果能称得上"研究"的,有四种:发现或发现并纠正前人的错误;在前人的研究基础上有所扩展或深入;提出有价值的思想、质疑;扩大学术研究基础。

访谈人:您强调说做学问要看他的一些学术成果,要看他的创见是什么,原创是什么。您对这个原创,怎样出的东西算作是原创性内容,您怎么看?

葛剑雄:所谓人文学科或者社会科学的研究成果,称得上研究的无非那么几种:第一,发现并纠正了前人的错误,当然只发现不纠正也可以,纠正了更好;第二,在前人的研究基础上有所扩展或深入;第三,提出了有价值的思想、质疑;第四,扩大了学术研究的基础,如基本资料的收集、鉴别和整理等。这些才称得上研究,最重要的是第一种。原创有程度的不等,比如我刚才讲的前人没有做过的都叫原创,但这里也有不同,有积累型的,有创新型的,还有颠覆型的也可以。第一条讲的,发现并纠正前人的错误,光发现不纠正也是很了不得的,还有就是提出有启发性的质疑,他自己还没有做,但是对后人有帮助。当然都做到像第一条是最好的,像第三条引起了争议也很好,等待后人深化,提出的质疑是有道理的。当然任何事情都有程度,大小创新都可以。比如哈佛大学,我们只看到它有一百多个诺贝尔奖得主,但是哈佛大学教授对思想、对人类的价值观的影响都很大。基辛格原来就是哈佛大学的,他先有他的国际研究理论,然后才被请到白宫去操作,现在从白宫退出来以后还是有影响的人物,他是靠什么呢?主要靠的是思想。还比如说塞缪尔·亨廷顿,提出文明冲突论,无论是肯定他还是否定他,只要引起了全世界的关注争论,就是了不得的。提出了软实力理论的约瑟夫·奈,也是这样。所以我觉得这样的学者的贡献不仅仅在于一本书里了。

这些东西有时候要兼收并蓄,不可能大家意见都一致,另外并不是做什么都量化,这是很难的。比如权重,就要请学校领导或决策者来看方向是什么,比如今天把这方案拿到师范院校,它的重点可能是培养人,或者是应用型的;放到地方院校,我们要为地方政府和民众服务,发展是第一位的,这个权重就要增加。没有绝对的标准。

11. 虞万里：要打造高精尖的学术人才，要培养大师，就必须有严格而高标准的学术要求

虞万里，1956年生。上海交通大学人文学院特聘教授，《经学文献研究集刊》主编。曾任上海社会科学院历史研究所研究员，上海社科院院学术委员、所学术委员会副主任，传统中国研究中心主任。上海社科院、华东师范大学双聘教授。主要研究领域包括经学、传统语言学（文字音韵训诂）、历史文献等。

访谈时间：2015年6月1日
访谈地点：虞万里教授家中
访谈人：王烨、侯丽娟

> 学术界内在的学术标准和管理机构外在的评估体系不一定是重合的。现在对数量和杂志级别的要求，造成了两个后果：一个是"剪裁"，一篇文章拆成几篇；另一个就是"论文和文章完全混同"。

访谈人：您是如何看待目前的人文学科评估体系的？

虞万里：任何事物都是辩证的。有的学者很自觉，有能力，会钻研；但有些人不愿意写，也写不出来。所以一定的评估机制还是需要的，否则就会浪费国家资源。我自己完全不在目前的评估标准之内，从来没有为迎合课题或热点去写作过。我一生喜欢写什么就写什么，所以涉及的方面很多，有文字、训诂、音韵，也有经学、文献，甚至道教等，不少是协同运用多个学科来解决一个问题，写的时候自由而舒畅，没有任何束缚，写完以后很难迎合某些有体式规定和内容限制的期刊宗旨。比如我近30年都没有投过一篇文章给某些被认为是顶级的杂志。一种期刊上的文章，尽管大体有一定水准，仍会有好坏差异，重要的是你自己文章的质量。现在大家趋之若鹜的期刊、杂志，上面的文章也不一定都是有高水平的。

访谈人：您认为目前人文评估的标准能否体现您的个人成就和贡献？

虞万里：我认为是没有完全体现的。我从来没有在《历史研究》或《中国社会科学》上发表过文章。我写的文章，就内容与形式而言是不可能发表在这些刊物上的。现在把这些刊物作为最高标准，那是管理的需要，却不是我研究的兴趣。在20世纪30年代，像《史学月刊》《燕京学报》《史语所集刊》这样的刊物，上面可以发3万、5万、8万、10万字的论文。到了80年代，一般杂志都限制在8千到1万字，使得复杂问题不能畅所欲言，导向性地让人浅尝辄止，从某种角度而言是阻碍了学术的深入。我80年代写的几篇3万、5万、7万字的文章，都是到90年代，2000年以后才发表的；90年代初写的10万字文章《商周称谓与中国古代避讳起源》，到2005年才全文发表。学术研究的深入首先有赖于细密的考证，有了考证所得的坚实基础，才会产生较为符合客观的思想与理论。考证可以做到无懈可击，理论却永远无法达到颠扑不破。弗雷泽曾经说过：理论总会过时的，留下来的只有调查所获得的事实。所以，我现在主编《经学文献研究集刊》，也在上面发过5万、7万、9万字的长文，用意也在此。历史很复杂，有时很小的问题，需要很大的篇幅才能讲清楚。你觉得简单，只是你思维的简单，而不是史实已经明了。故而我写文章只着眼于问题的清楚与否，没有想过要投哪个杂志去追求与其相同的格调。所以，现在的评估标准与我的研究和兴趣没有很大的关系。

访谈人：是的，因为目前的评估标准主要取决于篇数，所以会有把一篇长的论文拆成几篇发表的情况。

虞万里：对，他们是算篇数的，不管你一篇的字数，那就可以把一篇5万字的文章剪为5篇。剪开后，正好可以迎合杂志5千、8千、1万的要求。但我自己的文章不乏是7万、5万、10万的，最后也都发了。因为我长期在体制外凭兴趣研究，没有体制内的约束，所以现在的标准可能不适用于我。如果现在学术界对我有些许认可，那跟我的学历、文章发表在哪些杂志都没有很大关系。

回忆20世纪80年代我二十几岁时，去参加几次中国音韵学和训诂学年会。那些老先生对我都很好，非常客气，日后也多"到处逢人说项斯"。我想说的是，我既没有名师的光环，也没有名校的背景，老先生们如此推毂，无非也就是看了我几篇还没有发表的会议论文。所以，如果你的成果能够让真正的学者认可，它不一定需要发表在什么杂志上。学术界内在的学术标准和管理机构外在的评估体系不一定是重合的。

现在的评估体制要求数量和杂志级别，就造成了两个后果。一是刚才说的剪裁，一篇变 2 篇、3 篇；还有就是将"论文和文章完全混同"。有些论文在我看来只能算是文章。论文一定是要说明你解决了什么问题，或者在已有成果的基础上有所推进。由论文和文章的混同而推衍，因为有些机构评职称需要一本著作，所以把真正的学术性专著和概论性读物又混同了。真正的专著应该就是一篇长篇论文，而概论性的读物至多只是论文的稀释，有些学者只会写书而不会写论文，以致著作等身。这些都让我感觉怪异得不可思议，无怪有些人说我们在制造文化和学术垃圾。

不是每一个人都可以做学问的。大师除了要看天资、水平、机遇、成果，还要有敬业精神。

访谈人：目前评定职称的标准在您的学科中能否体现学者的学术水平？

虞万里：不能说没有体现，但也不可能恰如其分地体现。因为制定了这样的标准，所以免不了有人会围绕这个标准来打造学术成果，另有一些有深度却不符合标准的成果被排除在外。复旦现在想自己制定出一套标准，这是很好的。但我估计整个国家暂时还没有办法跟进。正如我刚才所说，事物都是辩证的，一旦放松，那么懒人就多了。说句很警醒的话："不是每一个人都可以做学问的。"这就涉及到采访提纲里的另一个问题："前辈大师的地位是如何产生的？与现在有什么不同？"我们今天这样去强求论文数量与期刊标准，当然不可能产生大师，假如有大师出现，也绝对非评估体制所催化促成的。大师除了学术水平之外，还要有因缘际会的机遇。比如在清代、民国，有很多水平并不在大师之下的学者，现在都默默无闻，随着时代的翻页而被遗忘。而近现代有些被人熟知和被加封的大师，从严格的学术眼光来衡量，并非真正的大师。大师除了天资、水平、机遇、成果，还有一种难能可贵的敬业精神。今天的学者在逼迫之下，很多人是为了评职称而去做学术，这样是不可能产生大师的。此外，就学术本质而言，大师与知名度不能完全等同。知名度的大小与所在的地域、机构有关。高校教师桃李满天下，学生众多，比较容易出名，但在研究院的话，学生少，知名度就会有所不同。因此在学者自己的眼里，还有另外一套标准。

大家都在说，当今是没有大师的时代。因为没有而渴望，所以近年刮起一股乱封大师的风，弄得年轻人举目恍惚，无所适从。回顾历史，沉思当今，多做研究，少谈大师。希望我们踏实地研究，为今后产生大师铺路。

科研经费的分配和投入，不能全面正确反映学者的学术能力，不能把研究等同于工程。

访谈人：您觉得学校或国家的科研经费分配和投入，能否反映学者的学术地位？

虞万里：从现在国家的投入分配看，课题也好，评奖也好，国家和科研机构尽量选拔最好的，从各方面想方设法去完善程序和方法，应该说是有一定的激励效果的，也取得了不少成就。但在申请之初，有的人善于写报告而缺乏研究能力，有的人不善于写却有研究潜能，因为诗有别才，写文牍报告也有别才，国家和机构无法判别。但在结项时就有可能高下立判，有的甚至出现烂尾工程，证明他可能不具备这样的素质。从这个意义上说，科研经费的分配和投入，反映了学者一定的学术能力，却不能全面正确反映。现在有一个很大的问题，就是把研究等同于工程。事实上研究与工程不能完全等同。现在的课题一般是 3 年、5 年，有些工程性、资料性强一点的可以这么做，但是研究性很强的课题是不能这么做的。这也是一个矛盾。

要杜绝一般性、概说性的读物，只有让同行专家严格把关。专家鉴定的时候，需要有深厚的本学科素养。

访谈人：您觉得发表论文的数量以及主办刊物的学术水平在评估体系中占的份量应该是怎样的？

虞万里：从学校看，刊物是她的锦旗，从我个人而言，只是想多开辟一块学术园地，刊发有质量的学术论文，对我个人是没什么加分的。在评估体系里，论文应放首位，当然花了5年、10年时间的用功深、用力大的专著也应该重视。正确的引导，应该以作品的质量和能量来衡量，而需要严格把关和判别的是，不能将论文和文章混同、专著和概说混同起来。

访谈人：那么这是由学术委员会来辨析吗？您觉得学术委员会的构成应该是怎样的？

虞万里：我觉得像复旦这样人才济济的学校，学术委员会可以设置得专业一点。比如文史哲一个学术委员会，如果评中文的，那么中文系的人去得多一点，历史和哲学可以从别样的眼光去审视。尽量把专业水准显现得明白一点，这样的评审标准相对比较客观。如果学术委员会的学科跨度很大，委员们无法驾驭自己学术的盲区，那就只能看数量多少，看杂志甲乙，就容易产生偏差。

访谈人：在青年教师升等时，有的人研究水平很高，但他数量不够，可能只有一本专著，虽然质量非常好，但是却无法通过。这样的情况该怎么解决？

虞万里：复旦曾邀请我作为外审专家，我也遇到过这种情况，就是我推荐的青年教师第一年没有通过。所以第二年如果还要我写推荐意见的话，我的措辞可能会更激烈一点。要杜绝一般性、概说性的读物，只有让同行专家严格把关。甚至之前就说好，在评语里要体现出来。也就是评审要求要苛细，要分得很清楚。当然现在需要被评的人和论文都太多了，审的人也很头疼。

访谈人: 假设论文的质量分上、中、下等,那么字数、长度是不是也要分等级?

虞万里: 这也有两面性。例如写复杂的考证类论文,需要用到原文,没办法压缩到 6 千、8 千的字数。这涉及到学术含量问题,需要对文章长短、深浅建立不同的标准。例如我在社科院时,在北大的《国学研究》上发表过 6 万字的文章,因为《国学研究》没纳入我们的评估体系,所以计算时只有 5 分。但是我在《文汇报》上发表一篇 5 千字的文章,却有 40 分。因为社科院当时希望我们在上海两报多发些声音,所以分数定得高。字数固然要有一定的考量,但主要看是否能解决问题。而且解决的问题有大有小,结论也有局部和全面之分。有东拼西抄不痛不痒的论文,有向前推进一步的论文,也有彻底解决问题的论文。专家鉴定的时候,需要有深厚的本学科素养,才可以判别甲乙高下。当然现在评审论文的多是忙人,要审的量又那么大,根本没办法在短时间内认真看完这么多,这也是一个没办法解决的问题。

要打造高精尖的学术人才,要培养大师,就必须有严格而高标准的学术要求。

访谈人: 关于编书和再版,有的老师在编书上花了很多精力,而有的只是挂名,这在算学术成果的时候要怎样区分?

虞万里: 这个要量化是非常难的,因为编的书也有难易,很难有一个固定的标准。像复旦要培养大师,或者要引导大家走这样的路,就必须用严格的学术来要求,一般性的编写教材当然不能列入其中。不是所有的人都能做学问。严格要求之后,能做纯学术的人就去做研究,其他的人也可以去普及知识,或者去编书。学问自有别才,有的人适合研究,有的人适合教学。真正要打造高精尖的学术人才,要培养大师,就必须有严格而高标准的学术要求。但现在纯学术很难做到,因为还要考虑其他如社会影响等问题。有时知名度和纯学术吻合,有时却是不吻合的。

访谈人:您觉得如何才能设立一个制度,去保护一些优秀的人才,让他们可以潜心做学问,而不用为了评职称、做课题而花费很多不必要的精力?

虞万里:从实际的操作层面看,可能会有一定的难度。但在复旦中文系,就古典文献而言,如果像陈尚君等几位著名教授都公认某人的学术水准的话,那偶尔也是可以有特例的,但保荐者也需要承担风险,订出具体的条款。如果是很特殊的人才,系里的几个著名教授公认了,还可以拿他已有的成果去外面评,返回评审意见后可以再开一个专家评审会,具体问题具体分析。当然这样的特例不宜多,多了就会乱,别人会说你可以那我也可以,这样就做不下去了。

要打造一个新的体系是不容易的。建造任何一个体系,都有它的漏洞和不利的一面。复旦前几年还是比较宽松的,但是宽松也会产生问题,考核数量降低了,且总体数量下降,质量也未必能提高。因为人是有惰性的,只有少数人能自觉,能够严格要求自己,能把学术当事业,更多的人只是把学术当职业。现在的评估体系也是在政策与对策的往复运动中一步一步走到今天这地步的,这也是不得已的举措。宽松的学术环境,可能培养了几个顶尖学者,但五年十年之后,更多的学者就是王安石感伤的仲永,他们已经"泯然众人矣"。没有指标的要求,成果相对会少是肯定的;有指标逼着,总会出成果,当然质量可能仅是差强人意,这确实是很矛盾的。这里有一个导向和用人的问题,我一直认为,纯粹的学术不是每个人都能做到的,学术型教授也不需要那么多,可以分设教学岗教授。

访谈人:您的意思是要分流吗?

虞万里:是的。交大的教授现在已有分流倾向,有"教学岗""研究岗"和"教学研究并重岗"。考虑到各人的特点,发挥个人所长,有的人课讲得很好,但不善于写,有的人则正好相反。当然两方面都能做好自然是最好,因为教学和研究是有因果关系的,研究有突破,教学就能生动而吸引学生。无法做到,只能退而求其次,否则两面都难兼顾,须知学校毕竟还是要把教育放到重要位置的。

访谈人: 那问一个很现实的问题,他们之间的待遇有差别吗?
虞万里: 至少工资是没有差别的,具体我也没有去问。

访谈人: 如果教学研究并重岗的收入最高,研究岗次之,教学岗最少,这三者之间差别很大的话,大家会觉得不合理。
虞万里: 如果差别很大,那就不愿意转教学岗。但是如果都一样的话,研究岗的人又觉得不划算。怎么才能做到合理? 是否可以灵活一点,比如现在是教学岗,等过几年如果可以拿出有质量的成果,到时再通过评审转为研究岗。当然这也要形成条文,否则就会乱。

老师的培养与学生的成就之间的关系,具有两面性,不能单从某一个方面考虑。

访谈人: 您觉得学生的成就可否为教授的个人成就加分?
虞万里: 这又是一个教学之内与自身之外的两面性问题。其实学生来读博士,老师对他的情况也不是非常了解。有的学生是读书种子,之后他也做了教授,这是一种情况。还有一种学生就是来拿文凭的,以后可能就没有成就了。但是有时候,老师和学生的成就之间确有一定的因果。因为有的老师言传身教,为学生营造了一个良好的学术氛围;严管紧逼,给学生打下一个扎实的基础。假如他的十个学生里有七八个都学有所成,当了教授、博导,这与他营造的学术氛围和自身的学术影响是分不开的。如果偶尔有一两个学生有成就,也就不能排除学生本身的努力。所以这个很难说,没有办法单从一个方面考虑。

文章转载率与研究的热度关系大,与深度关系小。

访谈人:您对于文章转载率怎么看?

虞万里:我觉得这个比较荒唐。文章转载率与研究的热度关系大,与深度关系小。转载的目的大多是大家所关注的议题和论点,而纯学术的研究又往往在众人的视野之外。一味地追求转载率,引导学者去赶潮追星,去写一些热议的文章,甚至是翻案的文章,以期被转载,是不可取的。我个人认为,一项学术研究,一篇论文,如果是起念于准备翻案,起念于引起热议,那是一种很不正常的学术理念。其结果不管如何轰动,不管被多少刊物转载,都不是纯粹的学术,它至多有些社会学的价值,却绝对没有历史学的价值。

会议论文的质量,不能一概而论。

访谈人:那学术会议论文要怎么算?

虞万里:现在的学术会议太多,学者们简直应付不了。但也有写得很好的会议论文,这不能一概而论。对于在学术会议上发表的论文,有的主办方考虑到会议论文和期刊论文在评估体系中的差异,往往会允许学者先发表在其他刊物上,他们最后汇集成一个会议论文集。这样既不影响你的科研成果,也保证了主办方的会议成果。台湾和大陆某些会议多已这样做了。

参与政府决策咨询应该限制在一定范围内,不宜提倡,以免学者分心。

访谈人:您觉得学者参与政府决策咨询等,是否也可以算作学术成果的一种?

虞万里：我总觉得，这种参与政府决策咨询应该限制在一定学科与专业范围内。如果你的专业是社会学、经济学等，专业是对口的，那参加政府决策也是一种研究能力的体现。如果是其他一些无关的专业，就不宜提倡，以免学者分心。

如果经费允许，可以通过设立奖项来打造高水平的学术。

访谈人：您是如何看待学术类的奖项的？

虞万里：要打造高水平的学术，如果经费充裕，完全可以自己设立一种奖：比如"复旦大学学术论文奖"。设立这样一种奖项，获得这个奖的人晋升优先。当然名额不易过多，这可以和刚才所说的年轻才俊的晋升联系起来，不对50岁以上的教授设奖，专门评近年要升等的人。先在小范围内评审筛选，然后再找外面专家评审。

真正的、深层的学术与个人的知识结构有关，不是某种激励机制可以催化的。

访谈人：您觉得评审的费用是不是应该大幅提升？

虞万里：现在台湾的审稿费差不多是2 000台币，大约合400多块人民币，副教授、教授的评审达到3 000/5 000或更高。我觉得像复旦这样的学校，提高到和台湾一样的水准是可以的，也是应该的。

我一直认为真正的、纯学术的东西不是所有人都能做的，也不是某种激励机制可以催化的。纯真的、深层的学术与个人的知识结构有关。一个人一旦形成一定的知识结构，至少在短期内决定了他的研究可能达到的深度，不可能期望能超乎其知识结构而再深入下去，即使靠激励催化也无济于事。

第四部分　哲学学者篇

1. 万俊人：合理的评估方法应将客观的评价方式与无形的、具有人文特色的方式相结合

万俊人，1958年生。清华大学哲学系教授、博士生导师，清华大学人文社会科学学院学术委员会主任，校学术委员会委员，教育部"长江学者"特聘教授。兼任中国伦理学会会长、国家"马工程"《伦理学》首席专家兼召集人、中华孔子学会副会长、国际周易研究会常务理事、北京市哲学社会科学联合会常务理事、北京市哲学学会副会长、北京市伦理学学会副会长等。主要研究领域为伦理学和政治哲学。

访谈时间：2015年4月23日
访谈地点：万俊人教授书法工作室
访谈人：邱彦超、程曦

<u>学术大师是时代塑造的</u>。所谓大师，应该是学贯中西，甚至学贯诸科。

访谈人：可否请您谈谈，与前辈学术大师相比，前辈们的学术地位是如何产生的？与我们今天有什么不同？

万俊人：学术大师，应该说是时代塑造的。每个时代都有学术高峰。我个人认为，所谓大师，应该是学贯中西，至少是在中学或者西学的某一方面有自己的独特成就，而且还应该有自己标志性的代表作。比如，清华国学院的四大导师：王国维先生被称为国学大师，同时他的西学也是极好的。他翻译过尼采、叔本华的作品。陈寅恪先生亦如是，他留学过欧美，去过哈佛。他们都接触到了那个时代人文领域最前沿的学术信息。梁启超先生更不用说，不仅中学好，而且还游历了那么多欧洲国家，写下那么多文作。赵元任先生也是这样，他的语言学研究在当时就特别突出，后来成为哈佛大学哲学系著名的语言学和语言哲学教授。还有冯友兰先生、

金岳霖先生等等,都是特别了不起的学者。他们有一些共同的特点,就是他们的专业界限并不是很清晰。换言之,他们不仅学贯中西,而且是学贯诸科。要知道,在中国古典学术概念中,文、史、哲是不分家的。

我们的前辈,也就是现在大体七八十岁的那些学者,和更上一辈的学术大师们相比有一定的距离。但是他们也有他们的学术成就。他们在自己的专业领域是领先的,是具有学术引领力量和社会影响的。前辈们的学术地位大概都是这样产生和形成的:譬如贵校哲学系的刘放桐先生,我上大学的时候,"西方哲学史"的课程用的就是他主编的教材。对于这门哲学课程来说,他的确有开山之功,这也是很了不起的。对他们那一辈的学者来说,做到这一点已经非常不容易了。因为更老的前辈,像冯友兰、金岳霖、张岱年先生(也许,你们认为张岱年先生是研究中国哲学的,但是他翻译过斯宾诺莎、笛卡尔,英文好得很,俄文更好)、像我们的导师辈,都是四大导师培养出来的,都是清华国学院最早的弟子,或者北大老哲学系的弟子,比如我的导师周辅成先生。刘老师他们这些稍微年轻一些的学者,大都先后经历过"反右""文革",被迫耽误了不少学术年华,在语言能力和学术文献等方面肯定不及他们的前辈,也就是我们的祖师爷辈。我的导师比较特殊,相当于我们这一代学者的祖师爷。因为我读书的时候我导师就已经七八十岁了。我的导师是吴宓的弟子,是清华国学院的第一代研究生。所以一代人有一代人的学术际遇,也有他们自己的学术担当和学术命运。这是历史或时代际遇对不同时代的学者的塑造和巨大影响。所以我说,大师是由时代塑造的。

不幸中的万幸,我们这一代(20世纪50年代及前后出生的)学者,正好赶上改革开放,有了很多国外交流的机会。所以我们的语言能力比我们父辈学者要好一些,能做相当多的学术翻译。比如,我个人迄今出版的译作大约有二十多部(卷),著作却只有20本。但是,我们和我们的父辈学者似乎都有一个问题,那就是中学的不足。因为我们赶上改革开放,欧风美雨非常强劲。青年时代的我们对西学趋之若鹜。课里课外聊的都是萨特、尼采、现象学、精神分析等等,但我们在很长时间里却忽略了国学或本土文化学术的修养。可见,一代学者有一代学者的优势,同时也有其局限。大师却是能超越这些局限的。

可能还有一点是我们和我们的父辈学者所不具备的,那就是家学。家学对于人文学的学者来说非常重要。有时候它对于成就学术大师甚至起着关键性的作用。清华国学院四大导师们的家学都非常好,他们对中国古典的诗词歌赋无所不通。解放前,我国的家学传统一直存在,后来随着私塾传统的打破,特别是经过了"史无前例的文化大革命"之后,私塾和家学的传统也都渐渐减弱,甚至销声匿迹了。好在我们现在的中青年人文学者又有了回归国学的迹象和追求。然而很长一段时间里,研究西学的只修西学,研究国学的只修国学,这样怎么能产生大师呢?我想,再过若干年以后,我们就可以开始复兴家学了。现在强调恢复家风、家学、家教,江浙一带和中原地区的各种书院又相继开放。我认为这是人文科学和文化复兴的好迹象。人文科学的知识不像数学中的"1+1=2"那样可以编码化、科学技术化,它是不可普遍化的,是一种所谓"意会型的知识"(a tacit knowledge)。所以它的传承与弘扬更有赖于师徒之间的耳濡目染,更仰仗于诸如家学、私塾、书院等传统方式的教育和教化,也就是古希腊罗马所盛行的"paidia"(文明教化)。

现有的学术评估体系可以反映我的部分学术现状,但不是全部,甚至不是主要的。

访谈人: 您认为您在人文学科领域中获得的声望,主要来自哪几个方面?能否通过现有的学术评估体系真实体现出来?

万俊人: 现有的学术评估体系可以反映我的部分学术现状,但不是全部,甚至不是主要的。若你们一定要说我有些声誉的话,那也只是面上的一些因素:一个是因为我"出道"相对比较早。我 1992 年春就破格当上了教授,据说我还是当年北大乃至全国最年轻的文科教授。这自然是机遇性的或者偶然性的,连我自己都有些意外。记得当时我才评副教授不足两年,原本没有申报教授的打算和冲动,只是因为那时候教育部有直接破格的例外机制,当时我所在的北大哲学系领导朱德生、黄楠森两位先生鼓励我一试,未曾想到侥幸得逞。我自己的体会是,人在成长当中,一方面是靠老师的指教提携,另一方面是自己的努力。我当年在北大跟周辅成先生学习的时候,一般都是在他家里上课。周先生更多的是讲书本以外的学术故事,并且带着我们这些弟子去登门拜访像梁漱溟、冯友兰、朱光潜等大师,去图书馆查阅资料,寻找孤本之类的学术文献;不时地谈他老人家自身的学术经历和体会;这些就是我前面所讲的耳濡目染,无比珍贵啊!所以,在北大求学执教期间,有幸遇到许多国内外学术大师,得到一些珍贵的"耳提面命",成为了我学术人生成长的关键因素。因此,在我写作或思考问题时,能有很多学术参照系或学术镜面,这使得我对问题的思考角度会有所不同,甚至更深入一些,更周全一些。我大学二年级就在上海《社会科学》杂志上发表了文章,硕士毕业不久就在《中国社会科学》杂志上发表过长篇论文,诸多因素中,学术前辈的扶携是一个重要因素。当然,出道早一方面是机遇,另一方面也还是因为我做了一些艰苦的努力。我个人早期的学术道路虽然艰苦,但没有什么不同于同龄人的,简单地说,就是拼命学习,拼命工作。只求耕耘,无论收获。

我想特别强调的是我的学术幸运:我得到过许多学术前辈的提携和扶助。我的学术恩人,除了我的导师之外还有李泽厚先生。我的第一本书和在《中国社会科学》上发的第一篇文章都是泽厚先生亲自推荐的。20 世纪 80 年代,李泽厚先生被称之为"青年的思想导师",能够得到他的指导和提携是很难得的。那时候年轻学者想要在《中国社会科学》杂志上发表文章是何等的困难,几乎没有可能,何况我当时还只是硕士研究生。1987 年初,也就是我硕士毕业不到一年,经泽厚先生的亲自指点和推荐,我的一篇长文被《中国社会科学》发表,随后几年,又连续发文其上,这在当时大概是比较少见的。除此,我研究生毕业翻译了黑尔的《道德语言》,1986 年夏经王太庆先生推荐被商务印书馆接受,虽然到 1995 年才出版,但已然是个不小的惊奇了。那时候想是要在商务印书馆出版翻译著作,绝非易事,十年已经是非常短的了。总之,在我的学术成长道路上,遇到的贵人很多,这是我的幸运。在我的人生成长中,老师对我的影响一直特别大,仅次于我的父母和爷爷。上私塾时遇到特别严厉的老师,半年私塾不知站了多少次黑板、跪了多少次碗底(把碗盖在地上,双膝跪在碗底上,是一种比站黑板更严厉的处罚);上小学时遇到特别喜欢我的语文老师;上初中时除英语老师外几乎所有老师都喜欢我,天天写黑板报;上高中、读大学时这样的师恩更是深厚。可以说,我这大半辈子受益最多、感恩最多的就是父母老师!这大概也是我自己为什么选择当老师的原因吧。因此我认为,学校、老师,以及学术前辈的提携对我的学术成长都很重要,再加上自己比较努力,又留在大学做老师,享有得天独厚的"区位优势",学术上取得一些成绩也就没有什么值得夸耀的了。

学术论文的衡量一定是质重于量。论文发表杂志的品质是有意义的,权威杂志不一定就是那些官方认可的杂志。

访谈人: 发表论文的数量及主办刊物在学术水平衡定中占多大比例?

万俊人: 我觉得衡量学术论文一定是质重于量。因此我现在也教育我的学生,不要急于发文章,要成熟之后再反复雕琢,直到比较满意之后才拿出去发表。我以前被称为"万言户",意思是一晚上可以写一万字,所以一年可以发三四十篇文章。那是因为那个时候生活状况不好,急于评职称,所以每天工作超过12个小时。当然这也和当时的环境有关。我留在北大后感觉压力很大,生怕落后,所以比较拼命。后来1993年我第一次去哈佛,我的访学导师是罗尔斯先生。去了不久,他的《政治自由主义》出版,他让我帮他翻译。因为我翻译了他的书,听了他的两门课,中午又经常跟他一起吃饭喝咖啡,所以关系比较密切。有一天他突然跟我说,他觉得不公平,说我写关于他的文章,又翻译他的书,听了他的课,所以我对他已经很了解了,但是他对我的了解还太少,所以他让我选五篇比较得意的,可以代表我的水平和兴趣的文章给他看。当时我虽然已有一百六七十篇文章,但是我回家仔细想一想,觉得哪一篇都不够好,都拿不出手。像罗尔斯教授,他当年就凭一篇文章成为哈佛教授。在我访学哈佛时他就写了两本书,《正义论》和《政治自由主义》,现在我们所看到的他的书都是后来他的学生编的。所以我想什么才是大师?为什么自己会有这种尴尬？这件事情对我的触动很大。从哈佛回来以后，我两年没写论文。从20世纪90年代开始，我就很少主动写论文了。一年就写一到两篇，但是都是自己想写，并且真正用心写的文章。

现在的评价体系，追求论文发表的数量是有问题的。1999年我来到清华之后，就不遗余力地在基础文科中推崇"代表作制"。一个学者一辈子写一两篇文章，或者一部两部专著，能够产生较好的学术影响，那就已然有所成就了。我们看他的最好成果，但是不看数量。所以现在我们清华人事处搞改革，实行了学术代表作制，不看发表的数量，只要有几篇你自己认为是很得意的代表作，能够得到同行专家的公认就可以了。

虽然发表论文的数量在我看来没有什么特别意义，但是发表杂志的品质是有意义的，比如学界公认的权威杂志。但是，权威杂志不一定就是那些官方认可的CSSCI等，比如《读书》杂志，要在它上面发文章并不容易，它上面每一篇文章都是有感而发的学术或文学艺术美文。它的风格比较自由，表达也灵活，但同时有思想、甚至是有深度思考的。还有一些以书代刊的纯专业学术集刊，学术水准更值得推崇和尊重。

转载率和引用率有一定的参考价值。

访谈人： 您认为人文学科论著的被转载率和引用率有多大的价值？

万俊人： 我觉得转载率和引用率有一定的参考价值。它说明引用者对你的观点比较关注并有所认同（或挑战）。引用者认为有相当的权威性才会引用，因为引用一般是作为证据来证明自己的观点。反之，被引用的文章应该提供有价值的参考才会被引用。所以引用率我认为是值得考量的。

国际会议上的主题论文发表可以被视为一种荣誉。以学术的方式来组织和操作，这样学术会议的论文质量才有保证。

访谈人： 您认为学术会议上发表论文对一个学者的成名有没有直接

关系？应该如何来完善这一环节？

万俊人：在国外，会议上的主题论文发表是被视为一种荣誉的。另外，在国际会议上受邀成为主报告人也是很了不起的，或者是大会的主题报告人之一。还有，像世界逻辑学大会每一次会议都会有十多个报告，会评出一个最优秀的大会论文发表。我们去年引进了一个逻辑学的老师，只有三十多岁，他的论文一经发表就在国际逻辑学大会上被评为优秀论文。我们就凭这一点把他引进来了，因为这个奖的分量比发表十篇二十篇论文都重。我的一些弟子们经常问我，什么才算是出道？我就告诉他们，在你研究的领域，如果有全国性的会议，人们想到给你发邀请函，就算是出道了。因为在这样的会议上发表的论文，它的学术价值和学术影响力并不弱于在杂志上发表的论文。当然，过去我们国内的学术会议的论文发表都会有照顾政策，而不是看论文本身。但按照国际通行的学术标准来权衡，受邀并获得大会发表资格，这样的论文肯定是比较卓越的，地位肯定很高。那么，我们如何来完善这个环节？我觉得前提是我们的学术会议一定要以学术的方式来组织和操作。学术会议至少都是提前一年发邀请的，要有一年的论文准备期，并且为与会学者安排好相应的差旅和住宿。这样，学术会议的论文学术含量就会比较有保证。

原创性一般应具有三个基本条件：一是有深厚的学术涵养，二是强烈的问题意识，三是有自己独特的解释问题和解决问题的方法。

访谈人：您认为什么是原创？怎么样出原创性的研究成果？

万俊人教授：这个问题不好回答。人文科学是积累型的，和科学知识不一样。科学知识是替代型的，例如，新款的电脑（知识）生产之后，旧的就被替代了。而人文学知识是累积型的，没有人能说自己开创了一个哲学体系。每一个人都是站在前人的肩膀上进行研究的。因此能够很好地继承前人的研究成果,本身就具有很高的学术价值。当然也有新的,比如考古。裘锡圭先生从前在北大被称作"一字教授"。因为当时甲骨文出来以后,他比别人多认出一个字,而且他能够证明为什么读这个音,为什么是这个含义。那需要多大的学术功力和学术能量才能成就啊!新发现当然是原创。

还有,我们国家处于改革转型期,学术也是一样的,存在很多不成熟的地方,因此开辟新的研究领域也具有原创性。当然这需要学界的客观公认。比如,清华国学院金岳霖先生开创了我国逻辑学的教育和学科体系。过去我们不知道逻辑学是什么。他开出了这门课,并且进了大学课程,这就是开创性的。

另外,新观点也是一样,具有原创性。对于一些重大的学术问题有自己独到的见解,并且能给出周严的解释和充分的论证也是原创。像葛兆光先生,他在史学的方法论上提出了新的观点。他把专门史和微观史结合起来,援用福柯的"知识考古学"方法,做出一部与众不同的中国思想史。清华大学的汪晖教授对中国现代思想和现代性的研究,他关于西藏问题、民族问题、一些思想史问题等等的研究,都有自己独到的见解。他能够敏锐地抓住问题,追着问题走。这样的学术研究充满着问题意识和创新意识。你不会说他对西藏问题提出了一个新的解释,只能说他提出了一个新的角度、新的看法,一个新的问题。马克思曾说,康德的贡献不在于他解决了什么问题,而在于他提出了问题。提出问题本身就是原创。

所谓原创性(originality),不能理解为科技上的发明,或是制造出了一种新的机器。知识的类型不同,其原创性、评价标准、表现形式也不同。当然,原创性也是有一般特征或条件。我认为,原创性的研究一般应具有三个基本条件:一是有深厚的学术涵养,二是强烈的问题意识,三是有自己独特的解释问题和解决问题的方法。同样的问题,由于你的学养好,你发现的问题才可能是真正有价值的问题。你就不会提一个伪问题或者老问题。即使是旧事重提,你也会有不同的提法。有良好的学养和强烈的问题意识,还要找到一个独特的表达方式、论证方式、解释方式,这是学者的功夫。文如其人，就是讲文章要有风格。这三个条件是我认为成就一个学者原创性的基本条件或要义之所在。

有的时候基金项目能够体现学术水平，但是多数时候不能体现。

访谈人：重大项目申请获批，或者获得国家社科优秀成果奖等奖项能否真正体现该学科的学术水平？

万俊人：这个问题要分两说。我从 2000 年起就担任国家哲学社会科学基金的评审专家，承担了很多国家重大项目的评审工作。但是我个人极少申请项目，没有主动申请过国家哲学社会科学基金。我曾经被指定参加过的两个项目，一个是国家"马工程"，还有一个是国家支持的重大创新项目，都是为了学校的荣誉而被指定牵头的。因为我个人是自由风格，不喜欢去申请、报批。当然这些批准的项目中确实有些是做得好的。首先要看项目设计，看申请者本身的学术品质如何。比如，复旦的俞吾金教授申请的项目就做得很好。但也有很多人，申请到了项目，拿到了资助，可是做出来的成果却没有多少学术价值。所以我多次向国家基金委提出建议，申请应该以学者为方向。先看学者，是谁申请的，其次再看内容。学术资质和声望很重要。所以我说，有的时候基金项目能够体现学术水平，但是多数时候则不能体现。

访谈人：您认为现有职称评定在您的学科中是否体现学者真正的学术水平？

万俊人：职称评定和项目评定有些相似，因为有的时候要考虑到人情等因素。复旦大概是做得比较好的，因为复旦有校外评审，这是比较好的。因为校内评审，考虑到人缘，以及各种关系，是有水分的。现在我们清华搞改革，一般的学科都是校外评的。像西学，如西方哲学、西方史学、西方文学，一定是有国际专家评判的。

> **作为大学老师，我们的成就一半看我们的作品，另外一半看我们培养的人才。媒体活动与学者的学术地位没有必然的联系。**

访谈人： 您觉得一个名师的价值，是否应该通过他培养的学生的成就来体现？成为博导之后，您有多少个学生也做了博导？行政上，您的学生有多少做到了比较高的职位？学术上，您的学生有多少成为了学科带头人，或全国学会副会长以上？

万俊人： 这个问题也比较重要，常言道"名师出高徒"。我自己相信这一论断。大学学者与其他研究机构的学者之间的一个明显区别是，我们的成就一半是看我们的作品，另外一半是看我们培养的人才。学生弟子是我们更特殊也更重要的作品，能反映导师的学术水平。我的学生中现在做部长和院长的都有，但是大部分是在高校任教。副会长，常务理事也不少，学科带头人也有。但我最看重的不是这些，而是他们的学术作品和他们指导的学生，以及特别重要的是，学界对他们的评价。

访谈人： 您认为学者是否应该参加一些重要的媒体活动，除了社会服务功能之外，媒体活动能否真正体现学者的学术地位？

万俊人： 我个人对媒体活动是很忌惮的，除非上级规定。这个和学者的学术地位没有必然的联系。有的人会讲，但是一个学者的地位不能光会讲，更多的是需要有自己的学术能力。媒体是面对大众的，所以必须是公众能够理解的语言，这和真正的学术能力是有差别的。

访谈人： 您认为培养人才、科研、社会服务之间的权重如何？

万俊人： 科研和人才是并驾齐驱的，社会服务次之。在高校，作为一个学术导师，或者说作为一个在学界有一定学术地位的学者，他不仅应该能写出高质量的学术专著，也应能培养出优秀的人才。所以我认为人才和科研都重要。

比较合理的评估方法应该把相对稳定、客观的评价方式,与一些无形的、具有人文特色的方式结合起来。

访谈人:能否谈谈您心目中对人文学科评估比较合理的方法。

万俊人:应该把相对稳定、客观的评价方式,与一些无形的、具有人文特色的方式结合起来。所谓相对稳定、客观的评价方式,比如你出过几本书、你的代表作等;无形的评价方式,比如学界同行对你的评价,甚至是跨专业的学者对你的评价。我觉得可以选一些比较资深的教授,让他们来对一个学者做出评价。总之,我认为学者不应该把自己搞得太狭隘,应该把有形的评价和无形的评价结合起来。

2. 王中江：虽然不能纯粹追求数量，但一定的量仍是需要的

王中江：1957年生。北京大学哲学系教授，博士生导师，教育部"长江学者"特聘教授。曾任河南省社会科学院研究员、哲学所所长，中国社会科学院历史研究所研究员，清华大学哲学系教授。兼任中华孔子学会会长、清华大学凯原中国法治与义理研究中心研究员、华东师范大学中国现代思想文化研究所研究员、中国政法大学国际儒学院教授。

访谈时间：2015年4月23日
访谈地点：北京大学人文学苑3号楼王中江教授办公室
访谈人：常然、侯丽娟

现有的评估、评价包括课题、评奖和刊物级别等因素。

访谈人：王老师，您作为人文学科领域的专家，认为现有的人文学科评价标准能否完整体现您个人的成就和贡献？

王中江：说到贡献，这是鼓励我们了。我做的方向主要是中国哲学，包括近现代和先秦两个时期，先秦哲学中包含了近年来出土文献方面的研究。

就我的理解，现有的评价体系可能包括以下几个方面：

第一是课题。通过不同渠道，申请获得各种不同来源的国家课题，被认为是人文学科评估的一个重要指标。

第二是评奖。如果评奖能够尽量排除学术之外其他因素的影响，也可以相对反映出学术成果的价值。有时一个真正好的成果不一定能获得相应的奖项，但总体来说获奖应该是一种肯定。

第三是刊物级别。发表论文的期刊，在一定程度上能够显示出论文

的不同水准。现在很多刊物的论文和出版社出的书,真正有学术价值的不多。总体来说,核心期刊的论文水平相对较高,好的文章较多,这也是评估体系的一种考量方式。

访谈人:您认为发表论文的数量及刊物的级别,在学术水平衡定中应占多大比例?

王中江:论文数量与刊物级别是评价一位学者研究成果或者水准的比较重要的一个标准。我觉得现在比较规范的还是刊物,论文集就鱼目混杂了。现在国内会议很多,一部分也不错,但总体上好论文少。学术著作的话,好的著作就是由好的论文构成的,应该达到论文的研究水准,而非停留在梳理、串联材料的层次上。

论文的数量有一定的督促作用。虽然不能纯粹追求数量,但一定的量仍是需要的。

访谈人:您觉得目前量化的考核方式对于人文学科是否适用?

王中江:刚才讲到论文数量的问题。一个极端的说法是,如果从事原创性的研究,五年甚至十年不发表一篇论文都可以。确实,长远的研究不能急功近利,不能要求速效和立竿见影,要努力坚持下来才能慢慢出成果。人文领域中,每年保持一定数量的产出是需要的,工作是一步一步地做,成果可以一步一步地体现,最后出一个最终的结果,这在原则上是合理的、是不矛盾的。人有时候会有一定的惰性,如果没有适当的考核机制的话,评上职称以后可能就不做了。太急功近利不好,完全放任自流也不行。如果意志不坚定,对学术的追求没那么高,就容易懈怠。所以论文的数量有一定的督促作用。

访谈人:也就是说,您认为数量也是一项比较重要的考核指标。

王中江:是的。这些年一直在说出精品,不要只重"量",还要重"质"。这在理念上是对的,纯粹追求量是不行的,但是一定的量是需要的。如果不是把深入探讨问题视为首要目标的话,十篇还是五篇无关紧要。回想近代的一些学问大家,他们也就是一本书或者几篇论文比较著名,最重要的还是创造性。现在数量太多,可能是因为考核的原因。我年轻的时候也有这样的情形,但现在写得很少了,即使写一篇,也要尽量写得充分些,这是我自己改变了,从过去的追求量到越来越注重满意度,希望努力创作出学术水准更高的论文。

论文和著作的评奖、论文的引用和转载、学术共同体的良好印象等方面,大体上能够体现出大家心目中对"质"的评判。

访谈人:王老师,您觉得"质"在现今的评估体系中怎样才能得到更好的体现?

王中江:一是论文的评奖。现在论文的奖项太少,大家还是重视书,我觉得应该重视论文。

二是学术共同体无意识中的一种评估。一部好的著作,虽然不会通过明显的评估形式体现出来,但大家在心里是有数的,能够看出价值如何。

三是引用和转载。这也可以相对反映出学术价值的大小。现在国内人文学科的引用是不够的,有很多论文根本不管别人的研究,这体现不出学术的进展和积累。

在自然科学领域,引用是非常重要的指标。如果研究者认为他人工作有意义的话,是不能绕过别人的高水平研究的,只能在他人成果的基础上开展自己下一步的工作。人文领域的引用普遍淡化,大家都在自己造一个故事,看上去是独立创作,谁高谁低很难衡量。忽视别人的研究,怎么能证明自己的研究有学术价值呢?别人在这个问题上研究到什么程度,我的观点与别人有何不同,这些都是研究的前提。因此,我们需要去关注别人的成果,并在充分占有、充分了解、充分尊重已有研究的基础上,进一步传承并超越。这一块我们做得很不好,需要改变。

学术行政化对学术产生了许多负面影响,大家要去应付各种形式的名目和申请。

访谈人: 在您心目中,有没有更好的评估标准来体现学者的价值?

王中江: 我觉得也没有更好的评估方法。现在行政的力量太大,政策体系不稳定,大家经常需要去适应不同的管理政策。比如申报重大课题、重大招标,要求写几十页的申请材料,其中好多重复性的设计栏目。好像不这样,就体现不出管理者的水平,这是学术行政化的一个表现,给大家带来了很多苦恼,对学术产生了许多负面影响。

访谈人: 前辈们的学术地位是如何产生的?与我们今天有什么不同?

王中江: 民国时期的学术很兴盛、发达,前辈的学术之所以能产生那么大的影响,究其原因:一是真心热爱自己所做的事情;二是坚持不懈地从事自己的工作;三是整体环境比较好,学者受到的干扰和诱惑少,能一心一意地做学问。

过去大学是"教授治校",教授在大学和研究所中是主导性的。现在大学行政化之后,很多做法都是干扰学术的。虽然条件好得多了,可是大量的精力却被吸引走了,没有时间坐下来静心研究学问。国家要快速发展,所有的部门都在策划各种各样的事情,彼此之间被拴在了一起,产生了许多制约,大家都在会议、合作及各种活动中疲于奔跑。我们今天的环境不单纯,大家的专心受到影响,这是现在与当时最大的不同。

只有高层次、高水准的学术会议,才会对学术发展有意义。

访谈人: 您认为在学术会议上发表论文对一个学者的成名有没有直接关系?

王中江：会议一定要是真正的"学术会议"，而非场面的会议。国际会议一般学术性比较强，学者如能发表好的论文的话，确实会让大家产生深刻的印象。国内会议现在太多，都开滥了，而且大部分会议对论文的要求不严，即使写一篇好的论文，大家也没有兴趣去认真看，也不关心。

访谈人：您觉得院系主办学术研讨会能否作为衡量该学科发展水平的指标？

王中江：也可以算作一个指标，关键是要把会议办好。办高层次、高水准的学术会议，才能产生好的影响，才会对学术发展有意义，否则就是徒劳无功。国内会议的筹备时间往往很短，甚至提前两个月才发邀请。大家都去搞活动来拉动发展，开多少会也成了GDP增长的一种方式。

学校对科研经费的分配，是学术行政化的一个表现。

访谈人：学校对科研经费的分配和投入，能否反映学者的学术地位？

王中江：能否申请到科研项目，被认为是评估的一个重要指标。可是现在的学术界受行政支配比较大，科研经费越多，有行政职务的人支配力就越强，只能相对体现个人的学术水平。对于学者而言，既然申请了，就要充分地准备。一般情况下，题目好、问题好、论证好，是会被同意立项的。

媒体活动对体现一位学者的学术地位没有特别的关系。参加政府决策咨询会等社会活动可以获得社会声誉，但很难以此提高学术地位。

访谈人：您觉得学者通过媒体活动，除了增加知名度和影响力以外，能否真正体现学者的学术地位？

王中江：我觉得媒体活动不是那么重要，学者就是从事学术工作的。

如果物理学家天天在媒体上讲物理学,就很难继续当物理学家了,最多只能写一些通俗的作品。人文学科则稍有不同,但学者如果成为媒体人、文化人的话,虽然在社会上有影响,可是在学术领域中就退化了,或者说他不想做学问了。

媒体活动作为一项社会服务的工作也是可以的,但作为一名学者,这与追求学术是两种不同的工作。人各有志,可以根据不同的兴趣和爱好做出选择。学者在学术界和社会的知名度、影响力是两回事,需要分开。学界的知名度高,意味着学术价值就高;大众的知名度高,在学术界的地位就很难说了。在我看来,微博等各种媒体活动,对于学术而言无关紧要。媒体太占用时间,学者还是要看真正有创造性的东西,而不要天天看杂乱无章的信息,可能这一点我比较保守。

访谈人:在人文学科领域,参加政府决策咨询会或者报告获得批示能否提高学术声誉?

王中江:这对国家发展是有意义的,学者从中也可以显示出社会地位。科学和技术的应用、社会科学的运用,能让学者获得一些社会声誉,但很难说能以此来提高自己的学术声誉,在人文学科领域更是这样。

<u>学者要把研究的问题主题化,要使研究与已有研究建立密切的关联,不断引进新的方法和观点,不断做出新的研究。</u>

访谈人:王老师,从您个人的研究中,有哪些心得与经验可以和我们分享?

王中江:谈不上什么特别的经验,只是有几点体会,概括而言:第一,不管在哪个领域,都要把所研究的问题主题化,研究一定要有中心,按照自己的兴趣,集中时间尽量做一些充分的研究。第二,要使自己的研究与已有的遗产或研究成果之间建立密切的关系。第三,要不断引进一些新的方法和观点。学术研究的材料在大部分情况下都是一样的，需要我们不断改变视角，使其展现出不同的侧面和新颖性。第四，学者要做出令人满意的成绩，应把学术看作是自己安身立命、真正乐于为之投入一生的事业。

原创应包含问题原创、方法原创、材料原创以及论证原创四个方面。

访谈人： 您刚才讲到了创新，在您心目中，原创应包含哪几方面的要素？

王中江： 这些年我们一直在强调原创，它的定义在理工和人文领域有所不同。原创有不同的类型，一般是指从提出的问题到论证，相对于已有的工作，有非常大的突破性或者弥补性。具体可以概括为如下几方面：

一是问题的原创。提出的问题非常重要，这一问题过去没有人研究过。

二是方法的原创。同样的问题材料，方法是新颖的，与习以为常的方法不同。

三是材料的原创。在人文领域中找到没有人使用过的新材料。

四是论证的原创。针对已有研究中存在的缺陷，例如论证不够、支撑不了论点等问题，提出新的论证，使其丰富和完善，让观点真正能够确立起来。

最好的研究也许可以同时体现这几点，不过有时很难做到，但无论如何，至少要体现其中一点。做出的研究可大可小，但一定要有价值，不能是重复性的。现在的低层次重复现象，根本原因在于没有高标准，造成了一种"手高眼低"的情况。没有眼光就没有学术价值，更谈不上原创。

学者要以学术为本，并将好的研究体现在教学上，努力培养出好的学生，社会服务可以由愿意从事的人单独去做。

访谈人： 您觉得老师的价值，是否应该通过所培养的学生的成就来体现？

王中江：老师都非常希望培养出好的学生，通过学生使学科、学问的发展得到延续，这是老师最大的愿望之一。老师应针对学生的不同个性、特点，做到因材施教；学生对老师的要求应有执行力，好好去做，这两者必须配合，需要师生共同努力。

真正选到好学生并不容易，一位老师一生能培养出几位得意弟子就不错了。有的学校以量取胜，特别是理工科，老师招的学生非常多，老师却经常在外面跑，甚至有老师不认识自己学生的现象。人文学科在这一点上相对比较好。

学生的好怎样才能得到体现？一是看博士论文写得如何。大家的印象和评价很好的话，老师会很高兴。二是看毕业以后的竞争力。找工作时通过竞争能获得好的岗位；在岗位上很快能出类拔萃，成为同年龄层中的佼佼者，并为学界所公认。这都是从不同方面对学生成就的肯定。

访谈人：在学术研究、培养学生、社会服务三者中，您认为它们的权重如何分配比较合适？

王中江：社会服务也有意义，不过严格来讲是要限制的，可以由愿意从事的人单独去做。我强调要一心一意、专心做自己喜欢的工作，要以学术为本，以学术为天职，好好做自己的研究。而且好的研究在教学上可以体现，可以将好的成果传授给学生，对学生培养十分有利。培养研究生，要让他们知道学术研究的最新问题、最重要的成果，指导他们最快地掌握前沿。老师如果没有什么高明的见识，怎样培养出好的学生？社会服务如果太多的话，会冲淡学者的中心工作，因为人的精力是有限的。

还是那句实话，一分耕耘，一分收获。做与不做，就会有不同的结果。这是最简单的道理。再了不起的人，其实遵循的都是最简单的道理，没有特别高深的理论。道理大家都知道，关键在于能否好好践行。

3. 江怡：应从尊重学术、尊重专家、尊重共同体入手来改变评价体制

江怡，1961年生。山西大学哲学社会学学院二级教授，博士生导师，分析哲学研究所所长。教育部"长江学者"特聘教授。兼任国家社会科学基金项目学科评审组专家、教育部高等学校哲学类专业教学指导委员会副主任委员、中国现代外国哲学学会名誉理事长等。曾任中国社会科学院哲学研究所现代外国哲学研究室主任、北京师范大学哲学与社会学学院院长等职务。主要研究领域包括维特根斯坦哲学、分析哲学、语言哲学、形而上学、英美哲学与欧洲大陆哲学的比较研究、分析哲学与中国哲学的比较等。

访谈时间：2015年4月24日
访谈地点：北京师范大学江怡教授办公室
访谈人：郭新超、赵继琳

中国应从尊重学术、尊重专家、尊重共同体入手来改变评价体制。

中国出不了大师有很多原因，其中最重要的一个原因就是评价体制的问题，我们应该改变评价体制，从三个尊重入手，即尊重学术、尊重专家、尊重共同体。这三个尊重反映了我们对待学术的基本态度。

尊重学术就是要给予学者充足的时间并重视前人的成果。

首先，尊重学术。学术研究和其他方面不一样，不可能是一个短平快的过程，而是需要很长时间的一个过程。过去一直说"十年磨一剑"，就是反映了学术研究的时间周期比做其他方面的事情周期要长很多。对学术

展开的进程进行评价,我们不能急功近利,不能要求学者三五年就拿出一个什么成果,那是不好的。有的学者经过二三十年的积累,直到近期内可能才有成果要出来,然后你再对他进行支持。比如一个学者年近九十的时候,我们就要对其进行学术抢救运动,在他的晚年我们要尽力把他的一些思想都保留下来,要对他的学术造诣进行继承,要是他走了,将研究成果也带走了,对学术界就是一个极大的损失。中国人民大学以前做了一个项目,就是将对那些年事已高的学者的采访和经历做成影视资料,分成三个部分:一个是学术、专业领域的成果,二是对相关领域的理解和认识,最后就是对后人的忠告。这个资料就是特别宝贵的,这叫抢救运动,也就是资料的保存。今后后人遇到问题的时候,就可以避免走弯路。我们中国从头再来的现象是很普遍的,很多研究都是从头再来,不参考前人的成果。这一点西方做的就比较好,他们特别重视参考前人的成果,能够首先吸取前人的经验之后再提出自己的观点,这样一步一步去积累,去进步,就产生了现在西方璀璨的科学成果。现在西方学术的发展是走了先继承后发展的路径,中国在继承这块是不够的,这在中国传统文化中也是缺失的。

尊重专家就是要信任专家。

第二个尊重就是尊重专家,尊重学者。现在评价体系的建立说白了就是对专家的不信任,虽然现在有很多学者都是不太值得信任的,但是依然有很多专家还是能够守得住自身操守和道德的。现在评价体系的建立就是因为国家不相信专家能够认真、负责、公平地去评价,相关部门不相信专家,所以才搞出这套评分制度,用外在的评价标准去衡量学者。前几天我去扬州开公派留学的会议,这个会议的评价标准就是完全信任专家,让专家评价,只要专家认为可以上的就可以上,哪怕是觉得所有人都可以上我们也全都让他们上,完全听取专家的建议,这就把权力给了专家,那么专家的责任就重大了。而现在的评价体系没有给专家权力,那么他们就会觉得自己是为了完成任务而去评价的,那就会不认真;给他们权力了,他们有责任了,就会认真的。

尊重共同体就是要减少外在因素对学术共同体的干扰，发挥学术共同体在学术评价中的作用。

第三个就是尊重共同体。如何形成一个共同体是一个重要的内容，现在由于社会环境等很多因素，导致即使是同一个行业里也有很多站在不同角度、有不同立场的学者。原来清华的四大导师，他们所认同的人，在学术领域里就一定会被所有人认可，这就是共同体的力量。我们现在有很多学会，这些学会完全是纯粹的学术组织，里面的人都是抱着对学术的极大热情来做事的，没有工资，没有级别，这是共同体建立的基础。现在共同体建设得不理想不是因为学者没有热情，而是学者出于各种社会压力心存顾虑，这些外在的因素对学术共同体内部有很大的干扰，所以学者们不能精心研究，他们的热情也会被这些干扰所消磨干净，这个现象是相关组织真的应该考虑的。

在我的领域当中我做了很多关于共同体建设的工作，我现在就负责现代外国哲学和分析哲学的会议。全国分析哲学大会是我负责的，从第一年 25 人参加，到现在 100 多人参加，目前参加会议的有各个领域的学者，如计算机、数学、统计等，因为他们觉得这个会议不是纯讨论哲学问题，而是把分析哲学当作一种分析问题的方法。这个会议我们没有进行宣传，只是埋头做事，乐在其中，我们希望官方不要干预，这就是一个共同体的建立过程。去年我们的全国分析哲学大会在复旦开的，参加会议的共有 100 多人，可能你们觉得 100 多人的会根本不能被称为大会，几千人的会议都不算大，但是在我们哲学界，这已经算是人数较多的了。如 2005 年在北京开的全国哲学大会，全国所有哲学领域的代表人物基本都到场了，也就只有 500 多人，可见 100 人的会议在我们哲学界已经算是一个很大的会议了。2013 年召开的世界哲学大会是世界最大的哲学会议，而这种世界性的哲学会议也才有 3 000 人，可见我们这个 100 多人的会议在哲学领域的重要性和重大性。

我们现在学术共同体在学术评价中的作用是微乎其微的，这是我们国家学术评价最主要的问题。我每年都要参加南京大学评价中心、北京大学以及社科院制作的期刊目录,他们每年度要筛选核心期刊,然后把材料发给我们进行选择。我就发现一个问题,就是杂志是我们选的,但是文章却不是我们选的。其中的文章都不是专家评选的,全国能做到专家、同行匿名审稿的期刊太少了,多数的文章都是主编筛选的,但是编辑充其量是个博士,甚至很多人都是硕士或不是本专业的人,这样的编辑水平很难了解这个领域的最前沿,他们分辨不出文章的好坏,这是个很不好的现象。我觉得学术首先是要继承前人的想法,分析学习前人的研究成果,然后再进行自己的研究,如果每个人都上来先只阐述自己的观点,那么以后的学术界就是大家都自己说自己的,我国整体的学术水平就会越来越低,因为每篇文章都是原地踏步。所以只有站在前人肩膀上才能越来越进步,领域越来越开阔。

不能用金钱来衡量学术。

很多评价中,都会找一些专家去挂名,有几本杂志找我让我当评价的主负责人,但是我从来都没有收到过他们的文章让我去评价,只是挂个名而已。这是因为在很多人眼里,找专家评价是需要很多钱的。这是很可怕的,我觉得世界上所有东西都能够用钱来衡量,唯独学术是不能用钱买来的。在国外,杂志找学者们作评委都是免费的,即使这样学者也会努力争取去做,因为这样是对他们学术地位的一种肯定。同样,在国外杂志上发表文章也基本是没有稿费的,最多是送你两本样刊。所以在国际上的学术领域,学术和金钱是分开的,工资则是工作单位提供,所以有很多学者跳槽,因为他们想增加自己的收入。在国外的观念里,学者在哪个学校或机构是不重要的,即使是在最差的学校你也是有学术地位的,而中国会把它作为评价学者学术地位高低的依据,比如很多人觉得北大的教授就是比地方院校的教授水平高,这个观念其实是不对的,这种想法是扭曲的。这是中国学术界的观念和国际的差距与区别,国际上有很多学者也都不能理解我们国家的这些想法。

学科评价体系有时会导致学术发展不理想。

所以我们要反思，当然我们也不能把学术界的问题都归于外界的因素，如政府及经济，也要从内部问题着手，比如我们内部学者的想法、观念，以及共同体的建立，这都是问题的根源。当然，内部的问题可能也是起源于外部原因的。比如我担任院长时，为了我们学校的学科排名，我必须督促院里的学者多发核心文章及多做项目，这些都是为了我们学院的专业排名，但是其实这些根本不能代表我们学院真正的学术实力。中国的学科评价体系有时候会导致很多学术发展不理想的问题，所以教育部不应该把类似SSCI或A&HCI等作为评价的硬性标准，因为在国外这本身就是一个商业产品，不是用来提升学术水平的工具。而在我们国家却把它当作学术的指导方向，这种思想是极度错误的。

用外在的东西来体现内在的东西本身就会有偏差，应采用专家评价的制度来建立学科评价体系。

所以我觉得在学科评价体系的建立中，应采用专家评价的制度，这种办法既简单好操作，效果又好，应该相信专家的评价眼光和能力，而我们国家现在评价体系中最主要的问题就是偏离专家，对专家持怀疑态度。但是，在一个领域的评价体系中，专家比外行要可信很多，所以我前面说了三个尊重，我们国家的相关部门要相信专家和共同体。这是我关于咱们国家学科评价体系的一些想法。至于转载率、引用率、社会知名度等等这些能否体现学者学术水平，这个是没有绝对答案的，我相信任何一个学者都不能给出一个绝对的答案，因为这些都是外在的东西，用它们体现内在东西本身就有偏差。

4. 刘放桐：严谨完善的学术规范和真实具体的学术创新是学术评价中最重要的部分

刘放桐，1934年生。复旦大学教授，博士生导师。曾任国务院学位委员会学科评议组成员，国家社科基金评议组成员，教育部哲学教学指导委员会副主任，复旦大学现代哲学研究所首任所长，哲学系博士后流动站首任站长，兼任中国现代外国哲学学会副理事长、顾问。曾为国内十余所大学聘请为兼职教授（或名誉教授、顾问、学术委员）。主要研究领域为西方哲学史、现代西方哲学、现代西方哲学与马克思主义哲学比较研究。

访谈时间：2014年11月25日
访谈地点：复旦大学光华楼刘放桐教授办公室
访谈人：邱彦超、郭新超

严谨完善的学术规范和真实具体的学术创新是学术评价中最重要的部分。

学术评价涉及到许多方面，严谨完善的学术规范和真实具体的学术创新是其中最重要的。文理科各有特点，但这两方面都不可或缺。关于学术规范，学界已有很多讨论。复旦大学等单位还建立了专管学术规范的机构，制定了具体的学术规范条例。我觉得很好，问题在于如何具体落实。这方面我就不多谈。下面主要就人文社会学科的学术创新简单讲点想法。

人文社会科学的学术创新，有很多方面的含义，包含不同系列和层次的内容。

人文社会科学的学术创新本身也有多方面的含义。其中主要是指提出新的学术观点和理论（包括新的研究方法）、丰富和发展原有理论和学科、创建和开拓新的学科和研究领域。不同学科的创新还会有不同的要求。例如就历史学科（包括人文社会科学的各门学科的历史）的创新的一个重要方面就是发掘、整理、汇编、诠释各种历史资料。广义的创新还应包括对马克思主义基本理论、党的方针政策、社会主义核心价值观等世界观人生观的有创新性的阐释。

所有这些方面的创新又都包含了不同系列和层次的内容，它们实现的难度和意义的轻重当然也就有所不同，但它们的实现都需要研究者从不同的方面以各种方式作出艰辛的探索和研究。对于各个研究者来说，在学术上作成一件称得上是创新的事往往需要他倾注全力、甚至是毕生之力。有的创新不是个人所能达到的，需要群体的力量联合攻关，甚至也需要经过群体长期持续的努力。

学术创新要经得起实践的检验，需要有相应的主客观条件。

但是，所有这些方面、系列和层次上的学术创新能否成为具有真实意义的学术创新，还要经得起实践的检验。人文社会科学的创新虽然不能像自然科学那样放到实验室或生产场所去检验，但它们同样可以通过它们对所涉及的领域的研究能否产生积极的影响、能否促进这些学科本身的发展以及相应的人文社会思想文化领域的繁荣和进步来检验；各门社会科学的创新更是可以由它们是否能够促进它们所研究的社会问题的解决，以此从特定方面促进社会的发展和进步来检验。

人文社会科学的学术创新的提出和检验都需要有相应的主客观条件。主观条件主要是研究和检验者本身的条件，包括个人所掌握的基础知识和相关的学术积累、特别是将这些知识运用于发现和解决理论或实际问题的能力。没有这样的知识和能力就不可能取得学术创新。从事学术创新的人必须关注相关的知识的积累，更应关注创新能力的提高。应当明确：中国是一个以马克思主义为主导意识形态的社会主义国家，人文社会科学的创新必须在马克思主义指导下进行,这方面的创新能力必须包括正确掌握和运用马克思主义的能力。创新能力的提高往往比知识更为重要。人们不是有了知识就能创新,创新还需要他们对所要创新领域的问题有敏锐的洞察力,对解决这些问题的方法有丰富的想象力。这种洞察力和想象力当然需要有知识作为基础,但又在不同程度上超出原有的知识范围,能够实现从原有知识到新知识的飞跃,并由此而发现和解决新的问题,促进科学和社会的发展与进步。如果这种说法能够成立,那在对学生和年轻人才的培养上,既要关注能使他们有正确的理论方向和丰富深刻的知识的积累,更要关注能使他们具有敏锐洞察力和丰富的想象力的知识的积累,从而能够充分发挥自己的主观能动性;要鼓励他们在坚持正确政治方向的前提下打破和超越不适时的思想和理论,提出新的思想和理论。只有这样才能最大限度地发挥他们的学术创新能力。

客观条件包括从事这样的研究所不可或缺的图书资料和各种社会调查等相关资料、从事研究和调查所需要的各种设施以及其他各种物质条件。这些条件在以往一段时期曾经相当稀缺。最近一些年来,由于国家和各级政府、科研院所以及高校(特别是通过"211"和"985")的大力投入,这方面已有很大改善。仅以国家和教育部的社科基金课题资助的经费说,无论总额还是每一项课题都增加了许多倍。一些重大课题和委托课题达近百万,甚至超过百万,有的甚至比欧美等发达国家在这方面的投入还要大。如果这种支持继续下去、并还有所增加、特别是要分配合理,那么在进行人文社会科学研究的物质条件上一般不至于再有多大的困难。现在最需要的是使经费等物质条件的配置更加合理,使用得更为有效,但目前在这方面存在的问题不少。例如,一些谨严治学、根基深厚、但不善于或烦于"跑课题"的学者往往得不到应有的支持,很是妨碍了他们的工作;而一些行政官员、学界上层人士和善于"跑课题"的人往往同时拥有几个课题,经费过多,有的人并不专心治学或者无能治学,这不仅造成资源浪费,还可能导致腐败。在科研经费的报销体制上的问题更多。刻板的报销规定不利于具有不同需要的研究工作的开展,一些中青年学者为从事课题研究长期严重超负荷工作、本应从课题经费中给予他们一定补偿,按现行规定却是非法;有的经费却因种种原因(如限期将至)而不得不突击使用,造成"违规",这样的现象相当普遍地存在。这些都应当从体制上采取有力措施加以改变。一些西方国家实行的只关注能否交出合格的研究成果、而不管经费的具体使用办法未尝不可借鉴。

  人文社会科学学术创新的客观条件除了上述物质条件外,更重要的是要有适宜的精神条件,这主要就是切实贯彻党的双百方针,创造宽松、活跃的学术环境。中国是一个以马克思主义为指导思想的社会主义国家,中国的人文社会科学研究必须用马克思主义来指导,双百方针本身就是一个贯彻马克思主义主导地位的方针。这些大多数学者都会认可,至少不会公开反对,问题在于究竟如何正确地理解马克思主义。很少有人再公开支持"在以阶级斗争为纲"时代流行的那种僵化和教条化的马克思主义,重新理解马克思主义,倡导发展着的马克思主义和中国化的马克思主义已成了学界的普遍声音。然而对什么是发展着的马克思主义和中国化的马克思主义,大家也仍有不同的解释。例如理论宣传部门对中国特色社会主义的宣传与中国经济的进一步私有化、贫富差距的进一步扩大化等现实生活明显不协调,这也使许多人对究竟如何理解马克思主义产生疑惑。这方面的问题应当而且可以随着现实生活的发展、通过深入认真的讨论求得解决。令人遗憾的是,近几年来因这方面的学术观点不同而相互高调指责、甚至上纲上线的现象时有发生。我不赞成这种作法。发现别人有错误当然可以而且应当提出批评,但不宜把自己当作正确的化身,认定对方有错误并不见得对方实际上就是错误,更不等于自己就是正确;批评的方式也不宜简单化,不能动辄给别人扣上一顶并不适当的帽子。和风细雨比狂风暴雨更有利于健康的学术研讨并通过这种研讨推进学术的发展。如果大家都能坚持"实践是检验真理的唯一标准"这条马克思主义的基本原则,摆事实、讲道理,在有意见分歧的学术性问题上就应当可能逐渐接近、甚至达成共识。如果一时不能达成共识,最好还是先求同存异,等待条件成熟时再继续讨论解决。

人文社会科学创新的学术评价有过相关规定，但是执行起来往往难于到位。

人文社会科学创新的学术评价还涉及到其他许多方面。许多专家对评价体制的诸多方面（例如指标和方法、评议专家的构成、评议对象的选定等等）都作过相当具体和细致的研究和阐释。其实，国家、教育部和各省市的社科规划办也都有这方面的规定，而且都是经过专家们一再讨论过的。问题是执行起来往往难于到位。例如回避和保密制度不完善给一些"经营"学术的人有可乘之机。学术论著、长江学者等的评审应当是体现国家或省市的学术水平的，不应有单位平衡或照顾某些特定人物的现象，但这种现象时有发生。上海市的重大项目采取由跨学科专家评审的办法（3个同学科专家、数个其他学科专家参加、两票否决），十多年来从未发生过"跑题"现象。为了公正，上海市的社科评奖还曾采取异地评审，效果很好。近几年不知道为什么又回到容许搞平衡和照顾的路上了。

学术评价的问题很复杂，建议有关单位能定一些细则。公示制度已实行多年了，效果似乎不显著。建议采取措施，鼓励、甚至奖励那些对评审提出意见的人。学术评审当然是学术问题，如果不顾学术水平而受人情和搞平衡等因素的影响，那就是道德不端的问题了。

5. 张汝伦：学术本身不应根据标准来评判，当前标准从根本上堵死了中国学术的创新之路

张汝伦，1953年生。复旦大学特聘教授，博士生导师。兼任上海科技大学人文科学研究院院长，2004年获国务院特殊津贴。曾任东南大学中西文化研究交流中心客座教授、北京大学客座教授、台湾辅仁大学客座教授、德国特利尔大学客座教授、黑龙江大学兼职教授。主要研究领域为德国古典哲学、现代德国哲学、政治哲学、道德哲学，先秦诸子、儒家哲学、现代中国哲学。

访谈时间：2014年10月9日
访谈地点：复旦大学光华楼张汝伦教授办公室
访谈人：郭新超、邱彦超

现在的人文学科评价存在很多问题，如仅看庙堂荣誉、注重人情关系等。

访谈人：您对现有的人文学科评价标准怎么看？

张汝伦：我觉得我们现在的人文学科评价有很多问题。不能仅看庙堂的荣誉，有的学者因为种种原因无法进入庙堂。比如说不善于炒作的，或者不按游戏规则办的，自然就不讨人喜欢。我想，这样的人不一定少数。但是，现在他们实际上是被排除在体制外的。

另外还有一种情况，有些学者不善于融入我们现在的评价规则。比方说和各种学术出版机构搞好关系，然后写些可写可不写的文章。就像原来华中科技大学有一个搞道家哲学的学者，在我看来他的水准很高，可是他到将近50岁才评到正教授。我问他怎么总是评不上职称，他说自己东西写得少，没法通过。所以我觉得，学科标准严格来讲不应该有一个外在的指标来评判。这些外在的指标，比如你是几级教授，那只是按照级别来定的，和学术水平没有直接关系。

现在的出版社也很有问题,大多是只认钱不认人,钱交够了再糟糕的书也出。还有发表机构也是这样。现在的匿名双向评审,学者写了几万字,他有时却以几句话略加评论。有的评审甚至连文章写什么都没看懂,把意思看反了的也有。而且,还有一个问题,双向评审机制中被评审人是没有答辩余地的。这种评审机制是跟美国人学的,但并不就一定公正和客观,有时要看评审员的心情。何况这种评审增加他们的工作量,而给的评审费却很少,所以他们觉得没有必要把你的作品看得那么辛苦。但是,对于负责的评审人员,如果是我要给别人评审的话,我会写得很具体,包括优点和缺点。我会紧扣你的文本,做到所有的评论都言之有据。因为这个评审的内容将来要和被评审者面对面,被评审者看了要心服口服才行。而且好的评审的确能帮助作者进一步提高他的论文水平。可我们现在根本不可能这样。现在的评审只是外在表面的形式而已。

另外还有一点,中国是一个人情社会。对于一个专业来说,我拿到你的论文基本上就知道你是谁。所以有的时候盲审就等于明审。因此,像这些问题,如果不从它们的内情考虑,当然就会认为它是客观的,但事实上是打了折扣的。那么,这样的评审只不过是给很多东西一个外表合法的渠道。此外还有评奖,那就更成问题了。它不仅牵涉到人脉,还牵涉到各个方面利益的平衡。所以我觉得原来的这套评审不是一个很好的办法,因为真正的名著并不是因为得了多少奖就能够奠定它的地位的。

所以,一个学者的学术水平和地位,本来应该是学者自有公论的。但是学者的公论是没法外在化的,这正是问题所在。比如有些人觉得请朋友,请熟人甚至请学生给他写几篇比较好的书评是顺理成章的事情。而在我看来,这在道德上就不可以接受。我不能跟我的熟人或者朋友说,我最近出了本书,你给我写一篇好的评价,帮我鼓吹一下或怎样。这是不能接受的,自尊心也不允许我这么做。但现在的实际情况就不一定了,我们去查一些论文,往往就是学生或者部下给他写的评论。那么在这种情况下,我们在报刊上看到的这些东西又有多少是货真价实的?过去没有我们现在那么多体制化的评价体系,但是学术水平评估的这杆秤基本是准的。有的人尽管不讨人喜欢，但是这杆秤摆在那里。你可以党同伐异地把他压下去，可是你不得不承认他是有水准的。我们现在的问题是这杆秤在什么地方？

学术本身不是根据标准来评判的，现在的标准根本地堵死了中国学术的创新之路。创新精神，仅靠量的积累解决不了问题。

访谈人： 您认为怎样的标准才是合理的？

张汝伦： 我认为，学术本身不是根据标准来评判的。如果要树立一个理想，依我来看这个标准就是大家心里有杆秤。有些人八面玲珑，我们社会通常讲的老好人，大家自然都喜欢他，都会投他一票。我也经常参加投票，往往是老好人一定会胜出，因为他谁都不得罪。但是，无论你喜欢或者不喜欢一个人，对他的学术水准大家心里还是有杆秤的。比如我不喜欢你，那么也许我不会称赞你的学术能力，但是我心里知道你是有水平的，只不过你为人处世或者道德良知不行，我不喜欢你，我不支持你而已。因此，我们喜欢或者不喜欢一个人往往和他的学术水平没有直接联系。所以在这种情况下，如果我们一定要拿出一个客观的标准，那么这个客观的标准是什么，我不知道。我想不出有什么客观的标准可以来决定一个学者的实际水平是怎样。因为学校里也有这样的事情，比如很多出名的人，在学者心里和某些主持评价工作的人心里，学术水准与其名声大相径庭的情况也是有可能的。

我们学校现在要设定一个人文学科的评价标准，那么这个标准怎么评判？现在的评审往往和经济利益挂钩，所以请来的专家都很清楚是来做什么的，只能说些好话。很少有人会明确提出不同意见。而且最后投下决定性一票的都是选过的人，至少这些人一定会按照计划操作。

另外，我们的评审还存在这样一个问题。有些真正好的原创往往一开始大家对它的接受度不是很高。尤其是我们中国人有一个毛病，喜欢熟悉的东西。比如歌星喜欢熟悉的,新来的很难接受。看电影也喜欢自己熟悉的那个套路,新的都很排拒。甚至出行,很多人都是哪条路来哪条路回。很少有人会尝试没有走过的路。我们中国人的性格就是这样的。又如我们的中国哲学研究,千人一面,几句话翻来覆去可以讲几十年,所以好的研究一开始很难得到认可。大家会因为他的观点或者方法非常新鲜而感到陌生,不习惯。一个研究或许代表了学术的开拓,可惜按照我们现在的标准没有办法被挑选出来。

所以,我们应该包容异端,哪怕不懂,我们也应该要有眼光,凭我们的经验来判断一个研究的学术价值。就像维特根斯坦申请博士论文答辩的时候,他的两个答辩老师根本不懂他的研究,因而提的问题都不得要领。维特根斯坦很生气,指责他们永远也不会懂。但是那两个老师却相视一笑,投票给他通过了。可惜,我们没有这样的学术传统,而是抱守陈规。我觉得,这已经不是评价机制的问题,而是现在的标准根本地堵死了中国学术的创新之路。另外还有一点,就是中国特有的人情文化。在这些因素的影响下,我们就很难建立一个比较有效、比较客观的学术共同体。毕竟新的思想只不过提供了一个看问题的不同视角,到底有多少价值,大家可以一起探讨和挖掘。

可惜我们现在只能"以量取胜"。前几年大家笑话说,一年出了六十多本中国文学史。这就是因为没有创新,只能以量计算。但是真正有价值的研究不需要这样,就像王国维先生凭几篇论文就可以了。因为他有新的眼光、新的方法和新的材料,足以让大家信服。所以,我认为一个国家一定要有创新精神,量的积累解决不了问题。

学术应由历史来评价。评审不单要评优,也要去劣。

访谈人: 您觉得怎样的评估才能让自己的价值更好地体现出来?

张汝伦: 现在的评审,我觉得关键在于能不能请到那些有眼光的专家来判断作品的价值,让我们大家都可以信服。但是,我们也应该明白,当一个被评估者的水平已经远远超越了现有的社会水平之后,谁有资格评估他？就像康德当年活着的时候，谁有资格去评估他？其实评估他的是历史，不是现在的人。因为好的研究成果需要时间来证明它的价值，不是一下子就能够体现出来的。我想，这应该是个常识。但是，如果不牵扯到具体的人和事，也许大家就都没有异议，而如果牵涉到实际情况，也许大家就会觉得有问题了。

比方说有一部新的作品，尤其是当它提出了很多新颖的意见。照理来说，我们不应该马上对它发表评论，而是看看历史对它如何评价。但是，我们现在很多海外著名学者的书一出，我们这里马上就有人就给他摇旗鼓掌。可是那些观点是否经过了历史的考验？我认为，只有经过了历史的考验，也就是当和你有直接利害关系的那代人都不在了，你也不在了，在我们中国这样的社会，只有在这个时候，才可能有很客观的观点出现。关键就在于能不能经受这样一个考验。比方说我们解放前有很多很红的书现在已经没有人知道了，但也有很多书今天依然值得一读。所以这个是需要时间沉淀的。

历史才能够使一位学者的价值最好地体现。因为同代人的评价，一定会夹杂很多利益关系和个人喜好。另外，距离产生美。好的研究一定要离开一定的距离，别人才能把你的长处，或者是你的不足全部指出来。比如像我们哲学专业，很少有新著作一问世就得到了喝彩的。很多优秀的哲学家，比方说尼采，当时大家都无法理解他的思想，但现在大家都公认他是一个难得的人物。再比如叔本华，他当时出版的书，费劲千辛万苦，很多年也才卖出几本、几十本。他越想越恼火，差点都毁掉了。最后他只能把大部分书都抱回家去。但是历史承认他，我们现在写哲学史非写他不可。而当时很多的风流人物，现在除了专门做冷门研究的外，没其他人知道，哲学系也不知道他们了。比如，我记得19世纪德国有一个庸俗唯物主义哲学家，他写的一本书当时一共出了七十几个版本，但是今天非哲学专业的人可能根本不知道这个人。

问题是我们现在能不能有这样的气度，比如说我们复旦大学在学术评价标准上能不能有足够的宽容，暂且只评估作者的态度，而让更多的关于意义和价值的东西留给历史去评论。换言之，只要一本书或者是一篇论文是认认真真写的,我们就可以评估它是合格的。我想一般的评审员都是可以判断的。比如我们可以从它的篇幅、材料的引证、论证过程以及它的观点等来判断。我认为,能够达到这个浅层次的文章就已经可以给通过了。至于要给它评什么奖项的问题,都可以交给历史去衡量。所以,我们不能一味地根据数量来评判学术水准。有人自称一年可以写几本书,当然这是他的能力。但是,我想几年写一本和一年写几本书的质量不可同日而语。因此,我们心里要清楚,不能仅仅满足于字数的堆积。

我还要提一点,我们通常的评审只做"评优"工作,但是我们是否也应该要"去劣?"如何"去劣"？我们现在只有评优机制,却没有去劣机制。我想,我们是否可以成立一个机构,来筛选比如说每年复旦大学出版社出版的学术著作,把那些胡拼乱凑、缺乏学术价值的东西剔出来？我想,我们一般的专家学者凭经验都是可以判断出来的,或者匿名也可以。我想,去劣机制在某种程度上可以督促大家认真和谨慎地从事学术研究工作,而不是拖沓和怠慢。所以,我希望我们不但要评优,也应该要去劣。

<u>真正的名师上课内容应该很充实,不被社会舆论所影响。学者们对于社会活动应该区分对待。</u>

访谈人:您怎么看一个学者在教学、科研和社会服务之间的关系,如何权衡？

张汝伦:我是儒家,孔子最担心自己"德之不修,学之不讲"。"学之不讲"就涉及教学问题。我觉得,我们现在的高等院校,多的是明星老师,真正的名师却很少。这是我们浅薄的校园文化造成的。真正的名师上课内容应该很充实,而且每年都应该有不同的新增内容。或许学生会因此而记不下所有的内容,但是,哪怕听他的课再累,哪怕是同一门课,他也能吸引学生一遍又一遍地去听,我们需要的就是这样的名师。

我自己每年都开《论语》这门课,因为它是国学专业的必修课,必须要上。最近有一个妈妈,带着一个四年级的学生。她说那个孩子已经把《论语》全都背出来了,所以就带着来听。但是教室的位子都坐满了,还好有两个男生给他们让了座。在我的课堂上,你听不到尖叫,没有掌声雷动,或者哄堂大笑,它是严肃的,我们大家一起来思考一些对于我们中国人来说很严肃的话题。我想这应该是大学应有的样子。如果是学术明星的话,当然社会也需要,我们也不反对,但是我们要搞清楚大学是做什么的。大学之所以大,我觉得还要加一个"重"字,不能轻浮。

然而,我们现在多是被社会舆论牵着走。比如,报纸上刊登谁的课堂上掌声雷动,或者学生们给某个老师起了很多可爱的外号,学校就重奖他、提拔他。但是,我们大学本应该是一个沉静的地方,四方学子聚集一堂是为求学而来,老师通过言传身教,让学生知道做学问的轻重。它不是敲门砖,也不是吃饭的家伙,而是民族文化生命存亡继绝之所在。可是现在大学像个秀场一样,无数的活动和尖叫,学生给老师起各种可爱的外号,画各种漫画,大学搞成像大世界一样。这样到底好不好,这是一个需要思考清楚的问题。

前几年,在上海连续几年召开了中美校长联席会议。中美校长得出的共同结论是本科生不差,问题出在研究生。我们现在的研究生学习,只是给一个学位而已。记得我念研究生时老校长谢希德说过,研究生是培养(学术)国家队队员的。但事实上,要想成为一个合格的学者,还有漫长的道路。文革以前从留校到做讲师,要经历很多道坎。首先是要试讲,系里各教研室的主任都会坐在下面把关。然后再从助教做起,改作业、接待学生。当年朱维铮给陈守实先生做了三年助教都不能上课。可想而知能站上高等学府的讲台有多不易。

现在研究生教育还有一个问题在于课程。本科生教学一般都有考核,但是研究生教学没有,所以对教师就缺乏约束了。因而,课程数量也就成了一个问题。比如我们复旦大学和哈佛大学教师的数量大致相当,但是我们的总课程数比他们少近千门。

至于社会活动,我觉得要分开看。现在社会的公开演讲分几种,有些根本没有意义。比如那些和商业利益相关的活动,学者被请过去,对着一群无心向学的人,或许只是对牛弹琴,因为他根本无意于我们的真知灼见。在那种场合下,学者只不过被作为一种点缀,像奶油蛋糕上的水果一样,吸引人们的眼球而已。所以,对于这类活动,我觉得学者应该要有相当的克制。因为这些活动对于学者自身和社会都没有什么益处,只不过是让人见识一下所谓高大上的规模而已。还有一种社会活动,比如就像书展,来参加的基本上都是青年学生。他们大多热爱读书,热情于学术研究,所以学者们能多引导和分享自己的读书体验,那是非常有意义的。因此,我觉得学者们对于社会活动应该区分对待。

原创就是有质量的首创。

访谈人:您认为什么是原创?

张汝伦:我觉得原创就是,他讲的内容、做的工作以前没有人做过。不管以哪种形式,都是原创。当然我们也不能忽略质量,因为没有人研究过的东西很多,比如在文史领域考察一个偏门的人物,固然也可以说原创,但这种原创的意义却不能和像王国维那种原创相提并论。在我们中哲研究中,如果为了原创而去研究一个没有人做过的四流人物,我想就完全谈不上是原创。

名师的价值可以通过他培养的学生来体现。学生是学者学术生命的延续,学者良好的作风得以传承。

访谈人:您觉得一个名师的价值是否可以通过他培养的学生来体现?您的学生现在都担任了些什么职务?

张汝伦:当然是这样的。我一直跟我的学生讲,你们如果将来要从政,可以不用跟着我学,向党政方向努力就可以了。但是如果要想成为一个优秀的学者,就必须一门心思地做学问。所以,我的学生现在只有两个做了博导。行政上也没有什么比较高的职务,最多就是什么哲学系系主任。但是让我很欣慰的是，他们虽然没当什么官，但是他们单位里的人会跟我说：现在像这样好的人没有了，你怎么培养出来的？他们为人都很低调，做事情却很负责任。这让我很欣慰。

我的学生中现在至少有两个人纳入到他们学校青年教师重点培养计划。为什么呢？他们学校的老教师跟我说，他走过他们的办公室，无论多早多晚，永远在看书。他说这样的青年现在到哪去找？青年教师是什么状态，只要到他的办公室去看一看。他办公室里是不是书在不断地增加，最后把他包围。还是没什么书一直在上网？这一看就能看出来。

学生是学者学术生命的延续。学者好的作风可以通过一代一代人传下去造福社会。我对我的学生和对我儿子的希望一样，简明扼要就是四个字——"货真价实"。我在大学里待了几十年，觉得货真价实这四个字现在很难得。所以这就是我对他们所有的要求。能够做到就是好老师，不然，哪怕你多少次被学生评为最受欢迎的老师，也是没有用的。

这就涉及我们现在的评价机制了。那些最受欢迎的人，他们的课能不能经得起考验？民主投票用在学术上是不是有问题？我认为，至少学术上是不能够靠少数服从多数的。那么，怎么样才算是货真价实？

比方说，如果学生觉得某个老师开的一门课在很多年后还是特别受用，当年的笔记和录音一直留着，还不时地拿出来在听，提及过的问题还会经常思考，我想这样就可以了。大学老师的授课本应如此，可惜这不可能成为我们今天的主流。有一次别人采访我，问我到德国受到最大的影响是什么，我说让我明白什么是真正的教授。我留学的时候，德国教授一门课的讲义就是厚厚的一本书。那时还没有电脑，只能用打字机，但是他们一页一页打得清清楚楚，上面还用红笔和黑笔根据授课的具体情况不断地做增补。德国学者给我上了很好的一课。但是现在的德国文化也是每况愈下，不能与20年前相提并论。这可能是我们整个当代文化面临的一个问题。现在可能英美的那些著名大学，比如哈佛、斯坦福、耶鲁、剑桥、牛津大学还继承着这些优良的传统。

不能要求所有的研究都和现实联系在一起,对务实与务虚的学科应有两套标准。

访谈人:您怎么看我们现在有些学者参加政府决策咨询会,或者提出的一些报告获得批示。这些东西对于他们个人的学术地位是否会产生影响?

张汝伦:像我们哲学专业比较务虚,但也有很多学科却是务实的。比如说环境治理、人口控制诸如此类。政府部门掌握大量的统计数据,这些对于学者的研究来说很可能会是一个很大的促进。所以,我认为,如果学者是从事现实研究工作的,那么和政府机关的互动对他的研究是有好处的,不然闭门造车肯定会出问题。当然,我们不能要求所有的学科都要和现实联系在一起,或者说产生什么实际的效应。比方说我想不出中文系研究古文字对我们现实有什么实际的作用。它没有用,但是它得要有。我们不能要求它和经济系那些实用的学科看齐。所以我们必须有两套标准。

国家的经费投入和分配对于不同学科可以有所差异和侧重,但对人文学科应该有个保障,给学者一个从容不迫的治学环境。

访谈人:您刚才说要有两个标准。那是不是国家的经费投入和分配也应该有所差异和侧重?

张汝伦:对,应该分开。我想经费确实也是一个很大的问题。当然我不是说文科,像我们做人文学科的经费分配一定要和那些做比较实用的学科一样,那是不可能的。因为他们的确会有很多花费,而文科基本上就是买书、开会之类的,所以在比例上不一定要大家平均分配。我始终认为人文学科一定要和他们一样是不合理的。所以国家给他们比方说几亿经费,而给我们比方说只有几十万,这不是看不起人文学科,而是因为用途不一样,人文学科用不了那么多。

但是我觉得经费应该有个保障。不过现在存在很多问题,比如报销。当然这个是学校管理部门的问题。在我看来,现在管得紧,无非防止老师腐败,不要把科研经费转为个人收入。当然有极其个别的人,通过各种手段的确把经费变成了他的个人收入。但是,我认为这样的人不会超过百分之一二或者三。那么,其余的大部分人,既然经费已经划拨给他,就可以松一些。我们现在的问题是动不动就在后面催。所以,我现在项目完不成,就立马把这个钱退回去,不要了。因为我怕被他追命催。我现在之所以不想申请任何项目就是这个原因。但是我也绝对是在做科研,做出来也绝对很大。一项研究规定一定要在某个时间范围内,比如说一两年内完成,不可能。我有一个学生,现在40几岁,当了正教授,崭露头角。为什么?就是认真。他第一部著作,反复推倒重来无数次,结果就是一炮打响。现在第二本著作,我跟他讲都联系好了,十月份交稿,他说"不行,我发现有些地方不对",还要推倒重来。只有这样反复地磨,而且不惜自己和自己作对,这样才能出好作品。可惜我们现在这样的好作品太少了,太多水货。

我觉得国家应该给学者一个从容不迫的治学环境。其实国外很多顶尖学者也是这个观点。不需要有考核,让学者们自由地去做研究,给他一点自由,到时候自有回报的。当初刚开始申请"985"的时候,我就提过,比方说我们复旦50个教授是可以信赖的,那么就给他每个人一定数额的经费,只要他们五年或者十年之间能交出个研究就可以了。我觉得,我们应该要有这个气度。当然事先也可以签订一个合同,也不能十年过去了什么都没有做成。只要达成协议,那么这段时间内,我们就不要给学者提任何要求,这可以算是一个长远的计划。这样,好的研究才有可能做出来。这当然是双向的,大家都认为这个学者根据他以往一贯的研究水准是可以信任的,而他自己也愿意进入这个计划,那么我们就给他拨款。拨款是一种荣誉,在这段时间中对他没任何要求,学者也无需汇报进程,但是希望最后要有一个像样的研究展现给我们。

所以我觉得我们现在的科研经费要有点新思路。如果一定要这样，那这个钱不如收回去转成个人工资收入，把普遍工资水平调高一点也是个办法。不要两年三年来检查是否完成，不完成就怎样，像是一手交钱一手交货。有的人是完成了，可是他是奔着完成了可以拿钱的想法，那样有意义吗？当然对外宣传是有意义的，比如我们复旦又完成了多少学术研究。可是复旦将来要能够在中国、在世界立得住脚，就靠"某某人在复旦"。这个名字一报出去能站得住，或者某某著作是复旦的老师写的。就像当年在清华的陈寅恪，这样的人才是镇校之宝。现在的经费发放看上去是惠及众生，每个人给一点，比如青年教师给个五六万，研究成果是一堆，但是这只是个量，比如可能会有几千本，但是这不值，因为没有所谓的镇校之宝。

昨天诺贝尔物理学奖出来我很感概。名古屋大学连世界一百强都没进，可是它却出了两个诺贝尔奖得主，那么日本物理学科的质量还要再说吗？不用说了。所以我们还是要务实，不要务虚。排名没有用，若是能出几个真正泰山北斗式的人物，这就是成功。我觉得学校应该朝这个目标去奋斗，不要搞太多虚的东西。

青年教师引进应坚持在学校缺人的基础上引进各方面都很全面的人才。

访谈人：您怎么看待我们学校现在青年教师引进这个问题？

张汝伦：的确有些问题。我觉得首先不能为引进而引进。我认为引进有几个标准，第一，我们这缺人。第二，这个人的确各方面都很全面。

我们要进的是一个老师，老师第一条就是要把课上下来，这是基本。就像中国哲学里面，我们道家的课很需要补充，那么我们进的老师能否至少给本科生开一门粗浅的道家哲学的课？可惜很难找到。现在大家都在做儒家研究，这么多老师都做宋明儒学，所以不可能再进这方面的人员了。西哲方面也有这个情况。引进来的都是我们不需要的，而我们需要的又没有。

所以，我们现在的问题是每个学科的课程不平衡。看一下我们的基础课程还缺多少就知道我们现在的教师结构多有问题了。在我看来，像复旦这样的大学课程即使不能够做到面面俱到，但是整体的框架必须是齐全的，比方说哪些系哪些课程必须有，这就是一流大学不同于二流和三流大学的所在。

6. 李明辉：人文学科的评估制度和人为因素都很重要

李明辉，1953年生。台湾"中研院"中国文哲研究所特聘研究员、台湾大学"国家发展研究所"合聘教授、中央大学哲学研究所合聘教授、（广州）中山大学长江学者讲座教授。曾任台湾大学哲学系客座副教授，中国文化大学哲学系副教授，德国莱比锡大学客座教授，德国波恩大学访问教授，德国波鸿鲁尔大学客座研究员，法国里昂文学与人文高等师范学院客座研究员，美国柏克莱加州大学访问学者，美国哈佛大学访问学者。主要研究领域为儒家哲学、康德哲学、伦理学等。

访谈时间：2014年12月24日
访谈地点："中研院"中国文哲研究所会议室
访谈人：廖剑岚

和自然科学不同，人文学科通常比较难用一个数量的标准来评估。

访谈人：人文学科领域有没有比较好的、大家都认可的评估方式？针对人文学科怎样评估、怎样评价，能否谈谈您的观点？

李明辉：其实两岸之间，据我的了解，问题基本上都差不多。人文学科通常比较难用一个数量的标准来评估，这跟自然科学不一样。自然科学的成果，刊登在哪一个刊物，那个刊物大概是第几级的刊物，通常有比较客观的标准。人文学科在这方面的标准是非常难确定的。特别是像我们这个所，还有特别的问题。我们这个所是跨学科的，它有文学和哲学，文学里面又包括中国文学和外国文学，哲学里面有中国哲学和西洋哲学，这些学科的标准其实都不一样。举个例子来说，我们所里有29个正式的研究人员，他们的文章发表的刊物可能都不一样，不一样的刊物之间怎去互相评比呢？这就很困难，很难有一个客观的标准。

台湾的刊物勉强有级别，但是非常粗略，只能说被收录到这个核心期刊里面的刊物大体上是大家公认比较规范的。

访谈人：你们的刊物也有级别吗？

李明辉：现在在台湾勉强有一个级别，就是现在台湾科技主管部门（以前的"国科会"）定一个所谓的核心期刊，以台湾为主的核心期刊。本来在西方早就有所谓SSCI了。我们的科技主管部门定一个TSSCI，前面加一个"T"；那大陆也有，叫CSSCI。这就勉强算是一个级别。但这是非常粗略的，你只能说被收录到这个核心期刊里面的刊物大体上是大家公认比较规范的。而且这核心期刊是以学科作为单位，比如说哲学学门有哪些核心期刊，中文学门有哪些核心期刊。但有很多刊物是跨学门的，这些刊物有时候可能是很重要的刊物，但也许被忽略了，或者它在不同的学门里面的重要程度不一样。像我们中国文哲研究所的刊物《中国文哲研究集刊》，常常被不同的学门列为核心期刊，比如中文学门会把它放进去，哲学学门也把它放进去，但有时候结果会不一样。有时候它在中文学门的分数可能很高，但在哲学学门的分数可能就比较低。一个人投稿时，怎么去评估它，你要根据哪个标准去评估它，情况就非常复杂了。所以到现在为止，事实上没有一个很好的办法去解决这个问题。你如果不用数量的方式来评估，而从质上面来评估的话，这个标准非常难确定。几乎到现在为止，找不出一个大家基本上有共识的办法，这非常困难。另外还有一个问题，在人文学科比较特别的，就是专书的重要性。我觉得专书比期刊论文还要重要，因为很多专书其实就是由期刊论文发展出来的。如果研究成果在期刊中得到肯定，变成专书后，没理由不得到肯定。可是专书的评审问题更大，因为其标准更难定。专书的评审基本上要靠出版社，可是出版社的评审是非常不可靠的，我想在大陆也是一样。有时候出版社出版一本书,不一定是因为这本书很好,可能是因为作者的名气很大或者这本书很好卖。有很多好书可能无法出版,特别是比较年轻的学者的书无法出版,或者他自己要付钱给出版社,这样就失去了评审的意义。现在在台湾,科技主管部门有一个办法,即委托期刊来做专书评审的工作。例如像我们的《中国文哲研究集刊》,因为进入到核心刊物,如果有人想出一本专书去评职称,他又怕出版社没有公信力,就可以委托我们这个刊物来给他做评审的工作,通常大家会觉得比较有公信力。

同行的审查是较为科学客观的评价方法。

访谈人:那您刚才谈到这样一些问题,您觉得有什么比较好的解决办法吗?您理想中,怎样一种评价机制会更加科学、更加客观一些?

李明辉:其实现在大家想得到的办法都是一样,最简单的就是所谓的同侪审查,英文叫做 Peer review,同行的审查。同行审查在大陆的情况和在台湾就非常不一样。因为台湾的学术人口少,通常一个领域的专家可能就是四、五位,大家都彼此认识。我的成果送给谁评审,我猜都猜得出来,这样的评审会客观吗?审查人也会有顾忌。大陆因为学术人口比较多,比较容易避免这种情况。但是大陆的问题和台湾不一样,可能还有别的问题,我想这个你比我了解。

在台湾,科研项目、研究计划的申请比较规范。但获得科研经费、项目的多少与学者学术地位之间的关系,不能一概而论。

访谈人:你们的科技部会有一些科研项目、研究计划可以申请吗?

李明辉:我们大部分的经费是科技部提供的,当然还有些其他单位,比如经济主管部门、教育主管部门,也有一些科研项目,但是主要还是科技主管部门,这个是最大的经费来源。另外,它实施了很多年,我觉得是蛮上轨道的。以哲学学门做例子,科技部会找一个召集人,召集人去组成一个复审委员会。召集人要考虑请这个领域里面哪些人来当复审委员。他会针对这个领域,找具有各种不同的专长的人,比如说哲学学门通常包括中国哲学、西方哲学,中国哲学里面还可以进一步分类,西方哲学里面还可以进一步分类。这些复审委员通常都是在这个领域里面比较受到肯定的学者,而且召集人有时候还要考虑到公立学校跟私立学校之间的平衡,不能说都由公立学校的老师来担任复审委员。审查要通过一个集体决议的方式,例如说集体推荐审查人。审查人通常是两位,如果两位审查人的分数差距太大,就会送给第三个人去审查。这当然跟西方差不多。此外还有申诉制度,如果一个人觉得受到了不公平的待遇,或觉得审查意见没道理,他可以在事后提出申诉。申诉有时候也会成功,因为申诉由另外一批人来处理,不是由原来的审查人来处理。

访谈人: 就是说,申请项目这方面的制度还是比较公正客观的?

李明辉: 我觉得这方面是比较好的、比较上轨道的。当然,百分之百的、绝对的公平,是不可能的。因为人文学科的评审不可能百分之百的公平,人的因素肯定会影响到评审标准。

访谈人: 那么能拿到这些计划的,应该说他的学术水平也是到了一定程度才有可能申请到?

李明辉: 对。但他是申请计划,还没有执行。

访谈人: 能做成什么样还不确定。

李明辉: 这是决定要不要给你经费让你进行这个计划。这和刚才谈的情形不一样,刚才谈的情形是已经有了成果再去评审,而这是还没有成果,申请人打算进行一个计划。这要根据一些指标,比如过去执行其他计划的成果、5年内的著作、计划书到底撰写得详细不详细、是不是可行等。

访谈人: 科研经费、或者获得项目的多少是不是能够反应出这个学者的学术地位,或者他的学术研究的水平?

李明辉: 我想很难一概而论。不同学科的人可能有不同的感受,但至少以我接触比较多的哲学学门、中文学门来看,我觉得哲学学门就比中文学门上轨道。因为中文学门常常会出现一些很不合理的结果,哲学学门这几年比较上轨道。例如,我们有一个所谓"杰出研究奖",通常在哲学学门评选出来的人比较没有争议性。因为大家都是这个圈子里的人,对每个人的实力多少都有点了解。中文学门争议性就比较大,常常有争议的人后来证明他不应该得这个奖。

获奖不一定反映其学术水平较高,不同学门之间存在差异。

访谈人: 在评奖这个问题上,和前面申请项目有点类似,不同的学科可能不太一样?

李明辉: 这是有关系的。例如今年获得一个科研经费的人,就可以去争取这个"杰出研究奖",可以自己去申请,由科技部来评审,如果有5个人申请,就由这5个人之间去评比。

访谈人: 那么获奖的学者是不是也能说明他的学术水平相对比较高呢?刚才也说到,不同的学科的人感受还是不太一样,存在这样的问题。

李明辉: 对!因为我们有时也听到别的学门在抱怨,说他们这个学门老是被少数人把持。当然我们不知道实际上是怎么样,但是这种声音始终存在。我想还是人的因素,因为每一个学门的生态都不大一样,有的学门可能由少数几个人把持,讲不好听一点,就叫做"学阀"。例如一个很资深的教授,他带了很多学生,这个领域里面大部分人都是他学生,那他就很容易形成这种过大的影响力,或者形成一个派系。如果你不是这个派系的人,你去评奖或申请科研经费的时候就会吃亏。

通过学生的成就来反映学者的学术水平是很难评估的。

访谈人：也有这样的观点认为，你去评价一个学者的时候，他的学生的学术表现对评估这个学者也会有一定影响。

李明辉：我们现在在评审的时候，基本上没考虑这个因素。

访谈人：通过用学生的成就来反映学者的学术水平？

李明辉：这个更难了，因为学生的成就你还得去评估，那要怎么去评估呢？而且到最后这会变得非常琐碎，比如说我在申请项目时，我还要说我当过多少个学生的导师吗？我要把这些资料全部提供出来吗？如果有的人教了一辈子书，他有几十个学生，他每次都要提供资料吗？这通常就是由评审人评估，因为评审的人是这个圈子里的人，大致会知道情况。

访谈人：还有一种情况，这个学者可能专门从事教学工作，他做研究的时间、精力没有那么多。评价这样的学者的时候，是不是应该更多考虑他学生的成就？

李明辉：这个问题有争论。前几年在政治大学就有一个这种例子：有一个老师，他研究做的不多，论文发表的不多，但是他教学很认真。由于在评鉴的时候要审查著作，而他的著作没有过关。当时很多人出来声援他，说学校没有考虑教学的因素。通常在大学不是完全没有考虑，而是这个比例要怎么去分配。一个老师光教书不做研究，算是一个好老师吗？他可不可能是个好老师呢？我想如果有的话，恐怕也很例外吧。可是，我知道几乎在各个领域都有这种人。在台大哲学系有一个助理教授，他已经当了十几年的助理教授了，可是听说他教书教的不错。这个例子也很奇怪，因为这表示他没有做研究，至少没有发表论文。但是一个学者不可能只教学，而不做研究。通常在大学里面，不会完全不考虑教学因素，主要是看这个比例要怎么去分配。像我们这里就没有教学的问题，因为我们没有学生,所以基本上不考虑教学上的成果。

学术是学界本身的问题,媒体和学术界关于专家的认定存在差异性。

访谈人:有一些人文学科的专家经常接受媒体采访,电视上经常能见到,或者他个人的微博有一大群粉丝,这样的情况你怎么看待?

李明辉:第一,基本我不用微博,所以我没这个问题。第二,我觉得我们台湾的媒体对这些问题没什么兴趣,这基本上是学界本身的问题,学界的人会关心,可是媒体基本上不会关心。

访谈人:如果学者有一定的曝光率,经常看到他在电视上被采访,能不能就说明他的学术水平或者能力上比较高?

李明辉:其实我觉得这在台湾是一个不好的现象,因为很多学者到后来都不务正业。例如说,此地有某位学者在大陆也蛮红的,上了《百家讲坛》。据说他一年演讲200多场,他怎么可能好好地教书呢?他还做研究吗?但他赚了很多钱,因为他的演讲费非常高。现在大陆也有这种情形,我也注意到大陆的演讲费一场可能就是几万块,跟一个月工资差不多,甚至比一个月工资还多。所以很多学者愿意做这种事情,这对那些比较专心做研究的教授其实很不公平。

访谈人:想听听您的观点,参加很多媒体活动是不是就能体现出一个学者的学术地位或者他的价值?

李明辉:所谓学术地位就是说他在媒体里面是比较被注意的,可是他常常在学术界里面不被肯定。其间的反差很大。学术界的人会觉得他"没什么",根本不能代表我们的研究水平。因为台湾的媒体很肤浅,如果它有一个问题要找专家,它不会去了解这个领域里面有哪些真正的专家,它会去找经常听到的名字,而且它也觉得这比较有卖点。如果一个真正的专家不是那么有名,它就会觉得说这个人没有卖点。所以媒体要为此负很大的责任。其实我觉得这不一定是好现象。我在西方媒体看到的情况就不一样。台湾上媒体的学者常常就是固定的那几个人,所有的问题他们都能谈,好像是万事通,而且媒体喜欢找他们,一方面他们可能本来就比较有名,另一方面他们的口才比较好,有很多马路消息,讲得比较有趣,虽然专业不怎么样。西方的学者也会上媒体,例如说现在发生一个事件,它会请一些专家来谈。可是他们在媒体上的谈话和台湾的所谓的"Call In"节目不一样。台湾的"Call In"节目每人讲一分钟、两分钟。我在德国看到的媒体访问,往往只访问一个人,一对一,像我们这样谈一个小时。这就充分地把他的专业知识都挖出来了。或者顶多两个人,而且不会老是固定那几个人,而是会针对不同的问题去找真正的专家。例如说,他现在谈核能问题,他就去找一个核能专家,他不会去找一个专长不相干的人来谈。

访谈人:有一些专家确实有一定的学术水平,参加社会活动多,研究做得少一些。在评估的时候,是不是要考虑这些因素?

李明辉:这在我们的评审项目里面,叫做"社会服务"。但是社会服务的标准有时候很难定的。学者到底是去赚钱,还是去社会服务?因为他往往名利双收,对不对?

引用率基本上不能当真,文章被引用或者转载的数字高,不一定就能说明文章的水平高。

访谈人:自然科学、理工科的文章都会讲到一个引用率的问题。那么人文学科评估,您觉得需要考虑被引用的问题吗?

李明辉:这叫做 Citation Index。通常在人文学科,这个问题比自然科学还要严重。我举个例子,现在有一个很小的领域,例如西夏文的研究。西夏王朝延续了200多年,早就灭亡了。全世界研究这个领域的人就是那几个人,引用率不可能高。另外一个人可能是研究宪法的,其论文的引用率当然就会比研究西夏文的人高,这是不是证明这两个人的学术水平差别很大？人文学科还有这样的问题，例如有一个在台湾研究西班牙文学的人，他的论文引用率不可能太高，因为本来懂西班牙文的人就不多。另外一个是研究英美文学的学者，他的论文被引用的机会就比较大。这两个人可以放在一起评估吗？所以我认为引用率基本上不能当作评估标准。有些论文被引用，是因为它引起争议，并不表示它的品质高。人家引用它，是为了批评它，不是肯定它。

访谈人：您的观点还是认为，文章被引用或者转载的这个数字高，不一定就能说明文章的水平高？

李明辉：被转载可能可以反映品质，但是被引用则不一定。一篇论文被转载，表示这篇文章重要。

访谈人：那在同一个学科里面呢？像您刚才举的例子，研究宪法与研究西夏文的论文不能比较，因为研究西夏文的人少，其论文被引用的机会也少。那么同一个领域里面，引用次数可以用来比较吗？

李明辉：同一个领域里面也有问题。一篇文章的作者可能比较有名，常常上公共媒体，他的文章引用率可能就会高，这跟它的质量其实不一定成正比。还有一个问题，比如有些论文的品质非常好，但是非常艰深，能够看得懂的人就没几个，那有几个人会引用他的文章呢？

访谈人：他已经到了珠穆朗玛峰的顶上了，一般人看不到那个风景。

李明辉：对啊，一般人根本看不懂。另外一个人写了一篇很容易读的文章，一般人都可以读得懂，那引用他的文章自然会多。

<u>人文学科的评估制度和人为因素都很重要。</u>

访谈人：我们这次访谈的主要目的，就是想听听专家对人文学科评估的想法。哪种方式能够让我们的学者更自由地去做研究、不受外界的影响？有什么更好的机制，能保护真正做研究的学者，让他的学术成果、学术成就得到认可？您还有别的一些想法吗？

李明辉：我认为一方面这是制度的问题，但是制度不能保证评审一定进行得很好，因为人的因素非常重要。在同样一个制度中，如果学术社群的素质不高，或者其中有客观意识的人不多，光靠制度是没办法保证评审公平的。我刚才提到一个问题：在台湾，不同学门之间对评审公平不公平，会有不同的感受。照理说，我们的制度都是一样的，在台湾每个学门的制度都是差不多的，为什么有的学门就比较上轨道，有的学门就不上轨道？那完全是人的因素造成的。在评估当中，人的因素非常重要。我讲一个比较极端的例子。例如说，我们现在要在学术期刊上登一篇文章，通常会有所谓的同行审查，主编会找两个人来评审，而且是匿名的，有时还是双向匿名。我们的刊物是单向匿名，就是作者不匿名，但是有些刊物是连作者都匿名的。照理说，这个程序很严格，可是我们会发现，有时候刊发的文章就是不怎么样。可是像国外有些历史悠久的、很有权威的刊物，并没有这样严格的制度，可它的水平就一直维持很高。这完全是由于它的主编，主编的权力非常大，而且它们的主编可以担任一辈子，他就可以一直维持非常平均的水平。照理说，它的制度没有我们的好，可是人的因素就可以弥补制度上的问题。当然我们不能期望这样，因为在台湾，我想在大陆也一样，如果我们把一个刊物交给一个终身的主编，那肯定出现很多问题，不一定会有好结果。所以，我们就用制度去防范，基本上制度是为了防范人的私心自用。可是西方人承认学术权威。我认识一个年轻人，从台湾去美国教书，他当了一个莎士比亚刊物的主编。他就是终身的，他可以一辈子做那个刊物的主编。西方人就会给他这个机会，就相信他。可是这种事情在东方是行不通的，在亚洲是行不通的，会出现很多问题。我认为人的因素有时候可能比制度还要重要。如果这个领域的人都不怎样公正，你有再好的制度也没用。

7. 杨慧林：同行评议大体上可以保证比较科学、客观的评价

杨慧林，1954年生。中国人民大学文学院教授，博士生导师。曾任中国人民大学副校长、中国比较文学学会会长、中国人民大学学术委员会副主任、国家社科基金专家组成员、国务院学科评议组成员等。2012年当选拉美科学院院士，享受国务院政府特殊津贴。主要研究领域为比较文学和宗教学。

访谈时间：2015年4月22日
访谈地点：中国人民大学国学馆
访谈人：常然、侯丽娟

可能所有的评估标准都是有问题的。

访谈人：杨老师，您认为现在人文学科的评估标准，能否完整体现学者的成就和贡献？

杨慧林：中国的学科评估办法主要是从国外学来的，我仔细看过两个标准，即英国的QAA（The Quality Assurance Agency for Higher Education）和RAE（The Research Assessment Exercise）。QAA是评教学的，RAE是评科研的，这两个标准并没有比我们现在的标准优越多少，英国学者也并不十分认可它们，而一些大学却会据此评估标准，宣称自己有多少"世界级"的学者，数量之多让人觉得不可思议。所以我觉得可能所有的评估标准都是有问题的，关键是如何借助一种参照，大致了解我们的学术工作。

把非学术的指标当成学术的评估标准，是有问题的。

访谈人：可能评估标准的问题在世界范围内具有普遍性。

杨慧林：是的。还有一个问题，我们往往会把一些非学术的指标当成学术的评估系统，最典型的是 SSCI、A&HCI 等。上周我在美国亚特兰大，与佐治亚州立大学（Georgia State University）以及埃默里大学（Emory University）的校长有一个关于中美高等教育的对话，其中谈到 SSCI 在美国也遭到不少质疑。特别有趣的是，西方一些非常好的学者根本不知道 SSCI 是何物，比如英国牛津大学出版的刊物 *Literature and Theology* 早就被列入 A&HCI 和 SSCI，创办这份刊物的 David Jasper 教授却好像一无所知。我觉得这些情况还是挺值得注意的，SSCI 等等本来是服务性的检索工具，为什么到中国却变成了学术评价标准？近些年很多单位创办了英文刊物，其实把中文刊物办好，配上英文提要、目录和规范的注释，申请进入 SSCI 或者 A&HCI 检索系统是没有问题的。

再举一个例子，现在国外的 Open Access（开放获取）听上去是一个特别好的理念：知识开放、自由获取。但是我总觉得这里隐藏着一种虚假的"国际化"陷阱，因为有些运作者根本不关心读者怎样获取，而真正看中的只是收费发表。这种发表收费不菲，而且很多名义上的匿名审稿都是形同虚设，事实上也没那么大的精力投入，没人对文章的质量、特别是语言认真把关。这种毫无道德底线的学术欺骗，我觉得非常糟糕。而中国之所以有需求是因为中国有评估，有些学校不惜重金来打造所谓的"国际化"。这种需求和商业化的操作，合力形成了一个很可怕的圈套。这样下去，国际化的程度肯定越来越高，但是也越来越虚假，变成花钱买成果的路数。回到刚才的话题，英国的 QAA 和 RAE 为什么还没这么糟糕？是因为学术共同体的底线、心中默认的标准可能还在，且已基本成熟。

如果有学界共同确认的荣誉感，最终会成就一种比较科学的评价。学术环境对评估非常重要。

访谈人：针对这些存在的问题，您觉得有什么方法可加以改进和完善？

杨慧林：我曾经特别想知道：为什么这套评估标准英国学者也不认

可,但是在一定程度上还是比较有效地运作了很多年?为什么中国的评估系统受到的批评更多?后来在一次访问英国伦敦大学学院(University College London)的时候,他们的校长说了一番话:从负面的意义看,大学评估本来是与学术无关的商业运作,但是如果自己的大学获得好评,几乎所有的校长都会忍不住引用这一评估数据来证明自己,结果是大家共同成全了一个商业阴谋,最终也就使其成为学术的标准。然而从正面看,大学评估也不是完全无效,真正起作用的是那些指标吗?也许未必,最重要的是每位学者的荣誉感、每所大学的荣誉感,最终是整个学界的荣誉感。这在评估指标上可能看不出来,但是如果有学界共同确认的荣誉感,最终会成就一种比较科学的评价。

访谈人: 也就是说,学术环境也许更重要。

杨慧林: 是的。我们的评估看上去都挺好的,当然评估的初衷也没有问题,但为什么最后的结果不是特别令人满意,我觉得与整体的学术环境有关系。比如评职称,哪些学者做得比较好,哪些文章、研究成果比较扎实、比较纯粹,哪些有水分,其实大家心里都很清楚,都有一个标准和大概的评价。但是如果缺乏一种健康的学术环境,学术共同体所默认的标准就很难成为公开的评判。最后就剩下两种方法:一种是必须量化,另一种是匿名投票。可惜学术标准从来都不会出自民主选举。我们只能说,诚实地批评一个东西真的不容易,一旦把正常的评价变成选举,就越来越麻烦。

<u>学者心中的判断标准,很难形成一种固定的评估制度。</u>

访谈人: 您刚才说学者心中会有一个大致的判断,那么这种心目中的评价有没有可能外化成为一种固定的评估制度?

杨慧林: 这恐怕不是很容易,没有办法细化到85分和89分之间的区别,但是可以量化到一流的和一般的区别。就像老师给学生打成绩,在我看来哪些文章可以达到90分以上,哪些文章是在80分到90分之间,如果分档评价应该是没有问题的,但是分得太细就不太容易了。

另如有一些评估标准说要以学生为中心,于是很多大学开始来调查学生的满意度,但是我看过英国的评估材料,学生满意度高的从来不是最好的学校。这里面的原因很复杂,所以问题就产生了:如果学生有那么高的满意度,但是在学术共同体的评价中又不是最好的,那么标准到底是什么?所以我说我们大家心里还是有一个大概的标准。

具备扎实的文献依据、有意思的问题意识,又对学术有所推进,就是一部好的作品。

访谈人:在您个人的心目中,一部优秀的学术著作或者一篇论文,应该具备哪些要素?

杨慧林:对于著作而言,如果具备扎实的文献依据、有意思的问题意识,而且对学术有所推进,就是一部好的作品。这当然需要下功夫,花时间做资料积累;另一方面,这也需要研究者了解中外学界相关成果,从而在更深的层次上有所回应。

关于文章,我个人喜欢读一些解释性的分析,这类文章往往能够提供非常不同的视角,使我们对一些好像熟悉的东西重新定位。我觉得这就是好文章。而还有不少看起来很规范的学术文章,其实只是很规范地完成任务,却可能留不下什么。现在的评价制度为什么淘汰不了这类文章,甚至可能会滋生这类文章,这可能也是我们的问题。

学科之间有差异,转载率和引用率不能单独作为一个评价标准。

访谈人:量化的标准除了刊物的档次等之外,还有转载率和引用率,您认为是否适用于人文学科?

杨慧林：我觉得学科与学科之间的情况不同，它不能单独作为一个评价标准。比如宗教学专业就非常典型，如果写一篇学理化的文章，它的引用率不可能很高，它的读者群不是像"百家讲坛"一样，全世界人都可以看。但是如果写一篇关于极端事件的文章，第二天转载率就会非常高，而且往往引起国际社会的关注。严格地说，后者最多是社会学的材料，很难算宗教学的学术文章。所以不能因为引用率高就视为该领域的顶级成果，这是很荒诞的。还有一些学科会看是否被《新华文摘》转载，我曾经听到语言学的学者说，如果语言学的文章被《新华文摘》转载，恰恰说明那不是学术文章，否则不可能符合转载要求。转载率这一概念是从理工科移植过来的，理工科如果一个实验特别有价值，可能马上会有很多人引用，那当然是说明问题的，可是人文学科未必是这样。

我们也许可以做一实验，把几个极端的数据对应起来，对一个学界公认的优秀学者，与一个和他有非常大差距的、可是文章被引用次数很高的学者进行对比，看看究竟是什么因素在影响引用率。还有发表刊物的档次，是在国外发表得越多越好，还是在权威刊物上发表得越多越好？老实说，核心刊物当然很好，不过也未必就能代表水平。据我所知，有些很好的文章就是发表在"非核心"刊物、甚至"以书代刊"的出版物。我只是有一个大概的印象，觉得评估标准可能不宜彻底地、细节地量化。

采用代表作制度可能会好一些，但也很难操作。

访谈人：由于单纯从数量上难以认定，所以现在复旦大学推出了代表作制度。

杨慧林：人大也是这样做的，这可能会好一点。不过有些方法在理论上很好，但实际上很难操作。比如是不是发表论文少就意味着厚积薄发、治学严谨？就必须被认定为更有学术分量、价值更高？我们可能都遇到过类似的问题，因此论文的数量才不得不算一个标准，以求某种不得已的平衡。

访谈人：在晋升职称方面，如果达不到项目与文章的数量要求，有的学校还有非升即走的规定。

杨慧林：对，很多学校现在都是有"非升即走"的规定。清华大学的教育体制改革，最关键的一条好像就是人事制度。这个标准很复杂，在某一个学科评职称的时候相对还好。因为评职称面对的是真实的学人，而非材料，起码是在一个比较小的范围内，大家相对比较了解，即使被评者的成果不是很多，也比较容易确认其学术含量。但是学校的学术委员会要面对更大范围的不同学科，彼此间不熟悉，很难评判，就只能看材料了。上个学期我从副校长的岗位上卸任，在此之前还当过多年文学院院长，在任期间经常会遇到这种情况。

同行评议大体上可以保证比较科学、客观的评价。

访谈人：您认为在质量方面，是否可以通过同行评议或者其他方式，进行比较比较科学、客观的评价？

杨慧林：大体上是应该可以的，据说当年裘锡圭先生评职称的时候，朱德熙先生是绝对的权威，一锤定音。现在同行评价也是有必要的，但实施起来仍然不是很容易。例如国家社科基金，原来较小的学科由于申请量比较少，是不用网评的，可以直接上会。现在申请量越来越多，全面实行了网评，结果有时会很奇怪，一些感觉不错的项目在网评时就被淘汰了，等到上会评时评委们都很无奈。

所以我在一定程度上还是同意英国学者的说法，RAE虽然荒诞却起码还有一个可参照的标准，仍然有用，如果连这个都没有，学术可能也无所适从。但是RAE没办法评判具体的质量，只能说发表文章的信誉度如何，可惜这些规则很快会被Open Access打破。

经费结构可以作为一个量化的评价标准，特别是理工科，值得借鉴。

访谈人：您觉得国外的学术体制中有哪些值得我们借鉴之处？

杨慧林：比如英国的大学评估，它不是直接导致学术评价，而是代表整个学术单位的能力。英国的大学绝大部分是公立的，与中国非常相似，中国现在很多大学的经费总额并不少于国外，然而经费结构恰好相反。英国大学与中国大学，都是有平均60%多的经费来自国家和政府；但是在牛津、剑桥这样最好的大学，来自政府的经费在整个预算中占不足20%。这说明他们自我循环、自我再生的能力非常强，例如剑桥英语、雅思、剑桥出版社对学校的经费贡献率占36%左右，人大出版社和资料中心的贡献率则不到8%。所以经费结构或许也可以作为一个量化的评价标准，特别是理工科。

中国若干年后会有东西留下来的，现在判断也许太早。

访谈人：前辈大师有没有哪些值得我们的借鉴之处，与我们当代有何不同？

杨慧林：一般都认为我们这个时代出不了大师，大师的时代已经远去了。我真的没那么悲观，而且我觉得这没道理。当代中国的文化之多元、生活之复杂、经历之特殊，是非常难得的财富。我承认现在的学术环境没有以前那么单纯，前辈大师有得天独厚的条件，是不可重复的。不过每个时代成就大师的方式不同，它对大师、学者的要求也不同。我相信中国若干年后会有东西留下来的，现在判断也许太早，从总体上讲中国高等教育和学术研究的基数太大了，水分当然也大，但很难说这个时代就那么绝望。历史上的思想家，其实没有谁认为自己的时代是好的，这可能与人文学的思维方式有关系。

太过急切地用学生来说明学者，也许只能被一堆头衔和出版物淹没。

访谈人：您觉得对学者的评价，是否应与他所培养的学生有关联？

杨慧林：现在我们看海德格尔，发现他的学生有很多成就卓著者，但是当年无法用这个标准来评价海德格尔，因为这些学生还不是后来的大名人，只是学生而已。像刚才提到的 SSCI 和 Open Access 等，可以很快打造出一些极其辉煌的履历，但是太过急切地用学生来说明学者，也许只能被一堆头衔和出版物淹没，不一定能评价出什么。这正是目前的症结所在。

大学中，教学、科研、社会服务之间，科研是最重要的。

访谈人：您认为在一所大学中，教学、科研、社会服务之间的权重，应该怎样分配比较合理？

杨慧林：我个人觉得，科研还是最重要的。没有优秀的科研就不可能有高水平的教学，更谈不上真正的社会服务。我作副校长的时候一直分管教学，我确实觉得大学教师对教学的投入太少，太看重自己的研究了。但我并不认为教师把大部分时间投入教学就是一定是好的风气。一所高水平的大学，教学水平最根本的基础还是其科研能力。如果你的学术能够达到一个层次，举手投足、吃茶说法、包括你的存在本身、你的生活方式，对学生都可能是一种引导。西方课堂注重吸引学生的注意力，引导学生积极参与、互动、提问，中国学生则比较深沉，好学生经常是想得非常清楚了才说。我觉得大家都说"以学生为中心"的时候，还是要保持中国传统中的某些元素。如果课堂的学术含量被稀释，仅剩花里胡哨的形式，真正应该让学生感受到的学术厚度和密度也就难免瓦解，最后变成一个大家都很愉快的课堂游戏。我觉得这套上课办法不能照单全收。

前年我在美国参加一个论坛，有两所著名大学的校长都提到：如何才能让美国教师像中国教师那样在课堂上多讲一点，而不仅仅是"以学生为中心"。一位真正的好学者，我相信他的课也不会太差。可能有的学者表达能力不是很强，像王力先生原来教古汉语，口才不是太好，上课也很枯燥，有时甚至是念稿子，但是他学生却大有收获，因为他的学问太扎实了。

上课的方式恐怕也不能用一套办法一统天下,学科不同,每个学者的风格不同,讲课的方式当然也会不同。这也是特别有趣、特别值得我们考虑的问题。

所以我认为作为一名大学教师,第一重要的是学术,有学术含量的研究既是学者立身的基础,也是教师讲课的基础,人文学科尤其如此。西方有些大学会根据学科不同,将教师分为两种:一种是学术研究型的教师(academic qualified);一种是带学生讲案例、实验课的技能型教师(professional qualified)。这可能是一种比较可行的平衡。大学当然需要技能型的课程,但基础研究永远都是根本。英国学者伊格尔顿最近连续发表两篇文章,一是《大学之死》(The Death of Universities),另一是《大学的慢死》(The Slow Death of Universities)。两篇文章的核心正是针对当今大学的尖锐批评:"缺失人文学的大学,就像没有酒的酒吧。"

另一方面,现在的评价制度好像也看不出来怎样算是好的教学。比如目前可见的有学生打分等形式,而中国的学生一般来说都是很客气的,所以如果看学生打分,我们绝大部分老师都很不错。其实我们的评价制度不太鼓励老师在学生身上花太多时间,以至于很多老师认为,教学是有弹性的,科研才是刚性的要求。我想起"加州大学洛杉矶分校(UCLA)"校长的话:真正起作用的是教师的荣誉感。一般来说,学者还是很在乎自己在学生眼里的形象。

访谈人:有的老师会觉得教学和科研难以平衡,备课花的时间太久,认为上课反而成为一种负担。

杨慧林:我觉得这确实可以理解。比如我自己是一直坚持给本科生上课的,每个学期也都会开办讲座。这么多年下来,我发现自己更喜欢作讲座,因为这可以按照自己最近的研究选择最有意思的话题。但如果开一门课,有些必须讲的内容也许自己不感兴趣。我想其他老师可能也会有同感。这没办法,得有个平衡。现在我们对教学的重视程度比以前高了一些,比如各个大学都要求教授必须给本科生上课。本科生刚进大学时特别重要,第一年千万不要败坏他们的学术胃口,否则他们还没来得及被学术所吸引,可能已经产生了比较糟糕的印象。如何让本科生一入校的时候就能接触到最好的学者,我觉得特别重要。在一所好的大学,科研其实是不需要要求的,教师当然会自己做,我相信大部分人绝不是被逼着才去写论文,他们有自己的学术兴趣。但教学就不能没有要求了,否则很难落实。

学术会议不应流于形式。

访谈人:杨老师,您认为学术会议对年轻学者的成长是不是有帮助?

杨慧林:学术会议本身是好事,特别对年轻学者而言。但问题是这些年形式化的学术会议太多,想讨论什么内容,主办者都未必想得很清楚,只是想用一个比较好的、宽泛的题目把大家都召集起来,让每人都有话可说。我认为学术会议应该在力所能及的范围内有所合并,应该专题化、小型化,对大家共同关心的内容进行充分地讨论,不能办成一种仪式。

科研资源还是和科研能力正相关的。

访谈人:国家现在对项目的投入力度比较大,您觉得科研经费的分配能否反映一个学科的发展水平?

杨慧林:我认为科研资源还是和科研能力正相关的。一方面,各个大学的科研能力有差别,能够拿到科研资源,本身是科研能力的一种标志。所以有些科研能力比较强的大学,得到的资源就相应比较多,我真不觉得这完全是借助学术权力来瓜分资源。但是另一方面,还可以通过后期资助等方式来达成平衡,因为后来发现,立项以后的效果并不尽如人意,很多学者没有立项也做得很好。有些大学会鼓励年轻学者做课题计划,然后请外单位的专家帮忙审阅,这样立项申请的命中率会提高很多,但是申请人不一定有能力完成。现在由于有科研评估的要求,大家很重视科研课题,很多都是下大力气通过各种方式来争取,但争取到项目以后未必花大力气去做。

访谈人：您觉得评奖体系是否可以反映学者的真实水平？

杨慧林：我认为量化制度是要虚化的，不能太具体、太实、分得太细。因为评上奖的，肯定有一些不好的，但大部分是不错的。因为前面有好几轮淘汰的办法，它能进入范围，本身应该是不错的，至于一等奖是否一定比二等奖好，这就很难讲了。

参加政府决策咨询会或报告获批示，对人文学科提高学术声誉没什么用。公众影响力很难量化。

访谈人：还有参加政府决策咨询会或者报告获得批示，能否提高学术声誉？

杨慧林：我个人觉得至少就人文学科而言没什么用，但在有些学科领域很重要，比如经济学，一个政策会产生极大的影响，会比一个学术成果快得多，能够真正参与到经济发展的实际情况中。人文学科应该参与政府决策，但是这些研究报告不应由做基础研究的学者来写，而应该由一些智囊型的小团队把基础研究成果转化为具有针对性价值的研究报告。但这未必需要做一个指标，因为只有很少的学科可以做这件事。

访谈人：您认为学者可否通过媒体的影响力，来体现自身的学术地位？

杨慧林：我自己觉得，学者参与公共意见挺好，肯定是需要的。但是媒体对学界也有一种误导，媒体关注的事情总会找一些学者来说，实际上是通过学者的嘴巴说媒体更感兴趣的话。一方面，做得好的节目是有的，好的学者对一些事情会比公共舆论说得好很多。另一方面，学者意见的公信力在下降，老百姓曾经觉得这是专家的意见，但是现在对其越来越不以为然，一个是因为太多，一个是我们的专家往往太敢越界说话，超出了自己研究的领域，什么都可以说。这些所谓的知名度也不一定可信，把公众影响力量化是很难的。

人文学科量化评估可以含混一点，量的要求与代表作制度相结合，会更好一些。

访谈人：非常感谢杨老师！您谈的很多想法对于我们深有启发。

杨慧林：关于人文学科的评估，如果我们只是从具体的量化标准上去微调，致力于怎样调得更科学、更符合学术本身的规律，我怀疑这样做是否真正起作用。我想评估的初衷是好的，但应该把量化的内容含混一点，不那么精确，区分优良即可，这样也许反而会更精确。量的要求与代表作制度互相呼应、相互配合，也会更好一些。

8. 张曙光：评价应区分层次、区分类型，不能全国的高校、不同的学科都采用同一个标准

张曙光，1956年生。北京师范大学哲学学院教授，博士生导师。价值观与民族精神国家哲学社会科学重点创新基地首席专家、副主任，北京市学位委员会委员。曾任华中科技大学人文学院院长、校学术委员会副主任，北京师范大学哲学与社会学院院长、学术委员会主任，中国辩证唯物主义研究会常务理事，中国现代哲学学会常务理事，中国炎黄文化研究会理事等。主要研究领域包括哲学、价值与文化、现代性与中国社会转型等。

访谈时间：2015年4月23日
访谈地点：北京师范大学张曙光教授办公室
访谈人：常然、侯丽娟

不同档次的学校给予不同的评价标准，这样可能比较合适。

访谈人：目前的人文学科的评估缺乏被广泛认可的标准，国内现在比较注重量化以及核心、权威等要素。张老师，您对现有的评价体系有何见解？

张曙光：这方面，我们做学问、做研究的人都有感受，而感受是比较负面的。当然，这未必意味着大家都有了成熟的看法，至少我还没有。这个问题本身具有复杂性，它的复杂之处在于，社会转型在学术研究和职称评定中也会体现出来。比如说按照核心、权威方面的标准来要求，对于水平差一点的大学也许有一定的作用，但对于重点大学、高水平大学的作用就可能比较负面。比如我有一篇自己认为很好的文章，愿意发表在同仁杂志，而未必愿意发表在官方杂志，但是现今的评价体系就把你约束住了。我觉得对于好的大学、学者的作品不必要求发表在国内所谓的权威刊物

上,海外的、同仁的杂志都可以。

访谈人:张老师认为不同的学校应该区别对待。

张曙光:是的。我觉得可否类似电影的分级一样,在国内建一个学术分级制。中国现在社会分化了,不同的大学差别也特别大,即使都是重点大学,情况也不一样,很难提供一个公认的好标准。

如果非要提供一个统一的标准,我个人认为,大概同行评议更好一些。但是每年评议两三篇文章还可以,如果工作量比较大,又要常规化,没有哪个专家愿意去做,因为大家确实都很忙。这就成了一个难题。理想的标准难以操作,能操作的标准不理想,所以只好不同档次的学校给予不同的评价标准,这样可能比较合适。

访谈人:有老师认为核心刊物和权威刊物在一定程度上能够反映老师的水平,虽然其中可能有不是特别好的文章。

张曙光:所以我说为什么这个标准对一般的大学、省级大学,还有一定的正面作用,就是因为可能定位权威的刊物比核心的质量要好一点,定位核心的刊物比普通的杂志质量要好一点。

其实学问要做到什么程度？第一,学者自己心中有数。他要是一位真正的学者,会有自知之明。当然真正的自知之明不容易,高估自己与低估自己的情况都存在,所以,第二,要有同行之间的评议,一般来说这是比较可靠的。关键问题是,同行谁有那么多的时间和精力去给别人评议或相互评议？现在不胜其忙,大家都没有那么多的时间。

代表作制度可能是一个比较好的办法。

访谈人:复旦正在提倡和推行代表作制度,慢慢地淡化量化标准,希望老师不要把时间都花费在写文章上面,能够腾出精力做一些真正的研究。

张曙光:代表作可能是一个比较好的办法,鼓励老师沉下心来做学问,真正有自己的见解和创新,听说北京有些高校也在这样做。复旦校内有没有一种大家都认可的评价方式?

访谈人: 感觉倾向于同行评议的意见比较多,还有老师建议邀请校外甚至国外的专家学者来参与。

张曙光: 现在国内的同行评议掺杂了很多人情的因素、利益的考量,很不纯粹。如果国内的成果拿到国外去,有的学科比如管理、经济等,大概有一个比较明确的公认的标准,还好评论;但是人文学科,国外可能很难评论,不过也可以尝试。

过去的教学、科研要求不能简单地套用在今天的社会条件下。

访谈人: 您认为前辈的评估标准有哪些值得我们借鉴之处?

张曙光: 我认为,大家还在怀念民国、参照民国,是可以理解的,那时的学术比较独立,学者也比较纯粹,这本来是最值得我们传承的,可惜没有传承。而除此之外,简单地拿民国关于教学、科研的一些要求来作为我们今天的尺度,其实是把基本的社会条件忘记了。只有在同样的环境或条件下,事情才有可比性。民国时期的大学,所受的政治影响比较小,而且当时的大学教授很少,现在一个学院的教授数量赶得上当时一个大学的教授数量,学术刊物之多恐怕也是那时比不了的。

80年代初,教育部曾征询职称制度设计的意见,当时有两个方案:一个是设高级讲师系列,可以单纯从事教学;一个是设副教授、教授系列,意味着不仅能教学,还能做研究。前一个系列是英国的体制,但这一方案讨论以后被否定了,我们采用了后者,现在凡是副教授就可以带硕士,正教授就可以带博士。结果我们明显地感觉到,有些老师自己做不成学问,还要带学生,完全是误人子弟。我感觉大的问题我们决定不了,很多问题只能小敲小打,在小范围内修修补补,做些改善,如此而已。

对专著或者论文的评价，一是看内容，二是看观点，要根据不同的学科、不同的研究加以区分。

访谈人：您觉得专著或者论文的评价，用什么尺度可以衡量？

张曙光：一是看内容，有没有新的材料、知识，同样一个论题有没有知识的增量。二是看方法、观点，有没有新方法、新见解，或者对过去已有的观点是否有新的阐发或将它的重要性提到了一个新的理论高度。例如"文明的冲突"，在亨廷顿之前应该有人提过，可是到了亨廷顿这里，恰恰是在政治、经济的"冷战"结束之后，他认为这不再是一个单纯的学术问题、一个局部性问题，它的现实性和全局性就都凸显出来了。

我们在考察论著的影响力与大家的关注度时，还要对学术研究的性质作区分。凡是能引起社会效应的，往往学科本身是应运而生的，大部分属于社会科学类，比如社会学、管理学、新闻学等，人文的或古典的研究很难立即引起社会反响。如果用这些学科的标准要求去研究古典文学、古代史也不合适。所以正如刚才所说，像电影分级一样，对学术论著进行评价，也要根据不同的学科、不同的研究加以区分。

文章的转载率和引用率，不能说不适用，但要看谁在引用。

访谈人：您觉得文章的转载率和引用率在人文学科是否适用？

张曙光：不能说不适用，但要看谁在引用。记得前些年看到一位副研究员发的一篇文章，引用一位国内学者提到的"逻辑在先"，却不知这是黑格尔逻辑学的基本方法，并且在西方是有传统的。当然，现在大量引用的是学生，看引用率实际上成了看博士生和硕士生的引用率。但学生的引用与教师的引用明显有差距。有的教师还有意无意地让学生引用自己的论著，我觉得不能靠学生的引用来扩大自己的知名度。我们北师大哲学学院曾有一个要求,包括学生的毕业论文,能不引用自己导师的就不要引用。存在这样的现象:一看学生的论文就知道是哪个学校的,甚至知道是哪个人的弟子,这些问题都要考虑到。中国现在处于转型期,情况复杂,要找到统一的标准确实是很难的。

学校或国家科研经费的分配和投入现在多少能反映一些学者的水平和地位,但还是应该以学术成果论英雄。

访谈人:您觉得学校或国家科研经费的分配和投入,能否反映一个学者的水平和地位?

张曙光:客观来看,如果说过去不能反映的话,现在多少能反映一些。像亚里士多德的伦理学研究,这样的课题在20世纪80、90年代想立国家项目很难,我院的廖申白教授是该领域的专家,他就批评过这个问题,但他近年拿到了这方面的一个重大课题。一方面现在立项比以前有所改进,所体现的学术性更强了一些;另一方面项目也多了。但即使如此,我也不赞成以是否拿到国家课题为依据,来评判一个学者的学术水平,还是应该以学术成果论英雄。有些"文革"以前大学或研究生毕业的老学者,只做自己有兴趣、有学术积累的学问,几乎一生都没有申报过项目,我们怎么能够以这个标准去衡量他呢?

评奖体系很难反映一个学者的水平。

访谈人:那么评奖体系能否反映一个学者的水平?

张曙光:恐怕更难反映。因为评奖本身带有更大的功利性,中国大陆的评奖不是纯粹的学术行为。可能从整个学界或设置评奖的机构来看,是为了提升学术的水平,扩大学术的影响力,在学术界甚至社会上起到一定的示范作用。但是对于参加评奖的人,除了学术,多多少少是带有功利性质来考虑的。传统社会有些学者,主张"天下有道则显,无道则隐",认为如果社会认识不到他的思想和作品的价值,宁可"藏之名山,传之后人"。现代社会,这样的学者少了,但也未必完全没有。

具体到评奖上,有些学者名利心很重,特别看重奖项,为了评奖提前做工作,包括请人写书评,还有刚才提到的"引用率",甚至包括人事方面的拉拢。这样的学者现在少吗? 的确,社会存在一些永恒的矛盾,社会、政府、学会如果不组织评奖,会认为没有尽到责任,他们希望通过这种形式来奖励先进,激励后进,不断地提高各学科的研究水平,但也会诱发一些人争名夺利。我不否定评奖,但应当正视这其中的矛盾和问题。未评上奖的未必不是货真价实的好作品,评上奖的也未必有多大的学术价值,老学者对此都心知肚明,但年轻人却未必能看清楚并免受其负面影响。

现在参加评奖有两种形式:一是本人报送自己的作品,另一是同行或单位推荐,后一种形式应该更好。如果让单位推荐的话,单位也会考虑本单位的利益。所以让同行推荐比较好,或者也可以让读者推荐。

我们现在只能想办法把明显的不公平、不合理减到最低限度,除此之外,要达到完全理想的状态是不可能的,人类社会永远不可能达到十全十美,只能努力接近。

评职称基本上能够反映一个学者的水平,但也受许多因素的影响。

访谈人:您觉得职称评价能否客观反映一个学者的水平?

张曙光:就我的观察来说,评职称基本上能够反映一个学者的水平,但也受许多因素影响,像政策、指标、当年参评者的水平差异等。

评职称有两种功能,一方面它是教学科研水平的体现,另一方面学者还要借此谋生,因为职称与各种待遇是联系在一起的。一般来说,评职称时这两个方面都会考虑,当然重在学术。如果在学术水平差不多的情况下,会照顾一下年资,人之"常情"在评职称时发挥作用,我觉得这恰恰是一种好现象。评职称的学术认定这一点,我认为基本上做得比较好,比学术评价还要好一些,因为本单位的人相互之间比较了解。原来我在武汉做过华中科技大学人文学院的院长,后来还做过北师大哲学社会学院的院长。在华中科大人文学院评职称,是几个单位在一起评,要更重学术,再就是可比性较强的年资;在师大,评职称是由学术委员会来评,现在是全体教授来评。如果本单位学者的代表作请外单位的专家学者匿名评审,当然更能增加学术的公正度。

现在的一些意识形态性很强或者明显跟风的会议, 几乎不谈学术。

访谈人:学术会议对学者的成长是否有帮助?现在的会议有哪些需要完善之处?

张曙光:这些年有些会议我压根不参加,像现在的一些意识形态性很强的会议,或者是一些明显跟风的会议,几乎谈不到什么学术。我更愿意参加自己感兴趣的、围绕某个专题展开的、学术含量比较高的小型会议,而不是形式性的年会或例行会议。我也很愿意参加其他学科的学术会议。我非常怀念自己在80年代参加的几次专题性的学术会议,由《哲学研究》编辑部召开,每次10人左右,质量非常高,与会者都是对该话题有研究的,像这样的会议现在不多了。

大学老师有教学、科研和社会服务三方面的职能, 如何分配比重取决于老师本人对自己的学术定位。

访谈人:您认为人文学科的评估主要看什么?

张曙光:大学老师本身有三方面的职能:一是教学,二是科研,三是社会服务。一位比较称职的老师,应该在这三方面都最大限度地发挥自己的能力。教学科研不必说,在社会服务方面,例如葛剑雄教授在社会上的演讲,就属于社会服务。北师大承担了中央和国家机关司局长的培训工作,我每年都要去讲课,这样的社会培训也很重要,这是学者应有的自觉性,学校的政策也应鼓励大家去做。

访谈人: 这三者之间的比重,您认为怎样分配比较合适?

张曙光: 这取决于老师本人对自己的学术定位,也有人可以在三方面都做得很好。但人的精力和能力都是有限的,像我现在年届六十,实际上是把学术研究放在第一位,把教学工作放在第二位,把社会服务放在第三位的。但这不意味着对教学工作轻视或放松,如我带研究生,除了给他们上课和指导读书,也会常思考他们论文的问题,有什么想法就及时告知他们或与他们交换意见。社会服务这一点,西方学者做得比较好,中国可能有些老师没有这方面的意识,它也不是一个体制性的要求,其实我认为社会服务是很重要的。

媒体活动与学术之间的关系需要考量不同国家和民族的文化传统。

访谈人: 媒体活动与学术之间是怎样一种关系?它对学术更多地是起促进还是削弱作用?

张曙光: 我觉得现在大众传媒的形式,可能难以表达学者对于学术和研究成果的理解,甚至可能会曲解,造成学术的简单化和片面化。因为媒体本来就是新闻性的,而现代传媒更是重视吸引人的眼球。另外,这与一个国家和民族的文化传统有关。比如哲学的内容是否适合媒体要看不同的国度,像德国、法国就是哲学的民族,有大量的民众、受众愿意通过媒体来学习哲学,或了解哲学家的思想与社会主张。据说法国很多中学哲学老师甚至达到了大学老师的水平,并且喜欢参加媒体活动。我们的民族可能喜欢听学者"说书",所以历史和文学方面的学者,通过电视传播自己的学问,效果可能较好,这与民族的素养、传统、以及理解接受方式有关。

不过,我认为这个问题可以尝试,不要看得那么死。自然科学要普及,人文社会科学也有一个普及的问题,的确应该尝试利用现代传媒,让人在了解有关知识的同时学会思考,学会讲理。现在的媒体充斥的是娱乐、连续剧甚至八卦,却不重视各种知识的介绍,这很糟糕。这恐怕也是各种骗子在社会上盛行的一大原因。

学术研究得到官方的重视或某些领导的批示,这应当是学术的"溢出效应",学者不应当把官方重视与否作为自己的标准。

访谈人:您认为参加政府决策咨询会,或者报告得到批示,能否起到提高人文学科学术声誉的作用?

张曙光:对此一是要分辨这属于基础理论还是属于应用决策,二是要看它究竟是意识形态的、政治的主题,还是文化的、专业的或学术的主题。如果是后者,那当然可以。如果是前者可能问题就大了,甚至会对学术产生非常负面的败坏作用。例如"四人帮"时期,史学变成了政治史学或称为影射史学,这就败坏了历史学的客观性和学术性。所以,首先应当贯彻一个原则,就是政治的归政治,学术的归学术;政治问题可以进行学术研究,学术研究却不可以做政治的附庸。明确了这一点,有些学术研究得到了官方的重视或某些领导的批示,也未尝不是好事,可能说明它对某些社会问题的解决有重要作用。但这应当是学术的"溢出效应",学者不应当把官方重视与否作为自己的标准。至于所谓的"智库",就是做这个的,当然另当别论。

评估应该区分层次,区分类型。

访谈人:非常感谢张老师!如果概括一下您的观点,最重要的还是需要区分不同的情况,这样制定的标准才能更加符合实际。

张曙光:是的。我认为评估应该区分层次,区分类型,不要全国的高校、不同的学科都采用同一个标准。

后记

转眼,人文学科评价访谈项目结束已近5年,经过比预想时间更长的文稿整理和组织编辑,《反思与探索:人文学者谈学科评价体系》今日终于得以与各位读者见面。

本书作为复旦大学人文学科评价访谈项目的成果,旨在忠实辑录人文学科专家关于人文学科评价的真知灼见,引发读者对于如何科学评价人文学科的思考,为相关研究和评价工作提供客观、原始的一手资料。

在本书即将付梓之际,谨向接受访谈、参加座谈的所有专家致以最诚挚的谢意,感谢各位学者的关注和倾力参与。每位专家都坦诚地分享自己的观点,为科学客观地进行人文学科评价提供了最直接最值得重视的建议。

由于访谈范围涉及海峡两岸、大江南北多个城市多家机构,项目自2014年9月启动之后,就成立了颇具规模的工作团队,随后,来自不同学科背景(特别是人文学科和图书情报)的图书馆馆员及部分图书情报专业学生,就人文学科评价话题与47位专家进行了单独访谈;与此同时,有40余位专家出席的7场座谈会也陆续召开;此后,访谈小组成员就访谈稿与学者进行先后3轮沟通征集反馈,最终整理形成30余万字访谈稿及近10万字座谈稿。项目得以顺利进行,离不开项目组各位同仁的全力投入。每位成员在工作、学习之余,付出了大量时间和精力,使得最终成果得以呈现。团队成员如下:

项目负责人:陈思和

项目总协调:严峰;项目总协助:王乐

语言文学访谈小组:王烨、常然

历史学访谈小组:张春梅、席永春

哲学访谈小组：邱彦超，郭新超

台湾地区访谈小组：张敏、廖剑岚、谢琳

在实际访谈过程中，小组成员间也视情况交叉采访。此外，陈思和馆长亲自联络策划，并访谈多位专家，2014级图书馆学研究生程曦、陆艳、侯丽娟、赵继琳等也积极参与。谢琳、周丽进行了汇总资料的前期梳理，周丽对书稿文字进行了初校，王乐负责书稿组织并对书稿进行二次审校、修改，陈思和及严峰对书稿进行了整体审定。

实录正文按学者姓氏笔画排序。需要说明的是，单独访谈专家的所有记录，均逐一征询受访人意见并经过多次修改后定稿，体例以问答形式为主，但部分访谈应受访专家要求删除提问，修改为专家个人陈述体例；7场座谈的详细记录未编入本书，日后将采取适当形式发布。

因各方条件所限，本书访谈范围还存在明显局限。首先，考虑到评价这一主题特点，主要邀请了更能置身事外的资深学者参与访谈，青年学者未能更多邀约，但不同年龄、不同身份的学者可能对此话题有更多样性的认识；此外，此次访谈采用半结构化方式，因访谈记者对内容把控程度不一，可能影响到部分学者关于此话题更深入的表达，诸多遗憾，留待未来弥补。

编　者

2020年5月

图书在版编目(CIP)数据

反思与探索：人文学者谈学科评价体系/王乐主编
.—上海：上海三联书店，2024.9
ISBN 978-7-5426-7265-0

Ⅰ.①反… Ⅱ.①王… Ⅲ.①社会科学-研究成果-评价-研究-中国 Ⅳ.①C12

中国版本图书馆 CIP 数据核字(2020)第 230402 号

反思与探索：人文学者谈学科评价体系

主　　编／王　乐

责任编辑／黄　韬
装帧设计／徐　徐
监　　制／姚　军
责任校对／王凌霄

出版发行／上海三联书店
　　　　　(200041)中国上海市静安区威海路 755 号 30 楼
邮　　箱／sdxsanlian@sina.com
联系电话／编辑部：021-22895517
　　　　　发行部：021-22895559
印　　刷／上海展强印刷有限公司

版　　次／2024 年 9 月第 1 版
印　　次／2024 年 9 月第 1 次印刷
开　　本／640mm×960mm　1/16
字　　数／430 千字
印　　张／29.5
书　　号／ISBN 978-7-5426-7265-0/C·609
定　　价／168.00 元

敬启读者，如发现本书有印装质量问题，请与印刷厂联系 021-66366565